SEO
搜索引擎实战详解

金楠 等编著

清华大学出版社

北京

内 容 简 介

本书通过实践的方式,将网站优化的全部过程,系统而全面地剖析在读者面前。本书每个实战技巧都是整体 SEO 工作的一部分,按照工作流程逐步介绍 SEO 技术,系统性和逻辑性强。在具体项目上,本书以 SEO 优化实际操作为基础,每个知识点用实例的方式进行讲解,可操作性及实用性强。在特色内容上,本书对未来 SEO 发展作了分析,便于 SEO 学习者以后的提高。另外,为了让读者更加直观、高效地学习,作者专门录制了大量多媒体教学视频。这些视频收录于本书的配书光盘中。

本书共 9 章,分为 3 篇。第 1 篇为 SEO 理论,包括 SEO 概述和搜索引擎揭秘;第 2 篇为 SEO 实战,包括网站分析方法及优化计划、网站内部优化、网站外部优化、白帽、黑帽和灰帽;第 3 篇为 SEO 进阶,包括 SEO 综合实战、搜索引擎发展趋势、SEO 工具介绍。

本书适合 SEO 初学者阅读,如公司的老板和刚接触 SEO 的人;也适合对 SEO 有一些了解,或者学习过一段时间的 SEO 人员阅读,如个人站长、网站管理员和网络推广人员等;对 SEO 已经有很深认识的 SEO 高手和营销优化专家等,本书依然有可读之处。

本书封面贴有清华大学出版社防伪标签,无标签者不得销售。
版权所有,侵权必究。举报:010-62782989,beiqinquan@tup.tsinghua.edu.cn。

图书在版编目(CIP)数据

SEO 搜索引擎实战详解 / 金楠等编著. —北京:清华大学出版社,2014(2023.1重印)
(Web 开发典藏大系)
ISBN 978-7-302-33804-8

Ⅰ. ①S… Ⅱ. ①金… Ⅲ. ①互联网络–情报检索 Ⅳ. ①G354.4

中国版本图书馆 CIP 数据核字(2013)第 212270 号

责任编辑:夏兆彦
封面设计:欧振旭
责任校对:胡伟民
责任印制:朱雨萌

出版发行:清华大学出版社
网　　址:http://www.tup.com.cn, http://www.wqbook.com
地　　址:北京清华大学学研大厦 A 座　　邮　编:100084
社 总 机:010-83470000　　邮　购:010-62786544
投稿与读者服务:010-62776969,c-service@tup.tsinghua.edu.cn
质 量 反 馈:010-62772015,zhiliang@tup.tsinghua.edu.cn
印 装 者:天津鑫丰华印务有限公司
经　　销:全国新华书店
开　　本:185mm×260mm　　印　张:22.75　　字　数:572 千字
　　　　　附光盘 1 张
版　　次:2014 年 2 月第 1 版　　印　次:2023 年 1 月第 10 次印刷
定　　价:59.00 元

产品编号:054566-01

前　言

搜索引擎优化（Search Engine Optimization，SEO）是指为了从搜索引擎中获得更多的免费流量，从网站的结构、内容的建设方案、用户互动传播、页面等角度进行合理的规划，使网站更适合搜索引擎的检索原则的行为。

使网站更适合搜索引擎的检索原则又被称为对搜索引擎友好，对搜索引擎友好不仅能够提高 SEO 的效果，还能提高用户体验，因为这样会使搜索引擎中显示的网站相关信息对用户来说更有吸引力。为了说明什么是网站对搜索引擎友好，先来看看对搜索引擎不友好的网站有哪些特征：

（1）网页中大量采用图片或者 Flash 等富媒体（Rich Media）形式，没有可以检索的文本信息，而 SEO 最基本的就是文章 SEO 和图片 SEO；

（2）网页没有标题，或者标题中没有包含有效的关键词；

（3）网页正文中有效关键词比较少（一般小于整篇文章的 2%～8%）；

（4）网站导航系统让搜索引擎"看不懂"；

（5）大量动态网页让搜索引擎无法检索；

（6）没有已经被搜索引擎收录的网站提供的链接；

（7）网站中充斥大量欺骗搜索引擎的垃圾信息，如"过渡页"、"桥页"、颜色与背景色相同的文字；

（8）网站中缺少原创的内容，完全照搬硬抄别人的内容等。

搜索引擎检索原则是不断更改的，检索原则的更改会直接导致网站在搜索引擎上排名的变化，所以搜索引擎优化并非一劳永逸。

在中国，互联网（包括移动互联网）的发展是有目共睹的，不光使用人数逐年增长，而且网站数量也有大幅增加，据中国互联网信息中心（CNNIC）2013 年初发布的《第 31 次中国互联网络发展状况统计报告》称，截至 2012 年 12 月，中国网站数量为 268 万，中国网页数量为 1227 亿个。在这么多的网页中如何让自己的网页脱颖而出，就成了网站管理者重要的研究课题，这时 SEO 传入了中国，让大量网站获得了巨大收益。但是随着搜索引擎算法技术越来越复杂，SEO 技术也越来越难，很多人的优化技术不规范，SEO 知识不系统，不管是公司还是个人都很难再获得优化效果。

笔者通过大量的实践和研究，总结出最系统的 SEO 工作流程，并用实际的案例对每项工作进行了解释，让每位读者能通过完整优化过程的讲解，学习到系统的网站优化技术，并通过后部分的提升，成为一个真正的 SEO 高手。本书通过大量实际的操作案例，将 SEO 工作中的全部技巧展现在读者的面前，学习者能学到最贴合实际的优化技术，最准确的优化理念，最系统的优化流程，最有前瞻性的优化趋势，只要读者能认真看完这本书，即使没有任何 SEO 基础，也能成为一个能独立优化网站的 SEO 实力高手。

本书特色

1. 全书按优化过程为线索讲解，系统性强

全书按照网站优化的过程，从网站的前期分析，到网站内外部的优化，再到网站优化效果的分析，以实际的优化工作为线索，系统性比同类书籍更强，也更有条理，便于学习。

2. 内容全面，知识点无遗漏

本书包含 SEO 基础知识、搜索引擎基础知识、网站分析、网站优化、搜索引擎发展、工具介绍等网站优化的全部内容，其中囊括了 SEO 的几百个知识点，无知识遗漏，参考、查询意义强大。

3. 讲解由浅入深、循序渐进，适合各个层次的读者阅读

本书从最基础的认识 SEO 和搜索引擎的理论篇讲起，然后深入到网站优化的实战篇，最后是提高优化技术的进阶篇。讲解由浅到深、循序渐进，适合各个层次的读者阅读。

4. 融入大量的实战案例，快速掌握优化技巧

本书在讲解知识点时，融入了大量的实战和技术案例，并进行了详尽地分析，以便让读者更好地理解 SEO 的原理和操作技术，快速掌握优化技巧。

5. 搜索引擎发展趋势研究，让本书知识10年不落后

本书对搜索引擎发展趋势的研究，是其他所有同类书籍所不具有的，通过分析搜索引擎的技术发展，为以后 SEO 的应对找到方向。即使在 10 年后，本书还具有参考意义。

6. 提供技术支持，答疑解惑

读者阅读本书时若有任何疑问可发 E-mail 到 jonan2005@163.com 获得帮助。也可以在本人的新浪微博"IT-金楠"（http://weibo.com/u/1080780693）上留言获得帮助。

本书内容

第1篇　SEO理论（第1～2章）

本篇主要内容包括：SEO 理论概述、搜索引擎基本情况介绍、搜索引擎的工作原理、搜索引擎高级命令、搜索引擎算法及理论等内容。通过本篇的学习，读者可以掌握 SEO 和搜索引擎的基础知识，熟悉搜索引擎高级命令在日常分析中的使用，以及了解搜索引擎的工作原理和算法，让学习者知道"对症下药"。

第2篇　SEO实战（第3～6章）

本篇主要内容包括：网站数据分析、关键词挖掘、网站内部优化方法、网站外部优化方法、黑帽、白帽、灰帽手法等内容。通过本篇的学习，读者可以掌握网站分析及优化的

方法，了解三种优化方式的特点与不同。

第3篇　SEO进阶（第7～9章）

本篇主要内容包括：网站完整优化全部过程、搜索引擎技术发展趋势、常用SEO工具介绍等内容。通过本篇的学习，读者可以掌握网站优化的整个工作流程，了解搜索引擎技术未来会有什么变化，以及学会使用常用的SEO工具。

本书读者对象

- 个人站长；
- 专门从事SEO工作的技术人员；
- 公司网站管理人员；
- 需要提高SEO知识的网络营销人员；
- 互联网公司的经理或老板；
- 网站建设人员；
- 大中专院校网络专业的学生；
- 社会培训互联网技术班的学员。

本书作者

本书由金楠主笔编写，其他参与编写的人员有丁士锋、胡可、姜永艳、靳鲲鹏、孔峰、马林、明廷堂、牛艳霞、孙泽军、王丽、吴绍兴、杨宇、游梁、张建林、张起栋、张喆、郑伟、郑玉晖、朱雪琴、戴思齐、丁毓峰。

编写本书的过程中，虽然编者竭尽全力，不敢有丝毫疏忽，但恐百密一疏，书中仍难免存在不足之处，望广大读者批评指正。

编著者

目 录

第 1 篇 SEO 理论

第 1 章 SEO 概述（教学视频：22 分钟）·············· 2
1.1 SEO 是什么 ·············· 2
1.2 SEO 的发展历程 ·············· 3
1.3 SEO 的巨大作用 ·············· 3
    1.3.1 SEO 为网站盈利提供保证 ·············· 4
    1.3.2 SEO 能树立企业品牌 ·············· 5
    1.3.3 SEO 处理信任危机 ·············· 6
1.4 SEO 的关系 ·············· 7
    1.4.1 SEO 与排名的关系 ·············· 7
    1.4.2 SEO 与 SEM 的关系 ·············· 8
    1.4.3 SEO 与网站运营的关系 ·············· 8
1.5 SEO 是长期的工作 ·············· 9
    1.5.1 SEO 没有捷径可走 ·············· 9
    1.5.2 SEO 见效需要一定的时间 ·············· 9
    1.5.3 SEO 需要循序渐进 ·············· 10
1.6 SEO 没有秘诀 ·············· 10
    1.6.1 SEO 只有技巧没有秘诀 ·············· 10
    1.6.2 SEO 需要不断坚持 ·············· 11
    1.6.3 SEO 应有合理的计划 ·············· 11
1.7 SEO 常见术语 ·············· 11
1.8 小结 ·············· 18

第 2 章 搜索引擎揭秘（教学视频：177 分钟）·············· 20
2.1 搜索引擎简介 ·············· 20
2.2 搜索引擎的分类 ·············· 23
    2.2.1 全文搜索引擎 ·············· 23
    2.2.2 目录索引 ·············· 25
    2.2.3 元搜索引擎 ·············· 26
    2.2.4 集合式搜索引擎 ·············· 28

    2.2.5 垂直搜索引擎 29
    2.2.6 门户搜索引擎 30
 2.3 搜索引擎的作用 31
 2.4 用户常见的搜索意图 31
    2.4.1 导航型搜索 32
    2.4.2 信息型搜索 34
    2.4.3 交易型搜索 35
 2.5 搜索引擎的工作原理 36
    2.5.1 蜘蛛爬行、抓取网页 37
    2.5.2 服务器处理网页 40
    2.5.3 检索服务 44
 2.6 搜索引擎链接理论 47
    2.6.1 Google PR 47
    2.6.2 HillTop 算法 49
    2.6.3 信任与反信任排名算法 50
    2.6.4 百度超链分析技术 52
    2.6.5 HITS 算法 53
 2.7 必会的高级搜索引擎指令 55
    2.7.1 高级搜索引擎指令解析 55
    2.7.2 高级搜索引擎指令的组合使用 69
    2.7.3 使用高级搜索引擎指令分析网站 72
 2.8 搜索结果与用户单击的关系 73
    2.8.1 搜索结果界面分析 73
    2.8.2 用户浏览单击搜索结果的习惯 76
    2.8.3 其他影响用户单击的因素 78
 2.9 百度排名算法的影响因素 78
    2.9.1 网页 title 关键词的使用 79
    2.9.2 关键词在网页描述中的使用 79
    2.9.3 关键词在 H 标签中的使用 79
    2.9.4 关键词是否加粗、加黑等 80
    2.9.5 关键词在页面 URL 中的使用 80
    2.9.6 图片 Alt 中关键词优化 81
    2.9.7 网站的权重值 81
    2.9.8 网页正文内容关键词相关性 81
    2.9.9 网页的层次深度 82
    2.9.10 网页内容的原创度 82
    2.9.11 网页关键词的周围文字 82
    2.9.12 排名页面外链的流行度、广泛度 83
    2.9.13 网站内部链接的锚文本 83
    2.9.14 外部链接的锚文本 83

2.9.15 外部链接页面内容与关键词相关度 ·················· 84
   2.9.16 外部链接页面本身的链接流行度 ·················· 84
   2.9.17 外部链接页面在相关主题网站中的链接流行度 ········· 84
   2.9.18 外部链接网站与关键词相关度 ·················· 84
   2.9.19 网站新外部链接产生的速率 ···················· 85
   2.9.20 外部链接网站更新频率 ······················ 85
   2.9.21 外部链接网站域名的特殊性 ···················· 85
   2.9.22 外部链接网站的权重值 ······················ 86
   2.9.23 外部链接的年龄 ·· 86
   2.9.24 网页内容拼写的正确性 ······················ 86
   2.9.25 网站域名年龄 ··· 87
   2.9.26 网站服务器响应速度 ························ 87
   2.9.27 网站是否有惩罚记录 ························ 87
   2.9.28 检索关键词与网站主题的相关度 ·················· 88
   2.9.29 用户行为数据排名因素 ······················ 88
   2.9.30 网站新页面产生的速率 ······················ 89
   2.9.31 人工赋予权重 ··· 89
   2.9.32 地理位置影响 ··· 90
 2.10 搜索引擎喜欢的网站性质 ························· 90
   2.10.1 内容相关性 ··· 90
   2.10.2 网页权威性 ··· 91
   2.10.3 网站实用性 ··· 91
 2.11 小结 ··· 92

第 2 篇　SEO 实战

第 3 章　网站分析方法及优化计划（教学视频：72 分钟）·········· 94
 3.1 网站分析的作用 ·································· 94
   3.1.1 确定网站的优化目标 ························· 94
   3.1.2 确定网站的推广关键词 ······················· 95
   3.1.3 了解竞争对手的情况 ························· 95
   3.1.4 制定合理的网站优化方案 ····················· 96
 3.2 选择什么样的关键词 ······························· 96
   3.2.1 网站目标定位的关键词 ······················· 97
   3.2.2 选择质量高的关键词 ························· 97
   3.2.3 避免定位模糊的关键词 ······················· 98
   3.2.4 更好转化效果的关键词 ······················· 98
 3.3 怎样挖掘关键词 ·································· 99
   3.3.1 目标定位的关键词 ··························· 99

- 3.3.2 分析同类网站关键词 ... 100
- 3.3.3 搜索引擎提示的关键词 ... 100
- 3.3.4 长尾关键词工具挖掘 ... 101
- 3.3.5 关键词的不同形式及组合 ... 102
- 3.3.6 问答平台的提问提炼关键词 ... 103
- 3.3.7 网络社区的标题提炼关键词 ... 104
- 3.3.8 联想用户搜索习惯 ... 105

3.4 网站关键词布局及表现形式 ... 106
- 3.4.1 关键词分配技巧 ... 106
- 3.4.2 关键词在页面中的布局分析 ... 107
- 3.4.3 关键词在页面的表现形式 ... 108
- 3.4.4 关键词的密度情况分析 ... 109

3.5 网站外链分析及计划 ... 109
- 3.5.1 外链分析有什么作用 ... 110
- 3.5.2 外链建设的目标 ... 112
- 3.5.3 外链效果怎样分析 ... 113
- 3.5.4 制定合理的外链建设方案 ... 114

3.6 网站市场分析及计划 ... 115
- 3.6.1 网站整体市场的评估 ... 115
- 3.6.2 分析网站主要的竞争对手 ... 117
- 3.6.3 制定可行性市场策略 ... 117

3.7 竞争对手分析 ... 118
- 3.7.1 竞争对手的质量情况 ... 118
- 3.7.2 竞争对手的主要数据分析 ... 120
- 3.7.3 竞争对手的排名数据分析 ... 121
- 3.7.4 竞争对手的产品定位分析 ... 122
- 3.7.5 竞争对手的竞价排名情况 ... 123

3.8 网站日常分析方法 ... 123
- 3.8.1 网站日志的分析 ... 124
- 3.8.2 关键词数据统计分析 ... 125
- 3.8.3 网站流量分析 ... 127
- 3.8.4 网站权重分析 ... 127
- 3.8.5 网站收录分析 ... 128
- 3.8.6 网站快照时间跟踪 ... 129
- 3.8.7 用户行为分析 ... 129
- 3.8.8 分析结果汇总,修正优化方案 ... 132

3.9 小结 ... 133

第4章 网站内部优化（教学视频：127分钟）... 135

4.1 站内整体架构 ... 135

目录

- 4.1.1 搜索引擎友好的 DIV+CSS 结构 136
- 4.1.2 JS 脚本代码和 CSS 外置 138
- 4.1.3 点线面的完美布局 139
- 4.1.4 禁止使用框架结构 141
- 4.2 建设利于优化的后台程序 142
- 4.3 物理结构 145
  - 4.3.1 扁平物理结构 145
  - 4.3.2 树状物理结构 146
- 4.4 链接结构 146
- 4.5 页面冗余代码优化 148
  - 4.5.1 减少 Meta 标签冗余代码 148
  - 4.5.2 减少样式冗余代码 149
  - 4.5.3 给网页整体瘦身 150
- 4.6 网站导航目录优化 152
  - 4.6.1 导航结构清晰化 152
  - 4.6.2 目录结构精简化 153
- 4.7 网站地图 SiteMap 优化 154
  - 4.7.1 什么是网站地图 154
  - 4.7.2 网站地图有什么作用 155
  - 4.7.3 Html 网站地图的建立 156
  - 4.7.4 XML 网站地图的建立 157
  - 4.7.5 网站地图提交搜索引擎 159
- 4.8 网站内部权重传导 160
  - 4.8.1 链接指向重点页面 160
  - 4.8.2 减少非目标页面权重导入 161
  - 4.8.3 相关页面链接传递权重 162
- 4.9 禁止收录与跟踪 163
  - 4.9.1 Robots 文件优化 163
  - 4.9.2 Meta robots 优化 165
  - 4.9.3 nofollow 优化 166
- 4.10 URL 优化方法 167
  - 4.10.1 URL 优化的目标 168
  - 4.10.2 减少 URL 的层次及长度 168
  - 4.10.3 URL 的内容含关键词 169
  - 4.10.4 动态 URL 的优缺点 170
  - 4.10.5 URL 静态化 171
  - 4.10.6 URL 重定向到规范网址 172
  - 4.10.7 路径的绝对与相对 174
- 4.11 页面内容优化 177
  - 4.11.1 筛选关键词 177

- 4.11.2 Title 的关键词优化 179
- 4.11.3 Description 的关键词优化 182
- 4.11.4 Keywords 的关键词优化 184
- 4.11.5 H 标签的关键词优化 184
- 4.11.6 图片 ALT 的关键词优化 185
- 4.11.7 关键词在网页中的出现位置 186
- 4.11.8 关键词在网页中的变式展现 187
- 4.11.9 控制关键词的密度 188
- 4.11.10 加粗关键词 188
- 4.11.11 内部链接锚文本 189
- 4.11.12 避免关键词在网站内部竞争 190
- 4.11.13 避免站内内容重复 191
- 4.11.14 提高关键词周围文字的相关性 192
- 4.11.15 关键词拆分布局在网页中 192

4.12 内部优化不利因素 193
- 4.12.1 整站使用 Flash 193
- 4.12.2 JavaScript 导航或链接 194
- 4.12.3 网站代码冗余 195
- 4.12.4 网页内容与已收录内容高度重复 195
- 4.12.5 网站内部重复内容过多 196
- 4.12.6 链向低质量或垃圾站点 197
- 4.12.7 过分堆砌关键词 197
- 4.12.8 大量出售链接 198
- 4.12.9 经常更改网页 Meta 标签 199
- 4.12.10 网页违规跳转 199
- 4.12.11 使用框架结构 200
- 4.12.12 登录才能显示网页内容 200
- 4.12.13 网站更新频率波动太大 201

4.13 HTTP 状态码 201
- 4.13.1 常见的 HTTP 状态码 202
- 4.13.2 HTTP 错误状态的产生 203
- 4.13.3 建立必要的 404 页面 203

4.14 小结 204

第 5 章 网站外部优化（教学视频：81 分钟） 206

5.1 外部链接概述 206
- 5.1.1 Google PR 算法 206
- 5.1.2 外部链接有什么作用 207
- 5.1.3 外链的表现形式 208

5.2 外部链接优化建议 209

    5.2.1　外部链接锚文字优化 210
    5.2.2　外部链接网站的质量 211
    5.2.3　外部链接网页的相关性 211
    5.2.4　外部链接网站的相关性 212
    5.2.5　外部链接的广泛度 213
    5.2.6　外部链接的数量 213
  5.3　外部链接建设方法 215
    5.3.1　交换友情链接 215
    5.3.2　到网站导航提交网站 216
    5.3.3　企业供求商铺发布外链 217
    5.3.4　分类信息平台发布外链 217
    5.3.5　博客及论坛发布外链 218
    5.3.6　问答平台发布外链 219
    5.3.7　站长查询平台查询记录中的外链 220
    5.3.8　书签网摘平台 221
    5.3.9　制作链接诱饵 222
  5.4　友情链接交换查询技巧 223
    5.4.1　注意对方的PR及百度权重高低 223
    5.4.2　首页快照是否及时更新 224
    5.4.3　网站收录情况 225
    5.4.4　出站链接数量多少 226
  5.5　网站外链建设方案调整 226
    5.5.1　网站外链收录分析 226
    5.5.2　外链建设遇到的问题 227
    5.5.3　外链建设方案要及时调整 228
  5.6　小结 229

第6章　白帽、黑帽和灰帽（教学视频：51分钟） 230
  6.1　白帽、黑帽和灰帽的关系 230
  6.2　常见的黑帽SEO方法 231
    6.2.1　关键词堆砌 231
    6.2.2　隐藏文字及链接 232
    6.2.3　买卖链接 234
    6.2.4　链接工厂 235
    6.2.5　镜像网站 235
    6.2.6　软件群发博客外链 236
    6.2.7　挂黑链 237
    6.2.8　PR劫持 237
    6.2.9　桥页（门页） 239
    6.2.10　违规跳转 239

	6.2.11	诱饵替换	240
	6.2.12	斗篷法	241
6.3	做好灰帽也能成功		242
6.4	搜索引擎对作弊的惩罚		243
6.5	小结		245

第3篇　SEO 进阶

第 7 章　SEO 综合实战（教学视频：124 分钟）　248
- 7.1 分析网站制定优化目标　248
  - 7.1.1 网站的市场定位　248
  - 7.1.2 分析竞争对手的情况　249
  - 7.1.3 确定网站关键词排名目标　251
  - 7.1.4 网站关键词转化的要求　251
  - 7.1.5 网站品牌推广目标　252
- 7.2 制定网站优化策略　253
  - 7.2.1 内部优化策略　253
  - 7.2.2 外部优化策略　254
  - 7.2.3 制定优化方案计划书　255
- 7.3 选择合适的域名　255
  - 7.3.1 选择便于记忆的域名　256
  - 7.3.2 选择利于优化的域名　256
- 7.4 怎样选择稳定高速的服务器　257
  - 7.4.1 选择权威的服务器提供商　258
  - 7.4.2 选择稳定的服务器　258
  - 7.4.3 购买适合的主机套餐　259
  - 7.4.4 注重服务器的安全性　260
- 7.5 建设搜索引擎友好的网站架构　261
  - 7.5.1 优化建站系统　261
  - 7.5.2 使用友好的网站架构　261
  - 7.5.3 精简的代码　262
- 7.6 网站关键词的分布　263
  - 7.6.1 网站关键词布局到各级网页　263
  - 7.6.2 页面关键词的优化　264
  - 7.6.3 长尾关键词布局在文章页　265
- 7.7 原创有价值的内容　265
  - 7.7.1 网站内容原创性　266
  - 7.7.2 有价值的网站内容　266
  - 7.7.3 内容真实可靠　267

7.8 增加外部链接 267
7.8.1 选择重点关键词为锚文本 267
7.8.2 外链要广泛 268
7.8.3 增加高质量的外部链接 269

7.9 网站日常监测 269
7.9.1 网站日志监测寻找网站问题 270
7.9.2 监测网站流量数据 271
7.9.3 监测关键词排名 272
7.9.4 外链优化效果监测 273

7.10 优化过程中策略的调整 274
7.10.1 根据网站收录情况调整 274
7.10.2 选择机会关键词优化 274
7.10.3 重点关键词排名调整优化策略 275
7.10.4 网站改版升级 275

7.11 SEO 常见问题分析 276
7.11.1 网站收录不完全 276
7.11.2 搜索引擎索引库的错误网页 276
7.11.3 网站被 K 怎么办 278
7.11.4 Site 网站首页不在第一位 279
7.11.5 过度优化导致权重下降 280
7.11.6 长期看不到优化效果 280
7.11.7 首页快照不更新 281
7.11.8 关键词排名不稳定 282
7.11.9 只有流量没有品牌效应 283
7.11.10 受到搜索引擎的惩罚 284
7.11.11 转化率低，跳出率高 284

7.12 注意网站安全 285
7.12.1 服务器安全问题 285
7.12.2 网站自身安全问题 286

7.13 实战案例分析 286
7.13.1 内部优化案例 286
7.13.2 外部优化案例 289

7.14 小结 290

第 8 章 搜索引擎发展趋势（教学视频：41 分钟） 291
8.1 个性化搜索 291
8.2 整合搜索 293
8.3 垂直搜索 295
8.4 区域性搜索 297
8.5 框计算 299

- 8.6 语音搜索 ··········301
- 8.7 索引内容更丰富 ··········302
- 8.8 本地搜索 ··········303
- 8.9 完善收录技术 ··········304
- 8.10 小结 ··········304

第 9 章 SEO 工具介绍（教学视频：112 分钟）··········306
- 9.1 站长之家工具 ··········306
- 9.2 站长帮手 ··········309
- 9.3 爱站 ··········312
- 9.4 追词助手 ··········315
- 9.5 草根站长工具箱 ··········318
- 9.6 Bing 外链查询工具 ··········321
- 9.7 百度指数 ··········322
- 9.8 百度搜索风云榜 ··········324
- 9.9 Google 趋势 ··········325
- 9.10 Ranknow 网站助手 ··········328
- 9.11 奏鸣批量查询 ··········331
- 9.12 Alexa.cn ··········333
- 9.13 金花日志分析器 ··········334
- 9.14 Open Site Explorer ··········336
- 9.15 GTmetrix ··········340
- 9.16 谷歌网站管理员工具 ··········342
- 9.17 百度站长工具 ··········345
- 9.18 小结 ··········348

第1篇 SEO理论

▶▶ 第1章 SEO概述

▶▶ 第2章 搜索引擎揭秘

第 1 章　SEO 概述

在信息技术高度发达的今天,互联网已经深深地融入了我们的学习、工作和生活的每个部分。据中国互联网络信息中心(CNNIC)发布的《第 30 次中国互联网络发展状况统计报告》称:截至 2012 年 6 月底,中国网民数量达到 5.38 亿,互联网普及率为 39.9%。并且随着我国经济和科技的发展,互联网用户数量还将持续上涨。而在这个巨大的市场面前,我们是想成为一个技术的使用者,还是想要从这个巨大的市场中分到一块属于自己的蛋糕?相信很多人会选择后者,那么我们怎样才能从中获利呢?

在这个充满机会与挑战的市场中,由于信息量的庞大,我们已经很难从浩瀚的互联网上找到最需要的信息和服务了。于是搜索引擎(Search Engine)出现了,让我们能从无数的网页中,挑选出最符合我们要求的网页,并且一个新兴的技术也随之产生,那就是搜索引擎优化(SEO)。这种技术帮助了无数互联网从业者及企业取得了成功,但是由于互联网基数庞大,我国 SEO 从业者数量还存在巨大的缺口,从业市场前景广阔。本章将介绍 SEO 的一些基础知识,使读者对 SEO 有个全新而准确的认识,也是走向 SEO 高手的第一步。

1.1　SEO 是什么

SEO(Search Engine Optimization,搜索引擎优化)是一种利用搜索引擎的排名规则,来提高目标网站在自然搜索结果中收录数量和排名的优化行为,其目的是从搜索引擎中获得更多地免费流量,以及更好地展现形象。

简单地说,搜索引擎优化是提高自然搜索排名获得流量,且提供给用户有价值的信息。SEO 分为站长能控制的网站内部优化,以及网站本身以外的外部优化两个部分,这与搜索引擎营销有一定区别和联系。

SEO 不仅是一种网络营销的方法,而且也是每个 SEO 从业者的态度。做 SEO 就像做人一样,要想成为一个有价值的人,就必须不断地充实自己的内涵和知识,做出巨大的贡献,在社会中才会有更多的人需要你、支持你,这就是 SEO 的态度。其中网站就像人,不断完善站内的东西,帮助了别人成就了自己,也有更多的网站链接指向你,那么在这样的良性循环中会达到最优化的状态,所以说做 SEO 就是做人。

做 SEO 也是一门艺术,懂欣赏的人就知道它的魅力。就像和搜索引擎谈一场恋爱,需要我们去了解搜索引擎的喜好,做搜索引擎喜欢的优化,不去触碰搜索引擎的底线,否则就只能出局。相反,当我们真正运用好 SEO 技术,我们就能得到搜索引擎的巨大回报。

说 SEO 简单,它也简单,很多人说就是外链和内容。说 SEO 复杂,它很复杂,因为有太多的不确定性,你无法知道搜索引擎的具体算法,无法随时跟上搜索引擎的更新。这就是 SEO 的魅力,让很多人又爱又恨。SEO 技术是一个盘旋于边缘的技术,做得好就会获得巨大利益，做过头了，跌落山崖，一蹶不振。因此我们需要清楚地了解 SEO 和搜索引擎的原理，这是学习 SEO 的根本和做好 SEO 的保证，也是贯穿于整个优化过程的基础。

很多人片面地认为，搜索引擎优化就是钻搜索引擎的空子，其实正确的搜索引擎优化有利于提高用户体验，也更能满足用户的需求。搜索引擎的服务对象是用户，不是信息和需求的提供者，只有对用户有价值的东西才是搜索引擎喜欢的，这也就要求我们做 SEO 的时候，不仅要考虑怎样迎合搜索引擎的口味，更要从根本上改善用户体验，提供更多有价值的东西。

1.2　SEO 的发展历程

搜索引擎产生时并没有 SEO 这个说法，因为那时候网站数量还极少，而且主要是一些不以盈利为目的的网站，那些网站并不注重搜索引擎的排名。直到网站向商业化发展，商业网站的竞争不断加大，搜索引擎逐渐成为人们获取自身需要信息的方式时，SEO 慢慢出现了。

国外 SEO 的出现，是在 1997 年左右的美国，由于商业需要，许多商业网站选择专门提供搜索引擎优化的机构，为自己网站的盈利提供技术支持，有的直接自己走上了搜索引擎优化的道路。从 2004 年国际 SEO 开始飞速发展，互联网从业者也越来越重视 SEO。随着 SEO 技术的发展，SEO 又分出了两类，即白帽 SEO 及黑帽 SEO。白帽 SEO 主要是通过正规的手法来完成优化排名；而黑帽 SEO 则是通过一些违反搜索引擎规则的手法完成优化排名。但在当时 SEO 没有一个明确的分类，黑帽 SEO 和白帽 SEO 的区分也不那么明显。

在国外，SEO 行业随着搜索引擎的普及而不断发展，直到 2002 年 SEO 传入国内。由于国内互联网近年来的飞速普及，国内 SEO 行业也迎来空前的发展。从 2007 年至今，随着 SEO 技术影响力的扩大，提供 SEO 服务的公司开始建立起来，很多网络公司也有了固定的 SEO 部门。但是仍处于发展阶段的国内 SEO 还存在很多的问题，不过随着国内信息化的深入，SEO 行业还将不断扩大，技术也将不断更新。

虽然目前 SEO 技术在国内几乎遍及每个网站，网站所有者对于 SEO 也非常重视。但是由于没有经过系统的学习，很多 SEO 从业者对于 SEO 只有片面或者零碎的理论知识，不能完全应对 SEO 的优化任务和出现的问题。这不仅不利于网站本身的优化，而且不利于整个 SEO 行业的发展。随着本书的深入，我们也将向大家展示系统的 SEO 技术和整合零碎的理论知识。

1.3　SEO 的巨大作用

对于所有的网站站长来说，SEO 技术的吸引力无疑是非常巨大的。因为相对于搜索引擎竞价排名，或者其他推广形式来说，SEO 有着极低的成本支出和丰厚的回报收益这两个优点。SEO 技术确实给一些投资较低的网站带来了数倍甚至数十倍的利益，而这仅仅是 SEO 作用的其中一个体现而已。本节将介绍 SEO 的一些主要作用。

1.3.1　SEO 为网站盈利提供保证

网站的目的是盈利，使网站盈利的方法有很多，搜索引擎优化就是其中一种，这种方法成本低、回报高。

对任何网站来说，不论网站的大小、行业，都可以利用 SEO 为网站盈利提供帮助。尤其对于以流量为目标的网站，SEO 是网站发展的根本动力，是网站盈利的保证。因为 SEO 的作用就是为网站带来搜索引擎流量，有了流量网站就有很多盈利的途径，比如网站广告位的销售、网站自身产品的销售、网站其他服务的费用等。

（1）SEO 帮助网站广告销售盈利。目前大多数网站的盈利方式仍是网络广告，尤其以资源站、新闻站、下载站等类型网站为主，如资源站中的单机游戏站乐游网是典型的利用 SEO 获得流量，从而获得网络广告盈利的网站。如图 1.1 所示为乐游网的网络广告。

图 1.1　乐游网的网络广告

（2）SEO 帮助网站自身产品销售盈利。大多数企业网站并不做广告，基本都是宣传自身公司形象，或者销售自己的产品。在这个互联网的时代里，做什么都不可能只有一家，因此在网络上的竞争也是非常激烈的。要想宣传公司、销售产品就必须让网站被更多的人看到，而 SEO 的作用就是让网站被更多的人看到。利用 SEO 能让更多人获得公司的销售信息，通常这些人都是通过搜索相关关键词进入，这些都是有潜在购买意图的用户，能提升网站的销售业绩。如图 1.2 所示为搜索某个产品关键词出现的企业网站。

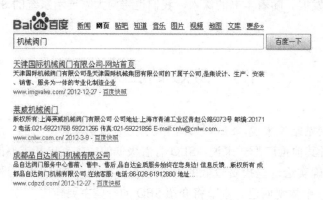

图 1.2　销售机械阀门的企业网站

（3）SEO 帮助网站其他服务盈利。有的网站采用为用户提高服务的方式盈利，比如会员的特殊功能、用户的增值服务等，这类网站通常以论坛、博客网站为主。博客、论坛通过对会员的增值服务和特殊功能对用户收费，但是有一个前提，即必须是卖方市场，也就是网站要有吸引用户的地方，其他地方不能满足用户，用户有理由选择此网站进行付费。而 SEO 的作用就是，将用户带入这些网站中，增加网站的注册用户和付费用户。如图 1.3 所示为站长都比较熟悉的 A5 论坛需要付费进行发帖的板块。

图 1.3　A5 论坛付费发帖板块

以上三种盈利点都来自于网站流量的基础上，如果不是品牌大站，搜索引擎流量就占了网站流量的大部分，这也证明 SEO 在网站盈利中的重要性。

1.3.2　SEO 能树立企业品牌

SEO 能给网站带来流量，这不奇怪，大多数从事互联网的人都知道。但是 SEO 带来的流量总是暂时的，让更多的人知道网站才是长久的，这就是树立企业品牌。

品牌推广最受社会认可的方式是广告，而 SEO 的效果就是广告，是将网站页面提升到关键词排名的前列，从而让网站获得更多的展示机会，相当于在搜索引擎中做广告。如图 1.4 所示为百度搜索"鞋城"关键词的结果，本来不知道这些网站，但是通过搜索认识了这几个鞋城品牌，企业网站也是相同的道理。

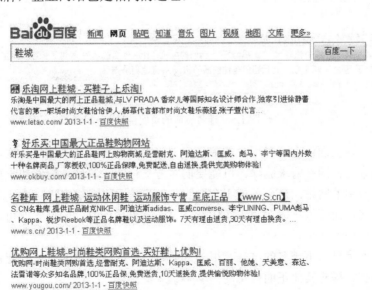

图 1.4　SEO 推广网站品牌

当然利用 SEO 做广告推广企业品牌，必须遵循一定的规律才能让用户在众多的网站中记住自己的品牌。这种规律一般是用户体验优越、网站独特、品牌推广意识强等。

- 用户体验优越的网站能给用户带来惊喜，并接受网站及品牌；
- 网站独特的功能也能给用户带来无法替代的用户感受，从而使用户对网站有更深的印象，难以舍弃这个网站，网站及品牌就被用户所认知；
- 品牌推广意识强也能推广网站品牌，如在每个网页 Title 末尾加入品牌名、网站 Logo 有特点、站内很多部位有网站品牌、站外软文外链等，都是品牌推广意识强的表现，对网站的品牌树立有较大的帮助。

1.3.3　SEO 处理信任危机

在竞争激烈的互联网中，网站或公司不可能全部是正面评价，也有用户或者竞争对手的负面评价。当这些负面信息获得很好排名的时候，公司或者网站品牌就会受到严重影响。

当用户搜索网站名或者公司品牌时，出现负面信息会让用户怀疑网站或公司。这不仅会使公司及网站的盈利减少，更严重的是用户不再相信公司或网站，损害了品牌形象，造成不可估量的损失，这在竞争严重的行业尤为突出。如图 1.5 所示在百度搜索 IDC 提供商 "火网互联" 时，结果中负面信息排在了百度知道的后面，位置非常靠前，这是非常严重的问题，用户对火网互联的品牌信任马上会下降。

图 1.5　排名靠前的负面信息

如果品牌出现负面信息，对用户的信任度是极大的伤害。通常这类负面信息是很难删除的，如果联系对方网站请求删除，可能要向对方支付一大笔钱才能解决，如果该负面信息出现在竞争对手的网站，甚至可能不会删除。SEO 就可以解决这些问题，因为 SEO 能提升关键词排名，而这里只需要用正面信息将页面信息挤到靠后的位置即可，用户通常不会翻看过多页的搜索结果。

通常将负面信息挤下排名的方法有很多，如购买高权重网站的软文、建设论坛博客等第三方平台软文、提升其他正面信息的排名等。

- 购买高权重网站的软文。针对负面信息的关键词，对软文的标题和正文进行相应关键词的优化，然后付费投放到高权重的网站。通常这些软文在高权重的帮助下能获得较好的排名，将原来排名靠前的负面信息挤下去。

❑ 建设论坛博客等第三方平台软文。一般在一些比较好的论坛博客中建设一些关键词软文，然后利用搜索结果更新排在结果的前列。这样就可以不付费做软文排名了，但是这类软文的效果不稳定，通常当搜索引擎更新后排名又下降了。

❑ 提升其他正面信息的排名。负面信息一般不会很多，都是少数排名靠前进而影响品牌信任度。所以在这些排名靠前的负面信息后面还有很多正面信息。通过给这些正面信息建设外链提高页面权重，使页面的排名提高，超越负面信息，将负面信息挤到后面。

另外在其他媒体中，网站或公司品牌也可能产生信任危机，那么要在互联网中解决，也是像上面一样，将正面信息排在前列，让用户尽可能少地看到品牌负面信息，减轻信任危机。

互联网是一个自由的地方，我们无法控制别人怎么评价自己，也没办法控制搜索引擎永远将正面信息排在前面。出现负面信息也是正常情况，但是负面信息会对品牌造成极大的信任危机，这是所有人都不想看到的。但是出现了负面信息，用其他方法解决，相对于利用 SEO 投入的资金更多，所以利用 SEO 处理品牌的信任危机，是成本较低、效果较好的一种方法。

1.4 SEO 的关系

SEO 是一种网站营销的方式，与网站的其他建设内容有很大的联系。而通过这些联系，可以更清楚地知道 SEO 的用途和区别，从而对 SEO 有更准确的认识和界定。本节将从 SEO 与排名、SEM、网站运营三方面的关系进行分析。

1.4.1 SEO 与排名的关系

很多人对 SEO 的认识就是提高关键词排名。不能说这种说法是错误的，只是不够全面。

排名可以分为竞价排名和自然排名，自然排名是属于 SEO 的一部分，而竞价排名不属于 SEO，但会用到一些 SEO 的知识。如图 1.6 所示是 SEO 与排名的关系。

前面说过 SEO 能提高关键词的自然排名，而这并不是 SEO 的全部作用。SEO 是通过提高排名获得流量，转化为网站的盈利。提高排名并不一定能获得好的流量，网页是否满足用户的需求、标题描述能否吸引用户点击，也影响着网站的流量。而流量能否转化为盈利，还需要网站内部的优化，才能增加固定用户或者销售产品服务。

排名中的竞价排名，并不属于 SEO 的范畴，因为它更多的是根据投入的资金多少，决定网页的排名位置。竞价排名是独立于自然排名以外的搜索引擎系

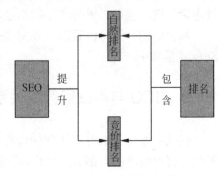

图 1.6 SEO 与排名的关系

统的其他系统，但是竞价排名系统不止采用价格决定排名的算法，也会考虑网页标题关键词的匹配度，这就需要用到 SEO 的知识优化。因此说 SEO 与竞价排名完全没有关系，也是错误的。竞价排名与自然排名是平行的搜索引擎系统，但也有着一定的联系。

总地来说，SEO 与排名的关系是既不完全属于，也不完全独立。

1.4.2 SEO 与 SEM 的关系

因为对 SEO 已经有了一定的认识，所以在解释 SEO 与 SEM 的关系之前，应该先对 SEM 做一个大致的了解。

SEM（Search Engine Marketing）译为搜索引擎营销，是网络营销的一种方式。主要在搜索引擎中进行网站或品牌的营销，因此，在搜索引擎范围内的营销行为都属于 SEM。而 SEO 也是在搜索引擎中对网站及品牌进行的营销活动，所以 SEO 是属于 SEM 的，也就是其中的一部分。

在 SEM 中，除了 SEO 和竞价排名外，还有关键词广告、PPC 来电付费等方式。如图 1.7 所示为 SEM 的营销方式。

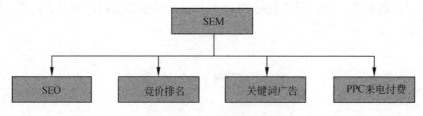

图 1.7　SEM 的营销方式

SEO 是根据搜索引擎排名算法的规则，将网站优化至更符合规则，提高排名获得流量和销售，并提高品牌知名度。

竞价排名是通过付费给搜索引擎，在某些关键词获得排名，出价越高排名越高，但是这与自然排名是区分开的。一般位于自然排名的上面或侧面，位于上面的通常加入其他底色，或者在结果中标注为推广链接和广告。

关键词广告一般是在搜索结果页面显示广告，例如一些右下角的视窗广告等，这种广告能精准定位，将广告展现给搜索关键词的用户，达到更好的品牌推广和产品销售效果。

PPC（Pay Per Call）就是按通话付费，通过搜索引擎相关关键词展示电话，并获得有效电话咨询，也可以提高产品的销量。

从上面的介绍可以看出，SEM 是一种网络营销方式，其中包括多种具体营销方法，而 SEO 就是其中一种。

1.4.3　SEO 与网站运营的关系

仅从字面意义上讲，SEO 的内容明显没有网站运营广泛。实际上也是如此，SEO 只是网站运营中很小的一部分工作内容。

通常在网站运营部门，有专门的 SEO 优化小组，SEO 小组只负责网站的搜索引擎优化工作。网站要运行，不仅仅只有搜索引擎优化这么简单，包括网站的筹备、网站的推广、网站的盈利、网站的成本、运营部门的管理等。

网站运营关系到网站的发展与盈利,而 SEO 更多是关系网站在搜索引擎的营销。SEO 是搜索引擎营销的一种方法,而网站在搜索引擎的营销,只是网站发展和盈利的一部分内容,也就是网站运营的一部分。可以总结为 SEO 只是网站运营中一项工作的操作方法。因此,也可以知道 SEO 和网站运营并不是同一类型的概念,它们只是一种隶属关系。

通常最简单的认识就是,网站运营会用到 SEO 技术,SEO 不是网站运营的全部工作,但却是在网站运营中占很大比重的工作,所以部门中也必须有专业的 SEO 人员。

1.5 SEO 是长期的工作

在 SEM 中,SEO 技术和竞价排名有一定的区别,竞价排名一般只要提高关键词出价,就能马上提升排名,而 SEO 工作却不能如此立竿见影。SEO 是一项长期的工作,见效周期长,需要日积月累才能有所收获。因此,从事 SEO 行业,就不能急于求成,也不可半途而废。树立一个正确的 SEO 认识观,才能做好 SEO。

1.5.1 SEO 没有捷径可走

SEO 是一项没有捷径可走的工作,也不能投机取巧,更不能利用一些其他手段去操作排名,这不是真正的 SEO。

很多人对 SEO 不了解,认为 SEO 就是做外链,然后就疯狂地购买外链,希望能快速提高网站关键词的排名。但是这样做只会适得其反,让网站不仅没有好的排名,而且可能会受到搜索引擎的惩罚,让网站难以在搜索引擎中生存。

有时候不止购买外链,如果外链建设过快,都可能引起搜索引擎的怀疑。所以 SEO 应该一步一步来,没有捷径可走。

做 SEO 工作应该有很强的执行力,不能认为做了一部分外链工作,就能代替全部的优化工作,应该按照网站 SEO 计划进行优化。如果试图偷懒,网站是不可能有大的发展,更不可能在第三方的搜索引擎中有预期的表现。

所以 SEO 没有捷径可走,也不要妄想寻找捷径,因为捷径早晚会被发现,网站做大的梦想就会破灭。

1.5.2 SEO 见效需要一定的时间

SEO 不是竞价排名,不可能更改了价格排名马上就会发生变化,正规 SEO 的效果是比较缓慢的。所以学习 SEO 之前,就要明确 SEO 的见效需要一定时间,不能急于求成。

SEO 的优化是针对搜索引擎的,搜索引擎不会快速让网站变大,这对其他网站是不公平的。而且一个网站要成长为让用户放心的网站,也需要经过一定的时间,搜索引擎一般会对网站采取审核制度,如果网站能通过审核,那 SEO 的效果也就显现出来了。但是这需要一段时间,短则数周多则数月。

搜索引擎中,有一个现象就是搜索引擎对新站或改版后的站有一个审查算法,这个算法让网站不能快速改变排名，也可以预防作弊。在 Google 中有人称之为沙盒，但这并不是独立于普通算法的区域，而只是对网站 SEO 优化速度过快，或者有作弊行为添加的特征算法。通过这个特征算法，网站一般难以快速变化，所以不管是需要 SEO 服务的人，还是提供 SEO 服务的人，都应该知道 SEO 的见效需要一定的时间。

作为 SEO 优化者，更不能只追求速度而忽略了网站发展的客观规律。

1.5.3　SEO 需要循序渐进

网站优化是长期的工作，在工作中有很多不可预测因素，随时可能出现各种优化问题，所以在 SEO 优化中，要注意监测网站优化效果，不断改进网站的优化策略。

SEO 的成效是一点点积累起来的，网站从没有外链到有外链，从没有蜘蛛爬行到有蜘蛛爬行，从没有收录到有收录，从没有排名到有排名，都是循序渐进的过程。网站优化的效果是随着优化工作的增加而提高的，在此过程中，优化策略应该根据优化成效进行调整。

SEO 不是灵丹妙药，不能一口吃成个大胖子，需要增加营养并定期体检，再改变饮食，才能变得强壮。网站也是一样，定期的监测，优化的升级，才能提高网站在搜索引擎的表现，才是正确的 SEO 态度。

1.6　SEO 没有秘诀

很多人购买书籍学习 SEO，希望能从书籍中找到一些 SEO 的秘诀，但是很多人都发现，看了很多书也找不到一个屡试不爽的秘诀。需要提醒大家的是，SEO 没有秘诀，只有理论和实践。或许有的人不认同，认为很多人总结了秘诀，其实所谓的秘诀只是 SEO 工作中的一些操作技巧。这些操作技巧只是网站 SEO 中很小的一部分，真正的 SEO 是在正确理论下，不断坚持执行 SEO 计划中的工作。

1.6.1　SEO 只有技巧没有秘诀

很多人问，SEO 中有没有每个网站都能成功的秘诀，答案是肯定没有的。

SEO 没有秘诀，没有万能钥匙。

首先 SEO 技术是根据人们的优化经验，总结的针对搜索引擎算法的调整技术。而作为介于用户和网站之间的第三方平台，搜索引擎不会告知他人自己的排名算法，所以 SEO 不能完全准确地迎合搜索引擎，也就不可能有秘诀。

另外每个搜索引擎和每个网站都有不同的特点，没有万能的钥匙让所有网站符合所有搜索引擎的规则。因此，我们说 SEO 没有秘诀。

SEO 只有技巧，需要不断总结。

在网站优化中，经过实践证明的某些技巧是可行的，而且对搜索引擎优化有较大帮助，例如友情链接交换技巧、关键词挖掘技巧、内容建设技巧等。这些技巧在 SEO 中起到很大的作用，能帮助网站更好的获得流量，但是我们不能说这就是 SEO 的秘诀，因为这些技巧用在其他类型的网站效果可能并不好，甚至行不通。也可能算法有改变，这些技巧也就没那么好的效果了。所以不能说这些是 SEO 的秘诀，最多算做 SEO 技巧。

从事 SEO 行业，不要奢望有秘诀可以解决一切问题，只能在优化工作中，总结更适合自己网站的技巧。

1.6.2　SEO 需要不断坚持

从事网站优化工作，最怕的不是在优化工作中犯错，而是不能坚持。

我们知道 SEO 是一项长期的工作，没有捷径可走，那么在长期繁琐而重复的工作中，能否坚持下来就成了很多网站成败的关键。

SEO 工作不需要快速完成，或者一口气添加很多内容和外链，长期坚持的优化更为有效。因为搜索引擎并不喜欢一次就完成的优化。即使网站的内部优化已经非常完善，也需要一点点丰富网站的内容，才能得到搜索引擎更大的认可；在这一点上，外部优化表现得更突出，外链不能突然大量增加，应该循序渐进不断增多，才不会被搜索引擎认为有作弊的嫌疑。

很多网站做 SEO 没能把网站做大，最多的原因就是不能坚持。因为 SEO 的见效是需要一定时间的，当网站经过一段时间的优化，如果效果不明显就选择放弃，那么永远都优化不好网站。

网站优化不坚持，不能得到搜索引擎的认可，就达不到优化效果；长期坚持优化的网站，获得搜索引擎认可后，就能长期在搜索引擎中有好的表现。

1.6.3　SEO 应有合理的计划

作为一个专业的 SEOer，从事网站 SEO 时，不能想到什么就做什么，应有合理的 SEO 计划。没有合理的 SEO 计划，会造成以下网站优化问题。

- 网站优化的周期加长。没有合理的 SEO 计划，不能严格按照规定进行每天的优化工作，这里做点那里做点，优化的质量也就难以保证。尽管长期做，优化的效果也不明显，网站的优化周期将加长。
- 网站优化的成本提高。没有合理的 SEO 计划，优化工作的策略可能会随时变化，那么前面辛苦做的优化，可能这时已经用处不大；或者优化的重心改变，以前的关键词经过优化未达到效果，又重新优化其他关键词。这些都会浪费人力和时间，使网站的成本加大。
- 网站优化的风险增加。没有合理的 SEO 计划，凭着想象和经验对网站进行优化，就不能确定网站的优化效果，也无法保证不出现优化的安全问题。如果网站优化中，不小心使用了作弊的方法，网站就难以规避优化中的风险。

所以 SEO 不能没有计划，一个合理的 SEO 计划，将使网站及时、稳定的达到预期的目标，且成本能够得到控制。

1.7　SEO 常见术语

（1）SEO（Search Engine Optimization，搜索引擎最佳化）俗称搜索引擎优化。指利用搜索引擎自然排名规则，对网站进行相应的调整，从而使网站获得较好的关键词排名，以达到获取流量和推广品牌的目的。

（2）SEOer，在 SEO 行业内使用，指从事 SEO 工作的人员。

（3）SEF（Search Engine Friendly，搜索引擎友好）是 SEO 的基础。指通过提高网页源代码对搜索引擎蜘蛛的友好性，使搜索引擎蜘蛛更好地爬行抓取，从而提高蜘蛛的工作效率。包括网站结构、代码形式、内链优化等网站内部工作。SEF 不仅有利于搜索引擎，更有利于用户体验，在转移过度 SEO 的不良影响上也有一定作用。

（4）SEM（Search Engine Marketing，搜索引擎营销）利用所有的搜索引擎的服务和产品，对网站进行营销推广。SEM 主要分为两大部分：SEO 和 PPC，SEO 即搜索引擎优化，通过优化网站使网页在搜索引擎的自然排名提高，并获得流量和品牌的推广。PPC（Pay-Per-Click）即按点击付费广告，从搜索引擎那购买付费点击，主要包括竞价排名、付费广告、付费电话展示等。

（5）JS（JavaScript）是一种面向对象的动态类型的客户端脚本语言。在 Web 中使用非常广泛，主要作用是方便解决服务器终端语言与网页代码进行交互。JavaScript 的出现使得网页和用户之间实现了一种实时性的、动态的、交互性的关系，使网页包含更多活跃的元素和更加精彩的内容。常见的表格检查、动态效果等，都可以用 JS 实现。例如 JS 的简单代码：

```
<script type="application/javascript">
<!--
document.write("Javascript! 简单插入方法！");
-->
</script>
```

（6）CSS（Cascading Style Sheet，层叠样式表）通常又称为风格样式表，主要作用是对网页风格进行设计。通过建立样式表，可以统一控制 HTML 中各标志的显示属性。层叠样式表可以有效地控制网页外观，增加精确指定网页元素位置、外观，以及创建特殊效果的能力。例如，链接文字未点击前是黑色，当鼠标移上去后，字变成红色的且有下划线，链接文字点击后是蓝色，这就是一种风格。如下代码是全局网页超链接风格：

```
a{color:#000000;text-decoration:none; }
a:hover {color:#FF0000;text-decoration:underline;}
a:visited{color:#0000FF;text-decoration:none;}
```

（7）DIV 元素是用在 HTML 文档中，为大块的内容提供结构和背景的元素。DIV 的起始标签和结束标签之间，所有内容都是用来构成这个块的，其中所包含元素的特性，由 DIV 标签的属性来控制，或者通过使用样式表来进行控制，例如使用外部 CSS 样式表。如下 DIV 代码调用外部样式表：

```
<div class="news">
 <h2>….</h2>
 <p>……..</p>
 ...
</div>
```

（8）Meta 是 HTML 语言中的一个标签，也称做元标记。Meta 元素可提供有关页面的元信息，比如针对搜索引擎的描述和关键词。Meta 标签位于文档的头部，不包含任何内容，

Meta 标签的属性定义了与文档相关联的名称。代码如下：

```
<meta http-equiv="Content-Type" content="text/html; charset=gbk" />
<title>网页标题</title>
<meta name="generator" content="phpwind 8.0" />
<meta name="description" content="网页描述" />
<meta name="keywords" content="网页关键词" />
```

（9）框架（Frame，框架结构），使用框架，可以在浏览器窗口同时显示多个网页。每个 Frame 里设定一个网页，而且每个 Frame 里的网页相互独立。最简单的框架代码如下：

```
<html>
<frameset cols="25%,50%,25%">
  <frame src="a.htm" />
  <frame src="b.htm" />
  <frame src="c.htm" />
</frameset>
</html>
```

（10）301 是一种重定向的服务器状态返回码，是网址重定向中最为可行的一种办法。当网站的域名发生变更后，搜索引擎只对新域名进行索引，同时又会把旧域名原有的外部链接全部转移到新域名下，这就让网站的排名不会因为域名变更而受到影响。同样，在使用 301 永久重定向命令，让多个域名指向网站主域名时，也不会对网站的排名产生任何负面影响。

（11）404 也是一种服务器状态返回码，当用户输入网址无法在链接位置找到时，即返回 404 页面。当被访问页面不存在时，网站服务器向浏览器返回的错误代码被称为 404 页。为优化用户体验，网站可根据网民访问页面内容设计动态 404 页。

（12）IP（Internet Protocol，互联网协议）指网络之间互连的协议，用于计算机相互连接进行通信网络而设计的协议总称。包括文件传输协议、电子邮件协议、超文本传输协议、通信协议等。在网站 SEO 中，也会用于表示用户数量，IP 量通常在网站访问的数据统计中出现。

（13）PV（Page View，页面浏览量）：网站被用户访问的总页面数量，是网站优化的重要指标，体现网站的用户体验、内容价值等因素。

（14）SiteMap，即网站地图，用于方便搜索引擎抓取，网站索引文件。网站地图有两种格式，HTML 格式和 XML 格式。其中都含有网站重要链接，供搜索引擎爬行。

（15）FTP（File Transfer Protocol，网络文件双向传输协议）。在网站中，通常指网站服务器端和客户端的文件传输，如网站资源下载、网站文件管理等。

（16）AdSense（Google AdSense）是 Google 公司一种文本形式显示的广告。它可以根据投放广告的网页内容来显示相匹配的广告。当用户每次有效点击广告，Google 会支付网站主一定费用。这与百度广告联盟相似。

（17）AdWords（Google AdWords）是 Google 公司旗下的广告发布系统，如 Google 搜索结果右边的广告就是 AdWords 广告，这些广告是广告主通过 AdWrods 发布的。

（18）转化率（Conversion Rate）指注册、销售和访问量之间的比率。反应网站优化的效果，比如 10 个 IP 当中有一个购买了产品，那么这个转化率就是 10%。

（19）PPC（Pay Per Click，按点击付费）：网络中很多广告都采用按点击付费的形式，即 PPC 广告模式。而在搜索引擎中，PPC 包括竞价排名、关键词广告等多种形式，不过都是根据用户的点击量付费。

（20）CPC（Cost Per Click，按每次点击付费）：网民每一次有效点击广告，广告主将支付给网站主一定费用，目前大多数网络广告都采用此方式。

（21）CPL（Cost Per Lead，按每次成功引导付费）即每次通过特定链接，注册成功后付费的一个常见广告模式，这种注册方式通常也被称为引导注册。

（22）CPM（Cost Per Thousand，按每千次显示付费），即广告条每显示1000次的费用。按访问人次收费已经成为网络广告的惯例，而每千次显示成了网络广告付费的重要形式。CPM（千人成本）指的是广告投放过程中，听到或者看到某广告的每一人平均分担到多少广告成本。

（23）交叉链接（Cross Linking）：友情链接中，网站所有者将多个网站交叉相连，用以提高这些网站链接的权重或者PR。例如甲的目标站A和资源站A1、乙的目标站B和资源站B1交换友情链接，乙的B1链接网站A，甲的A1链接网站B，这就是交叉链接。

（24）CTR（Click Through Rate，点击展示比），即广告被点击次数与广告的展示次数之比，Google AdSense 统计结果中有此项数值。

（25）深层链接（Deep Linking）指那些网民不容易从网站首页访问到的内页链接。

（26）目录（Directory），目录网站是根据标题或者类别来分类收录网站列表的网站。被目录网站收录后，网站也更容易被搜索引擎收录，如雅虎目录、好123等。

（27）域名（Domain），网站地址，如www.google.com。通过域名用户能找到并浏览网站。

（28）入口页（Entry Page）一般是网站的首页。

（29）FFA（Free For All），一种免费的自助链接网站。

（30）静态URL：指不带有"？"、"="，以及"&"等字符的URL，也就是说URL中不带有任何参数。静态URL更加方便搜索引擎蜘蛛抓取网页。

（31）静态网页，在网站设计中，纯粹HTML格式的网页被称为静态网页，有时也被称为平面页。静态网页没有后台数据库、不含程序和不可交互的网页。静态网页文件通常以.htm、.html、.shtml、.xml等为后缀，网页编辑时的状态就是网页最后显示的状态。

（32）动态URL，指带有"？"、"="，以及"&"等字符的URL，即URL中带有参数。参数往往是提交给服务器用户请求的数据，或者是网页在数据库的标记。

（33）动态网页，在网页设计中，相对于静态网页的以.aspx、.asp、.jsp、.php、.perl、.cgi等形式为后缀的网页，通常在动态网页网址中带有"？"。动态网页一般只在用户访问时才生成该页面，该页面的内容存在数据库中。

（34）绝对路径，就是文件或目录在硬盘上真正的路径，绝对路径是从盘符开始的，如 d:\dreamdu\exe\1.html。

（35）相对路径指由当前文件所在的路径引起的，跟其他文件（或文件夹）的路径关系，相对路径是从当前路径开始的，如../exe/1.html。

（36）Spider，即搜索引擎蜘蛛，也称为Bot或WebCrawler，指搜索引擎在互联网中，爬行抓取网页数据的机器程序。搜索引擎蜘蛛的工作是沿着网络链接漫游Web文档集合，并将Web文档的数据带回到搜索引擎数据库中，然后以文档中包含的未访问链接作为新的起点，继续进行漫游，直到没有满足条件的新URL为止。蜘蛛在爬行网页时，并不一定会抓取未访问的链接，不抓取只是爬行，就是未被收录。

（37）Freshbot，指每隔 24 小时或者 72 小时来网站爬行，检查是否有高质量的新内容，以及是否更新频繁的搜索引擎机器人。

（38）Googlebot，即 Google 机器人，Google 搜索引擎用于爬行互联网，抓取网页内容的蜘蛛程序。

（39）SERP（Search Engine Results Page，搜索引擎结果页面），用户搜索关键词时，搜索引擎对搜索请求反馈的结果页面，通常 SERP 包含搜索结果的左右两侧，即包含右侧的竞价排名及广告内容。

（40）排名算法（Ranking Algorithm），搜索引擎对其索引中，网页列表排名的规则。每个搜索引擎排名算法都含有上百个规则，来对网页进行排名。

（41）自然排名，主要区别于竞价排名，是搜索引擎优化（SEO）的工作对象，SEO 就是为了提高网站的自然排名。自然排名是根据搜索引擎算法而获得排列结果。当搜索某个关键词时，搜索引擎根据对与该关键词相关的网页，进行分析并进行排列，然后把按算法认为最符合对该关键词的解释的页面，展示在最前的位置。当然，这些都是还没进行检索时，就已经处理好的数据结果，搜索时只是将处理好的页面数据展示在网页而已。

（42）网站流量，通常指的是网站的访问量，用来描述访问一个网站的用户数量，以及用户所浏览的网页数量等指标，常用的统计指标包括网站的独立用户数量、总用户数量（含重复访问者）、网页浏览数量、每个用户的页面浏览数量、用户在网站的平均停留时间等。

（43）网站日志，指记录 Web 服务器接收处理请求、运行错误等各种原始信息的以.log 结尾文件。对于专业 SEOer 而言，网站日志记录的各搜索引擎蜘蛛爬行网站的详细情况，是网站优化监测的重要信息。例如，哪个 IP 的百度蜘蛛机器人，在哪天访问了网站多少次，访问了哪些页面，以及访问页面时返回的 HTTP 状态码。

（44）Robots 文件，搜索引擎通过 Spider，自动访问互联网上的网站并抓取网页信息。Robots 文件是网站根目录下的一个纯文本文件，通常叫 Robots.txt。在这个文件中编写一些命令，告诉搜索引擎蜘蛛不要抓取和访问的这部分，防止这些内容不被搜索引擎收录，或者指定搜索引擎只收录指定的内容。

（45）百度快照，指百度最近一次对网站页面收录的内容数据。每个被收录的网页，在百度上都存有一个纯文本的备份，就是百度快照。如果无法打开某个搜索结果，或者打开速度特别慢，通过百度快照也可以打开存档的网页。

（46）PageRank，网页级别，是 Google 用于标识网页的等级/重要性的一种方法。该算法最基本的思想就是，由 A 网站链接到 B 网站的链接，可以被视为 A 网站对 B 网站的投票，即链接数越多、质量越好，网页的 PageRank 越高。

（47）关键字密度（Keyword Density），等于该页面出现该关键字的次数，除以整个页面的字数。关键字密度是 SEO 优化的一个重要内容。在早期的算法中，关键字密度对网页排名的影响非常大，现在关键字密度已经不那么重要了。

（48）关键字堆砌（Keyword Stuffing），在搜索引擎优化初期，关键字密度对排名影响很大，很多人利用关键字堆砌进行作弊，以达到一定的关键字密度，从而获得关键字排名。但是由于关键字密度已经对排名影响不大，而且搜索引擎也能轻易检测出关键字堆砌，所以已经没有多少人使用这一方法了。

（49）重复内容（Duplicate Content），一般是指域名内或者跨域名内，出现完全匹配或相似度高的内容。这种网页一般难以被收录，并使网站被认为是垃圾站或者作弊，受到搜索引擎的惩罚。

（50）链接锚文本（Anchor text），带有链接的关键字文本就叫链接锚文本。链接锚文本有利于 SEO 优化，锚文本外链能使相关关键字的排名上升。例如，有一个 SEO 优化的网站，有很多网站通过"SEO 优化"这个词链接到此网站，那么这个网站在这个关键词的排名就更好。

（51）nofollow 属性，指网站管理员用来告知搜索引擎这个链接不用跟踪，也不传递网页权重。简单地说，告诉搜索引擎，这个链接不是对目标网站或网页的投票，这样搜索引擎不会再访问这个链接。这样可以减少垃圾链接对网站排名的影响，从而可以改善搜索结果的质量，是搜索引擎非常提倡的。通常如论坛、问答等开放性平台，都采用 nofollow 属性，减少链接导出。

（52）反向链接（Backlink），又称导入链接。导入链接是由其他网站指向自身网站网页的链接，和导出链接（outboundlinks）相反。反向链接对网站 SEO 是非常重要的，因为是直接影响网页的 PR 及关键词相关性，从而改变其搜索引擎排名。

（53）单向链接（one-way link），是指网页链接到另一个网页，而另一个网页却没有对应返回的链接，那么这个指向另一个网页的链接就是单向链接。例如，网页 A 链接到网页 B，网页 B 并没有链接到网页 A，那么 A 到 B 的链接就是单向链接。

（54）链接广泛度（Link Popularity）也称之为链接流行度，是影响搜索引擎排名的重要标准。链接广泛度分为两部分，一部分是内部链接的广泛度，另一部分是外部链接的广泛度。搜索引擎认为网站在互联网中的受欢迎程度越高，网站的价值也就越大。尤其是网站在行业内网站的链接流行度，对网站的排名影响更大。

（55）面包屑导航（Bread crumb Navigation），在网页中，展示用户目前所处位置，以及当前页面在整个网站中的位置的导航。最初是在拥有庞大数据库，并且有复杂层次结构的网站使用。但现在，大多数网站中都有精心设计的导航系统。对于绝大多数网站来说，只有面包屑这一种导航机制并不够，但它们用来补充网站的主导航是最有价值的，特别是对于那些层次复杂的大型网站，或者需要绑定一堆网站的时候更加有用。

（56）链接诱饵（Link baiting），为了改善自己的搜索排名，吸引更多的反向链接，制作的一种吸引他人转载链接的内容。链接诱饵可以是文字形式，也可以是视频、图片、小程序等其他的形式。最常见的链接诱饵就是标题"...top 10"这类的文章，通常能获得大量的转载，从而得到大量的反链。

（57）目标关键词，指能核心地体现出网站所要表达的主题的关键词，网站的主要内容围绕这些关键词展开，并且带来主要流量，一般是 2～4 个字构成的一个词或词组，名词居多。用户往往对网站的产品和服务有需求，或者对网站的内容感兴趣。通常目标关键词是能体现大多数用户需求目标的关键词，而不是个性化的需求目标的关键词。例如，"SEO"和"SEO 优化公司"。

（58）长尾关键词，指那些非主要、非核心的，却占据绝大部分空间的关键词。长尾关键词就是非目标关键词，但它往往占据着更多的内容，由于数量多排名好，能带来更多的流量。因此存在大量长尾关键词的大中型网站，其带来的总流量非常大。长尾关键词的特征是比较长，往往是 2~3 个词组成，甚至是短语，存在于内容页面，除了内容页的标题，还存在于内容中。长尾关键词带来的客户，转化为网站产品客户的概率比目标关键词高很多。长尾关键词基本属性是可延伸性，针对性强，范围广。但是单个长尾关键词搜索量非常少，并不稳定。

（59）Google 沙盒（Google Sandbox），是谷歌创始的一种新站的特殊算法，在沙盒里面放置着最新的网站。存在于沙盒里面的网站，一般难以出现在自然搜索结果中，这相当于搜索引擎的一个审核期。一旦网站被搜索引擎验证为合法的，就会被移出沙盒获得排名。

（60）拔毛，SEO 俗语，就是网站被 K，是搜索引擎对网站的惩罚，删除索引数据库中网站全部的内容。

（61）降权，是搜索引擎对网站的惩罚，降低网站权重，使网站的关键词排名下降。

（62）死链接，指原来正常后来失效的链接。当客户端发送的请求是访问死链接时，服务器返回 404 页面。从用户的角度来看，死链接和错误链接的表现是一样的，都无法打开，用户体验都非常差。所以应避免网站出现死链接，死链接太多会大大降低网站的权威性。

（63）Spam（Stupid Person Advertising Method，笨蛋的广告方法），指针对搜索引擎使用的垃圾信息，进行网站推广的行为。例如，为提高收录大量添加无意义的内容、为提高排名大量发垃圾外链，以及使用非法收集电子邮件列表，大量发送垃圾邮件恶性推销等，都属于 Spam 的范畴。

（64）Google bomb，即 Google 炸弹，指的是通过增加 web 网页的网页级别（PageRank），试图篡改 google 上的搜索结果。2009 年 7 月，共和党激进分子曾成功运用"Google 炸弹"炮轰 Google，使奥巴马政府出现在"worst ever failure"（史上最失败事件）搜索结果的头条位置。

（65）桥页（Doorways），也称门页，指一个用来从搜索引擎吸引流量，并转向到另一个站点或页面的网页。虽然 Doorway 页面不完全等同于斗篷法，但效果是一样的，就是分别向用户和搜索引擎展示不同的内容。

（66）黑链，指一些人用非正常的手段，获取的其他网站的反向链接。最常见的黑链就是通过各种网站程序漏洞，入侵权重或者 PR 较高的网站，进而在被黑网站上链接自己的网站。黑链是 SEO 黑帽手法中相当普遍的一种手段。

（67）作弊链接（Link Spamming），典型的作弊链接技术包括链接工厂（link farms）、大宗链接交换程序（bulk link exchange programs）、交叉链接（Cross Link）等。链接工厂指由大量网页交叉链接而构成的一个网络系统。

（68）链轮，就是创建一些 Web2.0 的站点或 Blog，诸如百度空间、博客网 Blog、新浪 Blog、搜狐 Blog、网易 Blog，以及个人独立 Blog 等，这些站之间进行单向连接形成一个封闭的链轮，并将所有站点指向你的主站，用以提升主站的权重，以获得排名。Web2.0 站点的形式包括但不仅限于 Blog 形式，还包括社会书签、维基百科等形式。

（69）网页劫持（Page Jacking），就搜索引擎优化而言，网页劫持是将别人整个网站内容，全部复制下来，偷梁换柱到自己的网站上。网页内容极其匮乏的网站经常使用这个方法。但是这种做法有一定的风险，搜索引擎能从多个因素来判断这个被复制的网页或者网站是不是原创，如果不是原创内容，在数据库中已有相似内容，结果是不予收录的。

（70）镜像站点（Mirror Sites），通过复制网站或相同网站程序及内容，分配以不同域名和服务器，以此欺骗搜索引擎对同一站点或同一页面进行多次索引。现在搜索引擎都有能够检测镜像站点的过滤系统，一旦发觉镜像站点，则源站点和镜像站点都会从索引数据库中被删除。

（71）白帽SEO，简称"白帽"，使用符合搜索引擎规定的SEO优化方法提高用户体验，合理地与其他网站互联，从而使站点在搜索引擎中的排名提升。白帽SEO一直被业内认为是最佳的SEO手法，适合大中型网站的优化工作，避免了优化的风险，但是白帽SEO优化的见效周期过长。白帽SEO是一种公正的手法，它与黑帽SEO相反的。

（72）黑帽SEO，凡是使用作弊手段或损害公平原则手段的，都可以称为黑帽SEO，如斗篷法、垃圾链接、桥页、关键词堆砌等。黑帽SEO手法不符合搜索引擎的优化规定，是搜索引擎反对的。黑帽SEO通常用于很快回收成本的网站，利用短、平、快的特点，在搜索引擎未惩罚前获取利益，当搜索引擎发现，就会受到严重的惩罚。

（73）灰帽SEO，顾名思义，就是介乎白帽SEO和黑帽SEO之间的优化手段，其手法多样化，并不单一地采用白帽或黑帽技术，而是注重整体与局部的双向搜索引擎优化策略。灰帽SEO的特点是见效比白帽快，风险比黑帽小，是非常中庸的优化策略。

（74）软文，是相对于硬性广告而言的，通常由企业的市场策划人员，或者广告公司的文案人员负责撰写的文字广告。与硬广告相比，软文的广告植入更为和谐，不会让用户感觉赤裸裸地搞推销，也就更容易为人所接受。而且软文更针对用户需求，对用户的吸引力更大。

（75）阿拉丁平台，阿拉丁是百度推出的一个通用开放平台，它将接口开放给独特信息数据的拥有者，从而解决现有搜索引擎无法抓取和检索的暗网信息。它是基于百度网页搜索的开放的数据分享平台，广大站长和开发者，可以直接提交结构化的数据到百度搜索引擎中，实现更强大、更丰富的应用，使用户获得更好的搜索体验，并获得更多有价值的流量。例如，搜索"火车票"时，出现的去哪儿网站的数据查询框。

（76）垂直搜索，是针对某一个行业的专业搜索引擎，是搜索引擎的细分和延伸，是对网页库中的某类专门的信息进行一次整合，定向分字段抽取出需要的数据进行处理后再以某种形式返回给用户。相对通用搜索引擎的信息量大、查询不准确、深度不够等提出来的新的搜索引擎服务模式，通过针对某一特定领域、某一特定人群或某一特定需求，提供的有一定价值的信息和相关服务。其特点就是"专、精、深"，且具有行业色彩，相比较通用搜索引擎的海量信息无序化，垂直搜索引擎则显得更加专注、具体和深入，如找字网、豆丁网、爱搜书网等。

1.8 小　　结

本章到这里就全部结束了，通过第一章内容的学习，可以认识SEO，了解SEO的发展，并理解 SEO 的范畴。最重要的是培养正确的工作态度，因为 SEO 是一项繁琐的工作，正确对待才能有所收获。

本章前 3 节从 SEO 的概念、发展、作用分析，让读者全面地认识 SEO。

第 4 节则是 SEO 与网站的其他内容进行对比，以便读者能理解 SEO 的范畴和 SEO 的周边内容。

第 5 节和第 6 节阐述从事 SEO 的工作态度，端正态度才能做好工作。

第 7 节则是列举 SEO 常见的术语，让读者先熟悉 SEO 的一些常用语，以便后面讲解工作的快速展开。

本章学习目标：了解 SEO 的概念，理解 SEO 的范畴，认识 SEO 常用术语并培养正确的 SEO 工作态度。

本章学习重点：SEO 的概念和 SEO 常用术语。

第 2 章　搜索引擎揭秘

搜索引擎优化的基础是搜索引擎，要做好搜索引擎优化，就必须先认识搜索引擎、了解搜索引擎排名的规则。就像和搜索引擎谈次恋爱，不抓住搜索引擎的喜好，就得不到搜索引擎的认可。学习 SEO 最重要的方法，就是研究搜索引擎的排名规则，对排名规则了解透彻，然后根据排名规则做优化，网站优化工作就变得非常简单了。

例如，搜索引擎中锚文本链接，对网站关键词排名非常有帮助，但是如果一个站长并不知道这一规则，在实际外链建设中，直接使用普通超链接做外链，网站的权重是提升了，但是关键词排名第一位的却不多。这就是对规则认识不足出现的优化问题。

但是我们也知道，搜索引擎并不会对外公布自己的具体规则，因此很多方法都是经验总结的结果。本章的内容就是认识搜索引擎，了解搜索引擎的基础知识，并介绍一些 SEO 界公认的搜索引擎排名规则，为后面的优化工作打下理论基础。

2.1　搜索引擎简介

搜索引擎（Search Engine）是在一定的规则指导下，运用特定的计算机程序搜集互联网上的信息，在对信息进行处理和组织后，为用户提供检索服务的系统。简单地说，搜索引擎就是收集互联网信息，并将它们提供给用户查找的工具。

通常搜索引擎包括搜索器、索引器、检索器和用户接口四个部分，通常用户所能看到的只有用户接口，也就是搜索引擎的功能界面和结果界面，如图 2.1 所示为百度搜索引擎功能界面。其他三部分都是搜索引擎程序在后台完成的。搜索器是对 Web 中的内容进行漫游来发现和搜集信息的；索引器是分析搜索器搜集的信息，并提取索引项进行预排名计算，存入索引数据库中；检索器是根据用户查询检索索引库中文档，并按照一定规则进行排名。

图 2.1　百度搜索引擎功能界面

在互联网发展初期，网站数量还非常少，查找信息比较容易，而且网络对用户的帮助并不大，在互联网寻找信息的也不多。但是随着互联网近 20 年的高速发展，信息量剧烈增加，网络对用户的帮助越来越大，用户的需求也更多。互联网用户已经很难轻易地找到需要的信息，这时为满足大众信息检索需求，专业的搜索引擎就出现了。

现代意义上的搜索引擎的祖先，是 1990 年由麦吉尔大学（University of McGill）计算机学院的师生开发的 Archie。在 20 多年的发展过程中，出现了很多搜索引擎，也不断地提高了自身的技术。其间出现了一些较为著名的搜索引擎 Infoseek、Yahoo、Lycos、Ask、Google、Bing 等，最为著名的就是 Google。在国内则相对晚一点，起步于 1997 年发布的北大天网，然后出现了百度、搜狗、搜搜、爱问、即刻、中搜、有道、360 搜索等，目前市场占有率最高的为百度。

在搜索引擎的行业中，市场的占有率是衡量一个搜索引擎成功与否的重要标准，在这一项的竞争中，通用搜索引擎总能比其他搜索引擎更有优势，因为通用搜索引擎的用户群体更广。通常做网站优化的网站也更关注通用搜索引擎，而不是各种功能性搜索引擎。在通用搜索引擎中，国际上和国内的情况又有所不同，这是影响网站优化方向的重要因素。

在国际上，大的搜索引擎品牌以 Google、Yahoo、Bing 的市场占有率较高，几乎占据了国际市场的所有份额，其中 Google 无疑是国际搜索市场的最大赢家，在 2013 年初其市场份额已经超过了 80%。而 Yahoo 和 Bing 则瓜分剩下的绝大部分市场份额。如图 2.2 所示为由 NetMarketShare 提供的 2013 年初全球搜索引擎市场份额分布，可以看出如果是面向国际市场的网站，通常主选优化 Google 排名。

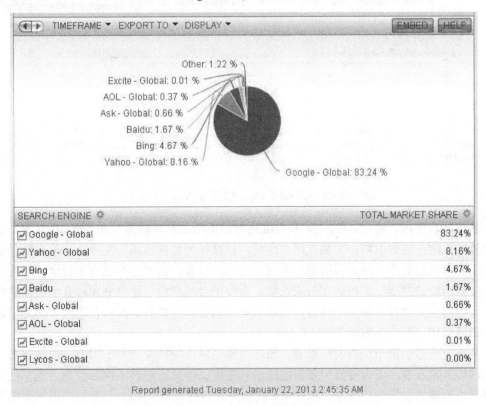

图 2.2　2013 年初全球搜索引擎市场份额分布

在国内，搜索引擎的发展速度非常快，尤其以百度为首。在面对国际搜索引擎 Google、Yahoo 等进入中国市场时，国内搜索引擎利用本土优势，反而获得了更多市场份额。甚至逼到国际搜索引擎巨头 Google 退出中国市场，目前 Google 只有香港和台湾两处服务器可提供中文搜索服务，而目前国内大多数人使用的 Google 都是 Google 香港。不过受 2012 年 360 搜索的影响，百度的市场占有率也有一定的下滑，但仍然占有是国内搜索市场的大部分占有率。而 360 搜索、搜搜、搜狗、Google 等，则分享了剩下的占有率，其中刚推出的 360 搜索的市场占有率，甚至达到了 10%以上。如图 2.3 所示为 CNZZ 的国内搜索引擎市场占有率。所以针对国内市场的网站，目前优化的对象以百度为主。

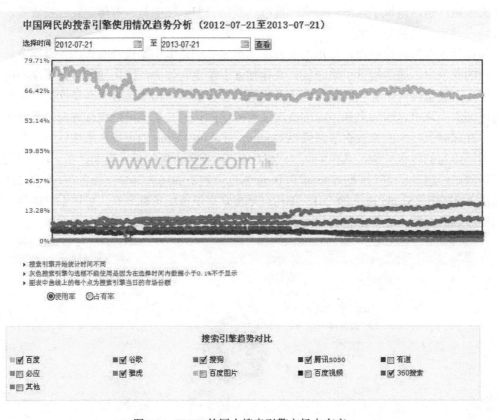

图 2.3　CNZZ 的国内搜索引擎市场占有率

从国际和国内市场上，Google 和百度两者的市场占有率较高，在 SEO 行业中，也主要是针对这两个搜索引擎。尤其在国内市场，百度作为目前市场的主导者，其市场份额更超过了其市场占有率，绝大多数网站的优化平台，以及广告平台都选择了百度。尽管百度面对一些市场的挑战，但相信在未来几年，百度仍会是国内市场份额和占有率最高的搜索引擎，因为其搜索技术和用户体验，在未来几年仍会保持优势。所以在国内市场上，针对百度做网站优化是有发展前景的。

从整个搜索引擎市场的发展来看，国际搜索引擎市场的发展早于国内。但是随着国内互联网的飞速发展，国内搜索引擎市场的增长速度已经远远超过了国际市场，也早已成为世界最大的搜索引擎使用国家。如图 2.4 所示为来自调查机构 Iresearch 的中国搜索引擎市场规模发展，据 Iresearch 预测，国内的搜索引擎市场在 2013 年将达到 391 亿元。并且从

2002 年到 2013 年，年增长率都保持在 38%以上，近几年增长率都超过了 50%，这在世界搜索引擎市场中是很罕见的。也可以预见，未来国内搜索引擎发展会给 SEO 行业带来更大的发展。

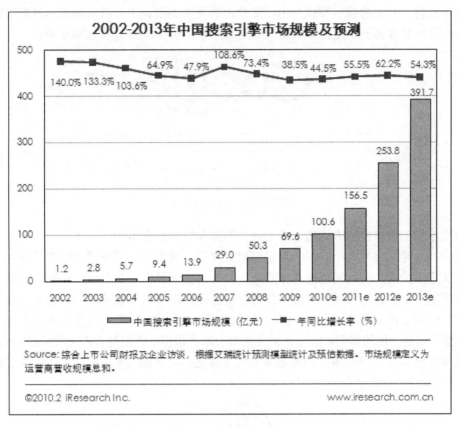

图 2.4　中国搜索引擎市场规模发展

搜索引擎的发展是以互联网的发展为基础的，搜索引擎优化的发展以搜索引擎的发展为基础。认识搜索引擎，了解搜索引擎的规则，是为搜索引擎优化服务的。

2.2　搜索引擎的分类

随着互联网和搜索引擎技术的发展，搜索引擎的种类也越来越丰富。按其工作方式划分的话，主要可分为三种，分别是全文搜索引擎、目录索引搜索引擎和元搜索引擎。按搜索引擎的搜索内容，可分为通用搜索引擎和垂直搜索引擎。搜索引擎还有很多划分方法，本节将对一些不同的搜索引擎，进行大致的介绍。

2.2.1　全文搜索引擎

全文搜索引擎（Full Text Search Engine），是目前使用最广泛的搜索引擎。它的工作原理是计算机索引程序通过扫描文章中的每一个词，对每一个词建立一个索引，注明该词在文章中出现的次数和位置，并对它进行预排名处理。当用户查询关键词时，检索程序会根据事先建立的索引进行查找，并将查找的结果反馈给用户，检索过程类似于通过字典中的检索字表查字的过程。

简单地说，全文搜索引擎就是用户最常用的使用关键词进行网页搜索的搜索引擎，如 Google、百度等都属于全文搜索引擎。如图 2.5 所示为 Google 全文搜索引擎。

图 2.5　G 全文搜索引擎

全文搜索引擎的检索方式通常分为按字检索和按词检索两种。

按字检索是指对文章中的每一个字都建立索引，检索时将词分解为字的组合；按词检索指对文章中的词，即语义单位建立索引，检索时按词检索，并且可以处理同义项等。英文搜索引擎按字检索和按词检索时，都有空格区分，切分词就非常轻松；而中文搜索引擎中，按字检索和按词检索完全不一样。按词检索中文词时，需要以词义和语义进行切分字词，才能正确建立词的索引，难度比英文搜索引擎大很多，所以拥有中文搜索优势的百度，能战胜国际搜索巨头 Google，这是最重要的原因之一。如图 2.6 所示为全文搜索引擎检索方式。

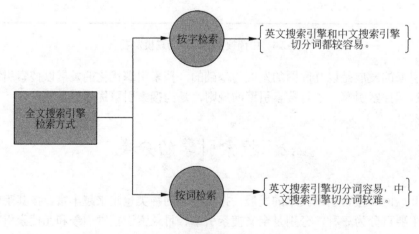

图 2.6　全文搜索引擎检索方式

根据搜索结果来源的不同，全文搜索引擎还可以分为两类：一类拥有自己的检索程序（Indexer），俗称"蜘蛛"（Spider）程序或"机器人"（Robot）程序，能自建网页数据库，搜索结果直接从自身的数据库中调用，上面提到的 Google、百度就属于此类；另一类则是租用其他搜索引擎的数据库，并按自定的格式排列搜索结果，如 Lycos 搜索引擎，目前 Lycos 主要是通过与雅虎合作，以交易的方式提供给用户。

从全文搜索引擎的抓取和检索方式可以看出，全文搜索引擎的信息量巨大，也是用户需求最大的搜索引擎，占据了绝大部分的搜索市场。这也使全文搜索引擎成为 SEO 主要针对的搜索引擎类型，不过全文搜索引擎也并非 SEO 的全部，目录索引和元搜索引擎对网站优化也有很大的帮助。

2.2.2 目录索引

目录索引（Search Index/Directory）是搜索引擎按照各个网站的性质，把其网址分门别类收集起来，可以是网站自己提交，也可以是搜索引擎自己提取。通常目录索引有几级分类，然后是各个网站的详细地址，一般还会提供各个网站的内容简介，就像一个电话号码簿。

用户在目录索引中查找网站时，可以使用关键字进行查询，也可以根据相关目录逐级查询，也能找到相关的网站。但在目录查询时，它只能够按照网站的名称、网址、简介等内容进行查询，所以它的查询结果也只是网站的 URL 地址，不能查到具体的网站页面。所以从严格意义上来说，国际上的 Yahoo 目录、国内的搜狐目录、Dmoz 等并不是真正的搜索引擎。如图 2.7 所示为 Yahoo 目录索引，下面的各种菜单即目录的各级分类。

图 2.7 Yahoo 目录索引

目录索引和全文搜索引擎有着很大的区别：

（1）目录索引通常是用户提交，或者网站自己进行人工添加。在添加时，目录索引工作人员会根据收录规则对网站进行检查，然后判断是否进行收录。全文搜索引擎是通过蜘蛛程序，进行互联网爬行对网站进行收录。

（2）目录索引收录的内容，通常只有网站的名称、网址、简介等网站主体外的内容，而网站内各网页的内容是没有的；而全文搜索引擎是通过蜘蛛爬行抓取的，所以会抓取网站内所有可以抓取的网页内容。

（3）目录索引收录对网站要求更高，评判标准十分严格，一般要求网站质量高的大网站才能被收录。而全文搜索引擎通常在收录网站时，要求不高，收录的网站数量更多。

目录索引严格意义上说并不是现代搜索引擎，因为通过搜索得到的网站全是通过人工编辑的，而不是搜索引擎自动抓取的。而且信息量远不及现代搜索引擎。所以目录索引在搜索引擎发展初期，能算作搜索引擎，现在已经远远不能满足大部分人的需求了，像 Yahoo 等目录索引，也开始与全文搜索引擎合作，和 Bing 搜索的合作就是体现。但是在目录索引已经快没有市场时与全文搜索引擎合作的情况下，很多全文搜索引擎却加入了目录索引的搜索形式，例如 Google 就使用 ODP 数据库提供分类查询。

目录索引虽然不能算严格意义上的搜索引擎，也不是我们所要关注的主要优化搜索引擎，但是目录索引却是一个很好的外链优化平台。

2.2.3 元搜索引擎

元搜索引擎（Meta Search Engine）是建立在独立搜索引擎之上的搜索引擎。它利用下层的若干个独立搜索引擎提供的服务，集中提供统一的检索服务。元搜索引擎在接受到用户查询请求时，同时在其他多个引擎上进行搜索，并将结果按照一定的规则排名返回给用户。

国际著名的元搜索引擎有 InfoSpace、Dogpile、Vivisimo 等，中文元搜索引擎中具代表性的有搜星、元搜搜索引擎。在搜索结果排列方面，有的按自定的规则重新排列组合返回结果，如 Vivisimo；有的则直接按来源引擎排列搜索结果，如 Dogpile、MetaCrawler 等。如图 2.8 所示为 Dogpile 搜索结果排列，都有调用的搜索引擎说明，在各个搜索引擎排名都好的网页，在 Dogpile 中也会有好的排名。

图 2.8　Dogpile 搜索结果排列

通常元搜索引擎主要由3部分组成：请求提交代理、检索接口代理及结果显示代理。
（1）请求提交代理负责选择调用哪些独立搜索引擎，检索返回结果数量限制等；
（2）检索接口代理将用户的检索请求按不同的格式发送到各个独立搜索引擎；
（3）结果显示代理负责各个独立搜索引擎检索结果的去重、合并及显示。

现在由于元搜索引擎技术得到高度的发展，已经能在一定程度上智能化处理用户的搜索请求。用户的行为信息是提高元搜索引擎用户体验的基础。如图2.9所示为元搜索引擎用户行为搜索模型，在用户搜索时，元搜索引擎会调用搜集的用户行为信息等，控制选择的独立搜索引擎，然后将该搜索引擎结果返回给用户。

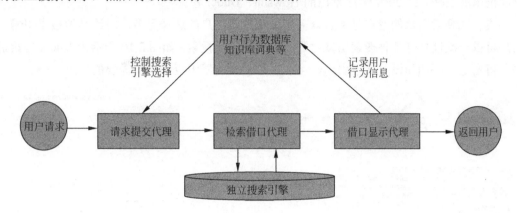

图2.9　元搜索引擎用户行为搜索模型

元搜索引擎一般有两种分类方法：
（1）按功能划分，元搜索引擎包括多线索式搜索引擎和All-in-One式搜索引擎。多线索式搜索引擎是指利用同一个检索界面，对多个独立搜索引擎数据库进行检索，然后返回统一格式的结果，如Metacrawler等。All-in-One式搜索引擎，是指将各个搜索引擎的查询结果分开展示，如Albany等。
（2）按运行方式的差异划分，可分为在线搜索引擎和桌面搜索引擎。在线搜索引擎是以网页形式进行搜索操作；而桌面搜索引擎则是以桌面工具软件的形式进行搜索操作。

元搜索引擎和全文搜索引擎有一定的不同：
（1）全文搜索引擎都拥有索引数据库，索引数据库中的文件是通过蜘蛛机器人爬行抓取的；而元搜索引擎是调用其他独立搜索引擎的数据，更不可能有蜘蛛机器人爬行网络。
（2）全文搜索引擎的数据，只来自一个搜索引擎数据库；元搜索引擎本身的特点就是多种搜索引擎数据的集合，所以其搜索结果通常来自于多个独立搜索引擎。

元搜索引擎结果是多个搜索引擎的数据，所以结果更丰富；而全文搜索引擎之间的算法不同，收录的网页内容也可能有差别，内容就没有元搜索引擎结果丰富。

元搜索引擎是为弥补传统搜索引擎的不足而出现的一种辅助检索工具。元搜索引擎有很多传统搜索引擎所不具备的优势，但是元搜索引擎依赖于数据库选择技术、文本选择技术、查询分派技术和结果综合技术等。用户界面的改进、调用策略的完善、返回信息的整合，以及最终检索结果的排序，仍然是未来元搜索引擎不断进步的方向。

由于元搜索引擎并没有自己的索引数据库，查询的结果是调用其他搜索引擎数据，所以并不能成为网站SEO的优化方向。但是由于有些元搜索引擎有一定的用户量，也有的元搜索引擎有自己的排名规则，所以可以做一些了解。

2.2.4 集合式搜索引擎

集合式搜索引擎类似于元搜索引擎，都没有自己的索引数据库。但是也有区别，集合式搜索引擎并非同时调用多个搜索引擎进行搜索，而是由用户从提供的若干搜索引擎中选择，然后搜索用户需要的内容，它的形式更像是集合几种搜索引擎供用户使用。例如，2002年底推出的 HotBot、2007 年底推出的 Howsou、Duoci 等。

集合式搜索引擎的特点是集合众多搜索引擎，用户的选择更多。对比其他搜索引擎，用户可以一次性打开多种搜索引擎对需要的信息进行搜索。如图 2.10 所示为 Duoci 搜索引擎，可自定义添加和设定搜索引擎，可在多种搜索引擎中查询用户需要的信息。

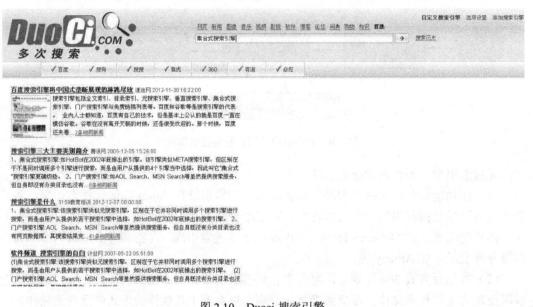

图 2.10　Duoci 搜索引擎

集合式搜索引擎和独立搜索引擎有一定的区别：

（1）可选择多种搜索引擎查询，但是和元搜索引擎不同，集合式搜索引擎只是将独立搜索引擎集合到一起，供用户选择使用的搜索引擎。

（2）没有独立搜索引擎的特征，无论是数据库、蜘蛛、检索程序都没有，所以说集合式搜索引擎并不是真正的搜索引擎，只是独立搜索引擎的集合。

从集合式搜索引擎的区别可以看出，集合式搜索引擎并不能代替独立搜索引擎，而且随着独立搜索引擎的发展，集合式搜索引擎的市场越来越小。2012 年 360 综合搜索推出的时候，集合了几种搜索引擎，也是集合式搜索引擎，但是当 360 搜索正式以独立域名运行后，也不再采用集合式类型。

集合式搜索引擎不是真正的搜索引擎，不属于 SEO 的优化范畴，所以只需要了解这只是一种搜索引擎的表现形式，本书就不做重点介绍。

2.2.5 垂直搜索引擎

垂直搜索引擎（Vertical Search Engines）是针对某一个行业、事物等进行专业搜索的搜索引擎，是对通用搜索内容的细分。垂直搜索引擎对网页库中的某类专门的信息进行整合，定向分字段抽取出需要的数据，经过处理后以某种形式返回给用户。

简单地说，通用搜索引擎是搜索所有类型的信息，垂直搜索引擎只搜索某一部分内容，如图片、视频、新闻、法律、专利等一类信息。

垂直搜索引擎的出现，是由于通用搜索引擎的信息不准、范围过大、深度不够，不能满足特殊搜索需求的用户。而垂直搜索引擎的内容都是经过分类的，针对性更强，更能满足用户的需求。如印搜、爱搜书、海峡农搜、百度法律、百度专利、Google 学术等，都是满足特殊需求的垂直搜索引擎。如图 2.11 所示为 Google 学术搜索结果，从中可以看出结果中全是对"搜索引擎"的研究。

图 2.11 Google 学术搜索结果

垂直搜索引擎是相对于通用搜索引擎而言的，垂直搜索引擎和通用搜索是有一定区别的。

（1）垂直搜索引擎信息准确、专业性更强、更有深度，用于满足特定需求的用户；通用搜索引擎由于要满足大多数用户的需求，搜索结果的内容范围更广。例如搜索法律信息，显然使用通用搜索引擎不能达到相同的信息精度。

（2）垂直搜索引擎抓取互联网内容时，已经对内容进行了一次筛选，通常是经过关键词的过滤，获得准确的垂直内容。而通用搜索抓取网页时，没有筛选过程，所有的内容都会被收录。

垂直搜索引擎是对行业及专业内容的整合，是为满足特定需求的用户而存在的。在通用搜索引擎垄断的搜索引擎行业，起到一个辅助的作用。目前通用搜索引擎中，已经融合了垂直搜索引擎，如 Google、百度等著名通用搜索引擎，这是通用搜索引擎用户体验的提高。这也使垂直搜索引擎的市场被挤占，专业的垂直搜索引擎也越来越少，但是垂直搜索引擎的作用却依然明显。

相对于通用搜索引擎来说，垂直搜索引擎的使用量并不大，所以不能作为重点的 SEO 优化对象。而对于要挤占专业市场的网站来说，垂直搜索引擎也是推广行业知名度的重要途径。比如化工方面的垂直搜索引擎，就能使化工类的企业网站获得行业内的品牌知名度。

2.2.6　门户搜索引擎

门户搜索引擎（Portal search engines）就是门户网站中的搜索引擎，通常门户搜索引擎自身没有网页数据库，也没有目录索引，其搜索结果完全来自于独立搜索引擎，如 AOL Search、MSN Search 等门户网站的搜索引擎。如图 2.12 所示为 AOL Search 搜索结果，可以看出其调用的是 Google 的搜索结果，并在搜索的下方有注明。

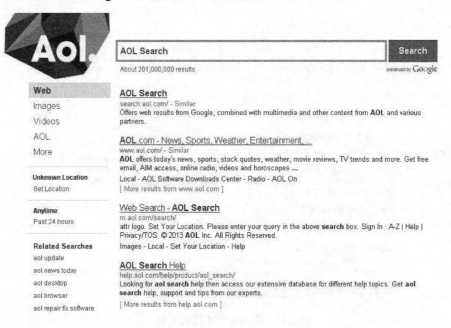

图 2.12　AOL Search 搜索结果

门户搜索引擎通常是调用独立搜索引擎的数据，并没有搜索引擎应有的蜘蛛程序、数据库、检索系统，只有搜索引擎的界面。一般门户搜索引擎的用户界面，都是经过自身设计和优化的，从界面看并不能知道门户搜索引擎的实质是调用独立搜索引擎数据。

门户网站利用本身巨大的用户量，建立自己的搜索引擎，但是这并不能算真正的搜索引擎，只是为了提高网站对用户需求的满足。因此对网站的 SEO 用处不大，所以在做网站 SEO 时，并不考虑门户搜索引擎的针对优化。

2.3 搜索引擎的作用

搜索引擎是互联网用户最常用的网络工具，因为在巨大的互联网海洋中，互联网用户已经不能轻松地找到需要的网络资源，搜索引擎的出现使网站与用户的联系更为紧密，是整个互联网技术发展的必然结果。

搜索引擎的出现改变了互联网行业的规则，其作用也是多方面的：

（1）对于互联网行业来说，搜索引擎是互联网的重要接口，对互联网信息的传播有重要意义。由于搜索引擎的简单方便，使网络资源能更轻松传播到需要的用户那里，逐渐成为互联网的重要接口，是用户与互联网连接的重要桥梁。在搜索引擎还未出现时，用户与互联网联系，是通过对网站的记忆来找到网站，没有搜索引擎的参与。而搜索引擎普及后，用户养成了不记忆网址的习惯，绝大部分用户都是通过搜索引擎进行互联网交互，搜索引擎就成了互联网与用户的重要接口。

（2）对于用户来说，搜索引擎是用户使用网络的重要工具，对用户寻找网络资源有巨大帮助。在互联网发展初期，由于网站数量十分少，只有重要部门以及大学才有，并不需要搜索引擎。而当互联网逐渐普及，网站数量剧增，用户只有通过一个检索工具寻找网页，搜索引擎的出现使用户更轻松地找到需要的信息。它也就成了用户使用网络、寻找网络资源的重要工具。例如在搜索引擎出现之前，用户要找到"大学语言文学论文"的文章，需要到处了解相关的论文网站，然后进行浏览，十分繁琐。而搜索引擎的出现，让用户能在一秒钟找到无数的相关内容，是用户使用网络的重要工具。

（3）对 SEO 行业来说，搜索引擎是 SEO 的基础，对企业以低成本推广网站及品牌有着巨大的作用。SEO 行业的诞生，得益于搜索引擎的发展，是搜索引擎大量被使用的结果。另外，在 SEO 中，最重要的技巧就是把握搜索引擎的规则，这就要求 SEOer 更多地关注搜索引擎的发展。

搜索引擎最大的作用，也就是给用户带来的搜索体验，这也是用户最关心的问题。但是对于 SEOer 来说，搜索引擎的最大作用，应该是低成本推广了自己的网站。而我们要做的也是利用搜索引擎的使用量，营销自己的产品。

2.4 用户常见的搜索意图

搜索引擎是互联网用户使用最多的网络工具，但并不是每个用户使用搜索引擎的目的都是一样的。虽然都是通过搜索引擎查询需要的信息，但是用户的意图却不完全相同，搜索引擎所体现的作用也是不同的。

如搜索"淘宝网"，以这种方式进行搜索的用户通常是认识淘宝网，也都知道是什么用途，只是通过搜索引擎找到网站而已，也就是常说的导航型搜索。由于用户已经知道目标网站，搜索引擎在搜索过程中所扮演的角色就是导航仪，将用户引导到淘宝网。

如搜索"阿迪达斯"，此类用户搜索时，通常有很多种意图，但以寻找关于阿迪达斯的信息为主。包括希望进入阿迪达斯官网的、了解阿迪达斯的品牌信息、产品信息、寻找阿迪达斯的相关图片、视频等。这些搜索是以信息需求为主，所以我们常称这种类型的搜索为信息型搜索。

如搜索“阿迪达斯商城”，用户搜索商城一般都是为了购买，所以称之为交易性搜索。这类搜索意图在所有搜索中占了很大的比例。与之相似的如“阿迪达斯板鞋”、“阿迪达斯最新款”等，都是用户表明有购买意向的搜索。

了解用户的搜索意图，对于网站关键词的选择、网站定位，都有一定的指导作用。如网站仅需要流量，那么选择关键词时就可以偏向信息型搜索，因为信息型搜索所占的比例最大。而如果网站需要销售公司的产品，那么有转化的关键词通常是交易型的关键词。如果网站兼顾品牌，则需要在导航型搜索的关键词上，做一些有针对性的优化。

2.4.1　导航型搜索

导航型搜索是用户搜索意图的一种，指用户搜索的关键词是网站具有排他性特征的关键词，这样的搜索是在已经知道要查找的网站，以方便进入为目的的搜索。

导航型搜索在用户搜索类型中占的比例非常大，尤其对于那些有品牌知名度的网站，导航型搜索是网站流量的重要组成部分。例如，7K7K 小游戏网站，导航型搜索的用户占很大的比例。利用站长工具的权重查询功能，我们可以看到，如图 2.13 所示为 7K7K 小游戏的关键词排名，其中包含 7K7K 的关键词占了绝大部分。用户搜索这些关键词，只是为了找到 7K7K 的网站，因此搜索行为的导航意义明显，这就是典型的导航型搜索。

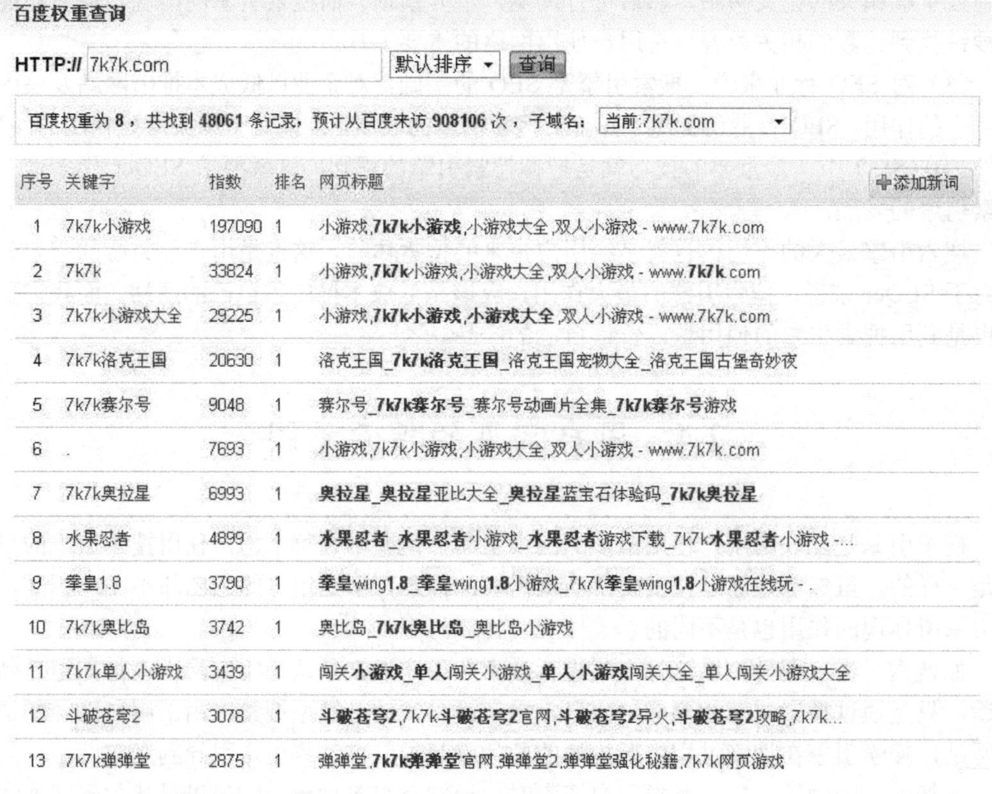
百度权重查询

HTTP:// 7k7k.com　默认排序　查询

百度权重为 8，共找到 48061 条记录，预计从百度来访 908106 次，子域名：当前:7k7k.com

序号	关键字	指数	排名	网页标题
1	7k7k小游戏	197090	1	小游戏,7k7k小游戏,小游戏大全,双人小游戏 - www.7k7k.com
2	7k7k	33824	1	小游戏,7k7k小游戏,小游戏大全,双人小游戏 - www.7k7k.com
3	7k7k小游戏大全	29225	1	小游戏,7k7k小游戏,小游戏大全,双人小游戏 - www.7k7k.com
4	7k7k洛克王国	20630	1	洛克王国_7k7k洛克王国_洛克王国宠物大全_洛克王国古堡奇妙夜
5	7k7k赛尔号	9048	1	赛尔号_7k7k赛尔号_赛尔号动画片全集_7k7k赛尔号游戏
6	.	7693	1	小游戏,7k7k小游戏,小游戏大全,双人小游戏 - www.7k7k.com
7	7k7k奥拉星	6993	1	奥拉星_奥拉星亚比大全_奥拉星蓝宝石体验码_7k7k奥拉星
8	水果忍者	4899	1	水果忍者_水果忍者小游戏_水果忍者游戏下载_7k7k水果忍者小游戏 -...
9	拳皇1.8	3790	1	拳皇wing1.8_拳皇wing1.8小游戏_7k7k拳皇wing1.8小游戏在线玩 - .
10	7k7k奥比岛	3742	1	奥比岛_7k7k奥比岛_奥比岛小游戏
11	7k7k单人小游戏	3439	1	闯关小游戏_单人闯关小游戏_单人小游戏闯关大全_单人闯关小游戏大全
12	斗破苍穹2	3078	1	斗破苍穹2,7k7k斗破苍穹2官网,斗破苍穹2异火,斗破苍穹2攻略,7k7k...
13	7k7k弹弹堂	2875	1	弹弹堂,7k7k弹弹堂官网,弹弹堂2,弹弹堂强化秘籍,7k7k网页游戏

图 2.13　7K7K 小游戏的关键词排名

导航型搜索是所有搜索类型中重要的一部分，也是品牌用户十分关注的搜索类型，它有区别于其他搜索类型的特点：

（1）搜索目标明确。导航型搜索的用户，对要搜索的网站已经有认识，使用搜索引擎的目的也只是为了找个特定网站。

（2）目标网站排名靠前。在导航型搜索中，目标网站通常能获得较好的排名，这得益于目标网站有较多的锚文本外链，使用户能快速找到目标网站。

（3）单击次数更少。由于导航型搜索中，用户的目标明确，目标网站的排名又较好，因此客观的表现就是用户单击次数更少。

导航型搜索对于品牌网站来说，是十分重要的流量来源，品牌网站主要指网站知名度较高，或者特定部分企业的网站。

（1）在企事业单位的网站中，品牌关键词比其他任何关键词都重要，如学校、银行、政府机构等。例如西华师范大学的网站，其针对的应该是导航型搜索的用户，即搜索"西华师范大学"的用户，而不是搜索"大学"、"本科"等关键词的用户。如果使用这类非品牌关键词，首先关键词竞争大，网站排名难以提升；另外这些关键词范围过大，并不是这些网站所需要的。所以网站优化时，网页标题及内容中关键词应以品牌名为关键词。如图2.14所示为西华师范大学关键词排名。另外银行也是一样，如中国农业银行，其用户通常也是通过导航型搜索进入网站的，如果网站以"信用卡办理"为主要关键词，那就是丢了西瓜捡芝麻。

图2.14 西华师范大学关键词排名

（2）品牌企业的网站中，导航型搜索为主的也占有很大比例，不但以导航型搜索的网站比较多，而且网站中导航型搜索关键词的流量比例也高。比如淘宝网，通过导航型搜索关键词进入网站的数量几乎占了搜索引擎流量的全部。如图2.15所示为淘宝网关键词排名。所以淘宝网的SEO过程中，根本不用优化其他关键词，很多人说淘宝根本不用做SEO，这种说法是错误的，任何网站都可以做SEO，只是SEO在网站的重要程度不同罢了。

从上面的一些例子可以看出，导航型搜索是搜索类型中品牌意识最强的一种搜索类型，也是SEO建立品牌所要关注的一种搜索类型。在网站的优化中，研究品牌关键词是从导航型搜索开始的，因为导航型搜索是由品牌关键词、特殊关键词等共同构成的。在具体操作中，导航型搜索可以帮助SEOer确立网站的关键词方向，即网站要选择哪些利于品牌推广的关键词；还可以辅助监督网站品牌的推广情况，调整品牌推广的策略。

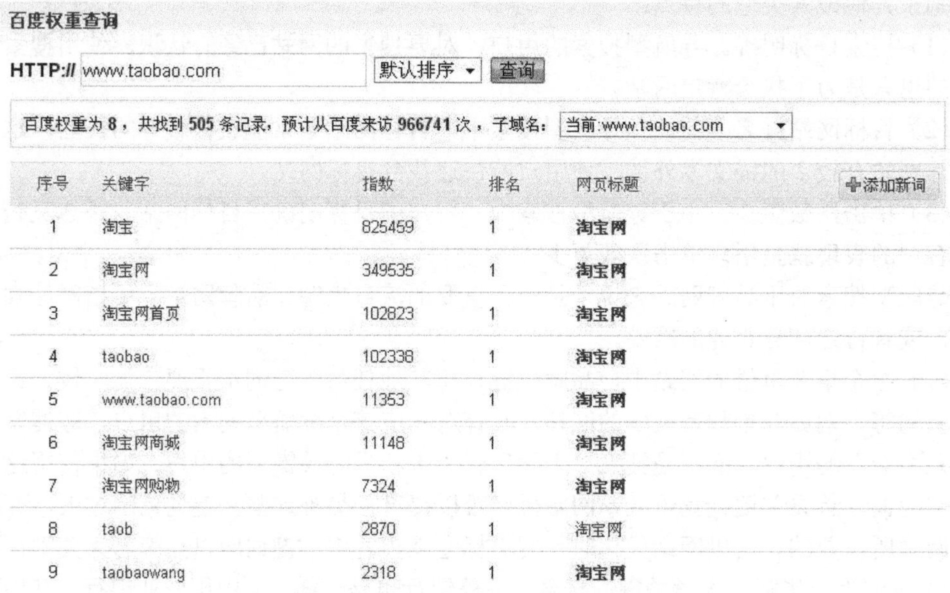
百度权重查询

HTTP:// www.taobao.com 默认排序 查询

百度权重为 8，共找到 505 条记录，预计从百度来访 966741 次，子域名：当前:www.taobao.com

序号	关键字	指数	排名	网页标题
1	淘宝	825459	1	淘宝网
2	淘宝网	349535	1	淘宝网
3	淘宝网首页	102823	1	淘宝网
4	taobao	102338	1	淘宝网
5	www.taobao.com	11353	1	淘宝网
6	淘宝网商城	11148	1	淘宝网
7	淘宝网购物	7324	1	淘宝网
8	taob	2870	1	淘宝网
9	taobaowang	2318	1	淘宝网

添加新词

图 2.15　淘宝网关键词排名

2.4.2　信息型搜索

信息型搜索是用户搜索意图中的一种，也是最常见的用户搜索类型，用户的搜索量也是最大的，SEOer 对信息型搜索的关注度非常高。

清楚了信息型搜索的现状，那么什么是信息型搜索呢？

信息型搜索就是用户使用搜索引擎，以寻找问题的答案或者关键词相关消息为意图所进行的搜索类型。一般信息型搜索是用户并不清楚搜索结果，也没有明确的搜索目标，可能有多种符合要求的结果，也使用户的单击就不止一次。

例如，在百度搜索“笑话”，如图 2.16 所示为百度搜索“笑话”结果，结果非常丰富，都可能是对用户有用的信息。但是用户并不知道需要的结果，通常也不是一个结果就能满足用户需求，用户会单击多个结果，甚至多页结果。像这种以寻找相关信息为目的的搜索类型，就是信息型搜索。

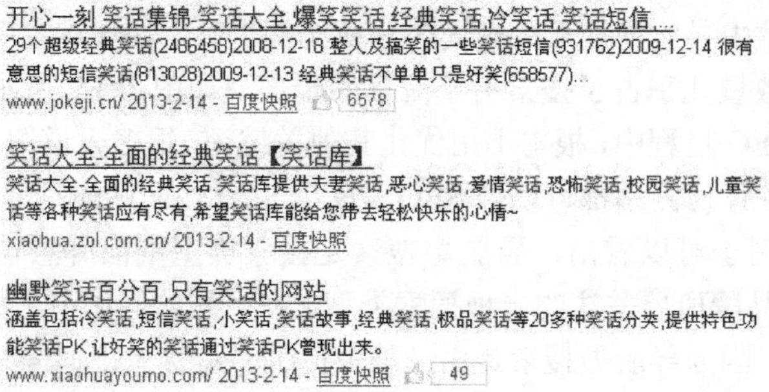

图 2.16　百度搜索“笑话”结果

信息型关键词的网站，一般都含有大量的长尾关键词，这些关键词是其搜索引擎流量的主要组成部分，这是有别于以导航型搜索网站的。例如上图结果第一个网站 www.jokeji.cn，它的品牌名是笑话集，但是优化重点并不在品牌名上，而是在其他信息类的关键词上。如图 2.17 所示为笑话集网站关键词排名，信息型关键词如“笑话大全”等流量大，而品牌关键词流量较低，指数排名很靠后。

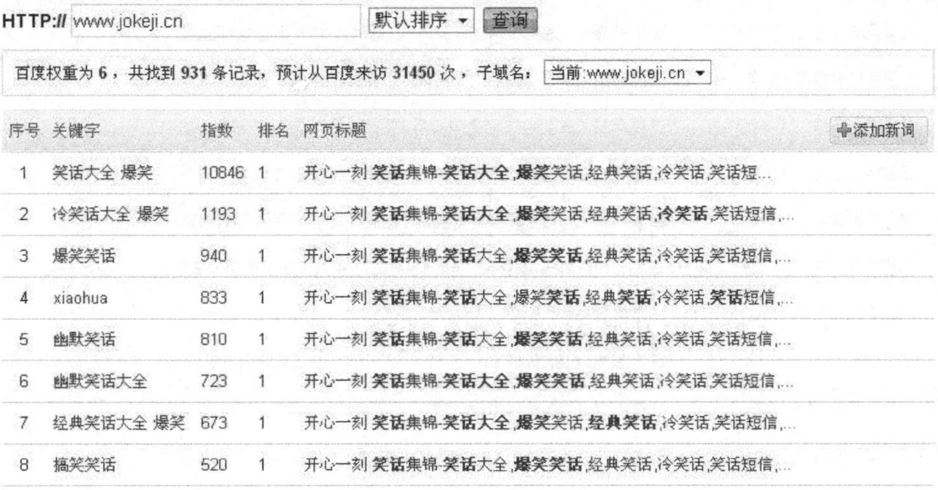
HTTP:// www.jokeji.cn　默认排序　查询

百度权重为 6，共找到 931 条记录，预计从百度来访 31450 次，子域名：当前:www.jokeji.cn

序号	关键字	指数	排名	网页标题
1	笑话大全 爆笑	10846	1	开心一刻 笑话集锦-笑话大全,爆笑笑话,经典笑话,冷笑话,笑话短...
2	冷笑话大全 爆笑	1193	1	开心一刻 笑话集锦-笑话大全,爆笑笑话,经典笑话,冷笑话,笑话短信,...
3	爆笑笑话	940	1	开心一刻 笑话集锦-笑话大全,爆笑笑话,经典笑话,冷笑话,笑话短信,...
4	xiaohua	833	1	开心一刻 笑话集锦-笑话大全,爆笑笑话,经典笑话,冷笑话,笑话短信,...
5	幽默笑话	810	1	开心一刻 笑话集锦-笑话大全,爆笑笑话,经典笑话,冷笑话,笑话短信,...
6	幽默笑话大全	723	1	开心一刻 笑话集锦-笑话大全,爆笑笑话,经典笑话,冷笑话,笑话短信,...
7	经典笑话大全 爆笑	673	1	开心一刻 笑话集锦-笑话大全,爆笑笑话,经典笑话,冷笑话,笑话短信,...
8	搞笑笑话	520	1	开心一刻 笑话集锦-笑话大全,爆笑笑话,经典笑话,冷笑话,笑话短信,...

图 2.17　笑话集网站关键词排名

从上面示例可以看出，普通长尾关键词对以信息型关键词为目标的网站的重要性比品牌关键词更大。

很多中小网站并不需要建立庞大的网站品牌，他们在乎的是网站的流量，所以无论哪种类型的关键词，都可以成为网站的优化关键词。而数量庞大的信息型关键词，在优化中就显得尤为重要，这类关键词非常普遍，选择时也不用刻意筛选，只要能获得较好排名的关键词即可。

2.4.3　交易型搜索

交易型搜索是用户搜索意图中最有利于网站出售商品和服务的搜索类型，也是用户最直接获得商品和服务的搜索类型。

交易型搜索就是以购买为主要目的搜索，关键词都传达出用户的购买倾向，与网站产生交易的几率也更高。例如，“三星手机商城”、“三星手机购买”、“三星手机报价”等，从这些词可以看出用户搜索的目的通常是为了购买三星手机。如图 2.18 所示为三星商城关键词排名，其中有很多交易型关键词，如“三星手机专卖店”、“三星网上商城”、“三星液晶电视价格”等。三星商城是以销售产品为目的的网站，所以其关键词优化是针对产品交易的，也就是针对交易型搜索做的优化。

从交易型搜索的关键词来看，用户是希望通过搜索，找到需要购买的产品的交易信息，如产品的型号、价格、销售商等，也直接体现出用户的购买欲望。反之，有购买欲望的关键词搜索，就是交易型搜索。总而言之，这就是交易型搜索的特点，也是辨别交易型搜索的方法。

序号	关键字	指数	排名	网页标题
1	三星商城	194	1	三星商城 - 三星官方网上专卖店 | 正品行货 官方保证 机打发票
2	三星手机专卖店	147	1	三星商城 - 三星官方网上专卖店 | 正品行货 官方保证 机打发票
3	三星网上商城	103	1	三星商城 - 三星官方网上专卖店 | 正品行货 官方保证 机打发票
4	三星mp3官网	80	1	三星商城 - 三星官方网上专卖店 | 正品行货 官方保证 机打发票
5	三星手机专卖	80	1	三星商城 - 三星官方网上专卖店 | 正品行货 官方保证 机打发票
6	三星家庭影院	69	1	三星音频产品/家庭影院_报价 价格 图片 参数 | 三星商城 - 三星
7	三星液晶电视官网	62	1	三星电视_报价 价格 图片 参数 | 三星商城 - 三星官方网上专卖店
8	三星家电	37	1	三星家电_报价 价格 图片 参数 | 三星商城 - 三星官方网上专卖店
9	三星液晶电视价格	26	1	三星电视_报价 价格 图片 参数 | 三星商城 - 三星官方网上专卖店
10	三星官网网站	4	1	三星商城 - 三星官方网上专卖店 | 正品行货 官方保证 机打发票

图 2.18　三星商城关键词排名

　　大部分产品销售的网站，如各种商城、企业网站等，能从搜索引擎中获得大量流量。但是这些搜索流量中，绝大部分都不能带来产品销售，只有少量的目标用户会购买。例如上例中三星商城网站流量中，通过关键词"三星手机图片"来到网站的用户，都不会购买产品，所以这样的流量作用并不是很大。但利用"三星手机报价"来到网站的用户购买量，远远大于搜索"三星手机图片"的购买量。

　　由此可以看出，直接销售产品的网站与交易型搜索有着巨大的联系。交易型搜索能给网站带来准确的目标用户，这类用户的购买欲望很高，对促成网站产品交易有直接作用。所以对这类网站进行优化时，主要筛选有交易欲望的关键词，然后进行针对性的优化，以提高网站的交易率和交易量。

2.5　搜索引擎的工作原理

　　搜索引擎是一个复杂的检索系统，整个搜索引擎的工作，也不是查询获得结果那么简单，其后台程序在查询时已经做了很多检索工作。对于普通用户而言，并不用了解搜索引擎的工作原理，而作为 SEOer，了解搜索引擎的原理是最基本的知识。

　　搜索引擎的工作原理，是提供搜索服务的所有工作的流程，了解其原理能有针对性地对网站进行优化，让网站优化工作更为科学合理。虽然各个搜索引擎的工作细节有所不同，但是其原理是大致相同的。本节介绍的搜索引擎工作原理就是搜索引擎共同的特点，其中包括三个部分：利用漫游机器人，在互联网中发现、搜集网页信息；对信息进行提取和组织，建立索引库，并对排名进行预处理；根据用户输入的查询关键字，检索器在索引库中快速检索出文档，进行文档与查询的相关度评价，以获得最终排序，并将查询结果返回给用户。

以上是搜索引擎的主要工作原理，而在每个部分又含有多个流程，如图2.19所示为搜索引擎工作原理。

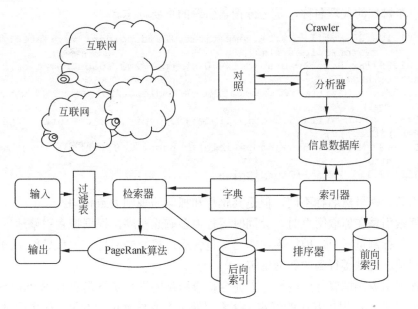

图2.19 搜索引擎工作原理

例如，用户搜索"搜索引擎实战解析"，过滤器检查是否含有敏感词汇，如有则屏蔽词汇，就显示其他内容，"搜索引擎实战解析"没有敏感词汇，然后输入检索器。检索器对该词进行分词处理，通常分为"搜索引擎"、"实战"、"解析"这三个词。然后通过索引器调用信息数据库中与这三个词全部相关或分别相关的网页数据，利用排序器中的预处理的排序，并利用网页加权算法，获得关键词"搜索引擎实战解析"的最终排名输出给用户。另外，存储于信息数据库中的网页数据，是通过Crawler（漫游器）进行网络信息的爬行和抓取，然后利用分析器对网页质量进行评估，如果网络信息与已有信息高度重复，或者质量不高，都不能被搜索引擎存入信息数据库中，也就是常说的未被收录。

下面具体从搜索引擎的蜘蛛爬行抓取网页、服务器处理网页、检索服务三个部分，具体介绍搜索引擎的工作原理。

2.5.1 蜘蛛爬行、抓取网页

搜索引擎的基础是有大量网页的信息数据库，这是决定搜索引擎整体质量的一个重要指标。如果搜索引擎的网页信息量小，那么供用户选择的搜索结果就少；而大量的网页信息能更好的满足用户的搜索需求。

要获得大量网页信息的数据库，搜索引擎就必须收集网络资源，这项工作是通过搜索引擎的网络漫游器（Crawler），在互联网中各个网页爬行并抓取信息。这是一种爬行并收集信息的程序，通常搜索引擎称为蜘蛛（Spider）或者机器人（Bot）。

每个搜索引擎的蜘蛛或者机器人,都有不同的IP,并有自己的代理名称。通常在网络日志中,可以看到不同IP及代理名称的搜索引擎蜘蛛。如下代码,前面的如220.181.108.89就是搜索引擎蜘蛛的IP,其中Baiduspider、Sogou+web+spider、Googlebot、Sosospider、bingbot,分别表示百度蜘蛛、搜狗蜘蛛、谷歌机器人、搜搜蜘蛛、Bing机器人。这些都是各个搜索引擎蜘蛛的代理名称,是区分搜索引擎的重要标志。

```
220.181.108.89 Mozilla/5.0+(compatible;+Baiduspider/2.0;++http://www.
baidu.com/search/spider.html)
220.181.89.182 Sogou+web+spider/4.0(+http://www.sogou.com/docs/help/
webmasters.htm#07)
66.249.73.103 Mozilla/5.0+(compatible;+Googlebot/2.1;++http://www.google.
com/bot.html)
124.115.0.108 Mozilla/5.0(compatible;+Sosospider/2.0;++http://help.soso.
com/webspider.htm
65.55.52.97 Mozilla/5.0+(compatible;+bingbot/2.0;++http://www.bing.com/
bingbot.htm)
110.75.172.113 Yahoo!+Slurp+China
```

搜索引擎蜘蛛虽然名称不同,但是其爬行和抓取的规则大致相同:

(1)搜索引擎在抓取网页时,会同时运行很多蜘蛛程序,根据搜索引擎地址库中的网址,对网站进行浏览抓取。地址库中的网址包含用户提交的网址、大型导航站的网址、人工收录的网址、蜘蛛爬行到的新网址等。

(2)搜索引擎蜘蛛爬行到网站,首先会检查网站的根目录下是否有Robots.txt文件,如有Robots文件,则根据其中的约定,搜索引擎不抓取被禁止的网页。如果网站整体禁止某搜索引擎抓取,那么该搜索引擎就不再抓取网站内容,如果不小心把Robots文件设置错误,就可能会造成网站内容不能被收录。

(3)进入允许抓取的网站,搜索引擎蜘蛛一般会采取深度优先、宽度优先和最佳优先三种策略,进行爬行遍历,以有序地抓取到网站的更多内容。

深度优先的爬行策略,是搜索引擎蜘蛛在一个网页发现一个链接,顺着这个链接爬到下一个网页,在这个网页中又沿一个链接爬下去,直到没有未爬行的链接,然后回到第一个网页,沿另一个链接一直爬下去。

如图2.20所示为深度优先的爬行策略,搜索引擎蜘蛛进入网站首页,沿着链接爬行到网页A1,在A1中找到链接爬行到网页A2,再沿着A2中的链接爬行到A3,然后依次爬行A4、A5……直到没有满足爬行条件的网页时,搜索引擎蜘蛛再回到首页。回到首页的蜘蛛按照同样的方式,继续爬行网页B1及更深层的网页,爬行完之后再回到首页爬行下一个链接,最后爬行完所有的页面。

宽度优先的爬行策略,是搜索引擎蜘蛛来到一个网页后,不会沿着一个链接一直爬行下去,而是每层的链接爬行完后,再爬行下一层网页的链接。如图2.21所示为宽度优先的爬行策略。

如上例中,搜索引擎蜘蛛来到网站首页,在首页中发现第一层网页A、B、C的链接并爬行完,再依次爬行网页A、B、C的下一层网页A1、A2、A3、B1、B2、B3……,爬行完第二层网页后,再爬行第三层网页A4、A5、A6……,最后爬行完所有的网页层。

最佳优先爬行策略是按照一定的算法,划分网页的重要等级,主要通过PageRank、网站规模、反应速度等来判断网页重要等级,搜索引擎对等级较高的进行优先爬行和抓取。PageRank等级达到一定程度时,才能被爬行和抓取。实际蜘蛛在爬行网页时,会将页面所有的链接收集到地址库中，并对其进行分析，筛选出 PR 较高的链接进行爬行抓取。通常规模大的网站能获得搜索引擎更多的信任，而且大网站更新频率快，蜘蛛会优先爬行。网站的反应速度也是影响蜘蛛爬行的重要因素，在最佳优先爬行策略中，网站的反应速度快，能提高蜘蛛的工作效率，因此蜘蛛也会优先爬行反应快的网站。

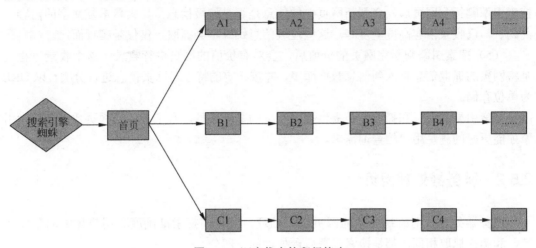

图 2.20　深度优先的爬行策略

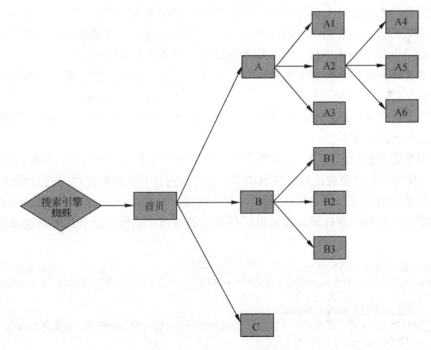

图 2.21　宽度优先的爬行策略

这三种爬行策略都有优点，也有一定的缺点。例如深度优先爬行一般会选择一个合适的深度，以避免陷入巨大数据量中，也就使得抓取的网页量受到了限制；宽度优先爬行随着抓取网页的增多，搜索引擎要排除大量的无关网页链接，爬行的效率将变低；最佳优先爬行会忽略很多小网站的网页，影响了互联网信息差异化的发展，流量几乎进入大网站，小网站难以发展。

在搜索引擎蜘蛛的实际爬行中，一般同时利用这三种爬行策略，经过一段时间的爬行，搜索引擎蜘蛛能爬行完互联网的所有网页。但是由于互联网资源庞大，搜索引擎的资源有限，通常只爬行抓取互联网中的一部分网页。

（4）蜘蛛爬行了网页后，会进行一个检测，以判断网页的价值是否达到抓取标准。搜索引擎爬行到网页后，会判断网页中的信息是否是垃圾信息，如大量重复文字的内容、乱码、与已收录内容高度重复等。这些垃圾信息蜘蛛不会抓取，仅仅是爬行而已。

（5）搜索引擎判断完网页的价值后，会对有价值的网页进行收录。这个收录过程就是将网页的抓取信息存入到信息数据库中，并按一定的特征对网页信息进行分类，以 URL 为单位存储。

搜索引擎的爬行和抓取，是提供搜索服务的基础条件，有了大量的网页数据，搜索引擎才能更好的满足用户的查询需求。

2.5.2 服务器处理网页

服务器处理是对蜘蛛抓取的网页进行处理，是提高搜索准确度和用户体验的重要环节，和爬行抓取相同，都是搜索引擎后台处理的一部分。

搜索引擎蜘蛛抓取的网页数据，是不能直接参与排名的。因为数据过于庞大，如果直接利用检索器检索的话，大量相关网页的排名计算量非常大，根本不能在一两秒内提供给用户答案。所以搜索引擎会对抓取的网页进行预处理，得出关键词的索引，相当于对网页上各个关键词进行一个预排名，用户检索时就能更快地获得搜索结果。

服务器处理网页的工作通常包括网页结构化、分词、去噪去重、索引、超链分析、数据整合等。

（1）网页结构化：提取网页有用信息，去除 HTML 代码及脚步，剩下的文字信息就是服务器需要分析处理的数据。

搜索引擎蜘蛛抓取到的网页，是整个网页所有的信息都包含在其中，导航、分类列表、友情链接，甚至广告都会被抓取到搜索引擎，这样的内容并不能直接用来进行预排名处理。所以搜索引擎会去除网页的 HTML 代码，剩下的文字内容，如正文文字、Meta 标签文字、锚文本、图片、视频、注释等，都可以进行排名的处理，这样对排名的干扰也就更小。如下代码：

```
<div class="headlinetop">
<a href="http://www.chinaz.com/news/2013/0312/295377.shtml" target="_blank">
<h3>苹果全球十四大最著名零售店</h3>
<p>腾讯科技讯（云松）北京时间 3 月 12 日消息，据国外媒体报道，近日，全球著名杂志《福布斯》发布了苹果公司在...</p>
</a> </div>
```

以上代码，经过服务器网页结构化后，去除代码后就剩下："苹果全球十四大最著名零售店 腾讯科技讯（云松）北京时间 3 月 12 日消息，据国外媒体报道，近日，全球著名杂志《福布斯》发布了苹果公司在..."。

（2）分词：通常在中文搜索引擎中使用，由于中文和英文语系的意义表达不同，中文的意思表达一般是词汇，有的字为一个词汇，也可以多个字组成一个词汇，而且中文词汇之间是没有间隔做区分的。因此在中文搜索引擎中，就需要根据词典或者日常使用习惯对语句按词汇进行划分，以建立以词汇为索引的信息数据库。

例如，上面的网页"苹果全球十四大最著名零售店"，搜索引擎调用词典分词为"苹果"、"全球"、"十四"、"大"、"最"、"著名"、"零售店"，然后根据一定的条件，建立由这些词为索引的网页数据，再进行一系列的排名程序。但在实际应用中，不光以词典为依据，还会加入日常搜索的统计数据和该网页自身词汇组成来分词。

因为中文词汇非常多，所以搜索引擎在判断网页词汇的时候，就需要借用词典进行分词，而搜索引擎分词的准确性，取决于词典的准确性和完整性。主要搜索引擎都会建立独立的词典，这个词典不是一成不变的，会不断加入新词汇，也会将常用的词汇进行靠前排列，在调用时也就更快捷。调用的过程就是将抓取到的网页文字逐一按词到词典中去匹配，也就相当于我们查词典的过程。

需要注意的是，服务器分词的时候，用正向和逆向两种顺序扫描网页中的文字，以词典中含有的长短词对网页文字进行多次分词。例如"中国地图"在按词典分词时，服务器正向扫描分为"中国"、"地图"，这是最短的词汇，如果按照最大匹配可以分为"中国地图"，然后建立与词对应索引项。如图 2.22 和图 2.23 所示为"中国地图"百度分词的两种结果。

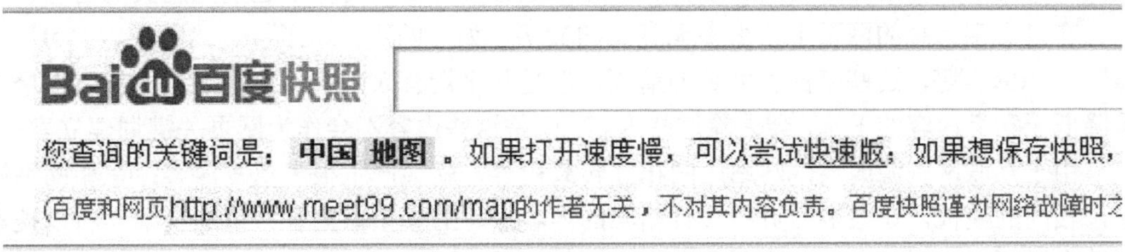

图 2.22 "中国地图"百度分词结果

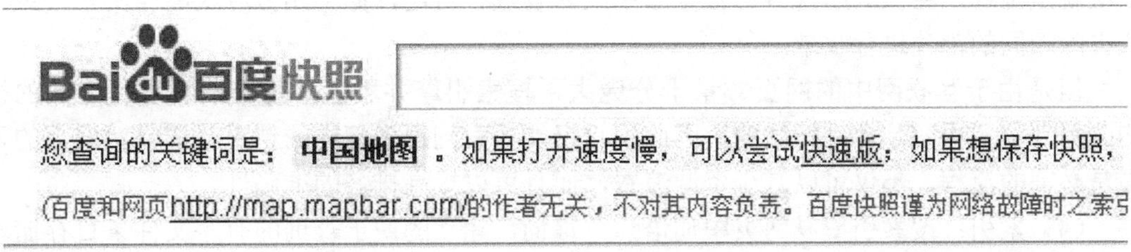

图 2.23 "中国地图"百度分词结果

依据统计数据的分词，是对词典分词的一种补充和优化。由于词典对新词的匹配度很低，搜索引擎不能很好地对新关键词的网页进行分词并建立索引，这就大大降低了搜索引擎搜索新关键词的能力。因此作为对词典分词的补充，搜索引擎能根据所有网页中相邻的字出现在一起的频率来判断，频率很高的话说明这几个字组成词，并加入到词汇统计数据库，分词时调用并进行匹配。例如搜索"鞋子理论是什么"，由于习近平主席提出的"鞋子理论"近日受到广泛的关注，网页中"鞋子理论"四个字出现在一起的频率非常高，因此在统计数据库中就形成了一个词条，用以网页分词的匹配。如图 2.24 所示为"鞋子理论是什么"百度分词结果。

您查询的关键词是：**鞋子理论 是什么**。如果打开速度慢，可以尝试快速版；如果想保存快照，
（百度和网页http://stock.591hx.com/article/2013-03-25/0000678650s.shtml的作者无关，不对其内容负

图2.24 "鞋子理论是什么"百度分词结果

值得注意的是，每种搜索引擎分词的结果并不完全相同，满足用户需求的能力也有所不同，这主要取决于搜索引擎的词典的丰富程度与准确度。因此网页在不同搜索引擎的分词结果并不完全相同，这也是影响搜索结果的一个因素。而SEOer在针对分词上所能做的就是，尽量使常用搜索词组合在一起，这样在搜索引擎分词时，就可以将常用词化为同一个词建立索引，也就能获得更高的匹配度。

（3）降噪去重：去除影响网页主要信息的无意义以及重复的内容。由于网页信息中，通常含有较多的重复内容，如广告、头部和底部信息等，以及文字内容中的无意义的符号、字词等，这极大地浪费了搜索引擎资源，所以服务器会去除网页中这些无意义的内容。

在以文字为主的网页中，很多无意义的文字，如"的"、"了"、"啊"、"of"、"a"、"the"等，这些字占了大量的篇幅，但是几乎没有人会搜索这些字词。搜索引擎为了降低无意义内容的干扰，会去除这些内容，就是这些内容不会作为网页关键词建立索引。

由于互联网资源庞大，网站之间相互转载内容，就会产生很多重复内容；在相同网站中，相同的模板，让很多网页中含有相同的内容，有的甚至占据了大量的篇幅。所以搜索引擎在爬行网页后，会检测是否是重复网页，如果是通常不会收录；而相同网站中，也有较多网页含有重复的内容，如相同的列表、广告、版权说明等。搜索引擎对于这些网页的做法就是筛选，将抓取的内容与数据库中的内容进行对比，如果相似度太高会不予收录，或去除相同的部分进行收录。

但是由于互联网中的网页数量十分庞大，搜索引擎并不能对每个网页进行全面的检测，另外很多内容是允许转载的，因此用户仍能搜索到很多相同的结果。但是对网页的降噪是必需的流程，不仅可以减少资源浪费，而且可以提高排名的准确性。

（4）索引：搜索引擎以网页中词语为关键词，建立的便于查询的有序文件条目存储于搜索引擎的索引库中，索引通常分为正排索引和倒排索引两种。

正排索引是搜索引擎将抓取的网页，经过分词、去噪等操作后，以网页文件为单位，对网页文件中关键词的映射。简单地说就是，正排索引是将网页文件的各个关键词信息存为一个项，包括关键词的次数、频率、加粗加黑、出现的位置等信息，并按照重要程度对关键词进行有序排列。如图2.25所示为搜索引擎索引库正排索引的简化表，其中每个网页的所有关键词都进行了排序，更重要的关键词被排在更靠前的位置。需要注意的是，网页文件和关键词都有各自的编号，在检索时速度更快，这与倒排索引中是相同的。

倒排索引是搜索引擎以关键词为单位，对不同网页文件的映射。也就是搜索引擎以关键词为条目名，内容是含有相同关键词的网页文件排序，用户常用的关键词搜索就是调用倒排索引。因为正排索引并不能直接获得搜索结果排名，所以倒排索引是对正排索引的补充,也是用户搜索调用的关键索引。当用户搜索某个具体关键词时,如"SEO",搜索引擎调用以"SEO"为条目名的索引项,然后将其中按相关度排列的网页文件经过处理的结果,返回给查询用户。如图 2.26 所示为搜索引擎索引库倒排索引的简化表,从表中可以看到,每个关键词对应了很多含有这个关键词的网页,这些网页都是经过排序的,这将极大提高搜索引擎的查询速度。

搜索引擎索引库正排索引

文件 关键词	网页1	网页2	网页3	网页4	网页5	网页6	……
网页中关键词的重要程度排序	关键词1	关键词1	关键词3	关键词2	关键词4	关键词9	……
	关键词2	关键词3	关键词4	关键词5	关键词5	关键词13	……
	关键词3	关键词4	关键词7	关键词9	关键词8	关键词17	……
	关键词4	关键词6	关键词9	关键词13	关键词11	关键词21	……
	关键词5	关键词7	关键词10	关键词21	关键词12	关键词33	……
	……	……	……	……	……	……	……

图 2.25 搜索引擎索引库正排索引简化表

搜索引擎索引库倒排索引

关键词 文件	关键词1	关键词2	关键词3	关键词4	关键词5	关键词6	……
含该关键词的网页按重要程度排序	网页1	网页1	网页3	网页2	网页4	网页9	……
	网页2	网页3	网页4	网页5	网页5	网页13	……
	网页3	网页4	网页7	网页9	网页8	网页17	……
	网页4	网页6	网页9	网页13	网页11	网页21	……
	网页5	网页7	网页10	网页21	网页12	网页33	……
	……	……	……	……	……	……	……

图 2.26 搜索引擎索引库倒排索引简化表

搜索引擎索引库是整个搜索过程的基础,没有索引搜索引擎很难查找到相应的内容。倒排索引则更好地降低了关键词搜索网页的难度,使搜索引擎返回结果的速度大大提升。

(5)超链分析:搜索引擎通过对网页链接的分析,得出网页相关度的计算。就像卖东西一样,所有卖东西的都会夸自己的东西好,网页也是一样,如果只通过网页自身表现的情况来判断网页排名,肯定不能十分准确。因此搜索引擎希望通过网页以外的标准来衡量网页,而网页以外的标准中,最利于搜索引擎掌握的就是超链接,每个网页的外部超链接数量、质量,以及网页导出链接情况,都反映网页的质量和关键词的相关度。这样的链接分析技术在所有的搜索引擎中都存在，其中最为知名的超链分析就是谷歌的 PR 技术，国内的百度李彦宏提出的超链分析技术，其他搜索引擎也都有自己的超链分析技术，只是在具体侧重方向有些许差别。

具体的超链分析技术是十分复杂的，但是最主要的原则有导入链接数量、导入链接网页质量、导入链接锚文本等。例如网页 A 有导入链接 40 个，其中以 "SEO" 为锚文本的链接 30 个；而网页 B 有导入链接 30 个，以 "SEO" 为锚文本的链接 20 个，一般情况下，网页 A 在关键词 "SEO" 的排名结果中更理想。

由于超链分析的计算量非常庞大、计算时间很长，所以在建立倒排索引时，超链分析已经完成，并对索引结果的排名产生影响，这样也可以提高搜索引擎返回结果的速度。

（6）数据整合：搜索引擎经过处理网页文件，将各种格式的文件数据进行整理，然后进行分类存储。由于网络文件的类型有很多种，如 HTML、PPT、Word、Txt、Jpg、Bmp、Swf、Mp3 等格式，其中文字格式的网页文件，能很好地被搜索引擎识别处理。但其他富媒体格式的文件，如视频、音乐、图片等往往只能通过其说明性文字进行处理，然后整合各种类型的数据，存于搜索引擎的数据库中。

不同的数据格式被分别存储，但是在建立索引及排序时，往往又会联系到与数据相关的内容，以判断其相关性与重要性，然后形成最终的一个有利于搜索排名的数据库。

2.5.3 检索服务

经过搜索引擎的抓取和预处理，形成基础的检索数据库，但是还要经过一系列的检索过程，才能返回符合用户需求的结果。这就是搜索引擎工作与用户交互的重要流程，用户在搜索引擎的界面输入需要查找的关键词，搜索引擎会对关键词进行过滤和拆分，并查找各词的网页文件，找出其中的交集，确定最低排名权重值，对达到标准的网页文件进行排名计算，并加入影响排名的特殊条件，如惩罚和人工加权等，获得最终的排名结果返回给用户。这就是完整的检索过程，检索完成后，搜索引擎还会继续工作，那就是利用用户搜索习惯优化检索服务。如图 2.27 所示为一般搜索引擎检索服务的流程。

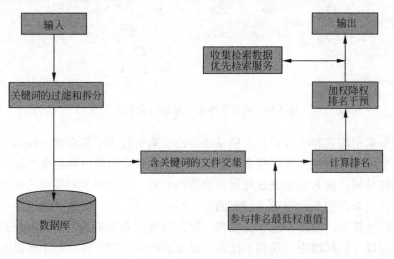

图 2.27　搜索引擎检索服务流程

（1）处理搜索词：对用户输入的搜索词，进行拆分、去噪、调用方式选择等操作，以确定检索命令。

当搜索引擎接收到用户提交的搜索词后，搜索引擎首先会对搜索词进行拆分（主要是在汉字中），因为这是和网页拆分相对应的，所以拆分方式相同。拆分成最优词组后，过滤掉搜索词中对搜索结果意义不大的词，如"啊"、"哈"、"了"等，以提高搜索结果的准确率，降低检索时间。一般情况下，这些经过拆分去噪的词组，会使用逻辑"与"，即"+"类型，就是一个网页中同时含有这些拆分的关键词，才是更符合条件的网页，如"网站优化"的搜索命令就是调用含有"网站"和"优化"两个词的网页；另外搜索引擎中还有其他逻辑类型，如逻辑"或"、"非"等，"或"即网页含有其中一个词，"非"即网页中不含有某词。搜索引擎能判断不同组合的搜索词，确定搜索命令，用于提取出数据库中符合条件的网页文件。

例如，用户搜索"电脑无法启动了"，搜索引擎就将其拆分为"电脑"、"无法"、"启动"、"了"，其中"了"并没有实际意义，或者说对搜索结果的影响不大，而且含有"了"的网页文件太多，再做筛选的意义不大，因此"了"就会在搜索命令中去掉，但是有时候我们也能看到有"了"的结果，那是因为搜索引擎把"了"和其他词作为一个词，而且数据库中也有此索引。经过过滤形成"电脑"+"无法"+"启动"的搜索命令，以查询同时含有这几个词的网页文件。如图2.28所示为百度搜索"电脑无法启动了"的结果，从结果第3位看出，搜索词"了"并不单独作为搜索命令中的一部分，所以过滤单独筛选命令，另外结果中同时含有"电脑"、"无法"、"启动"三个词。

图 2.28　百度搜索"电脑无法启动了"的结果

（2）匹配文件范围：经过处理的搜索命令，会在搜索引擎数据库中进行检索，确定符合命令要求的文件，由于搜索引擎结果条数的限制将这些符合搜索命令要求的网页按权重值由高到低排序，只选取搜索结果数量的网页，作为等待排名的文件范围。

搜索引擎根据搜索命令单个查询拆分词的网页文件，由于是逻辑"+"，所以只有共同含有各个拆分词的网页文件才会被提取出来。经过第一层筛选出的网页文件还不能直接参与排名，因为一般用户搜索的结果至少有几十万甚至几千万的结果，全部计算排名的话，计算量就非常大，而用户并不需要查看全部的结果，通常只会浏览几页的结果，所以搜索引擎一般显示 100 页以内的结果。如图 2.29、图 2.30 和图 2.31 所示分别为百度、谷歌、搜搜的搜索结果页数，都不超过 100 页。

图 2.29　百度搜索结果页数

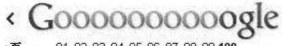

图 2.30　谷歌搜索结果页数

图 2.31　搜搜搜索结果页数

由于这个规则，搜索引擎只需要计算出 100 页，即最多 1000 个结果排名就可以了，这样大大降低了搜索引擎的工作负担，提高了搜索引擎的反应速度。这时候搜索引擎就需要利用网页的权重值判断网页的重要性，也就是将网页权重值排名前 1000 位或更多一点的网页，作为最后的参与计算排名的基础范围。

（3）排名结果：搜索引擎对确定参与排名的网页文件进行相关性计算，以获得最终返回给用户的搜索结果。

搜索结果的排名是搜索引擎工作中，最受 SEOer 关注的搜索引擎工作原理，因为直接影响网页的排名次序，由于影响排名的因素非常多，后面还会具体进行讲解，这里只介绍搜索引擎大致排名过程。

在搜索结果中，影响网页排名的主要因素有两个，内在网页自身质量因素和外在网页记录因素。通常内在网页质量的判断多是分析网页与搜索词的相关性如关键词的完全匹配度、关键词出现的位置、关键词的频率密度、关键词的形式、网页权重值等。而外在网页记录因素多是对网页外链和网页浏览记录的分析，如外链数量、外链广泛度、关键词外链、网页在搜索引擎的单击记录等。

通过对网页排名的计算，已经大致确定了搜索结果的排名，这时候搜索引擎还会对网页进行惩罚和人工置前。惩罚是通过算法将有作弊嫌疑的网页，进行固定位置的做法，如百度的 11 位惩罚、谷歌负 6 惩罚等；而人工置前是对有特殊需求的网页进行一定的人工排名提高，如官方网站、特殊通道等。经过干预和过滤后，排名结果就会返回给搜索者。

（4）检索优化：通过收集用户搜索的数据，优化检索服务，使搜索准确化、个性化、效率化。

在返回搜索结果后，搜索引擎与用户会继续进行交互，搜索引擎会提取用户的 IP、搜索时间、搜索词、浏览的网页等。通过 IP 搜索引擎能获取用户的地区，根据各地区用户搜索的内容的差别、返回用户特定地域的排名结果，以及用户的搜索习惯，返回用户经常单击的网页等；另外根据用户的单击记录，对网页的排名优化也有一定帮助，用户单击更多的搜索结果能得到更好的排名；一般情况下，搜索引擎还会将用户经常搜索的关键词的结果进行缓存，以便其他用户在搜索时提高结果返回的速度。

搜索引擎主要通过以上 3 个方面，对搜索的结果进行优化，以达到更快、更准确的返回给用户，提升用户体验的目的。

2.6 搜索引擎链接理论

链接是网络产生的必要条件，搜索引擎对网站链接也非常重视，主要原因是利用网页自身情况很难判断网页的质量，难以形成统一量化的标准，也容易被网站操纵其排名，所以搜索引擎谷歌 PR 改变了这一现实。这是一套分析链接的网页评级系统，因为它很好地解决了不同文件类型、量化标准不统一的网页评级。从此，其他搜索引擎也关注到链接分析的问题，也形成了很多链接分析的理论，除谷歌 PR 外，如 CheiRank、信任与反信任排名算法、百度超链分析技术、HITS 算法等。本节将分别介绍这些链接分析方法，了解搜索引擎对网页评级的标准。

2.6.1 Google PR

Google PR（PageRank，谷歌网页评级系统）是由 Google 创始人 Larry Page 和 Sergey Brin 开发的网页评级系统，它的理论观点是：越多优质的网页链接指向的网页必定也是越优质的网页，每个链接指向就是对网页的一个投票。从这个理论来看，PR 评定一个网页的质量就像进行一场投票选举，支持者越多获胜的可能性也就越大；而且优质的网页链接相当于著名支持者的投票，更具有说服力。

对于 Google PR，还有另外一种说法，就是在一定时间内，用户随机地沿着网页链接前进，每个链接被访问的概率相同，而外部链接越多进入网页的可能性也就越大，这种概率反映出网页的重要性，也就是 Google PR。

Google PR 是用数值进行衡量的，通过工具条或者其他站长工具查询网页的 PR 值是 0 到 10 的整数，10 为最高。而实际的 PR 值并非是一个整数，实际的 PR 值有小数甚至远远超过 10 这个数,工具条显示的 PR 是对实际 PR 在某个时段的阶段量化,如图 2.32 所示为 Google PR 工具条和实际对照表。

工具条 PR(线性) Toolbar PR (linear)	实际 PR(对数基是 5) Actual PR (log base 5)	实际 PR(对数基是 10) Actual PR (log base 10)
0	0.15	0.15
0 - 1	0.15 - 1	0.15 - 1
1 - 2	1 – 5	1 - 10
2 - 3	5 – 25	10 - 100
3 - 4	25 - 125	100 - 1,000
4 - 5	125 – 625	1,000 – 10,000
5 - 6	625 – 3,125	10,000 – 100,000
6 - 7	3,125 – 15,625	100,000 – 1,000,000
7 - 8	15,625 – 78,125	1,000,000 – 10,000,000
8 - 9	78,125 – 390,625	10,000,000 – 100,000,000
9 - 10	390,625 +	100,000,000 +

图 2.32　Google PR 工具条和实际对照表

从上表可以看出,真实 Google PR 并非一个 0~10 的整数,而是一个经过具体计算的数值,其计算公式为:

$$PR(A) = (1-d) + d\left[\frac{PR(t_1)}{C(t_1)} + \frac{PR(t_2)}{C(t_2)} + \frac{PR(t_3)}{C(t_3)} + \cdots\cdots + \frac{PR(t_n)}{C(t_n)}\right]$$

其中,$PR(A)$ 为网页 A 的实际 PR 值,d 为阻尼系数,一般为 0.85,$PR(t_1)$ 到 $PR(t_n)$ 为各导入链接网页的 PR 值,$C(t_1)$ 到 $C(t_n)$ 为各导入链接网页的导出链接数量,$\frac{PR(t_n)}{C(t_n)}$ 是网页 t_n 的 PR 值与导出链接数量的比值,即网页 t_n 的 PR 输出值。例如网页 A 有两个友情链接,两个友情链接的 PR 值分别为 4 和 8,其导出链接数分别为 8 和 20,则网页 A 的 PR 为:PR(A)=0.15+0.85(0.5+0.4)=0.915,即网页 A 的 PR 值为 0.915,从计算中也可以看到,PR 高的网页传递来的 PR 并不一定更高,还取决于网页的导出链接数量。

因此从以上公式可知,网页 A 的 PR 值为链接到网页 A 的网页 PR 输出值之和,经过加入阻尼系数运算的结果。而链接到网页 A 的其他网页 PR 值,也是经过相同方法的计算,所以如果不加入阻尼系数的话,只需要建立一个链轮,然后加一个网页 B 向链轮导入 PR 值,这个链轮的 PR 值将无穷大。所以阻尼系数就防止了这种情况的产生,使网页输出后的 PR 值有一定衰减,从而在整体上达到 PR 值的稳定和准确。

PR 是谷歌的网页评级系统,在某些时候对网站在 Google 中的表现有一定影响,如网站在 Google 中的收录量、蜘蛛爬行频率、结果显示数量、关键词排名等,都会受 Google PR 高低的影响。但是又不能盲目追求 PR 值高低,毕竟 PR 值只是谷歌众多排名因素中的一个,而且站长查询的网站 PR 值是一个区间段,一般是 1 到 4 个月更新一次,所以站长看到的 PR 值并不准确。因此对于 Google PR,应该认识到它对网站的意义,也不可夸大其作用。

2.6.2 HillTop 算法

HillTop 算法是由康柏系统研究中心的 Krishna Bharat（后加入 Google）和多伦多大学的 George A.Mihaila 在 2001 年提出并申请了专利，后来授权给 Google 使用，2003 年 12 月 Google 算法更新，成为 Google 核心排名算法之一。

HillTop 是一种相关性链接分析算法，克服了 PageRank 算法的无相关性缺点，使网页排名的准确性更高。例如两个"医疗"主题网站，分别获得 10 个"游戏"主题网站和 10 个"医疗卫生"主题网站的链接，那么获得"医疗卫生"网站链接的"医疗"网站的排名更好。HillTop 算法称这种对主题有影响的文档为专家文件，从这些专家文件页面到目标网页的链接，是决定被链接网页"权重得分"的主要部分。

HillTop 算法吸收了 PageRank 算法、HITS 算法、相关性算法的一些特点：（1）在网页权重值传递过程中，HillTop 采用了 PageRank 算法的基本思想，即通过导入链接的数量和质量来确定网页的权重值；（2）HillTop 是与用户查询请求相关的链接分析算法，吸收了 HITS 算法中，根据用户查询获得高质量相关网页子集的思想，即主题相关网页之间的链接对于权重计算的贡献，比主题不相关的链接价值要更高。

如图 2.33 所示为 HillTop 算法的流程，这里省略了排序器等工作部分，只看 HillTop 算法的流程，与其他算法不同的是，它包括以下两方面的工作：

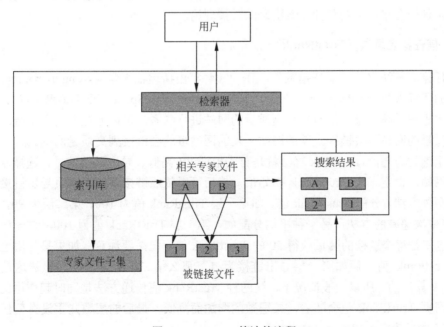

图 2.33 HillTop 算法的流程

（1）建立专家文件索引，首先从海量的互联网网页中通过一定规则，筛选出主要关键词的专家文件子集合，并单独为这些页面集合建立专家索引存于索引库中。

（2）用户检索，HillTop 在接收到用户发出的检索请求时，首先根据用户检索的主题，从专家文件子集的索引中，找出部分相关性最强的专家文件，如文件 A 和 B，并判断每个相关专家文件的相关性得分。然后根据专家文件和其他相关文件的链接关系，对目标文件进行排序。排序的链接关系计算和 PageRank 算法的链接数量和质量原则相似,就是专家文件相关性得分通过链接传递给目标文件,传递的分数就是目标文件参与排序的分数。最后 HillTop 算法整合相关专家页面和得分较高的目标文件,作为搜索结果返回给用户。也就是下例中,相关专家文件 A 和 B 同时链接目标文件 2 接收到两个专家文件的得分,因此排名也领先于目标文件 1。

HillTop 算法和其他链接分析方法一样,也有优缺点。

它的主要优点是利用相关专家页面的链接分析,使搜索结果更准确权威,相关性也更高,排名标准更为统一和具体。

它的缺点主要是难以获得广泛主题的专家文件,并且专家文件的质量不好保证;HillTop 算法的数据处理量非常大,这对服务器也是一个考验;另外,新站点网页和新关键词在 HillTop 算法中都难以获得排名。

不管 HillTop 算法有多少缺点,SEOer 需要明白一个事实,搜索引擎对于相关网站的外链会给予更高的评分,在建设外链时,相关主题的外链,尤其是主要竞争对手的外链,对排名的提升作用更大,当然这些外链的获得难度也更高。

2.6.3 信任与反信任排名算法

目前,几乎所有的搜索引擎,信任排名和反信任排名算法都是影响网页排名的重要因素,这两种排名算法也是两种搜索引擎的链接理论。

1. 信任排名算法(TrustRank)

信任排名算法也称"信任指数",在 2004 年由斯坦福大学 Gyongyi、Garcia-Molina 和雅虎的研究人员 Jan Pedersen,在论文《Combating Web Spam with TrustRank》中提出。它的基本思想是高质量网站通常与高质量的网站进行联系,可以通过友链和单链的形式,但是高质量的网站不会链接到差的网站,差的网站可能会链接到高质量网站。

基于这种思想,TrustRank 算法就是首先根据 PR 高低、导出链接数量,选择一定数量的信任网站,设定一个 TrustRank 初始值。然后可以依照链接层级和网页导出链接数量平均分配两种方法,分配 TrustRank 值。如第一层 TrustRank 值为 100,第二层为 90,第三层为 80 等依次递减的方法;另一种平均分配如,第一层 TrustRank 值为 100,这一层有 2 个链接,也就是每个链接的网页获得 50 的 TrustRank 值,但是要注意,如果只使用这种方法传递 TrustRank 值,假如第一层导出链接为 1,那么第二层也是 100,显然这是不符合 TrustRank 算法的。所以一般情况下,这两种 TrustRank 值传递方法是同时起作用的,这样整体的网页 TrustRank 值会随着链接层数的增加而降低,最后的层数几乎没有信任度了,如图 2.34 所示为 TrustRank 值衰减模型。

利用 TrustRank 值搜索引擎可以直接加入到排名因素中,使信任指数更高的网站获得更好的排名;也可以像 PageRank 一样,作为筛选网页参与排名的最低标准,只有达到一定的 TrustRank 值,才能获得参与排名的机会。

TrustRank 算法使搜索引擎获得了网页权重值和相关度以外的网页评级方法,通过迭代计算能将互联网中的所有网页 TrustRank 值计算出来,形成网页信任指数的排名参数,从而帮助搜索引擎返回更权威的结果给用户。但是在搜索引擎算法中,TrustRank 值也通常表现在域名级别，整个域名的信任指数越高，整体排名能力就越强，这也阻碍了小网站的成长，小网站难以获得更高的信任指数，也就很难获得更好的排名，当然这只是排名的其中一个因素。

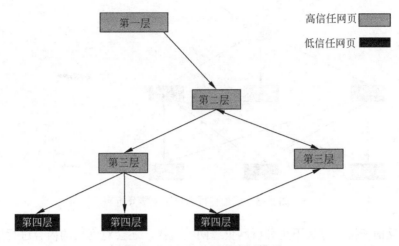

图 2.34 TrustRank 值衰减模型

从 TrustRank 的基本思想中，SEOer 应该知道，从信任网站源处获取链接和链接到信任网站源，是针对 TrustRank 算法的优化手段。也就是说，从 .gov 和 .edu 等后缀结尾的域名处，获取的友链和反向链接是更有价值的，对排名更有好处；而如果网站需要外链导出，尽量链接到信任网站源，避免链接到垃圾网站，这就像中国的那句古话：近朱者赤，近墨者黑。

2. 反信任排名算法（Reserse-TrustRank）

反信任排名算法和信任排名算法一样，其最初作用都是减少互联网垃圾信息。反信任排名算法也是基于链接的分析，而且加入了对垃圾信息的识别算法，使其在减少垃圾信息方面作用更大。

反信任排名算法的核心思想就是：全部低质量链接的网站通常质量不高，网站大量链向低质量网站，本身质量也不高。搜索引擎通过对站内垃圾信息和导出导入链接的分析，并结合其他一些算法后，当站内垃圾信息和站外的垃圾链接超过一定标准的时候，网站就会被搜索引擎认定为垃圾信息源，从而被降低排名或者 K 站等。

这个搜索引擎的标准具体是什么，我们并不知道，但是肯定与网站自身的质量有关，如网站的收录量、权重值、网站在搜索引擎的信任指数等有关。有时候我们会看到，即使大网站有了很多垃圾信息和导入链接，也不会被反信任排名算法降权，或者降低网站排名等。

在反信任排名算法中，SEOer 应该做到不要链接到任何垃圾信息源，也尽量不要从垃圾信息源处获取连接。如图 2.35 所示为反信任排名算法链接分析，A 网页的导入链接有 1、2、3、4、7 网页，导出链接有网页 5、6，其中网页 1、2、3、4、6 都是正常网页，5、7 为垃圾网页，由于导入导出链接中大部分为正常网页，因此网页 A 为正常网页；而网页 5、7 为垃圾网页的原因为：网页 5 指向了 3 个垃圾网页 8、9、10，而网页 7 从 3 个垃圾网页 8、9、10 获得链接。

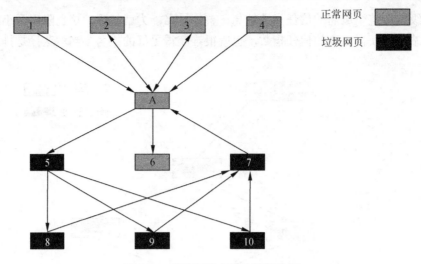

图 2.35　反信任排名算法链接分析

当然，反信任排名算法不止分析网页之间的链接，还会对网页的内容进行检查，以确定哪些是垃圾信息源，然后根据链接走向，筛选出更多的垃圾信息源。因此信任排名算法和反信任排名算法的区别就是，信任排名算法侧重筛选出更优质的信息，而反信任排名算法侧重过滤掉垃圾信息。

2.6.4　百度超链分析技术

百度搜索引擎的核心技术是百度超链分析，于 1997 年由百度 CEO 李彦宏在一份名为"超链文件检索系统和方法"的专利申请中提出，这甚至比 Google PR 更早提出。

百度超链分析的核心思想是"投票"机制，链接就是对网页的投票，获得投票越多排名也就更好；链接上的文字是对被链接网页的描述，通过这些描述可以计算出网页与关键词的相关度。简单地说，超链是别人对你好评，锚文本是别人怎样评价你。

有人做了一个这样的比喻，在一万个人里面，找出 10 个最高的人比较容易，只是基于高矮直观对比；但在一万个人里面，找出最胆小、最可爱、最漂亮的 10 个人，就很难选出来了。因为这些抽象的概念很难有相同的标准衡量，这就要通过对每个人的调查、投票等各种方式，才能得出一个结果。因此在被选出的人中，都被多数投票者贴上了最胆小、最可爱、最漂亮的标签。这种投票的方式与百度超链分析技术相似。

百度超链分析算法是搜索引擎建立索引时，除了索引页面及关键词等信息外，还建立一个链接数据库，记录指向这个文件的超链接数量、每个超链接使用的锚文本信息、锚文字中包含哪些关键词等，根据这些链接数据，尤其含有锚文本信息的数据，计算出基于链接的网页相关性。结果排序时，搜索引擎将得到的基于链接的相关性，与基于关键词匹配的传统相关性同时作用，以得到更准确的排名。链接数据库不仅包含关键词原型，也包含同一个词干的其他衍生关键词，使得链接分析数据适用于更多的搜索关键词。例如，网页 A 和 B，它们都是与"网站优化"相关的主题，而网页 A 获得更多的链接指向，并且含有"网站优化"相关锚文本链接更多，而网页 B 无论从链接指向的数量，还是锚文本链接的数量都比不上 A，所以网页 A 的排名会优于网页 B，如图 2.36 所示为百度超链分析排名原理。

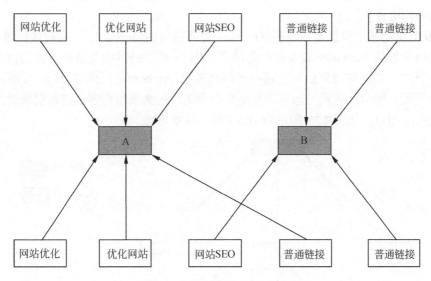

图 2.36 百度超链分析排名原理

百度超链分析和 Google PR 有一定相似的地方，就是统计网页被其他网页链接指向的数据，指向的次数越多等级越高，排名也就更靠前。但是它们也有一定区别：
- 百度超链分析研究的是网页相关性，而 Google PR 研究的对象是页面等级；
- 百度超链分析只计算链接数量和分析锚文本，而 Google PR 计算每个页面的具体数值；
- 百度超链分析对链接的源网页无等级差异之分，而 Google PR 认为链接的源网页有等级之分。

根据百度超链分析技术，SEOer 应注意增加外链数量，尤其是关键词相关锚文本外链的数量，另外主题相关页面的链接指向对排名更有帮助。

百度超链分析是一项非常有用的技术，对搜索引擎判断网页相关性、优化搜索结果排序，有着非常大的影响，使搜索引擎更准确地理解目标网页的主题，提高了搜索结果与搜索词的相关性，现在百度根据导出链接页面的权威性、相关性等属性确定导出链接的权重，从而使搜索结果更权威。因此现在很多搜索引擎都借鉴了相似的算法优化排名。

2.6.5　HITS 算法

HITS 算法是 1998 年由康奈尔大学（Cornell University）博士 JonKleinberg 首先提出的，HITS 的英文全称为 Hypertext - Induced Topic Search，即超链诱导主题搜索。目前，它是 IBM 公司阿尔马登研究中心（IBM Almaden Research Center）的名为"CLEVER"的研究项目中的一部分，并被 Teoma 搜索引擎作为链接分析算法在实际中使用。

HITS 算法通过两个评价权值：枢纽值（Hub Scores）和权威值（Authority Scores）来对网页质量进行评估。所谓枢纽值指的是页面上所有导出链接指向页面的权威值之和，权威值指的是所有导入链接所在页面的枢纽值之和。枢纽值较高的页面被称为枢纽页面（Hub 页面），如雅虎目录、好 123 等；权威值较高的为权威页面（Authority 页面），如百度、新浪、youtube 等。当用户输入关键词后，算法对返回的匹配页面分别计算两种值，然后给出该页面的综合评价。

HITS 算法的基本思想是：越多好的 Hub 页面指向的 Authority 页面权威值越高，Hub 页面指向越多好的 Authority 页面枢纽值越高。HITS 算法的目的是通过一定的技术手段，在海量网页中，找到与用户查询主题相关的高质量 Authority 页面和 Hub 页面，尤其是 Authority 页面，因为这代表了能够满足用户查询需求的高质量内容，搜索引擎以此作为搜索结果返回给用户。如图 2.37 所示为 HITS 算法基本思想。

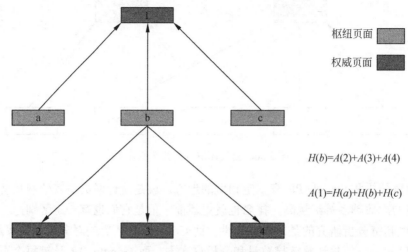

图 2.37 HITS 算法基本思想

如图 2.37 所示，a、b、c 为枢纽页面（Hub 页面），页面 1、2、3、4 为权威页面（Authority 页面），枢纽页面 b 的枢纽值为所有被指向的权威页面 2、3、4 权威值的和，即 H(b)=A(2)+A(3)+A(4)；而权威页面 1 的权威值为所有指向的枢纽页面 a、b、c 枢纽值的和，即 A(1)=H(a)+H(b)+H(c)。

HITS 算法与 SEOer 认识最深的 PageRank 虽然都是通过链接分析给网页评级的系统，但是它们也有一定的区别，通过这些区别，我们对 HITS 算法会有更深入的认识：

- HITS 算法计算对象数量较少，只需计算枢纽页面和权威页面扩展集合内，网页之间的链接关系，适用范围较窄；而 PageRank 是全局性算法，对所有互联网页面都进行处理，适用范围很广。
- HITS 算法与用户查询密切相关，必须在接收到用户查询后实时进行计算，计算效率较低；而 PageRank 与查询请求无关，服务器在爬虫抓取完成后离线计算，查询时直接使用计算结果，计算效率更高。
- HITS 算法可单独作为相关性计算系统，利用枢纽页面和权威页面的相关性，进行页面的评级；而 PageRank 必须结合内容相关性计算系统，才能对页面相关性进行评价。
- HITS 算法在计算时，对于每个页面需要计算两个分值；而 PageRank 只需计算一个分值。

从 HITS 算法和 PageRank 的区别中可看出，HITS 算法并不是全能的，还有很多不足之处：

- 计算效率较低。HITS 算法需要在获得用户查询后，才能进行网页评级的计算，这是牺牲用户搜索体验，提高搜索权威性的做法，计算效率不高。
- 防作弊能力较弱。HITS 算法完全不考虑网页的内容或文本权威性，仅考虑网页之间的链接结构来分析页面的权威性，作弊者只需要建立一个页面，链接到很多的权威页面，就成了一个好的枢纽页面，从而操控结果排名。
- 搜索结果不准确。由于枢纽页面的主题不明显，可能链接向各种主题的权威页面，而各种主题的权威页面，也可能链接向不同主题的枢纽页面，所以仅通过链接的传递来判断页面等级，可能造成搜索结果与搜索主题不相关，也就是搜索结果不准确的现象。

虽然 HITS 算法仍有一些不全面的地方，但是不得不说它已经成为很多搜索引擎排名的因素之一，所以在做网站时，尽量建立更多的枢纽页面的链接指向，增加自身网页的权威值；也可以利用枢纽页面指向越多优秀权威页面，以提高自身的枢纽值。

2.7 必会的高级搜索引擎指令

虽然搜索引擎的高级指令对于普通用户来说一般都不会用到，但却是非常有用的。它能更准确地帮助用户缩小搜索的范围，提高搜索的准确性，减少用户寻找需要信息的时间。对于研究搜索引擎的 SEOer 来说，搜索引擎高级指令更是必须掌握的基础技能，才能利用搜索引擎分析网站收录、外链，以及分析竞争对手的情况等。

2.7.1 高级搜索引擎指令解析

搜索引擎高级指令有两种类型：一是使用符号来判断关键词的逻辑关系，如双引号、减号等；二是使用特定的命令开头确定搜索关键词的范围，如 Site、Link 等。这两种类型的高级指令目的都是缩小搜索范围，使结果更为准确。

1. 双引号（"关键词"）

双引号指令在大多数搜索引擎中都能使用，其中百度和谷歌也都支持这一命令，注意是英文输入法状态的双引号。

双引号表示搜索词与结果中出现的关键词完全匹配，包括词组的位置和顺序，即不会被拆分。例如，在百度搜索"网站优化技巧"和加引号的"网站优化技巧"获得结果如图 2.38 和图 2.39 所示，使用双引号的搜索结果的关键词与搜索词完全匹配，"网站优化技巧"未被其他词隔开，或者缺失某些词；而未加双引号的搜索结果含有如"网站优化基本技巧"、"网站 SEO 优化技巧"不完全匹配的结果。

通过双引号能更准确地找到需要的信息，包括在分析关键词、竞争对手时有一定用处，结合其他指令可达到更好的效果和作用。

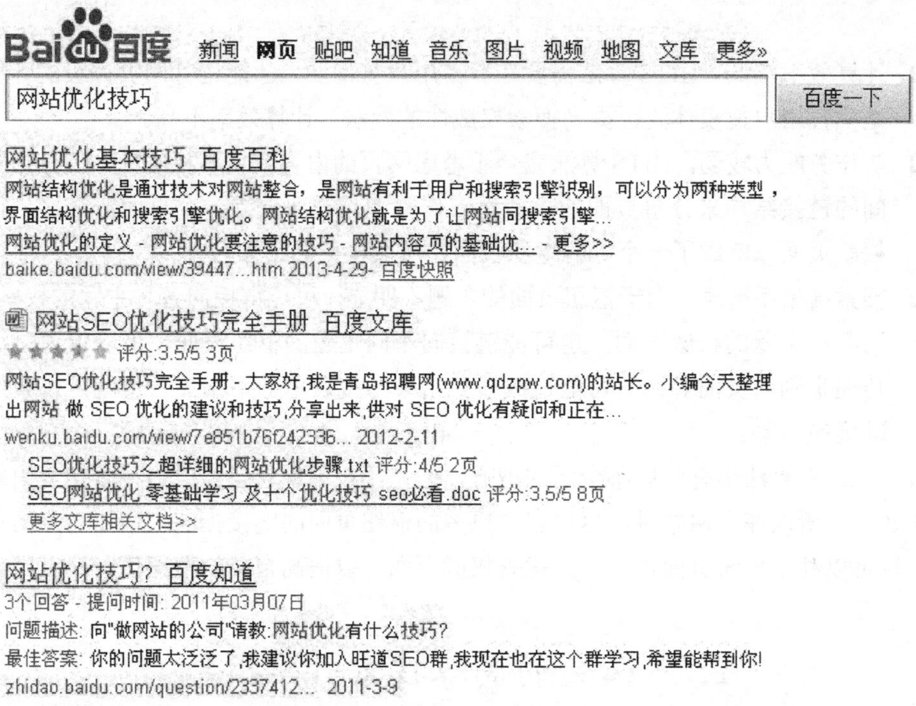

图 2.38　百度搜索"网站优化技巧"的结果

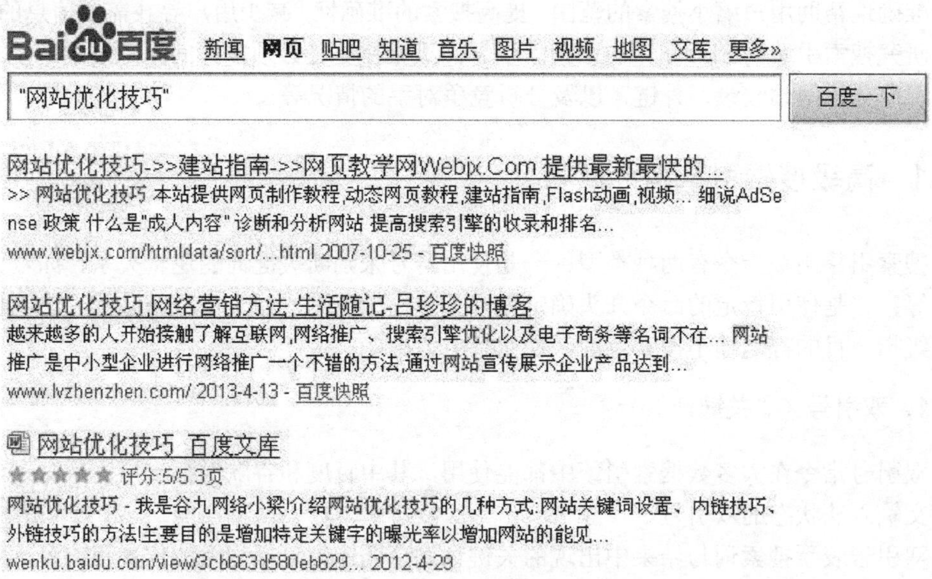

图 2.39　百度搜索加引号的"网站优化技巧"的结果

2. 加号（关键词+关键词）

加号指令在百度和谷歌都被支持，而且可写可不写，不写加号时只需要用空格代替即可。

加号为"并"的意思，表示搜索结果中同时含有多个词，可以是两个，甚至更多，例如在谷歌中搜索"手机+足球"和"手机 足球",如图 2.40 和 2.41 所示,两者的结果是相同的,都是含有"手机"和"足球"的结果。

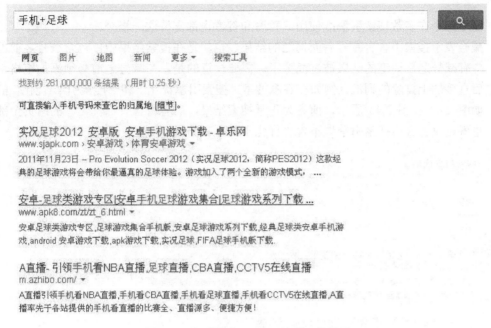

图 2.40　谷歌搜索"手机+足球"的结果

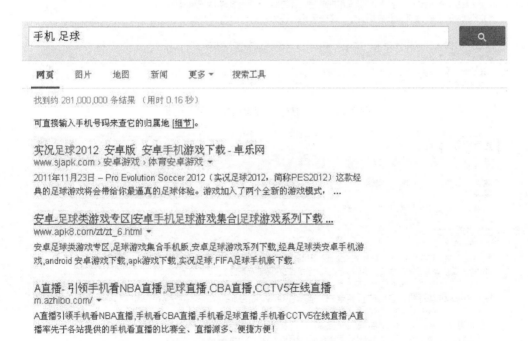

图 2.41　谷歌搜索"手机 足球"的结果

对于大多数人来说,并没有使用过加号搜索指令,因为空格被搜索引擎识别为加号搜索,而且输入空格比加号更为方便,所以加号的使用率很低。但是作为搜索引擎的研究者,我们应该知道"并"的准确搜索为加号,还可以通过多词组合,研究使用某些关键词的竞争对手。

3．减号（关键词-不需要的关键词）

减号指令在多数搜索引擎能使用，百度和谷歌也都支持这一指令。

减号表示搜索不含有减号后面词汇的结果，也就是在搜索结果中仅包含减号之前的词汇，含有减号之后词汇的结果被过滤掉了。需要注意的是，在减号之前必须添加空格，减号之后直接加上排除的词汇。例如在谷歌搜索"搜索引擎优化"和"搜索引擎-优化"的结果，如图 2.42 和图 2.43 所示，前者为正常搜索结果，后者将含有"优化"的网页全部去掉，也就是只包含"搜索引擎"不含"优化"的所有结果。

图 2.42 谷歌搜索"搜索引擎优化"结果

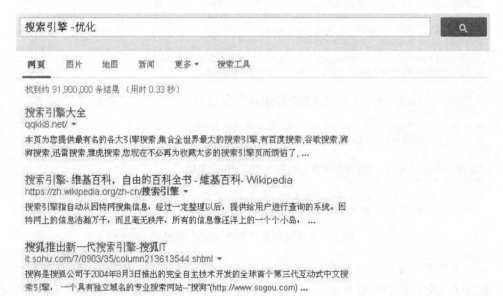

图 2.43 谷歌搜索"搜索引擎-优化"结果

使用减号能缩小搜索结果的范围，使搜索结果更准确。尤其对于一些意义较多的词汇，某些意义的结果并不是用户需要的，而且会占据大量的结果排名，使真正对用户有用的结果难以找到，例如搜索"三星"，显示的大部分结果是手机，如果去掉"手机"这个词，就可以查看关于"三星"的其他信息。这样的排除法能提高搜索效率，帮助 SEOer 准确找出竞争对手。

4．竖号（关键词|关键词）

竖号仅被少数搜索引擎使用，如谷歌、jike 支持这一搜索指令，百度支持特殊的竖号，但是格式为：（关键词 | 关键词）。另外竖号的输入是按组合键"Ctrl+\"即可。

竖号是"或"的意思，表示搜索结果中含有多个关键词中的一个即可，不能同时含有这些词。例如谷歌搜索"三星苹果"和"三星|苹果"的结果，如图 2.44 和图 2.45 所示，前者的结果中同时含有"三星"和"苹果"两词，而后者则每个结果要么含"三星"或者含"苹果"，不同时含有两个词。

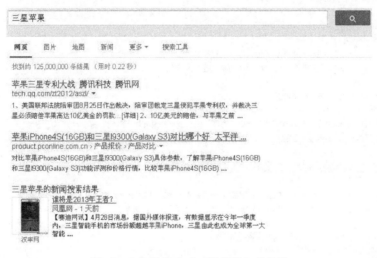

图 2.44　谷歌搜索"三星苹果"的结果

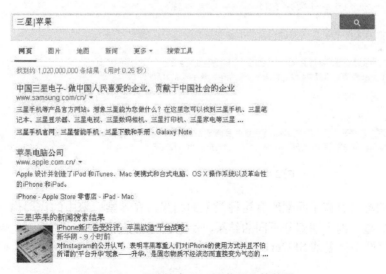

图 2.45　谷歌搜索"三星|苹果"的结果

很多人并不知道竖号的用处，所以他们的做法是依次搜索各个词，但是如果词比较多，这样做就非常麻烦，因此利用竖号搜索多词是非常方便的。

5. 星号（提高*排名）

星号的应用并不广泛，百度等中文搜索引擎并不支持，但是谷歌支持星号指令。

星号在程序语言中是通配符，用在匹配的环境里，也就是*能代表任意的意思。在谷歌里，它也是表示代替其他字词进行搜索。例如，在谷歌搜索"提高*排名"的结果，如图2.46所示，星号代替了很多词汇，其中包含了"提高关键词排名"、"提高Google排名"、"提高Alexa排名"、"提高百度关键词自然排名"、"提高百度排名"等。

图2.46 谷歌搜索"提高*排名"的结果

通配符的意义就在于匹配所有这种类型的结果，在搜索引擎中的作用也一样，可以匹配搜索相同类型，但个别部分不同的结果，另外对用户忘记某些词的搜索，也有一定的作用。作为研究网站排名的SEOer，利用通配符"*"可以更好地挖掘关键词，研究竞争对手的关键词。

6. Site（site:www.chinaz.com）

Site 指令几乎支持所有的搜索引擎，当然也是谷歌和百度常用指令之一。注意，Site 后面的冒号为英文状态下输入的冒号。

Site 指令是搜索某个域名下被搜索引擎收录的所有文件，这也是最直接查询网站被收录文件的方法。但是 Site 指令的查询结果并不十分准确，查询结果有随机性，或者只是收录文件的一部分，因为这些不确定性，所以 Site 指令查询只能作为参考。

Site 指令可以查询一级域名的收录情况，如 site:www.chinaz.com；也可以查询二级或更多级域名的收录情况，如 site:.tool.chinaz.com；或者查询整站的收录情况，如 site:chinaz.com。如图 2.47 所示为谷歌 Site 命令查询 chinaz.com 获得的结果，包含了主站和二级域名的收录概况。

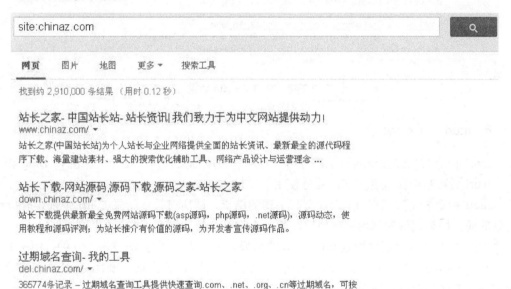

图 2.47　谷歌 Site 命令查询

Site 指令常被用于查询收录，但是基本能查看到网站的概况，在百度查询比谷歌查询的准确性高一点，而且与其他指令组合使用，能发挥更大的作用。

7. Domain（domain:www.chinaz.com）

Domain 是百度的一个查询指令，其他搜索引擎站不支持这一指令，冒号使用英文输入法。

Domain 指令表示相关域。对于很多做百度排名优化的 SEOer 来说，对 Domain 指令是非常熟悉的，但是真正理解这个指令的却很少，大部分人认为这是百度查询外链的指令，其实不然。有人用未被注册的域名做了一个实验，domain:wwwcomcomcomcom 的搜索结果如图 2.48 所示。

如图所示，从此查询结果可以看出，domain 后的查询内容被拆分后出现在搜索结果中，也就是说 domain 的结果并不全是外链结果，也包含出现查询 URL 拆分部分的页面，而且无法查询锚文本的链接。所以利用 domain 来查询网站外链的做法并不科学，但是可以作为一个大概的查询，了解网站的部分外链结果，主要作用还是挖掘外链平台。

图 2.48　百度 domain 结果

8．Inurl（inurl:seo）

Inurl 指令对大部分搜索引擎都可用，谷歌和百度都支持这一指令，雅虎和 Bing 不支持。Inurl 后可带中文或者英文，冒号使用英文输入法。

Inurl 指令表示查找在 url 中含有某字词的结果，即所有搜索结果的 url 中都含有 inrul 之后的词。如果查询的词具有排他性，就是查询某个特定域名下收录的网页。

如图 2.49 所示为百度搜索 url 含 seo 的结果，在结果中都是 url 含有 seo 的，由于关键词在 url 中对网站排名有一定帮助，但是不可完全匹配，因为搜索引擎针对 url 太多完全匹配关键词的网站会进行惩罚。

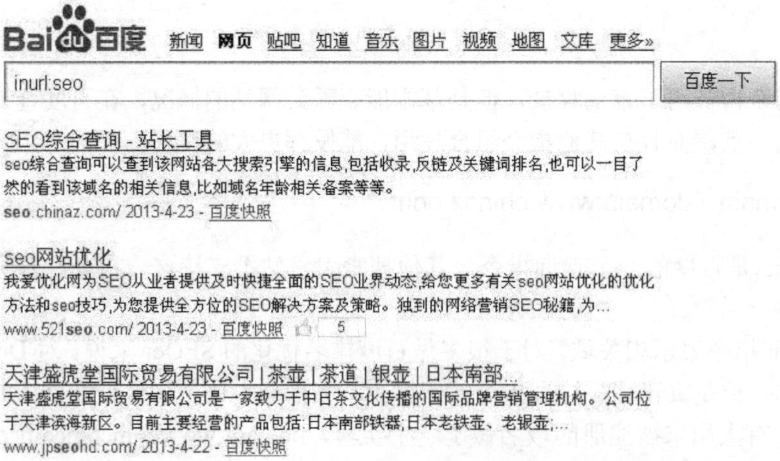

图 2.49　百度搜索 url 含 seo 的结果

Inrul 是非常有用的查询指令，如要查询网站的某个目录或者博客的收录情况，又不是二级域名，不能用 Site 指令，这时候用 Inurl 就非常方便。

9. Intitle（intitle:搜索引擎优化方案）

Intitle 指令能在大多数搜索引擎中使用，谷歌和百度也都支持这一命令。冒号使用英文输入法。

Intitle 指令表示在页面 title 标签中含有某个关键词的页面，利用 Intitle 指令查询的结果中并不一定含有搜索的关键词，但 title 标签中必定含有关键词，此指令和 Inrul 一样，是查询网页某项的特征类型。

经过搜索引擎优化的网站，title 标签一般含有关键词以提高网页与关键词的相关性，因此可以利用 Intitle 指令查询潜在的竞争对手。Intitle 指令和双引号查询有一定的相似度，但是实际查询的效果并不相同，最主要的区别在于是否分词和出现位置。Intitle 指令查询的关键词是可以被分词的，必须在 title 标签中有出现或变式出现；双引号查询的关键词是不会被分词的，可以不在 title 标签中出现类似词。如图 2.50 和图 2.51 所示分别为百度 Intitle 指令和双引号查询"搜索引擎优化方案"的结果。在 Intitle 指令搜索的结果中，包含了"搜索引擎优化方法"、"搜索引擎优化 SEO 方案"、"搜索引擎优化实施方案"等被分词过或者变式的搜索结果。而双引号查询的结果中，排在前面的全是关键词完全匹配的结果，而且有的结果是内容中包含完全匹配的关键词。

图 2.50 百度 intitle 搜索关键词结果

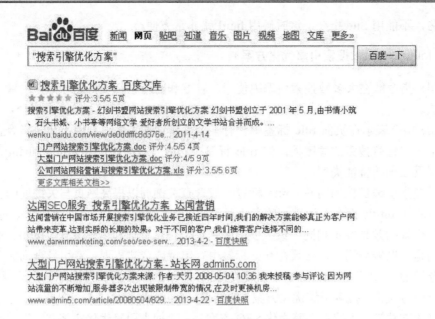

图 2.51　百度双引号搜索关键词结果

Intitle 单独使用时的作用是分析竞争对手，而组合使用时作用则更多，例如检查博客收录、子栏目收录等。

10．Allinurl（allinurl:chinaz space）

Allinurl 是 Inurl 的功能扩展查询指令，在大多数搜索引擎中都不能使用，如百度。但谷歌支持这一指令。

Allinurl 指令表示在查询结果的 URL 中，同时含有多个搜索关键词，等同于同时使用几个 inurl 指令查询，注意不同关键词之间应用空格隔开。如图 2.52 和图 2.53 所示分别为 allinurl 和多个 inurl 组合的查询结果，两个指令查询 chinaz 和 space 两个关键词的结果相同。

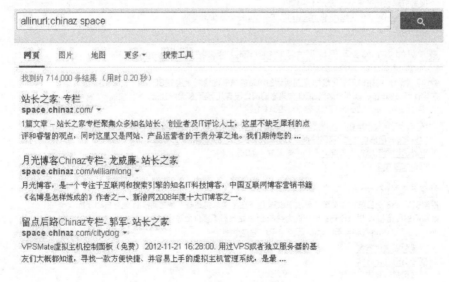

图 2.52　谷歌 allinurl 查询结果

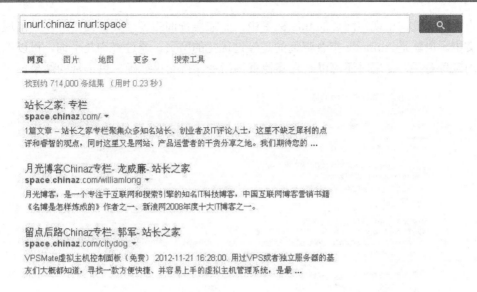

图 2.53　谷歌多个 inurl 组合查询结果

通过 Allinurl 能查询出 URL 中含有某一些关键词的网页，这是分析竞争对手的一般技巧，也可以在查询某些栏目收录时使用，相比多次输入 inurl 更便捷。

11．Allintitle（allintitle:搜索引擎优化 博客）

Allintitle 和 Allinurl 一样，都是对其他指令功能的扩展，也不能在大多数搜索引擎中使用，这一指令主要针对谷歌查询。

Allintitle 指令表示在查询结果的 title 标签中，同时含有多个搜索关键词，等同于多个 Intitle 指令同时查询，关键词之间要用空格隔开。如图 2.54 和图 2.55 所示分别为 Allintitle 和多个 Intitle 查询的结果，它们的查询结果是相同的。

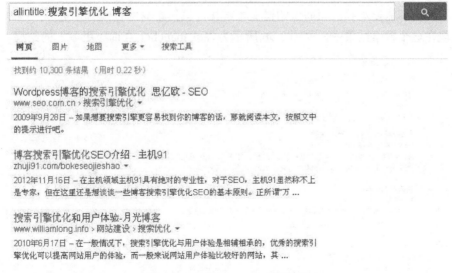

图 2.54　谷歌 allintitle 查询结果

Allintitle 指令和加号查询的结果有相同之处，但也有一定的区别，主要体现在 Allintitle

指令查询的关键词出现在网页的 title 标签中，而加号查询的多个关键词，可以只出现在网页正文中。也就是 Allintitle 指令查询的是经过优化的网页，通过查询几个词，可以找到更准确的竞争对手，使用时还可以结合其他查询指令，得到更准确、更丰富的结果。

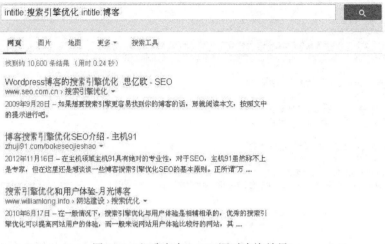

图 2.55　谷歌多个 intitle 同时查询结果

12．Inanchor（inanchor:更多）

Inanchor 指令在很多搜索引擎中可以使用，如国际的谷歌、雅虎，国内的搜搜、有道，但是百度并不支持这一指令。

Inanchor 指令是查询使用搜索词作为导入链接锚文本的结果，也就是进行了锚文本优化网页，能通过这个指令查询出来。这就为 SEOer 提供了一个分析竞争对手的主要方法，而且这个方法能查询到的是经过外链锚文本优化的竞争对手。例如使用谷歌搜索"inanchor:更多"，也就是查询以"更多"为锚文本的网页，当然这肯定不是 SEOer 优化的关键词，通常是网页内容需要单独页面而做的锚文本链接，虽然本身网页没有"更多"这个词，依然能出现在这个搜索结果中。如图 2.56 所示为谷歌 inanchor 查询"更多"的结果。

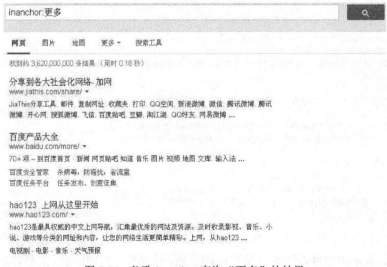

图 2.56　谷歌 inanchor 查询"更多"的结果

因为 SEOer 对外链锚文本的优化当做重要工作，尤其针对百度的优化，锚文本链接成了影响排名的重要因素，所以都会对导入链接锚文本进行优化。而利用 Innachor 指令，能查询出哪些网站进行了某个词的优化，也就能发现竞争对手。虽然百度并不支持这一指令，但是通过谷歌同样能找到 SEOer 需要的竞争对手信息，而且谷歌的收录更全，找出的信息也更全面。

13．Filetype（filetype:doc）

Filetype 指令支持大部分搜索引擎，百度和谷歌都支持这一指令，国内的搜狗并不支持。

Filetype 表示查询指定某种格式的文件结果，如 pdf、doc、xls、all 等，如果搜索 filetype:all，则表示查询搜索引擎支持的所有文件类型。谷歌几乎支持全部的文件格式，百度则支持主要的几种文档格式，如 doc、xls、ppt、pdf、rtf、vsd、wps 等。利用 Filetype 指令查询特定格式的文件很方便，通常不会单独使用，会加上其他关键词，如搜索"filetype:doc 百度优化"，就是查询包含关键词"百度优化"的 doc 格式文档。如图 2.57 所示为百度 filetype 查询 doc 格式的文档。

图 2.57　百度 filetype 查询 doc 格式的文档

14．Link（link:www.chinaz.com）

Link 指令仅少数搜索引擎支持，如国际的谷歌、国内的有道，百度并不支持这一指令。

Link 指令指查询某个网页的反向链接，也就是网站内部和外部导入到某网页的链接。这是谷歌查询反链的命令，但是实验发现 Link 指令查询的网站反链并不准确，第一，反链数量不准确，通常是所有反链的一部分；第二，显示的这部分反链是随机的，并非固定不变。所以 Link 查询的网页反链只能作为一个参考，不能认为这是网页的全部反链。如图 2.58 所示为谷歌 link 查询结果，其中包含站外的反链，也包含站内的反链。

通过 Link 指令查询的结果也许并不准确，但是对 SEOer 也是有一点作用的，那就是挖掘对方的外链平台，了解对方交换了哪些链接，建设了哪些外链，但是数据不够全面，所以只能进行粗略挖掘。

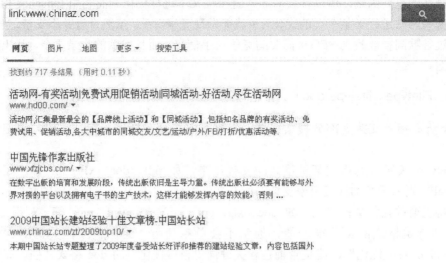

图 2.58　谷歌 link 查询结果

15. Related（related:www.chinaz.com）

Related 是谷歌专用指令，但国内有道搜索也支持这一指令。

Related 指令是查询与某个页面相关的网页，通常认为这种相关就是拥有相同的外部链接，例如在谷歌搜索"related:www.chinaz.com"，就是查询与 www.chinaz.com 有共同外链的网页。如图 2.59 所示为谷歌 related 查询结果，由于有相同的外链，与 www.chinaz.com 相关的通常是站长类网站。

图 2.59　谷歌 related 查询结果

虽然谷歌并未公开承认 Related 指令是查询相同外链的网站，但是通过大量的对比，确实和链接有关。因此可以利用这个指令找出竞争对手，挖掘友链资源。

2.7.2 高级搜索引擎指令的组合使用

上一节对高级搜索引擎指令进行了具体介绍，使用这些高级指令能获得简单的查询结果，但是并不能完全满足查询者的精准需求，所以就需要综合使用搜索引擎的高级指令。

高级搜索引擎指令组合的作用很大，主要体现在查询的准确度上，使用高级搜索引擎指令组合让 SEO 工作更有依据。

（1）"提高*排名"-提高 alexa 排名

利用双引号、减号、星号组合，能查询准确定位的信息，例如，搜索"提高*排名"-提高 alexa 排名，这个搜索式的意思就是准确搜索"提高*排名"的结果中，不含"提高 alexa 排名"的结果，如图 2.60 所示为谷歌搜索的结果。

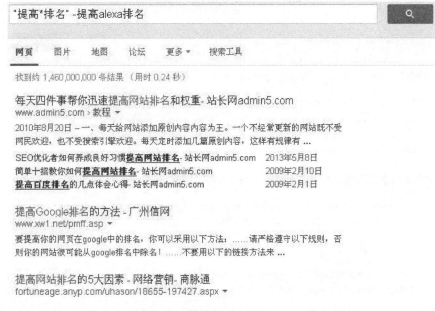

图 2.60　谷歌搜索"提高*排名"-提高 alexa 排名的结果

（2）site:www.chinaz.com　（inurl:/news/ /intitle:_叶荣添_新浪博客/filetype:ppt）

Site 指令在大多数搜索引擎中，可以查询网站各级域名及栏目的收录情况。但在国内最常使用的百度上，Site 只能查询主站和二级域名的收录，对于栏目页以及特殊格式的收录结果却查不到，这就要使用多种组合方式来查询。

例如，要查询某网站的二级栏目的数据，可以使用栏目的 URL 特殊部分组合 Site 查询，也可以使用栏目的特殊名称组合 Site 查询。即百度使用"site:www.chinaz.com inurl:/news/"；谷歌可直接使用"site:www.chinaz.com/news/"，这两条命令可以查询到在百度和谷歌的收录，如图 2.61 和图 2.62 分别为百度和谷歌查询站长之家业界栏目的收录结果，从结果的 URL 可以看出为这个栏目的网页。但是在查询有的博客及栏目时，由于主页列表页和内容页 URL 没有共同点，可使用如"site:blog.sina.com.cn intitle:_叶荣添_新浪博客"的命令，也就是利用 Title 中的共同点查询。另外，由于某些网站有特殊的文件格式，需要查询这些特殊格式文件的收录情况可以使用如"site:wenku.it168.com filetype:ppt"的指令。

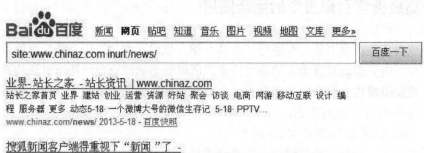

图 2.61　百度查询业界栏目收录结果

图 2.62　谷歌查询业界栏目收录结果

（3）inurl:.edu.cn（交换链接/intitle:交换链接/inurl:links）

Inurl 指令查询的内容是网页 URL 中含有某关键词的结果。在上个例子中，Inurl 和 Site 可以查询栏目或者博客的收录情况，其实 inurl 指令还有另一个重要的功能，那就是寻找有价值的友情链接。通常搜索引擎会给予政府、教育机构网站更高的权重，所以寻找政府、教育机构网站交换友链能得到更大的搜索引擎信任度，政府教育机构等网站域名后缀通常为 gov、edu 等，就可以进行 Inurl 查询，如图 2.63 所示为百度挖掘教育网站友链。

例如，"inurl:.edu.cn 交换链接"、"inurl:.edu.cn intitle:交换链接"、"inurl:.edu.cn inurl:links"，这三个查询命令都可以筛选出可供交换链接的教育机构网站，分别是直接查询内容中有交换链接、title 中有交换链接、和 URL 中为 links 的链接页面。前两个容易理解，就是该网页含有交换链接的词，也就表明此网站是可以交换链接的，最后一个是因为有的网站会把友情链接专门放在一个页面，并在 URL 中取名为 link 或者 links 页面，所以同样能挖掘到交换链接的政府、教育机构网站，如图 2.63 所示为百度挖掘教育网站友链。

（4）domain:www.bdkssc.com（inurl:wenku.baidu/intitle:_百度文库/filetype:doc）

Domain 是百度使用的相关域查询，并不等同于百度外链查询，但是通过 Domain 与其他查询指令组合，可以查询含有这个网址在某个网站的外链优化情况。

例如，我们知道百度会给予自身产品更高的权重，所以很多 SEOer 会利用百度文库、百度贴吧等平台，做外链优化和品牌宣传。查询在百度产品中做过优化的结果，如文库就可以用"domain:www.bdkssc.com inurl:wenku.baidu"和"domain:www.bdkssc.com intitle:_百度文库"进行查询，前者是利用 URL 中含有百度文库的域名部分，后者是利用百度文库的 Title 中都含有"_百度文库"，都可以查询到网站"www.bdkssc.com"在百度平台优化的情况，如图 2.64 所示为百度文库外链查询结果。虽然百度已经开始控制利用百度知道和百科优化的方法，但这个查询方法还是可以检查网站在某个平台外链优化的成果，也可以分析竞争对手在某个平台的优化程度。

另外，在 Domain 指令后添加 Filetype 指令，可以查询到此域名在某些特定格式文件的分布情况，如"domain:www.bdkssc.com filetype:doc"，就可以查询到此域名分布在哪些 DOC 格式文件中，也就可以检查自己和竞争对手的优化情况。

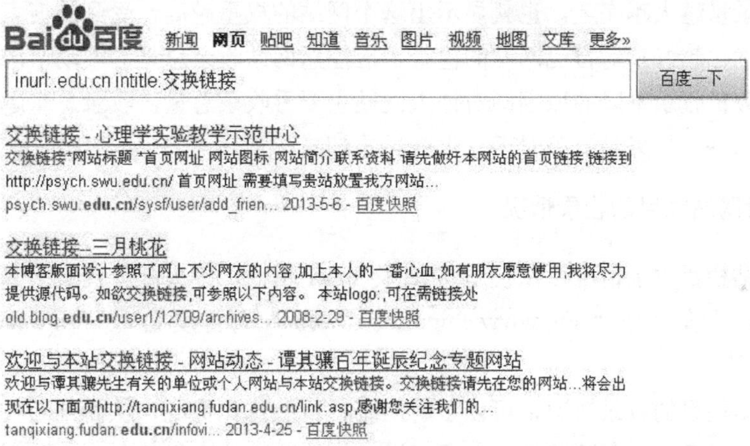

图 2.63 百度挖掘教育网站友链

图 2.64 百度文库外链查询结果

2.7.3 使用高级搜索引擎指令分析网站

对于普通站长及 SEOer 来说,分析网站最常用的手段是通过站长工具检查,这能获得网站的基本数据情况。但是由于站长工具技术水平和数据同步等问题,造成查询的网站数据并不十分准确和实时,因此学会使用高级搜索指令分析网站,就是网站工作者重要的技能了。

使用高级搜索引擎指令,可以查询网站的很多实时数据和存在的问题,当然包括自己的网站和竞争对手情况。

1. 分析网站总的收录情况

查询网站总收录情况可以使用 Site 指令,在所有搜索引擎都通用,如命令"site:www.chinaz.com"。

无论是检查自己的网站还是分析其他网站,总的收录量是网站质量好坏的一个重要因素。因为收录量越大越完全,也就显示出这个网站的权重越高,受到的搜索引擎信任度越高,网站的优化越好。对自己网站的检查,应注意网站收录总量的波动情况,及时检查优化的效果及分析收录下降的原因;对他人网站主要看收录总量,收录总量越大,作为导入链接的效果越好,如果是竞争对手,也就越难超越。

2. 分析网站栏目的收录情况

查询网站栏目收录情况可以使用 Site 及 Inurl 指令,绝大部分搜索引擎可用,如谷歌及其他搜索引擎命令"site:www.chinaz.com/web"或百度命令"site:www.chinaz.com inurl:/web/"等。

分析网站栏目的收录情况,可以了解网站栏目的优化情况,从而判断栏目列表是否需要置于首页、栏目与首页链接是否合理、栏目内的链接是否利于 SEO、网页内容是否有价值等。另外通过分析其他网站,也可以找到别人收录好的栏目,学习他人的优化方法。

3. 分析网站某个时间段收录情况

查询网站某个时段收录情况可以使用 Site 指令及 URL 中 lm 后的值,仅适用于百度,且只能查询 1 天、1 周、1 个月及不限时间这四个时段的收录情况,如查询站长之家一天的收录使用"site:www.chinaz.com"命令的同时,还要在浏览器地址栏中添加"&lm=1",此时浏览器地址栏的 URL 为"http://www.baidu.com/s?wd=site%3Awww.chinaz.com&lm=1"。其中"&"表示参数之间的连接符号,"lm=1"表示一天,其中 1 可以由 7 和 30 替换,表示不同时间段,查总的收录则不用设置参数,或者这三个参数外的任意参数。

查询不同时段的收录情况,可以帮助用户了解网站,每天、周、月的收录是否稳定增长,如果网站数据量小还可以筛选出未被收录的网页,从而分析影响收录的原因,排除网站被惩罚的可能等。另外,使用这种方法可以查询其他网站的最新网页,从而满足某些无信息来源的网站伪原创需求。

4. 分析网站特殊格式文件收录情况

查看网站特殊格式的文件收录可以使用 Site 及 Filetype 指令,适用于大部分搜索引擎。例如,命令"site:www.35wl.com filetype:doc"。

有的网站会有一些比较特殊格式的文件,这就需要利用这一命令进行检查。

5. 检查网站首是否在第一

检查网站首页是否在第一,同样可以使用 Site 指令,适用于所有搜索引擎,如命令"site:www.51bdks.com"。

Site 域名时,排名结果是按照网页的权重排列的,一般网站的首页权重值是最高的,所以通常排名第一。检查首页排名是否第一,意在发现首页是否受到惩罚,如果排名不在第一,影响首页关键词排名、网站收录、友链交换等一系列问题,所以要及时发现并处理。

6. 查看网站首页的快照时间

查询首页快照时间,也可以单独使用 Site 指令,适用于所有搜索引擎,如命令"site:www.myoic.com",在搜索结果中显示的日期就是网页快照时间。

网页快照时间表现的是网页被搜索引擎抓取的时间,时间越新表明网页更新越快,搜索引擎也更喜欢这个网页。首页快照时间体现了网站整体的更新频率,尤其在交换友链时,如果快照时间太久的网站尽量不要交换,因为搜索引擎没有刷新快照,添加的外链就不会生效。如果自己网站出现这种情况,则要注意首页内容的更新和增加有效外链。

7. 分析网站的相关域或外链

分析网站相关域或外链,使用的指令较多,如 Domain、Link、Inurl、Intitle、Filetype 等,Domain 指令适用于百度,Link 指令适用于谷歌,其他指令则大多数搜索引擎通用,如命令"domain:www.myoic.com filetype:doc"。

分析网站的相关域和外链是 SEOer 需要特别注意的部分,通过多种形式的查询,可以发现网站的外链优化情况,也可以发现网站在各个平台和各格式文件的外链建设效果。当然这些方法如果使用在竞争对手网站上,就可以挖掘出对手的外链优化情况和建设平台。

2.8 搜索结果与用户单击的关系

用户与搜索结果的单击关系,是网站优化排名的重要依据。一般情况下,用户并不会单页每页每个结果,而是有一定的规律去浏览和单击。通过研究用户的行为,可以从中找到用户浏览和单击的规律,以及影响用户单击的因素,可以制定更好的关键词排名计划。

2.8.1 搜索结果界面分析

搜索引擎结果界面是每个使用者都非常熟悉的,对于站长及 SEOer 来说,需要了解的就更多,包括搜索结果各部分的内容,内容中每一项信息的含义、各种搜索结果的形式等,以帮助 SEOer 更好地优化网页内容，对搜索引擎更为友好。

多数搜索引擎的结果界面是相同的，整体布局也大致相同。我们分别看一下百度和 Google 的搜索结果界面，如图 2.65 和图 2.66 所示分别为百度和 Google 的搜索结果界面，其中红色部分表示广告内容，也就是常说的竞价排名；蓝色部分表示自然排名的搜索结果；绿色表示相关搜索词。从各个部分内容的组成以及位置来看，两个搜索引擎并没有大的区别，都是由三部分组成的搜索结果，只是百度在自然排名下方还会有竞价排名结果，而谷歌并没有。

从整体来看两大搜索引擎的界面并没有什么大的不同，但在每个搜索结果的展示上，每个搜索引擎都有一点不同。继续以百度和 Google 为例，如图 2.67 和 2.68 所示，分别为百度和 Google 搜索同一个网页的结果，它们都含有 Title、Description、URL、时间等内容，百度结果的 Title 最长显示 30 个汉字，搜索关键词会加红色处理，Description 为 78 个汉字以内，搜索词也会以红色提示，URL 直接显示，后面的日期为网页的快照时间，另外还有当网页无法打开时备用的快照页面，由于百度加入最新的星火原创算法，原创内容将标识出来并显示发表的时间和发布者等信息；Google 的搜索结果，同样在 Title 中搜索词加红色处理，显示字符为 32 个汉字，Description 中同样加红显示，最大也包含 78 个汉字，和百度不同的是 Google 的 URL 能显示网站的面包屑导航，如图中的"互联网"，它便于用户了解该网页的主题，也方便用户单击直接查看面包屑栏目的内容，面包屑导航后面的小三角可以打开网页快照。

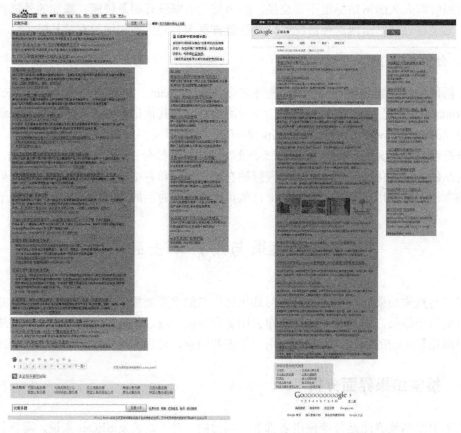

图 2.65　百度搜索结果界面　　　　　　图 2.66　谷歌搜索结果界面

无论是百度还是 Google，Title 和 Desciption 都尽量少于给出的标准字数，以免出现被切断的问题。有的搜索引擎还提供网页预览的功能，不需要单击也可查看网页的大概内容。

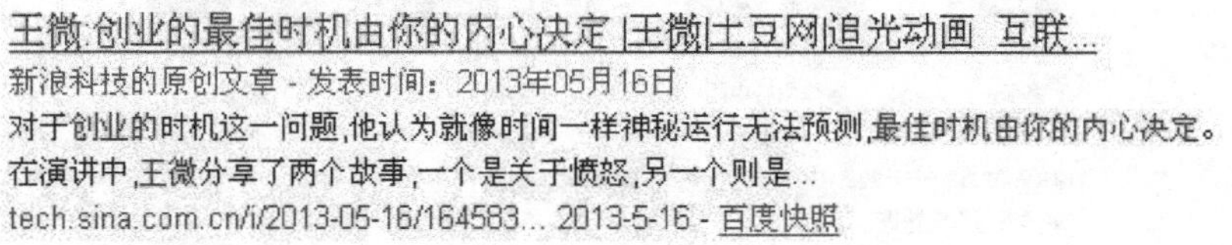

图 2.67　百度搜索结果样式

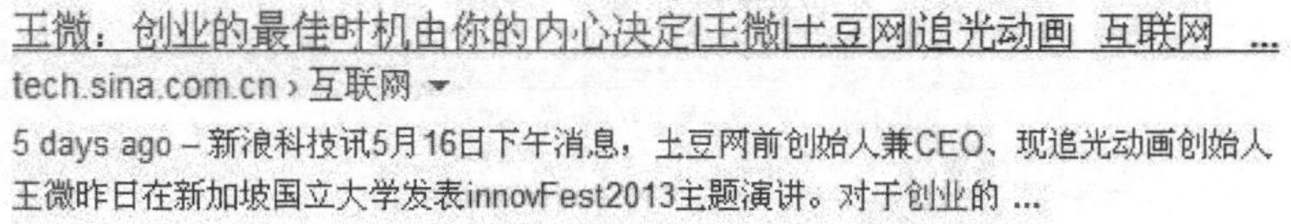

图 2.68　Google 搜索结果样式

随着搜索引擎的发展，自然排名中结果的形式并不止上面介绍的那些，还有很多利于用户体验的形式，使搜索结果更为丰富。例如，（1）整合图片、音乐、视频等搜索结果，通过展示垂直搜索结果的形式，满足用户的各种搜索需求，如图 2.69 所示为百度搜索"张学友"的整合搜索结果；（2）百度框计算及 Google One-box。框计算是减少用户搜索步骤的重要进步，用户搜索后可直接看到数据化的搜索结果，如图 2.70 所示为百度搜索"天气"的框计算；（3）站内链接（Sitelinks），结果中展示该网站内的更多链接，满足用户对相关信息的需求，如图 2.71 所示为 Google 搜索"7k7k"的站内链接；（4）合并相同网站结果，将搜索结果中相同网站的不同内容合并，以缩进的形式展示该网站的其他结果，但是这种展示方式逐渐减少，而且同个网站排在首页的可能性很小，不过百度仍将自己旗下产品，如知道、百科等，以这种方式展示，如图 2.72 所示为百度合并相同网站的结果。

图 2.69　百度搜索"张学友"的整合搜索结果

图 2.70　百度搜索"天气"的框计算

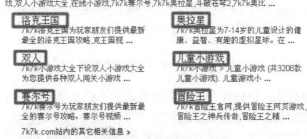

图 2.71　Google 搜索"7k7k"的站内链接

图 2.72　百度合并相同网站的结果

2.8.2　用户浏览单击搜索结果的习惯

用户浏览和单击搜索结果并不是依次的，也不是每个结果都会单击。每个人浏览和单击习惯都各有不同，从整体用户浏览单击的习惯来看，这其中还是有很大的规律性，这种规律性就是 SEOer 需要了解的，从而更好地做好排名计划。

分析用户浏览单击搜索结果中，首先要认识一个理论，即倒三角理论。这个理论是由一家专门从事视线跟踪的公司 Enquiro 在 2005 年提出的，通过对大量用户浏览搜索引擎结果的视线进行跟踪，以及用户单击行为的记录，分析出用户的浏览习惯。从数据中可以看出，用户会对排在前面的结果查看更多内容细节，而越往后的结果查看越少，这样就形成了一个上宽下窄的浏览视线图，如图 2.73 所示为 Google 用户网页浏览视线图，从图中可以看出用户的视线习惯呈倒三角分布，也有人称"F"型。

倒三角理论所展示的更多的是用户浏览行为，对于单击的跟踪并不完全可靠，但是同样可以推断用户单击与浏览也大致相同,因为浏览注视的地方可能产生单击,而未注视的地方必然不会单击。另外国外有实验以及真实搜索数据显示,搜索结果排名不同,单击率也有很大区别,如图 2.74 所示为某搜索引擎的用户单击率。

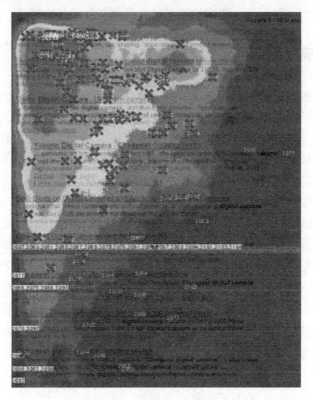

图 2.73 Google 用户网页浏览视线图

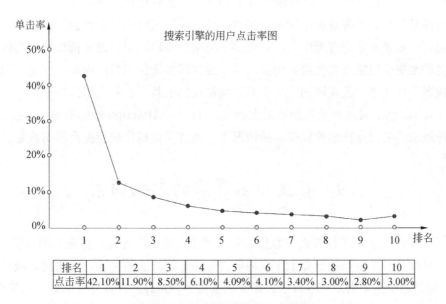

排名	1	2	3	4	5	6	7	8	9	10
点击率	42.10%	11.90%	8.50%	6.10%	4.09%	4.10%	3.40%	3.00%	2.80%	3.00%

图 2.74 某搜索引擎的用户单击率

从以上搜索引擎用户单击率图来看,排名第一的单击率远远超过了后面的,总体而言排名越靠后，单击率越低，只有排名第 10 的结果较第 9 更高，这主要是由于首页最后一个结果往往能得到更多的注意。从数据看出搜索结果的第一页单击率高达近 90%，也就是后面页数的结果，被单击的几率相比第一页低很多，SEOer 优化时尽量将目标定在结果首页，而且最好是排名第一，因为第一获得的流量往往是第二的几倍之多。

2.8.3 其他影响用户单击的因素

影响用户单击搜索结果的因素很多，排名是其中最重要的因素，但是并不是全部的因素，其中搜索结果同样对用户单击有一定影响，如 Title 和 Description 书写、合并的结果、站内链接、多媒体内容、框计算等能使用户更愿意单击，其中合并的结果、站内链接、多媒体内容、框计算等结果形式，一般大站才会出现，所以相比之下 Title、Description 书写的影响更广，实现难度更低，下面将做主要介绍。

在网站优化过程中，很多人往往执着于迎合搜索引擎，很多 Title、Description 都是为了给搜索引擎看，而不是给真正的用户看，忽略了 Title、Description 对用户的吸引力，甚至连基本的通顺度都没有，用户体验极差。这样的搜索结果相对于精炼的文案缺乏吸引力，用户单击的欲望就不高，这也是 SEOer 过分追求排名，忽视了真正用户友好的不利影响。

对于 Title、Description 优化，应借鉴竞价排名的经验。因为竞价排名搜索引擎并不会分析网页内容，在价格相差不大的情况下，会对广告主设定的标题和描述进行分析，然后确定最终排名。而且竞价排名的标题和描述都要求有更大的吸引力，在众多的竞价对手中要脱颖而出并不容易，更好的文案将直接决定用户是否会单击。用写竞价排名文案的方法，写自然排名的 Title、Description 能获得更多的单击量。

网页 Title、Description 的书写，要注意精炼、通顺且有主题针对性。精炼的标题能让用户在最短的时间内阅读完；通顺的句子有利于用户更轻松地理解标题的意思；而关键的主题针对性是用户是否愿意单击的重要因素，使标题更贴合用户查询的信息，也就是完整展示关键词，要使文字更有吸引力，就需要了解用户心理，用户通常都想单击的这个是最好的，也就是更突出特点和优势。例如，"一键式网站优化工具：简单、安全、稳定、快速提升排名"相比"一键式网站优化工具，网站优化工具"更吸引用户单击。

除了排名因素，对用户单击影响最大的就是 Title 和 Description 的书写了，因此 SEOer 不应一味追求排名，在排名难以提高的情况下，改善文案写作也能提高单击流量。

2.9 百度排名算法的影响因素

对于 SEOer 而言，了解搜索引擎排名算法相比其他工作流程，有更大的吸引力。

排名算法是一个复杂的计算工序，需要将每个影响算法的因素，按比例加减排名结果的分值。但是由于搜索引擎排名算法的影响因素太多，Google 曾宣称有 200 多项算法因素，百度排名算法的影响因素也超过 100 项，所以很多因素在计算排名的比例非常小，这里将介绍国内使用最多的搜索引擎——百度的排名算法的主要影响因素。

2.9.1 网页 title 关键词的使用

网页 Title 标签是百度分析网页主题的重要途径，也是百度算法中最重要的排名因素，Title 标签的关键词匹配度对排名的影响巨大。

百度抓取网页时，会对 Title 进行拆分，获取其中的关键词作为最重要的算法因素。当用户搜索时，Title 中关键词的匹配度越高排名越好，也就是关键词完整及变式同时出现，能更大限度提高网页与搜索词的相关度，从而获得更高的算法得分。

百度搜索"网站优化工具"，下面两个 Title 中，第一个在算法中获得的得分更高，对网页排名的贡献比第二个更大，Title 标签示例：

```
<title>SEO 网站优化工具_网站优化工具箱</title>
<title>网站 SEO 优化工具_网站优化工具箱</title>
```

2.9.2 关键词在网页描述中的使用

从网页 Description 标签在搜索结果中的展现可以看出，Description 标签是搜索引擎算法中不可或缺的一部分，当然在百度中也不例外。

百度在获取网页主题时，除了会分析 Title 标签外，还会对网页描述进行爬行，然后共同组成搜索结果的形式。如果网页中没有编辑 Description 标签，百度会从网页中抓取一部分含有关键词的内容，作为结果中的 Description 描述，如图 2.75 所示为百度结果 Description 显示，网页 Description 标签并没有搜索词，而结果中的描述却调用了含有关键词的内容。从此可以看出，百度希望将有关键词的内容展示给用户，以表明此结果与用户搜索的关键词是相关的。反之可以知道，Description 标签是百度的排名算法之一，Description 标签中的关键词也对网页排名有很大的帮助。

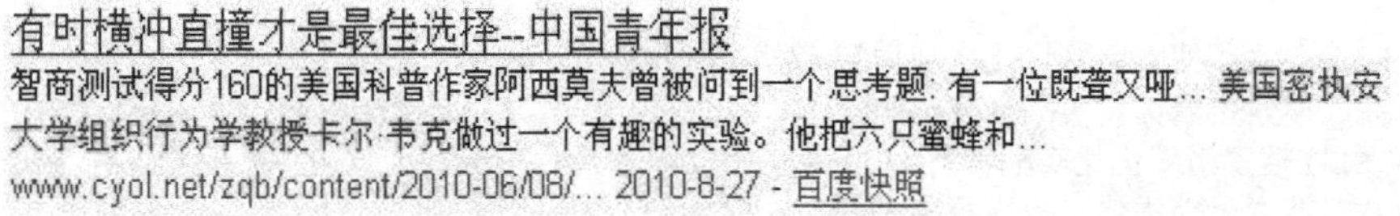

有时横冲直撞才是最佳选择--中国青年报
智商测试得分160的美国科普作家阿西莫夫曾被问到一个思考题: 有一位既聋又哑... 美国密执安大学组织行为学教授卡尔·韦克做过一个有趣的实验。他把六只蜜蜂和...
www.cyol.net/zqb/content/2010-06/08/... 2010-8-27 - 百度快照

图 2.75 百度结果 Description 显示

Description 标签中的关键词也是匹配度越高，在算法中获得的排名得分也就越高，同时关键词的完整和变式出现同样有利于排名。

Description 标签代码示例：

```
<meta name="description" content="SEO 搜索引擎优化实战详解" />
```

2.9.3 关键词在 H 标签中的使用

H 标签在网页中是重要的段落层次提示项，而在搜索引擎中，H 标签不止是提示段落及层次的工具，而且还有提示文章主题的作用。

在百度算法中，H 标签对主题的贡献性超过正文内容的主题贡献性，所占的算法比例也更高。因此，H 标签中的关键词对网页的相关性帮助非常大，匹配度越高相关性越大。而 H 标签中又按等级分为 H1 到 H6，重要等级逐渐递减，H1 中的关键词就能提高网页相关性，但是 H1 标签并不能滥用，如果使用过多，不但达不到效果，反而会有作弊的嫌疑。

H 标签代码示例如下：

```
<h1>SEO 搜索引擎优化实战详解</h1>
<h2>SEO 搜索引擎优化实战详解</h2>
<h3>SEO 搜索引擎优化实战详解</h3>
<h4>SEO 搜索引擎优化实战详解</h4>
<h5>SEO 搜索引擎优化实战详解</h5>
<h6>SEO 搜索引擎优化实战详解</h6>
```

2.9.4　关键词是否加粗、加黑等

一般情况下，由于正文文字的内容过多，并且质量难以判断，大多数搜索引擎都不将之作为最重要的排名因素，百度目前也不将普通正文文字作为较大算法因素。但是除普通正文之外，正文文字对排名帮助最大的就是文字的加粗、加黑，这也是因为加粗、加黑本身就是对文字的提示。

文字的加粗、加黑，甚至斜体、下划线等，在百度的算法中，都比普通文字的权重更高，也就是在算法中给排名加分的能力更大。因此，将正文中关键词进行加黑、加粗、加斜处理，对百度在该关键词的排名是有作用的，但是由于加斜、加下划线处理的文字并不好辨认，尤其某些字体粘合在一起，对用户体验并不友好，所以通常并不用加斜和加下划线文字来提示搜索引擎。

正文中加粗、加黑的词最好完整的含有目标关键词，而且和 H 标签一样，应控制加粗、加黑的数量，不要过多，一般几处即可，过多效果不佳且容易被判断为作弊。

如下为加粗、黑体、斜体、下划线标签代码示例：

```
<strong>SEO 搜索引擎优化实战详解</strong>
<b>SEO 搜索引擎优化实战详解</b>
<I> SEO 搜索引擎优化实战详解</I>
<u>SEO 搜索引擎优化实战详解</u>
```

2.9.5　关键词在页面 URL 中的使用

不久前，Google 通过 Twitter 向外公布，将会清理依靠"域名匹配关键词"上位的低劣网站。从这条 Twitter 来看，可以知道 Google 在此之前的算法中，URL 中关键词匹配也是因素之一；其次，Google 此次新算法打击的也只是低劣网站，只要认真做网站，URL 匹配关键词还是能带来好处的，因为 URL 中的关键词能让用户更直观地了解网页的主题，是利于用户体验的行为。

在百度中，URL 中关键词匹配同样是算法因素之一，从百度的搜索结果中可以看出，同 Google 一样，关键词出现在 URL 中也被加粗强调，如图 2.76 所示为百度搜索"SEO"结果 URL 的关键词加粗。让人庆幸的是，到目前为止，百度还没有出相关算法对此行为进

行打击,相信百度也不会进行打击。

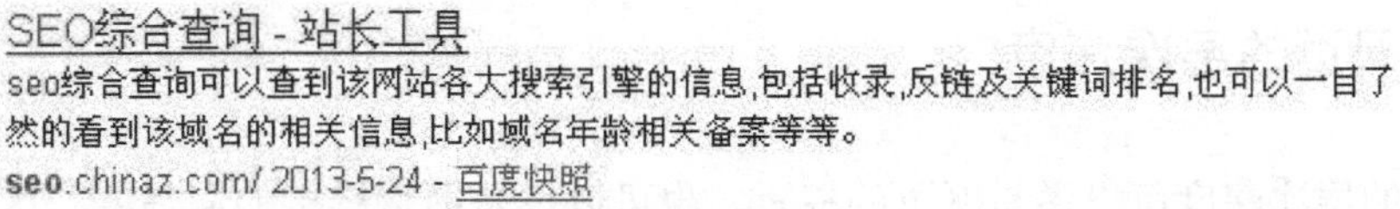

> SEO综合查询 - 站长工具
> seo综合查询可以查到该网站各大搜索引擎的信息,包括收录,反链及关键词排名,也可以一目了然的看到该域名的相关信息,比如域名年龄相关备案等等。
> seo.chinaz.com/ 2013-5-24 - 百度快照

图 2.76　百度搜索 "SEO" 结果 URL 的关键词

URL 中包含的关键词尽量短小,以英文和汉语拼音为主,百度对拼音的支持也比较好,首页、栏目页等以关键词为 URL,能在百度排名中更有利。

2.9.6　图片 Alt 中关键词优化

图片是搜索引擎很难识别的网页内容,所有的搜索引擎目前都没有办法利用图片本身来识别它的意义。只能通过图片的 Alt 标签来辨别图片的含义,而通过垂直搜索引擎搜索到的图片,也是通过 Alt 来实现检索的。

百度也是通过 Alt 标签来对图片进行检索,并且在百度中图片 Alt 也对网页排名有所帮助,也就是说图片 Alt 是百度的一个算法因素,其中的关键词能在排名算法中给网页加分。

百度算法中,图片 Alt 中的关键词不宜过多,切忌关键词的堆砌,最好一张图片 Alt 含有一个关键词。网页图片很多时,不完全相同的关键词更有利,可以是该关键词的变形、扩展或者同义词,都更受百度青睐,而不会被贴上过度优化的标签。

图片 Alt 标签代码示例如下:

```
<img src="seo/201303/20130318144483853318.jpg" alt="SEO 搜索引擎优化实战详解"/>
```

2.9.7　网站的权重值

网站权重值不但表示网站的规模,更重要的是表示网站获得搜索引擎的信任度。其中百度权重值是一个比较独特的值,它和其他搜索引擎的权重值有一定的区别,百度的权重值与关键词排名流量有直接关系,关键词排名流量越大,百度权重值也就越高;反之百度权重值越高,关键词的排名也就越好。

百度权重值在百度排名算法中,是一个非常重要的因素,所占算法比例很高。这也是为什么有的网站明明是原创文章,被高权重网站转载,排名却不如高权重网站的原因。

2.9.8　网页正文内容关键词相关性

网页正文内容对网站排名的影响很小,在百度算法中,正文内容中的关键词给排名的加分比例非常小,但是在以前是非常重要的,因为当时搜索引擎的算法因素还比较少,所以也造成了在文章中堆砌关键词获得排名的混乱现象。

网页对百度排名的影响中,正文普通文字中关键词的算法比例是最小的,但是又不得不进行优化。一般正文内容中完整目标关键词出现频率为 2%~7%,另外一些关键词的变形和拆分出现，对于百度算法比较合适。

2.9.9　网页的层次深度

网页的层次深度可以说是网页的权重，也可以说是网页链接的简易度。这里的网页权重不是指前面提到的网站的权重值，而是参与排名的网页权重，这是链接传递权重的递减。如果链接层次越浅，网页获得的权重越高，网页的排名也就越好，层次越深则反之；我们所说的网页的层次是链接的简易度，就是从首页到达网页的单击次数越少，搜索引擎蜘蛛及用户来到网页的难度就越低，这样的网页排名也就更好，单击次数越多则相反。

这就是网页层次深度与排名的关系，当然这也是百度算法中的一个，所占的排名算法比例也比较高。例如某些网页在刚发布的时候排名很好，过几天排名就下降了，这就是因为刚发布时，网页由首页直接链接到该网页，而几天后新的网页顶替了旧网页，不再有首页链接的网页排名就下降了。

2.9.10　网页内容的原创度

原创网页是互联网信息量不断发展的推动力，搜索引擎也更支持原创的内容，原创度越高的网站和网页都能得到额外的加分，但是各搜索引擎在原创识别技术的水平并不一致。

2012年8月，百度已经开始研究一套较完善的原创识别算法，解决原创内容的搜索排名问题。在2013年5月，百度原创火星计划正式上线，这也是百度推出的第一套较完整的原创识别算法，新算法的加入，将一些网站的文章被标注上了原创标识，如图2.77所示为百度网页原创识别。

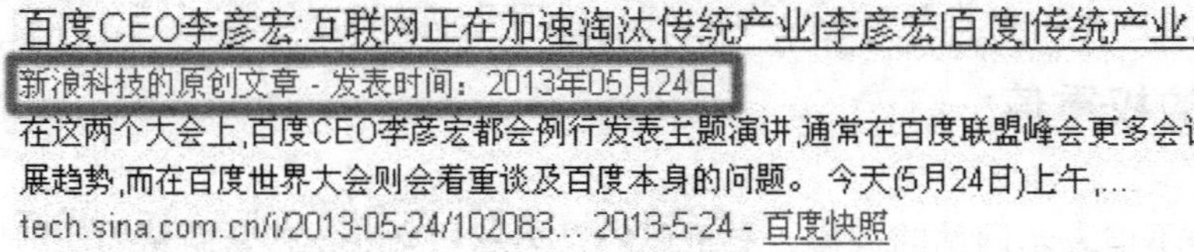

百度CEO李彦宏:互联网正在加速淘汰传统产业|李彦宏|百度|传统产业...
新浪科技的原创文章 - 发表时间：2013年05月24日
在这两个大会上,百度CEO李彦宏都会例行发表主题演讲,通常在百度联盟峰会更多会谈行业发展趋势,而在百度世界大会则会看重谈及百度本身的问题。今天(5月24日)上午,...
tech.sina.com.cn/i/2013-05-24/102083... 2013-5-24 - 百度快照

图 2.77　百度网页原创识别

百度明确表示会提高原创内容的排名，从百度研究新算法来看，原创内容作为排名算法因素所占的比例应该还是比较大的，因此原创内容对排名很有利。不过目前百度原创算法只在新闻等少数范围内起作用，目前其他类型原创内容还未涉及，但是未来肯定会实现全行业、全类型的原创内容识别，以及对排名算法的加分作用。

2.9.11　网页关键词的周围文字

关键词的周围文字很多人不会注意，因为觉得这对网页排名算法没有作用，其实它的作用主要体现在两个方面：（1）关键词周围的文字一般与该关键词有一定联系，如关键词"SEO"后面一般跟"网站优化"、"搜索引擎优化"等和关键词含义密切联系的词，对于搜索引擎是更好的提示作用；（2）作弊检测算法，因为很多人通过大量插入文章关键词的形式，提高关键词密度，但是这样插入的关键词周围文字十分混乱，什么文字都可能有，所以通过检查周围没有常联系在一起的词，就可能被认定为作弊的一个证据。

百度算法中，这两方面因素都是起作用的，但是作为加分因素的比例较小，作为检查作弊的算法作用更明显。不管作用大小，网页关键词布局都应该自然，而不是关键词随意插入堆砌。

2.9.12 排名页面外链的流行度、广泛度

外链一直都是排名算法中的重点，外链的流行度和广泛度是其中两个重要的指标。

外链流行度就是指网页的总外链数量，也就是总的外链数越多，对网页排名的提升作用越大；外链广泛度是指外链分布的网站数量，外链分布的网站数量越多，对网页排名的提升作用越大。

同样，外链在百度的作用也是非常大的，外链流行度和广泛度也是其算法之一，而且所占的比重较高，是 SEO 优化的一个非常重要的工作。

2.9.13 网站内部链接的锚文本

网页的链接分为内部链接和外部链接，内部链接同样也能给网页带来权重和相关性，前面提到的网页层次就是内部链接权重的传递。而内部链接相关性的传导，就是由内部链接的锚文本起作用。

百度的链接分析算法，最重要的一点就是通过分析链接锚文本，获得网页与关键词的相关性，内部链接的锚文本同样也能提示百度网页的相关性。也就是以关键词为锚文本内链的网页，在百度排名算法中获得加分，匹配度高的能获得更高的算法得分，但是由于是网站内部链接，链接和锚文本都可控制没有难度，所以影响排名算法的比例并不大。

锚文本内部链接代码示例如下：

```
<a href="../seobook.html" target="_blank">>SEO 搜索引擎实战详解</a>
```

2.9.14 外部链接的锚文本

外部链接为网页带来权重值和相关性，是所有搜索引擎都使用的算法之一，而百度作为超链锚文本分析的鼻祖，当然对外部链接的锚文本非常重视。

虽然百度的超链分析技术是指包括内外部链接的所有链接分析，但是从网页优化的效果和链接理论来看，外部链接锚文本比内部链接的对网页排名更有利。这主要由于外部链接的获取难度更大，且数量没有上限，远远超过内部链接，而且外部链接的锚文本关键词更客观准确，对百度分析网页主题有非常大的提示作用，也为百度排名算法中相关性计算提供了计算依据。

外部链接的锚文本和内部链接的一样，匹配度越高越利于排名，但是在建设外部链接时一定要注意，网页的外链不能全部使用相同的锚文本，尽量有几种变化，否则网页在百度的排名也不会长久，因为全部一样锚文本的外链有很大的作弊嫌疑，这也是造成很多网

站排名上升后又被惩罚的原因。

锚文本外部链接代码示例：

```
<a href="http://blog.sina.com.cn/s/seobook.html" target="_blank">">SEO 搜索引擎实战详解</a>
```

2.9.15 外部链接页面内容与关键词相关度

外链页面的内容是除锚文本以外，另一个判断网页关键词相关性的因素，其方法是分析外链页面的内容与关键词的相关度。

简单地说，就是常说的专家页面投票，如关键词为"教育学"的页面链接到关键词同为"教育学"的网页，比关键词为"手机游戏"网页的链接对网页排名更有帮助。

搜索引擎计算网页相关性时，会分析链接到此页面的网页内容与关键词的相关度，并给相关性高的链接更高权重，还能提高被链接网页的关键词相关性。所以一些人在站长论坛建立了很多外链，但还是没能提高游戏关键词网页的排名。

从众多资深 SEOer 实际的经验知道，相同关键词网页的外链能给网页的百度排名带来更大的帮助，说明百度也有这一算法因素。但是获得相同关键词页面的外链并不容易，通常以带链接的软文最容易获得，或者到关键词相关的文章做留言外链，也有一定帮助。

2.9.16 外部链接页面本身的链接流行度

外部链接页面对被链接页面的影响，除了与外链网页本身的主题相关，还与该网页的链接流行度有关。也就是外部链接页面有多少外链，如果它的外链丰富，那么给被链接页面获得的权重值越高，信任度也更高，外链页面外链越少，则相反。

百度对外链页面本身的链接流行度比较重视，所以占算法比重还是比较高的。百度排名优化中，建设外链应该尽量选择比较权威的页面，这样的页面通常外链比较多，如一些软文、博文等，这样的网页外链效果更为明显。

2.9.17 外部链接页面在相关主题网站中的链接流行度

外部链接页面在相关主题网站的链接流行度，表示这个外部链接页面的权威性高低。获得相关页面链接越多，该网页的权威性越高，此类页面导出链接的质量也越好，带来的相关性帮助也越高，也就是专家页面投票；而获得相关页面链接越少的外链页面，其权威性也就不高，导出链接的质量和相关性帮助都不高。

外部链接页面权威性影响因素很多，但是其在主题相关网站链接流行度是一个重要因素，也是百度算法分析的一个因素，也就是获取外链的时候，导出外链的网页本身就是行业类公认投票的权威网页，那么这样的外链也是权威的。在百度排名算法中，获得的算法得分也就更高。

2.9.18 外部链接网站与关键词相关度

前面说到外部链接网页与关键词的相关度在百度算法的作用，外链相关度另一个因素就是外链网站与关键词的相关度。

导出外链的网站的关键词决定着它的主题性，主题越相关，网站导出链接的相关性越高，主题不相关，网站导出链接的相关性越低，其原理与导出页面的关键词相关性相同。例如，以"教育学"为关键词的网站，链接到关键词为"教育理论"的一个网页，相比以"手机游戏"为关键词的网站外链，效果好很多。

这就是百度算法中，外链网站相关性对获得外链页面的作用，这一算法因素所占比例很大。所以 SEOer 都会在主题相关的网站中获取外链，以此来提高网站关键词的排名。

2.9.19 网站新外部链接产生的速率

网站外部链接产生的速率通常是有规律的，一般是开始速度较慢，然后逐渐加快，并维持在一个增长水平上。但是很多垃圾网站外链的产生速率非常快，后期增长速率放缓并停滞，这很明显是外链作弊的一种表现，所以很多新站大量购买外链、发布外链，导致网站还没有获得比较好的收录和排名，就直接被搜索引擎打入冷宫。

通过跟踪发现，百度对网站外链增长速率有严格的算法检查，如果外链突然大量增加，或者一个新站外链增加很快，那么很可能会被判定为作弊。而这种算法在百度判断网站质量中也有体现，外链增加稳定、不快速增加而后停滞也不断断续续增加外链，且规模较大的为高质量网站，其关键词排名也就更好。因此，建立外链要有计划有规律，长期稳定地增加外链，能获得百度更大的信任。

2.9.20 外部链接网站更新频率

网站更新频率表示网站是否长期在运营和维护，死网站不但用户不喜欢，搜索引擎也不会喜欢，搜索引擎更愿意爬行经常更新的网站，所以网站的更新频率是能不能获得搜索引擎喜欢和信任的一个重要因素。

外部链接网站的更新频率越快，网站被蜘蛛爬行的频率也越高，外链被收录的速度也更快，也证明该外链网站更被搜索引擎信任，所传递来的信任度更高，所以这样的外链能更快、更好地发挥效果。

百度同样偏爱更新频率快的网站，百度蜘蛛爬行的频率也更高，对它的导出链接也更快收录并爬行，并且这种信任度的传递，在排名计算时能给获得外链的网页更多的加分，不过这种加分比例并不高，最大的好处还是外链的收录更快。

2.9.21 外部链接网站域名的特殊性

影响外部链接的信任度的因素很多，外链网站域名特殊性就是其中之一。域名特殊性其实就是特殊类型的网站，一般是政府、教育、特殊机构的网站，这类网站的域名都有其特殊性，如.gov、.gov.cn、.edu.cn、.org 等，一般这些非盈利且有特殊用途的网站，搜索引擎会给予额外的信任度和权重，帮助这些网站在相关关键词中获得最好的排名。

正因为这些网站有独特的信任度，也不会轻易链接到其他网站，所以被它们链接的网页，能获得更多的信任度和权重。百度会计算链接到排名网页的特殊域名的数量和质量，然后给网站一个额外的算法加分,给予更大信任度和权重。

这些机构的网站外链很难获得,虽然有很多这样的链接买卖,但基本都是黑链,要么是网站管理员私自出售,要么是黑客挂黑链,缺点就是容易掉链,黑链有被判作弊的风险。正规的办法只能通过交换相关的友链,这样可用范围就大大减小,如教育行业的网站交换学校的网站链接;另外,如购买软文或论坛发帖,可行性一般,对百度的效果以软文为好。

2.9.22 外部链接网站的权重值

外链网站的权重值是所有SEOer都知道的算法因素,一般交换友链或者发外链的时候,都会对其他网站进行权重值查询,这里的权重值指百度权重。

百度权重越高,网站的信任度和权威性就越高,关键词的排名也就更好,而这样的网站导出的链接在百度排名计算中能得到更高的加分。建立外链或者交换友链时,尽量选择百度权重更高的,它能获得百度高权重,也能带动被链接网页获得更好的百度排名。

2.9.23 外部链接的年龄

网站外链的数量并不稳定,很多外链因为过期删除等各种原因而减少,使得网站的排名下降,如果只是少数网站有这种情况影响不大,但是当很多网站的外链不稳定,那么排名就会随时改变或者出现混乱。为了避免网站因为外链减少而出现的排名波动,搜索引擎并不会对每个链接赋予相同的权重,利用链接存在的时间长短来赋予不同的权重,可以很好地稳定由于外链波动带来的排名混乱。

百度对外链的年龄要求同样很严格,所以即使网页新产生大量外链,甚至超过旧网页的外链数量,都难以排名超过旧网页,这就是外链年龄不同引起的。所以在建设外链时,应该选择稳定的网站,不要选择经常掉链的网站,这会在百度中留下不良记录,而且新外链不如老外链的信任度,得不到更高的排名算法得分,也会影响排名的效果。

2.9.24 网页内容拼写的正确性

对于搜索引擎来说,网页内容的质量很难从它的本身去判断,它不能像人一样去理解内容的含义是否通顺、精彩、有用。搜索引擎所能检查的,只有网页词汇拼写是否正确,也就是是否含有错别字等错误。

网页内容拼写是少有的能被搜索引擎检查的网页质量因素,内容拼写准确、无明显的错别字的网页相比错别字较多的网页质量更高,更能获得搜索引擎的认可。很多网页内容错误很多,用户感受很不好,这样的网页搜索引擎会给予极差的评价,甚至定为垃圾网页,也就得不到好的排名。

曾经有人做过实验,同一个网站同时发布两篇文章,其中一片内容准确、无错别字,而另一篇除了错别字很多、句子不通顺外,其他内容都一样。百度搜索文章标题,无错别字、内容准确的文章排名高于错别字的网页。

虽然这一因素占搜索引擎排名算法的比例很低,但是内容准确无误是一个高质量网站的标准,在其他方面没有差别的情况下,网页质量就是一个重要的标准。

2.9.25 网站域名年龄

网站在搜索引擎的信任度还有一个体现，那就是网站域名的年龄。域名年龄是一个非常重要的网站质量因素，域名越老网站的信任度越高，搜索引擎会给予更高的权重，从而获得更好的关键词排名。

百度对老域名也有特别的"照顾"，在排名算法中，域名的年龄被作为一个网站内容价值的参考，也就是判断网页排名时，老网站内容的质量将获得额外的加分，在其他条件一致的情况下，老网站能得到相对更高的排名分数。这一排名因素的比例一般，不是很高，但比较好的一点是，域名年龄的作用影响的是站内所有的网页，购买一个老域名对全站内容都有好处。

需要注意的是，由于购买域名价格不一，10年以上的价格都比较高，并不是所有行业都需要买十几年的，这样的投入和效果不一定成正比，所以根据行业和竞争对手情况进行购买，才既利于百度优化又利于控制成本。

2.9.26 网站服务器响应速度

网页用户体验中有一个重要的因素，就是网站服务器的响应速度。如果网页载入时间过长，不仅对于用户而言是个煎熬，搜索引擎也不会喜欢。

网站的响应速度是网站接收到用户请求，并返回用户需要的内容的过程。这个过程如果时间过长，造成用户等待很久，用户不会喜欢这样的网站。而百度同样是模仿用户浏览行为爬行网络，对于网站的响应速度进行记录，单位通常为ms（毫秒），数值越小代表响应速度越快，在排名算法中的得分也就越高，网页关键词排名也就更有利；而响应速度很慢的网站，都得不到好的百度排名。这一因素在百度算法中占的比例比较高，对排名有一定影响。

服务器的响应速度与三个因素有关：（1）服务器的架构和配置；（2）服务器接入的网络类型和速率；（3）网站本身的程序大小。这三个因素影响着网站的响应速度，解决了这些问题，网站响应速度就能有很大提高，百度排名也就更有优势。

2.9.27 网站是否有惩罚记录

网站惩罚记录对排名也是有影响的，这不仅在惩罚中起作用，在惩罚结束后，同样会影响网站的关键词排名。

网站惩罚记录是搜索引擎数据库中一个独特的部分，被惩罚过的网站都有记录，并且这些记录不会随惩罚结束马上消失，而是一个漫长的观察期。在这个观察期内，网站的排名都会因这个因素造成排名不够理想，这也是很多新站因为受过惩罚，就选择放弃站点，重新做站的原因。

百度对惩罚网站的记录时间非常长，有一些被惩罚过的网站，再做优化都很难获得改变。所以在百度算法中，惩罚的记录也会影响网页的排名，被惩罚过的网站基础分值都没有了，排名也会受到影响。当然这是小惩罚的情况下，大的惩罚排名非常靠后或者K站，这样的网站也是很难再恢复的。这一算法因素在搜索结果中，有被惩罚网站的结果产生的作用非常大。

在优化中应极力避免被百度惩罚，即使小惩罚，也会让网站整体下一个台阶，如果是大惩罚，网站恢复的时间将会非常长。

2.9.28 检索关键词与网站主题的相关度

网站主题的相关度，也就是网站主要关键词与搜索关键词的相关度，是网页相关性的重要依据。

参与排名网页的网站主题性与检索词相关度越高，网页在百度算法中的得分也就越高，排名也就更好；相关度不高的网站，则相反。也就是说，用户检索的关键词是"最好玩的网络游戏"，两个网站都有相同的一篇文章，其他因素一致，而网站 A 的主题是"游戏"，网站 B 的主题是"新闻"，那么网站 A 在百度的排名将优于网站 B。这也是网站做不相关内容，得不到好的排名的因素之一，但是也有网站做不相关内容获得好的排名，这是因为网站高权重等因素造成的。

这一算法的影响范围并不十分广泛，主要因为一般网站的内容都是主题范围内的，但是还是有一部分网站为了获得更大的收录和流量，做主题以外的内容，比如游戏站做新闻类文章。通过这一百度算法，主题不相关网站的内容，获得的排名得分低于主题相关的网站内容。

2.9.29 用户行为数据排名因素

所有搜索引擎都会记录用户的浏览单击行为，百度也不例外。百度会对用户及单击行为进行记录，并存储于专门的用户数据库中，其中包括用户的 IP、浏览器、系统、搜索词、搜索时间、单击的结果等数据，用户行为数据包含搜索词、搜索时间、单击的结果、单击的时间等。

百度通过用户行为数据对网页排名结果，重新计算排名加分。原理就是通过分析用户单击行为，发现用户判断的结果是否符合要求，来筛选用户更满意的结果从而提升其排名。例如，当用户搜索"糖尿病怎么治"时，用户单击了第一个结果，相隔20秒单击了第二个结果，然后没有再单击结果。这就说明用户觉得第二个结果得到了满意的答案，从而结束单击，那么第二个结果就将获得额外的加分，当加分累计到一定额度，排名就将代替第一的结果。也有可能用户对后面的结果满意，那么后面的结果将直接排名靠前。

这就是百度通过用户行为数据调整排名的方式，这也造成很多人通过软件模仿用户单击来提升排名，但是这种方法很容易被搜索引擎判定为作弊。道理很简单，单击软件能更换 IP，但是单击时间固定，单击的结果也只有一个，如果单击量巨大，百度必然会发现，排名可能还会降下来。

因此，写好 Title 和 Description 让用户更有单击欲望，是一个可行性的办法，能获得更大的用户单击数据。

2.9.30 网站新页面产生的速率

前面说到外链网站的更新速率,对网页排名有一定的影响,当然网站本身的页面产生速率,也会对排名有影响。

一个网页更新速度很慢的网站,本身就得不到百度的信任和排名,更不能带动页面获得好的排名。网站新页面产生速度越快,百度爬行网站的频率也越高,网站信任度也就越高,网页的信任度也更高,排名计算时会获得额外加分;虽然这一算法的加分比例很低,但如果网站是不怎么更新的死网站,很难获得好的百度排名。

提高网站页面的更新速率,让网站获得更高的百度信任度,这是有利于排名的。

2.9.31 人工赋予权重

人工增加权重是百度针对重要的网站,进行的一种加权行为,这样做的目的是为了让这些重要的网站能排名第一。

为了使用户能得到权威的信息,搜索引擎会对某些网站进行人工增权,这样的网站大部分是官网,所以也叫官网增权,由于没有提交官网的入口,可以看出是百度人工认证的结果。如图 2.78 所示为在百度搜索"春秋旅游官网",排名第一的就是春秋旅游网的官网,并且在结果中也有标识官网字样,其他很多网站使用"春秋旅游官网"的关键词,但未能排在正规官网的前面,其中人工加权的影响非常大。

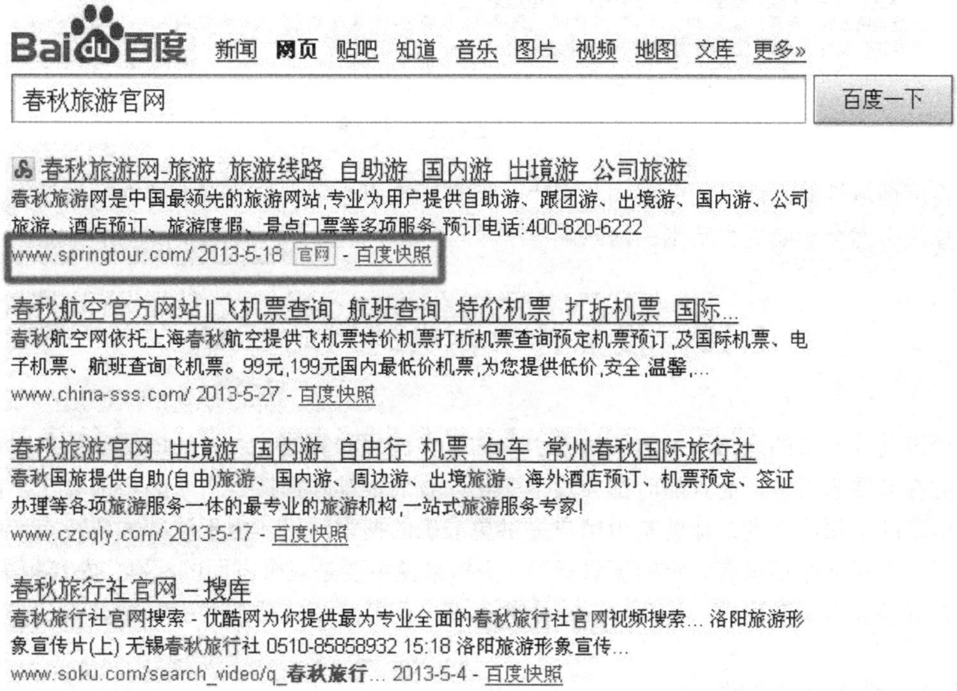

图 2.78 百度人工给官网加权

但是这类能享受人工增权的网站,大部分是经过人工认证的官网,其他经过人工加权的网站比较少,另外关键词范围也比较窄,所以虽然这一因素的算法得分高,但是影响的网页范围较少。

2.9.32 地理位置影响

地理位置作为排名算法之一,主要是基于地域性搜索的发展,使地域性结果排名更高。

当用户使用百度进行搜索时,百度分析检索词具有地域性特点,就会调用地域性算法,结合用户的 IP,给用户所在地的结果进行算法加分,提高地域性结果的排名。通常这类词带有生活性、服务性的特点,如租房、二手房、装修等词汇,如图 2.79 所示为百度搜索"二手房"出现的自然排名结果,前 4 位只有一个结果不是成都本地结果。

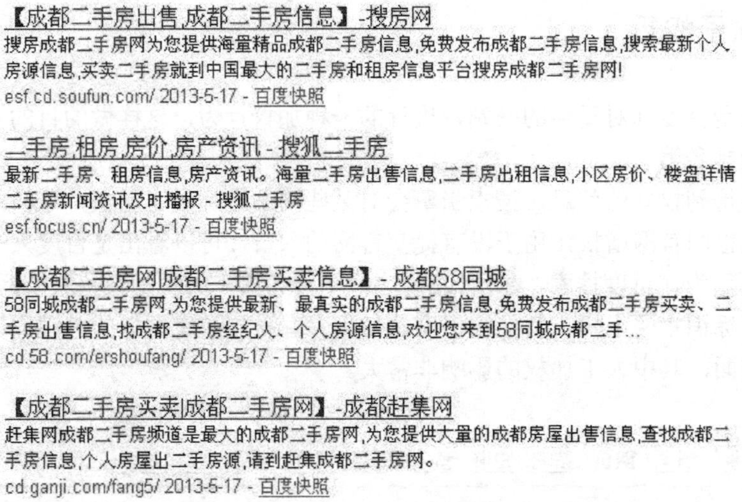

【成都二手房出售,成都二手房信息】-搜房网
搜房成都二手房网为您提供海量精品成都二手房信息,免费发布成都二手房信息,搜索最新个人房源信息,买卖二手房就到中国最大的二手房和租房信息平台搜房成都二手房网!
esf.cd.soufun.com/ 2013-5-17 - 百度快照

二手房 租房 房价 房产资讯 - 搜狐二手房
最新二手房、租房信息,房产资讯。海量二手房出售信息,二手房出租信息,小区房价、楼盘详情
二手房新闻资讯及时播报 - 搜狐二手房
esf.focus.cn/ 2013-5-17 - 百度快照

【成都二手房网|成都二手房买卖信息】- 成都58同城
58同城成都二手房网,为您提供最新、最真实的成都二手房信息,免费发布成都二手房买卖、二手房出售信息,找成都二手房经纪人、个人房源信息,欢迎您来到58同城成都二手...
cd.58.com/ershoufang/ 2013-5-17 - 百度快照

【成都二手房买卖|成都二手房网】- 成都赶集网
赶集网成都二手房频道是最大的成都二手房网,为您提供大量的成都房屋出售信息,查找成都二手房信息,个人房屋出二手房源,请到赶集成都二手房网。
cd.ganji.com/fang5/ 2013-5-17 - 百度快照

图 2.79 百度地域性算法因素

百度地域性算法涉及的关键词范围小,但是影响力非常大,随着地域性搜索的发展,这一算法必然会影响更大范围的网站。

2.10 搜索引擎喜欢的网站性质

通过前面几节的介绍,了解了搜索引擎的工作流程和算法特点,知道搜索引擎对优秀网站的细节要求很多,而且随时都会发生变化,我们很难掌握搜索引擎的全部算法,但是搜索引擎的本质不会变,那就是为用户提供更准确的搜索结果。由于这一本质特点,就要求搜索引擎对网站质量有一定的衡量标准,概括来说主要是三个方面的标准:内容相关性、网页权威性和网站实用性。达到这三方面的标准,网站就更能受搜索引擎的喜欢。

2.10.1 内容相关性

网站的三性质中,最基本的是内容相关性,这也是搜索引擎沿用至今的判断网站质量

的方法。也是用户搜索时最关心的问题。

网站内容相关性，就是网页与用户检索词的关联程度，即是否匹配检索词。当用户搜索某个关键词时，搜索引擎分词检索相关页面，然后开始计算这些页面与检索词的关联程度，最后按相关性递减的方式依次排列搜索结果。

网站内容的相关性体现在很多方面：（1）网站内部关键词的相关性，如网站主题性、网页 Title、Description、H 标签、图片 Alt 标签、加粗字体等因素的关键词相关性；（2）内部链接的关键词相关性，如内部链接的锚文本、内部链接布局等；（3）外部链接的关键词相关性，如外链锚文本、外链网页主题性、外链网站主题性等。

做好以上三个方面的工作，网站的内容相关性将得到很大的提升，满足搜索引擎对内容相关性的要求，能得到搜索引擎的喜欢。在搜索引擎发展初期，这样通过相关性优化的网站，能获得很好的搜索排名，但是由于提高内容相关性的难度并不高，导致大量针对搜索引擎的优化，甚至作弊行为的产生。于是搜索引擎改变算法，降低内容相关性在算法中的比例，但是不得不承认内容相关性仍然是搜索引擎的基础算法，因为用户需要找到与搜索词相关的内容，所以内容相关性就必然是搜索引擎的重要排名因素之一。

2.10.2 网页权威性

网页权威性是网站相关性算法出现问题后，出现的一类算法，也是目前最重要的网页质量判断方法。

网页权威性，是一套客观评价网页质量的系统，是以网页的信任度和权威度来衡量的。主要评价标准有内部权威性和链接权威性，内部权威性包括网站权重值、网页权重值、网页内容原创度、网页内容拼写、域名年龄、是否有惩罚记录、网站更新速度、网站稳定性、网站响应速度、网站版权信息等；链接的权威性包括外链的数量、相关主题网站的外链数量、外链的年龄、外链网站的权重值、外链网站的年龄、外链网站域名的特殊性、外链网站更新频率、外链网站的收录数量等。

上面提到相关主题网站的外链数量，并不是指网站的相关性，虽然它能提高网站的相关度，但是也是网站权威性的一个参考因素，也就是主题相关网站的外链能带来更高的权威度。就像专家页面投票，既有相关性也有权威性。另外网页的权威性可以由网站的权威性传递而来，所有网页的权威性构成了网站的权威性，网页排名的重要算法就是网页权威性。

做好两种内外权威性的优化工作，网页的权威性将得到很大提高，由于搜索引擎目前对网页权威性的要求很高，在排名算法中，网页权威性因素所占的比例较大，所以网站排名能有大的提升，搜索引擎也将更喜欢此类网站。

相比内容相关性来说，虽然网页权威性是更客观的排名因素，但是网页权威性同样能通过 SEO 方法来进行改变，例如前面讲到的那些方面。所以搜索引擎不会只停留在内容相关性和网页权威性上，还有其他类型的算法对网页进行排名计算。

2.10.3 网站实用性

网站实用性是用户最希望看到的网站类型，目前搜索引擎正大力优化网站实用性方面的算法。搜索引擎希望通过实用性评价标准，引导网站走向真正用户友好，而不是搜索引擎友好的道路。

网站实用性，从字面就可看出它的意义，就是有利于用户的使用，方便用户的使用，是用户的实际用处。网站的实用性主要表现在网站给用户的感受上，用户会因为哪些原因不喜欢网站、因为哪些原因喜欢这个网站。

从用户感受而言，这是一种很主观的东西，难以量化，只能通过数据得出一个大致的标准，如网页响应速度、网页是否有弹窗广告、网站的结构层次是否清楚、网站导航系统是否完善、网站查找内容是否方便等因素。从用户反应而言，也可以判断网站的实用性，如网站的 IP 流量、网站的 PV 量、用户浏览的时间、用户在搜索引擎单击网站的行为数据、加入书签的次数等因素。

搜索引擎通过这两方面的因素，可以判断网站的实用性，从而在排名算法中起作用。但是由于用户反应的收集不全面，以及应该是多少 IP、多少 PV，或者浏览时间多长才算是对用户实用，难以完全准确界定，而用户感受方面相比用户反应更难进行标准的量化，所以搜索引擎只能根据网站和用户的数据进行一个大致的划分，来判断网站的实用性大小，从而影响网站的排名。

可以说网站的实用性是这三个排名系统里最难优化的，也是最难以作弊的，但是对于搜索引擎的判断也是最难的，所以目前网站实用性算法还在不断优化中。不过这是一个趋势，是搜索引擎引导网站进行网站体验优化的一个重要转折，也是自身算法的巨大发展，所以网站的实用性优化，是未来网站优化的一个重要方向。

2.11 小　　结

本章到这里就结束了，通过本章的讲解，读者应该对搜索引擎有了一个大概的认识。搜索引擎是 SEO 的基础，认识搜索引擎，能更好地帮助 SEO 工作的正确实施，在认识搜索引擎的基本思想后，能不断填充新的搜索引擎算法和更新，从而提高 SEOer 对搜索引擎优化的自我学习和研究能力，从而成为一个真正的 SEO 工程师，而不是完全跟别人的风。

对搜索引擎的认识中，我们对搜索引擎的简介、分类、作用、工作原理、链接理论、高级搜索指令、搜索用户的意图、搜索结果与用户单击的关系、百度算法部分影响因素、搜索引擎喜欢的网站性质，这些方面进行了完整的介绍，并配合实例进行分析和讲解。将搜索引擎的最重要的知识，形象而准确地介绍给读者，让读者能更轻松地认识搜索引擎，从而做好搜索引擎优化。

本章的学习目标：了解搜索引擎的基础知识，认识搜索引擎的工作原理，懂得用户使用搜索引擎的意图，熟悉搜索引擎的链接理论和百度算法的部分影响因素，掌握搜索引擎高级指令的使用。

本章的难点：搜索引擎的工作原理、搜索引擎的链接理论、搜索引擎高级搜索指令、搜索结果与用户单击的关系、百度算法的部分影响因素。

第 2 篇　SEO 实战

▶▶　第 3 章　网站分析方法及优化计划

▶▶　第 4 章　网站内部优化

▶▶　第 5 章　网站外部优化

▶▶　第 6 章　白帽、黑帽和灰帽

第 3 章　网站分析方法及优化计划

网站分析是网站优化的基础，没有分析就无从对网站下手，就没有网站优化。网站分析是一个系统全面的工作，包括优化前的分析、日常分析、优化效果分析三部分。网站优化前的分析是网站分析的重点，分析后要形成网站优化计划，以指导网站日常建设、改版、代码修改、日常优化等工作。日常分析的作用在于检查网站的运行情况，及时纠正优化中的错误、防止和解决惩罚等问题。优化效果分析的作用在于分析网站优化的成果和不足，以修正、完善优化计划。网站分析是为优化服务的，分析的准确性决定着制定优化计划的完善性，也就影响着网站优化的最终效果，其重要性不亚于网站优化的实施。

本章将介绍网站分析的各种方法，以及这些分析方法的具体用途，并利用网站分析进行网站优化计划的制定。掌握网站分析方法、制定优化计划，是 SEO 工作中非常重要的内容，是网站优化者必会的技能。

3.1　网站分析的作用

认识网站分析，了解网站分析的作用，是学会和利用网站分析的先决条件。网站分析的作用就是了解网站的具体情况，然后确定网站的优化目标、推广关键词、优化方案，同时了解竞争对手情况，也是网站分析的作用之一。

3.1.1　确定网站的优化目标

确定网站的优化目标，是网站分析的作用之一，对搜索引擎优化有指导作用，是网站优化前的重要工作。

任何企业网站的建立，其最终目的都是为了获得利益。获得利益的方法有很多，比如利用网站流量做广告、利用网站销售产品、利用网站提高品牌知名度等。所以网站的优化目标也有所不同，就是获取流量、销售产品、推广品牌。

网站的优化方式是根据网站的优化目标决定的，所以应以个人或公司的计划对网站优化方式进行选择。一般线下销售、不以销售获利或者品牌性较强的公司，其网站应以推广品牌的优化方式为主，如三一重工官网：www.sanyhi.com；直接销售产品的公司，其网站应以介绍、销售产品的优化方式为主，如职称软件商城：www.bdkssc.com；公司主要靠广告收入并且品牌并不强大，其网站应以能吸引用户流量的优化方式为主，如单机游戏：www.962.net。

通过公司对网站的计划和制定的网站优化目标，才能选择网站的优化方式。虽然各种优化方式的思路大致相同，但由于每种方式的倾向性和具体操作上的不同，所造成的优化结果也是不同的,所以应先确定网站的优化目标。根据不同优化目标,使用不同的优化方式才能达到效果。

根据这三类网站的优化目标,可以大致确定一个优化效果值,如网站的目标流量、网站产品的销售额、品牌搜索度和直接访问量。通过确定这三类量化的优化效果,可以制定实际的优化方案,并通过优化方案进行具体的优化操作。

3.1.2 确定网站的推广关键词

关键词是网站优化的基础,选择网站优化的关键词是一个非常重要的工作,也是网站最终优化效果优劣的决定因素。所以在网站优化前,确定网站推广关键词是分析网站的另一个作用。

确定网站的推广关键词,首先应以网站的优化目标为依据,通常分为三类:(1)网站的目标是产品销售,那么关键词就应该以有转化的关键词为主,如关键词"职称考试软件购买";(2)推广品牌的网站就应该选择品牌性强的关键词,如关键词"三一重工";(3)以广告盈利为目的的网站,通常要大量的关键词,尤其要有丰富的长尾关键词流量,如关键词"搜索引擎优化技术"。

以上三种类型的网站分别是三种不同的目标,所以选择关键词时应有明确的倾向性,前面已经讲过用户搜索有不同意图,所表现出来的就是关键词的倾向性。关键词的倾向性表现为导航型、购买型、信息型,这三种类型的关键词,就分别代表了上面提到的推广品牌、购买商品、获得流量的三种需求。所以确定网站关键词,首先应确定网站主要的关键词侧重点。

不光在关键词的类型选择上有所区别,在推广关键词的方式上也有所不同。例如,品牌关键词优化最好以友链、导航推广,销售关键词优化最好以软文推广,流量关键词优化可以使用所有推广方式。

在确定了网站的关键词类型后,要根据网站计划挖掘关键词,通常将挖掘出的关键词进行分类,确定重点推广的关键词,以及其他次要推广的关键词,并形成网站推广的关键词表格。

因为关键词影响着网站优化的最终效果,所以选择时应准确把握网站的目标,并分析挖掘关键词,确定最终的网站推广关键词。

3.1.3 了解竞争对手的情况

网站分析方法是对所有网站的分析,除了对自己网站的定位、计划等分析,还可以对竞争对手的网站进行分析。了解竞争对手是制定网站定位的重要依据,所以分析竞争对手网站,也是网站分析的作用之一。

分析竞争对手网站的主要作用是了解对手优化情况和学习竞争对手的优化方法。了解对手可以帮助网站确定优化目标,例如较大的竞争对手的关键词外链数量、要超过竞争对手需要建设多少外链等。而分析竞争对手,能大致了解对手的优化方法,例如查询竞争对手的外链分布情况,可以挖掘对方的外链平台,可以加以利用等。

分析竞争对手的情况,主要体现在竞争对手关键词选择、关键词布局、内链布局、外链的数量、外链的质量、外链的平台等。

分析竞争对手的方法和分析自身网站一致，主要利用源代码、查询工具，以及高级指令，然后形成一个分析表格，数据项包括关键词选择、关键词布局、内链布局、外链的数量、外链的质量、外链的平台等。

了解竞争对手的情况是网站前期分析的重要工作，要超越对手就必须了解竞争对手的情况，以及借鉴竞争对手的优化方法，规避竞争对手的优化风险，也可以对网站的优化改进有所帮助。

3.1.4 制定合理的网站优化方案

分析网站的目的就是为了确定和改进网站的优化方案，让网站优化更准确有序地实施，并能更好地规避优化中的风险。

网站的优化方案一般包括网站的优化目标、网站优化操作细节、优化的风险评估、竞争对手网站分析。

网站优化的目的是更好地指导优化操作，是所有优化工作的第一步。优化目标要根据网站的实际需求，并结合网站的资源投入和竞争对手的情况，制定合理的网站优化目标。网站优化目标包括流量需求、销量需求、品牌推广需求等，并制定网站的主要推广关键词表格，已经需要达到的排名目标。

网站的优化操作及改进是网站优化的最重要的工作，一般根据网站优化目标进行制定，包括网站的内部优化操作和外部优化操作的细节，并利用可能出现的风险进行细节调整。优化操作细节包括网站内部的代码优化、关键词布局、内链优化、长尾关键词优化，以及外部的锚文本链接优化、普通超链优化、平台选择、友链交换计划等方面的操作计划。

优化的风险评估是针对网站优化中可能出现的问题，修正网站优化操作，恢复网站的惩罚结果，避免网站巨大的优化问题。优化风险包括快照停滞、收录下降、权重降低、排名降低、网站被 K 等，一般是由于优化过程中的灰帽、黑帽，或者操作不当造成的，应在网站优化方案中加入预防措施及修正挽救方法。

竞争对手网站分析是为了更好地指导自身的优化，无论是指导优化目标的确定，还是学习对手的优化方式、挖掘竞争对手链接平台都有帮助。竞争对手网站的数据情况，可以通过表格的形式进行数据化分析，并得出结果，确定网站的优化目标，改进优化操作实施。

合理的网站优化方案，是目标适宜、操作得当、风险较低、知己知彼的优化方案，要经过仔细的前期分析得出指导网站优化工作开展的依据。

3.2 选择什么样的关键词

网站优化的表现是关键词排名，一个网站并不需要所有关键词都排到第一，也没有那么多的资源去将关键词都优化到第一，所以要选择合适网站、符合网站优化目标需求的关键词。选择什么样的关键词最符合网站定位、什么样的关键词质量最高、什么样的关键词能带来转化，都需要 SEOer 根据网站的计划和对关键词的认识进行判断，选择对网站目标最有利的关键词。

3.2.1 网站目标定位的关键词

每个网站都有市场定位,针对搜索引擎来说,其市场定位往往反映在网站的关键词上,也就是网站的目标定位关键词。

网站目标定位关键词是网站计划的一部分,而且是关键词计划中最重要的词,一般这类词是网站优化目标的最大反映。例如,销售鞋子的网站名鞋库 http://www.s.cn,它的关键词为"网上鞋城"、"网上鞋店"等,鞋城和鞋店是该网站的目标定位,所以这两个延伸的关键词就是网站的目标定位关键词。

网站目标定位关键词,通常是网站首页的几个优化关键词,也就是主关键词,所以在选择时,要选择最主要的关键词。如前面讲到的三种关键词类型,网站的目标定位关键词可以选择销售类、品牌类、流量类。

由于是主页推广的关键词,所以在选择关键词的时候,并不需要过多地考虑指数和竞争的问题,因为通常主页的关键词不能经常变化,所以可以前瞻性地选择,考虑到网站做大以后面对的竞争和网站的总体目标,来确定网站主要关键词,也就是目标定位的关键词。这些词体现了网站的未来目标,所以不能因为网站刚起步,就避免风险地选择竞争较小的关键词,这不是网站的优化目标,并且在网站优化过程中更改主关键词,会浪费外链优化的锚文本链接,对网站非常不利。

所以选择网站目标定位关键词的参考依据是网站的长期目标,而不是避免竞争的关键词。这就是很多专门从事 SEO 代理的公司,会通过改变网站目标定位关键词降低优化难度,用户就会被误导选择网站定位不准的词。这类关键词可以参考竞争对手进行选择,可以与竞争对手的关键词相同,也可以选择符合自己网站发展目标的关键词。

3.2.2 选择质量高的关键词

无论是流量型、销售型,还是品牌型的关键词,都有一个共同的特点,就是质量高。选择质量高的关键词,可以使推广更准确、资源分配更合理、效果更好。什么是高质量的关键词呢?由于每个网站的优化目标不同,关键词类型不同,所以质量的标准也是不统一的。

(1) 流量型的高质量关键词,一般是搜索次数高、相关网页少、高权重网页少、竞争网页匹配度低的关键词。

搜索次数可以通过查询指数和热度,通常指数达到数千即为关键词搜索次数高;相关网页的数量直接查看搜索结果数量即可,通常关键词的搜索结果在 100 万以内都是比较少的;搜索结果的第一页中,百度权重超过 5 网站的比较少,即可认为该关键词高权重的网页少;竞争网页匹配度低,通常表示网页标题中与搜索词的完全匹配的数量不多,这里的"不多"通常是首页有多个不完全匹配的搜索结果,一般这是优化较少的关键词。

(2) 销售型的高质量关键词,除了要具有流量型高质量关键词的特点,还要关键词的相关性高、购买意向突出。

关键词相关性高是从网站自身来说的,一般情况下,与网站主题相关的关键词为高质量的,如网站为销售图书的,选择关键词"图书商城"比"篮球鞋品牌"更相关,不仅能获得较好的排名,而且即使网站通过"篮球鞋品牌"获得用户单击,用户也不会购买网站中的图书，所以这是低质量或者没有意义的关键词。

购买意向是否突出对销售型网站的转化率至关重要，一般会通过用户搜索词看出购买意图，用户查询具体型号、价格、商家、促销、活动等类型的关键词，都是购买意向突出的，如关键词"SEO 搜索引擎优化实战详解价格"就比"SEO 搜索引擎优化实战详解"的购买意图突出，因为搜索"SEO 搜索引擎优化实战详解"的可能只是为了在网上看一下这本书的内容或者资料，而搜索"价格"的用户通常是希望购买的。

（3）品牌型的高质量关键词是非常特殊的，这跟自己的品牌有关，与搜索次数和相关网页数等因素没有关系，品牌关键词应该包含品牌全称、品牌词的扩展、品牌词的相关写法、品牌词英语或拼音等。例如，网站 http://www.mstxx.com 的关键词"名师堂"、"名师堂官网"、"明师堂"、"mingshitang"等，分别代表全称、扩展、相关写法、拼音等品牌关键词写法，其中的相关写法"明师堂"是用户最常出现的关键词错误输入。品牌关键词可以衍生很多，从质量来说，品牌名的全名及扩展是最准确的，用户的信任度最高，质量也是最好的。

所谓好钢用在刀刃上，高质量的关键词就是好钢，网站优化就是刀刃，高质量的关键词能让网站优化更有效率、更节约资源，效果也是最好的。

3.2.3　避免定位模糊的关键词

利于网站优化目标的关键词有很多，而定位模糊的关键词则不利于优化目标。

定位模糊的关键词一般是过于宽泛和定位不准的词，这类词通常竞争较大、优化难度大、转化率低，是网站优化中极力避免的词。

关键词过于宽泛，通常指超过网站的目标需求，竞争和优化难度大。如烹饪培训学校，使用"烹饪"为关键词，那么关键词就过于宽泛了，优化难度很大，而且转化率是非常低的。

关键词定位不准，是指关键词与网站定位有一定出入，不能准确表达网站的利益需求。如成都的装修公司网站，如果选择"四川装修公司"作为关键词，那么关键词就定位不准确，转化率就不高，而且浪费了资源。

所以选择关键词时，避免定位模糊的关键词是重要准则。而定位清晰的关键词就是目标明确、定位精准的词，优化难度小，转化率高。

3.2.4　更好转化效果的关键词

网站关键词可以有很多，很多关键词或许都是一次性的，也就是一个用户通过搜索来到网页，一般都是一次性的，获得了需要的资源就不会再来了。这样的关键词持续性较差，质量也就相对较低，而此类关键词之外转化效果更好的关键词，能将用户留住或者购买产品，网站流量能获得持续维持，这样的关键词质量更高。

转化效果好并不完全是网站要销售产品，这里所说的转化效果是指网站留住的用户，如注册成为会员或者成为网站的老访客，这也属于网站的关键词转化。例如，某网页关键词"名师堂论坛注册"，用户通过这类关键词进入网站，一般都是带有多次进入网页的意愿，所以这类词的转化效果很好，也是高质量关键词的一种。

当然用户搜索这类词，本身就带有强烈的转化意图，这就要求网站本身用户的认知度比较高，所以这类高质量的词比较少。

3.3 怎样挖掘关键词

关键词是网站优化的基础，好的关键词能让网站优化的效果更好，上一节对高质量的关键词进行了分析，认识了优质的关键词。本节将向读者介绍多种挖掘优质关键词的方法，从而为网站优化操作提供支持。

挖掘的关键词包括网站目标关键词、重要关键词、长尾关键词等，方法也有所不同，利用这些方法挖掘出网站的全部推广关键词，形成一个关键词的推广表，以便推广过程中的使用。

3.3.1 目标定位的关键词

目标定位关键词就是网站计划时期，公司对网站的目标定位词，也就是网站的主关键词，这些词通常是行业和网站以后规划的内容，体现了网站的根本利益，所以通常在网站主页使用。

网站目标定位关键词，一般是不会轻易改变的，所以关键词范围是比较大的。例如，名师堂网站 http://www.mstxx.com 关键词"成都名师堂"、"成都中考补习"等，其中"成都名师堂"是品牌类关键词，"成都中考补习"是产品销售类关键词。

选择网站定位的关键词，也就是主页关键词，是根据网站目标来选择的，如果网站推广品牌和产品，那么关键词就选择品牌词和产品词中长度最短的、范围最大的；而网站要获得大量流量，则选择流量词，但是不能过大，因为流量词过大难度也就很大，对于短期获得流量不利，如网站不能直接用"新闻"、"资讯"、"游戏"等词作为网站目标定位关键词。

具体选择方法主要从两方面获取，一是网站的目标定位，在计划建设网站的时候，希望网站做什么行业，达到什么目的，将这些构想组合成网站的目标定位关键词，如一个网站的定位是做建材行业平台的，那么网站的主关键词就可以是"建材网"、"建材市场"；二是网站竞争对手的关键词挖掘，竞争对手和自己有共同的利益，所以其主关键词也对自己网站确定主关键词有帮助，一般只需要打开竞争对手主页的源代码，查看 Title、Description、Keywords 元标签，然后记录下对方的主要关键词即可。例如，安趣网的定位关键词代码如下：

```
<title>安趣 - 智能数码第一门户</title>
<meta name="keywords" content="安趣,安卓,IPHONE,手机游戏,手机软件下载,苹果官网,4S报价评测,苹果5什么时候上市" />
<meta name="description" content="安趣,智能手机数码第一门户。安卓手机资源、iphone手机精彩的手机游戏下载、手机软件下载,苹果官网iphone4、iphone4s手机报价,安卓手机评测、苹果iphone手机评测,以及苹果5什么时候上市的新闻。包罗万象的手机精品网站,等您加入收藏！" />
```

可以挖掘出"手机游戏"、"手机软件下载"、"4s报价评测"、"苹果5什么时候上市"、"安卓手机评测"等主关键词。

经过筛选整理出符合网站目标的主要关键词，在主页上布局不要超过 20 个主关键词，尽量选择简短但范围不过大的主关键词。

3.3.2 分析同类网站关键词

网站关键词的挖掘方法很多，其中挖掘同类网站关键词的方法，无论是在制定关键词计划，还是在后面的实际优化操作中，这都是一个很有用的方法。

挖掘同类网站关键词相比其他方法更为高效，只需要利用网站关键词分析工具，如百度权重工具，将竞争对手的关键词提取出来，速度快、使用方便简单；相比其他方法更为准确，通过工具查询的关键词，一般都是用户正在搜索的词，很少存在无效或者无人搜索的词；相比其他方法更有竞争力，可以通过分析同类网站关键词的排名、关键词搜索量、网站的权重，找出自己可做的更有竞争力的关键词。

分析同类关键词时，先将同类网站筛选出来，然后利用网站关键词工具分析网站有排名的关键词，例如使用站长工具的百度权重查询，分析网站 http://www.51wan.com 的关键词，并记录下网站的关键词数据，包括指数、排名、收录量、网页标题。如图 3.1 所示是 51 玩的百度排名关键词，其中 51 玩的排名较低、收录量小、网页也不是首页的关键词，自己网站进行推广一般能带来较好的流量，如"模拟经营网页游戏"、"卡布西游夜刃闪怎么打"、"模拟人生网页版"等关键词都是能挖掘的关键词。

图 3.1 51 玩的百度排名关键词

3.3.3 搜索引擎提示的关键词

当用户搜索某个关键词时，搜索引擎会在用户输入的同时弹出关键词提示框，对关键词进行提示，如图 3.2 所示为百度搜索关键词"论坛"弹出的提示框，提示用户搜索词的相关长尾关键词。另外，搜索引擎还会在搜索结果页面底部提示相关搜索词，如图 3.3 所示为百度搜索"论坛"结果底部的相关搜索词。

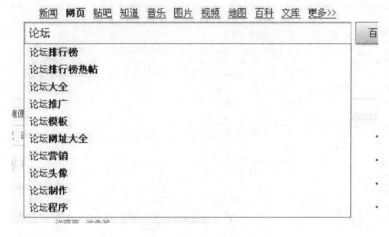

图 3.2　百度搜索提示框

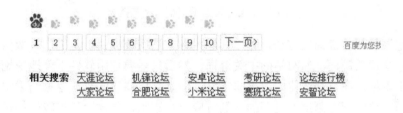

图 3.3　百度搜索结果底部相关搜索词

其他搜索引擎也都有这一提示功能，利用这一方法挖掘的关键词，都是用户经常搜索的关键词，相对于其他方法，这种挖掘方法更真实、准确。

挖掘这类相关的搜索词，可以用于同一个网页的多个相关关键词，可提高网页关键词的相关性，对排名有一定的帮助。

3.3.4　长尾关键词工具挖掘

一个网站要获得大量的流量，光靠网站首页和栏目页的有限关键词往往不够，而相对无限的长尾关键词是网站流量的最重要组成部分。无论网站的大小，或者网站的主要关键词排名都第一，也需要长尾关键词的流量，这样才能构成网站的巨大流量。

长尾关键词主要布局于网站内页，从网站的内页数量来看，需要的长尾关键词非常多，所以挖掘大量的长尾关键词就成了十分重要的工作。

挖掘长尾关键词的方法很多，最常用的是利用长尾关键词挖掘工具，对一个选定的关键词进行不断地扩展，然后生成目标关键词的各种长尾关键词。如图 3.4 所示为用追词助手查询"成都中考"的长尾关键词。

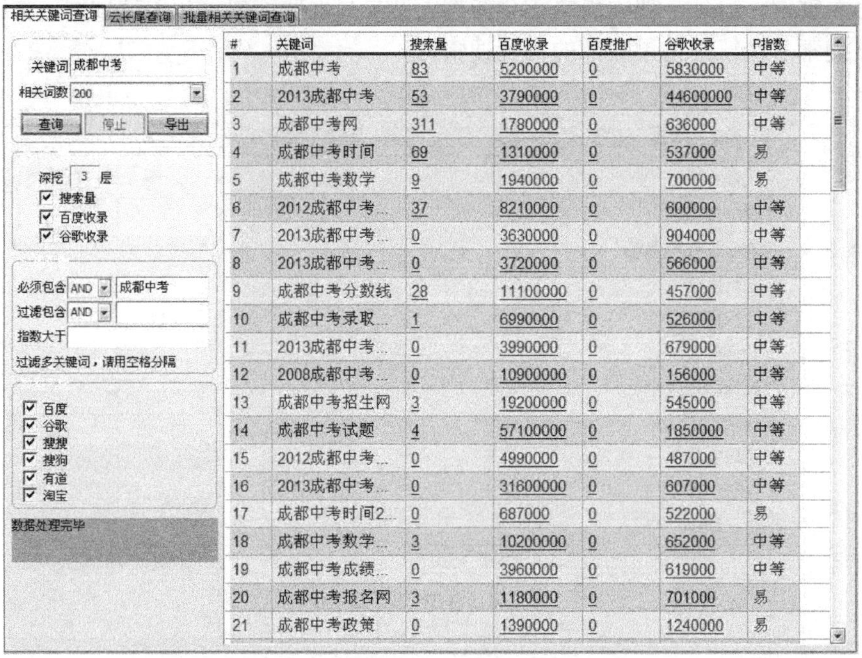

图 3.4　用追词助手挖掘长尾关键词

这种挖掘长尾关键词的方法，相比其他挖掘方法有速度快、范围广、数量多的特点，一般输入一个短关键词，如网站的主关键词，然后只需要使用软件不停地挖掘，并且可导出为 Excel 表格，在日常优化中效果非常好。但是需要注意的是，挖掘结果中有很多无关长尾关键词，这些词在制定关键词的计划时应该被删除，同样筛选出较好的长尾词，为网站的日常优化工作做铺垫。

3.3.5　关键词的不同形式及组合

针对网站已经挖掘好的关键词，可以将关键词进行变形和组合，获得不同的关键词，用于网站的长尾关键词较多。

这种方法的原理是，挖掘关键词时想象用户搜索这一问题时，还会以怎样的形式输入关键词，可以是不同形式，或者是这个关键词的不同组合。

例如，关键词"计算机中级职称考试"可以组合为"中级计算机职称考试"、"职称计算机中级考试"等关键词。这样在同一个网页中，这几个关键词不仅可以提高网页的相关性，还有利于用户搜索其中任何一个关键词都能来到网页。网站 www.jsjbroad.com 就是同时布局这几个关键词的变式，其 meta 标签代码如下：

```
<title>计算机中级职称考试_职称计算机考试时间,职称计算机考试题库,职称计算机考试报名
—博大考神职称计算机考试网</title>
    <base href="http://www.jsjbroad.com" target="_self" />
    <meta name="keywords" content="中级职称计算机考试,计算机中级职称考试,职称计
算机考试模块,职称计算机考试,职称计算机" />
    <meta name="description" content="博大考神职称计算机考试网,提供计算机中级职
```

```
称考试,职称计算机考试时间,职称计算机考试题库,职称计算机考试报名,职称计算机考试模
块,历年真题试题,应试技巧解题技巧等备考资源。" />
```

当用户搜索这几个关键词时，该网站的排名都比较靠前，如图 3.5 所示为此网站这几个关键词的排名情况，其中“计算机中级职称考试”和“中级计算机职称考试”两个关键词都排在了第三位，而且这几个关键词都有一定的搜索量。

No.	长尾词|关键词	网址	收录	排名	快照
1	计算机中级职称考试	http://www.jxjbroad.com	✔	3	2013-6-18
2	中级计算机职称考试	http://www.jxjbroad.com	✔	3	2013-6-18
3	职称计算机中级考试	http://www.jxjbroad.com	✔	9	2013-6-18

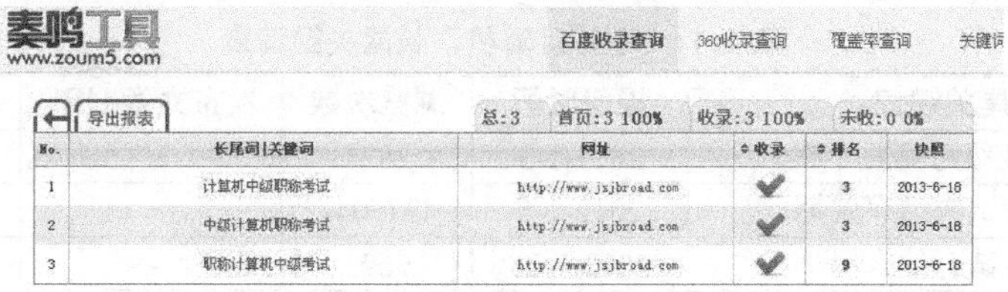

图 3.5　职称考试网站关键词排名

而关键词的不同形式还可以是同一个事物的不同名称，如“搜索引擎优化”和“SEO”、“论坛”和“bbs”等，这些词都是不同形式的关键词，占关键词的很大比例，应好好利用。

3.3.6　问答平台的提问提炼关键词

问答平台是用户寻找信息经常去的地方，因为问答平台通常是用户自助模式，也就是用户之间的互助，用户帮助解决其他用户的问题，很多人对这类答案更为放心，所以使用的人非常多。用户在问答平台会对自己关心的问题进行提问，而这些问题的浏览量越大，说明关心这个问题的人越多，搜索这个问题的人更多，这样就可以提炼这些问题的关键词，进行有针对性的关键词优化。

挖掘问答平台的关键词，先在百度知道平台搜索一个短关键词，就像挖掘长尾关键词一样搜索用户的提问，如图 3.6 所示为在百度知道中搜索问题中关键词为“职称计算机”的相关提问，注意使用高级指令能使搜索结果更准确。

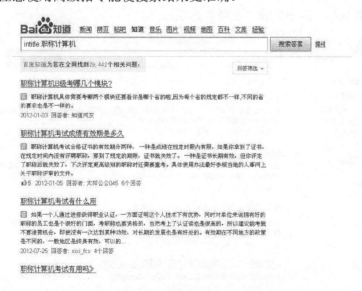

图 3.6　百度知道挖掘长尾关键词

然后将挖掘到的关键词形成如表 3.1 所示的"职称计算机"长尾关键词表，表中包含挖掘的长尾关键词、提问时间、浏览次数、发布文章 URL、是否收录、排名这 6 项内容。挖掘的长尾关键词通常要进行加工，因为有的人提问很长，就需要提取问题中的关键词作为长尾关键词，浏览次数显示了问题的受关注程度，而后面三项则是在自己网站建设关键词的文章的记录、搜索引擎收录，以及排名情况。

表 3.1 "职称计算机"长尾关键词表

	长尾关键词	提问时间	浏览次数	发布文章 URL	是否收录	排名
1	职称计算机 B 级考哪几个模块	2012-1-3	2871			
2	职称计算机考试成绩有效期	2012-1-5	27604			
3	职称计算机考试有什么用	2012-7-25	5692			
4	职称计算机模块怎么选择	2011-5-11	10718			
5	职称计算机考试有用吗	2012-3-12	1610			
6	河北职称计算机考核成绩有效期	2012-7-3	6850			

其他问答平台的挖掘方式一样，同样是搜索相关搜索词的问题，并提取其中的长尾关键词。如果要同时挖掘很多问答平台的长尾关键词，可在搜索引擎中使用命令：intitle:待挖掘的关键词 inurl:zhidao.，可以挖掘多个平台的信息，其中"zhidao."可以用"wenda"替换。

3.3.7 网络社区的标题提炼关键词

网络社区和问答平台一样，都是用户之间以互动的形式交流，用户发表的意见一般比较代表用户的需求和看法，对于提炼长尾关键词有很高的价值。

如果只需要提炼某个社区网站的关键词，那么只需要在网站中搜索短尾关键词，如图 3.7 和图 3.8 所示，在户外资料网和新浪博客搜索关键词"精品旅游线路"，能获得用户发布的关于"精品旅游线路"的帖子和博文，标题就可以提炼为文章长尾关键词，需要注意的是，搜索时要选择"帖子"和"文章"选项。

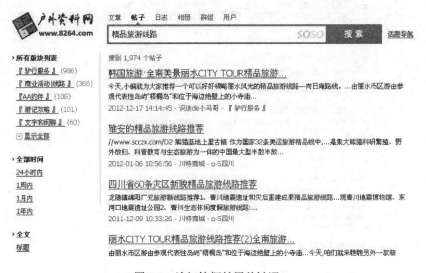

图 3.7 论坛挖掘长尾关键词

图 3.8　博客挖掘长尾关键词

将上面搜索到的文章标题提炼出来，获得网站内页的长尾关键词，同样建立如表 3.2 所示的关键词表格。

表 3.2　社区长尾关键词表格

	长尾关键词	发布时间	发布文章 URL	是否收录	排名
1	韩国丽水精品旅游线路	2012-12-17			
2	雅安精品旅游线路推荐	2012-01-06			
3	四川灾区新貌精品旅游线路推荐	2011-12-09			
4	沈阳精品旅游线路推荐	2013-06-15			
5	库尔勒精品旅游线路	2013-06-14			

同问答平台一样，挖掘的关键词通过表格记录下来，并用于发布网站文章，这里表格项目和问答平台的差不多，通过挖掘的这些长尾关键词，使网站获得更多的流量。

3.3.8　联想用户搜索习惯

在发布网站内页文章的时候，很多 SEOer 会非常注重文章的标题，希望标题能更符合用户的搜索习惯，以获得更高的匹配度，从而得到较高的排名。

但是用户搜索习惯都是比较零碎的，只能在编辑文章时，联想用户搜索该关键词时会使用什么样的说法，从而优化内页的标题。例如，用户搜索关键词"最近热门游戏"，但是很多人不会只这么搜，他们可能有相当一部分人会搜索关键词"最近热门游戏有哪些"。所以编辑时最好完全写出来，这样搜索引擎分词时，可以分为"最近热门游戏"和"最近热门游戏有哪些"，这样网站在两种情况下都能获得较好的排名。

用户的搜索习惯还有很多，如在疑问关键词中使用"吗"、"啊"、"吧"等语气词，这一特点在国内的百度、360等搜索引擎上经常出现，而Google上比较少见。

总之，联想用户搜索习惯，就是在网页优化时把自己想象成用户在进行搜索，帮助网页的关键词优化，这样做能更符合用户搜索习惯，排名和单击量能得到提高。

3.4 网站关键词布局及表现形式

网站分析给予网站定位后，建立网站并筛选关键词，就已经形成网站优化的准备工作，然后就是正式的关键词布局和表现形式分析了，这一分析过程是网站优化的基础，使优化操作工作有序地开展。本节就网站关键词如何布局更有利于优化、什么样的关键词表现形式对排名更有帮助，这两个主要的问题进行分析介绍。

3.4.1 关键词分配技巧

关键词推广是有一定策略的，这种策略主要是根据关键词的不同重要级别来决定，正常的关键词布局是在网站中，关键词以树状形式，分布在网站不同级别的网页上。

树状型关键词的分布，主要是根据网站的页面级别与关键词级别的对应关系分布，简单地说，就是流量大、转化率高、品牌类的关键词比较少，利用权重最高的首页进行推广；而转化率和流量更低的关键词数量较多，流量相比长尾关键词更大，可以利用权重相对高的栏目页进行推广；长尾关键词的流量和竞争都是较低的，但是数量是最多的，所以用权重最低、数量最多的内页进行推广。最后由于网页数量与层级的差异，形成一个树形的关键词分布，如图3.9所示为关键词的树状分布示意图。

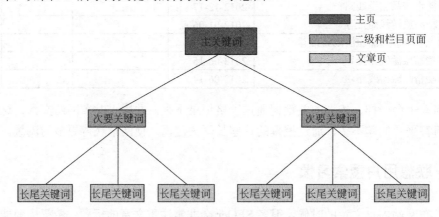

图3.9　关键词的树状分布示意图

例如，某新闻网站主要关键词是"新闻网"，次要关键词即栏目页的关键词为"时政要闻"、"社区新闻"、"财经新闻"、"体育新闻"、"数码资讯"、"娱乐新闻"、"军事新闻"等，然后栏目页下就是数量巨大的长尾关键词的新闻文章页。

网站整体的关键词分布有的使用树状型，有的会使用相对扁平的分布形式，如瀑布流等类型的网站，但主要以树状型分布。

树状分布关键词可以有效利用网站页面的权重,高权重的网页推广高指数、高竞争的关键词,低权重的网页推广低指数的关键词;另外,树状分布关键词避免了关键词的混乱,有序的关键词分布可以使网站更有条理,给用户和搜索引擎都能留下好印象,用户能更方便地寻找到需要的网页;最后,树状关键词防止了内部关键词的竞争,内部页面与关键词进行对应,避免了多个页面使用相同关键词的情况,防止内部页面竞争同一个关键词的外链资源和排名。

网站整体关键词分布以树状型分布,而分配到页面的关键词应以相关性为依据,也就是相关的关键词分配在同一个页面。

通常栏目页和文章页的关键词都有一定的范围和倾向性,比如数码网站的手机栏目或二级域名,通常的关键词就会是"手机"、"手机报价"、"手机大全"、"手机评测"、"手机行情"等,这些关键词都是手机范围的,不是笔记本、摄像机等数码产品,所以都应该分配相关性强的关键词。相关性最紧密的是文章页,通常文章页的关键词只有几个,而且都是围绕一个关键词扩展或者变形产生的。例如,某网页的关键词都是围绕"吞食天地时空之轮 v1.5 攻略"扩展的,代码如下:

```
<title>吞食天地时空之轮 v1.5 国庆版攻略及隐藏英雄密码_游戏攻略_甘蔗网页游戏平台</title>
<meta name="description" content="吞食天地时空之轮1.5隐藏英雄密码游戏攻略">
<meta name="keywords" content="吞食天地时空之轮 v1.5 攻略,吞食天地时空之轮 v1.5 国庆版攻略,吞食天地时空之轮 v1.5 隐藏英雄密码">
```

3.4.2 关键词在页面中的布局分析

关键词在网站的整体布局中决定了网站关键词的容量和整体流量,关键词在页面的布局中决定了网页的排名和单击量。

关于页面中关键词的布局问题,首先要了解网页哪些地方可以出现关键词,一般情况下,我们首先想到的是网页 Title、Keywords、Description 元标签,当然这是必须要有关键词的地方;正文中的关键词能获得搜索引擎更高的权重,因此尽量在正文内容的开头、文中、结尾都要有关键词的分布,如果是主页或者栏目页,各版块的标题关键词也可以提高网站的相关性;另外网页的其他内容并不是浪费的,一般面包屑导航中的关键词、周围相关网页版块的关键词、图片 Alt 属性中的关键词、其他超链接中的关键词等,都能在网页内提高关键词相关性。例如,某网站的一个文章页,关键词为"广西职称计算机考试多少钱",其元标签代码如下:

```
<title>广西职称计算机考试多少钱价格-博大考神</title>
<meta name="keywords" content="广西职称计算机考试价格,广西职称计算机考试多少钱"/>
<meta name="description" content="广西职称计算机考试多少钱?考生报名时须交报名费每人10元,考试费每个模块65元." />
```

这个网页的元标签都含有关键词"广西职称计算机考试多少钱",并且网页正文中关键词也有出现。如图 3.10 所示为该文章正文内容中关键词还出现在正文的锚文本中,首页关键词和栏目页关键词也有布局,并以锚文本形式进行链接,以提高首页和栏目页的关键词排名。

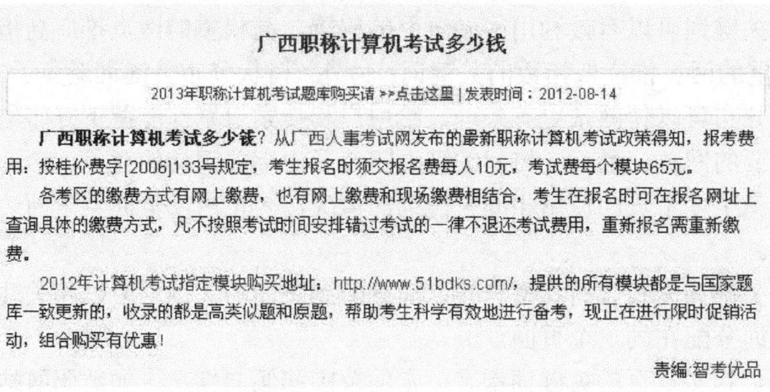

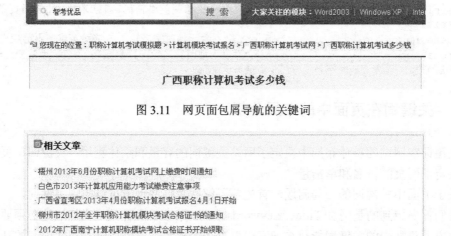

图 3.10　页面正文的关键词

网页内其他地方也需要布局关键词，例如面包屑导航、相关版块的关键词等，如图 3.11 和图 3.12 所示为该网页的面包屑导航和相关版块，同样该网站在这两个地方也出现了关键词。

图 3.11　网页面包屑导航的关键词

图 3.12　网页相关版块的关键词

这是文章页面的关键词布局，那么主页和栏目页的关键词布局有什么特点呢？由于每个网站的主页和栏目页差异比较大，所以关键词布局并不完全一致，一般在元标签、信息版块、底部标签中布局，例如版块名称使用关键词最佳。

页面中的关键词虽然对网页相关性影响有所减小，但是其作用还是不容忽视的，因为网页内的关键词始终是网页主题的标签，反映着网页的主题。即使搜索引擎技术提高，对网页主题判断的能力提升，但是网页内部的影响是不会消失的，所以关键词在网页内的布局仍是值得注意的。

3.4.3　关键词在页面的表现形式

从搜索引擎算法来看，布局在网页中的关键词并不是都能获得相同的算法得分，有的形式的关键词能获得更高的算法得分，从而影响到关键词排名。

关键词具体有多种表现形式，如锚文本文字、文章题目、H 标签、黑体文字、加粗文字、斜体文字、加色文字、普通文字、JS 文字等类型。

关键词的这些表现形式并不是一样的权重，其中关键词效果比较好的有文章题目、H 标签、加粗文字、黑体文字；关键词效果一般的形式是斜体文字、加色文字、锚文本文字；效果不好的关键词形式是普通文字、JS 文字。

值得注意的是，关键词作为锚文本是很好的外链形式，对链接的网页关键词排名有很大的帮助，但是作为关键词对自身网页的帮助就不大了，搜索引擎给予的权重和斜体加色文字差不多。有人认为使用关键词作为锚文本的链接指向当前网页能提高排名，其实这样做并没有什么效果，倒是指向网站内其他页面还有一定的优化效果，所以这样做只是徒劳。

但是无论是首页、栏目页还是文章页都是相同的，如果页面没有较多形式的关键词表现，搜索引擎会主要依据元标签、内容中的文字包括加粗、字号、锚文本等来判断网页相关性。

3.4.4　关键词的密度情况分析

对关键词的密度、频率的认识被分成了两派，其中一部分人认为搜索引擎已经不重视网页内的关键词，转向链接判断网页相关性了，所以密度和频率对网页相关性没什么影响；另一部分人认为关键词对搜索引擎有提示作用，并是相关性判断的一个重要加分因素，所以有较大频率和密度关键词的网页能获得更好的排名。

通过对网页的跟踪发现，即使网页没有某个关键词，但是通过大量锚文本外链导入，网页同样能在该关键词获得好的排名，所以前者的说法是有道理的，搜索引擎确实在降低网页内关键词在排名中的影响程度。但是并不是网页内的关键词就没有用处，网页内的关键词对相关性的提升同样有好处，在外链权重相差不大的情况下，网页关键词的影响很大，关键词匹配程度高的更能获得好的排名。所以这两种说法都不完全准确，可以两者结合，既要看到现在关键词频率和密度对网页的影响，也要知道在未来关键词排名算法中，页面内关键词的影响因素会越来越弱。

就此来看，页面内关键词的频率和密度还是要注意的，那到底多少的频率和密度更有利于目前优化呢？从大多数排名较好的网站看，关键词密度在 2% 到 8% 之间的比例更大，所以通常在这个范围内比较保险。另外，依据一个网页的字数可以算出一千字的内容出现 4 次到 10 次左右，都是比较合适的关键词频率。

在生成网页的时候，我们准确计算网页字数比较麻烦，所以通常在建设页面时，按照正常频率出现几次关键词即可，不用太刻意地去追求在这个范围内，因为很多网页不在这个范围内，同样获得了很好的排名，所以不用太纠结这个问题。

3.5　网站外链分析及计划

就目前搜索引擎的发展阶段来看，判断外链仍是网站优化最重要的一部分工作，所以在网站其他优化准备工作完成后，就需要分析和制定外链计划，以及外链优化效果的分析，为网站外链优化工作提供依据，并及时修改、完善外链优化计划。

带着为什么要分析网站外链、怎样分析网站外链等问题,本节将从分析外链的作用、外链建设的目标、外链效果分析、制定外链方案四个方面介绍网站外链分析事项。

3.5.1 外链分析有什么作用

为什么要分析外链?我们知道在搜索引擎中,页面内关键词对网页相关性的影响程度正逐渐降低,目前以外链对网页排名的影响程度比较高,所以合理建设外链是当务之急。

建设外链之前,需要对网站以及竞争对手进行外链分析,分析外链的作用主要有三个:

(1)了解目前网站的外链情况,制定网站外链建设的计划。例如,某网站域名没有经过外链优化,就要确定该网站外链怎么建设,是通过软文、论坛、博客还是其他外链平台来建立外链。另外,每天建设外链的数量是多少,都要在外链计划中详细制定出来。

(2)明确竞争对手的外链情况,了解竞争程度以及确定自己的优化目标。例如,某网站的竞争对手外链数量是3000、质量较高的外链有500个、优化效果较高、排名较好,那么在制定外链优化目标时就得比竞争对手更高,以保证网站关键词能获得更好的排名。

(3)挖掘竞争对手的外链平台,然后利用质量高的平台建设外链。例如,通过高级命令和工具查询到竞争对手在同一个平台建设较多外链,而且收录非常好,平台的权重也高,那么这样的平台可以加以利用,建设更多自己的外链。

根据外链分析要达到的效果,需要用到很多方法和工具,如下所述。

(1)要知道竞争对手具体在什么平台建设外链,只需要使用搜索引擎高级命令和外链工具,如百度 Domain 和 Bing 管理员工具。如图 3.13 所示为利用 domain 命令查询网站 www.bdkssc.com 的外链平台,可以看到结果中有豆丁网、搜搜百科、中国教育在线、百度知道、百科、文库、经验、新浪文库等平台的外链,从而可以选择一些对自己有用的平台进行外链建设。

图 3.13 利用 domain 命令查询网站的外链结果

另外利用 Bing 管理员工具挖掘的外链，是目前比较准确的、真实的外链情况，包含锚文本外链、超链接外链，而 Domain 挖掘的外链是没有锚文本外链的，没有 Bing 工具准确。所以一般看到 Bing 外链工具挖掘的外链平台很多都是网站主域名，如图 3.14 所示为利用 Bing 外链工具查询 www.bdkssc.com 的外链，可以看到源 URL，也就是导出链接页面的 URL 都是首页，这就是该网站的友情链接等锚文本链接。

图 3.14　利用 Bing 外链工具查询网站的外链结果

（2）如果只查询网站的外链数量，可以使用综合查询工具，如爱站工具、站长工具等。使用普通站长工具查询的外链并不准确，只能作为一个参考。如图 3.15 所示为站长工具查询网站 www.bdkssc.com 的外链数量。

图 3.15　站长工具查询网站外链数量

（3）要查询自己网站的外链情况，可使用搜索引擎的网站管理工具，如百度的站长平台的外链工具。如图 3.16 所示为百度站长工具查询百度的外链情况，遗憾的是只支持查询自己的网站外链。

图 3.16　百度站长工具查询外链

分析外链是为了更好地建设外链，所以不论是自己网站的外链，还是竞争对手的外链分析，都应该形成一个分析表，以帮助指导外链建设。

3.5.2　外链建设的目标

建设外链是目前网站优化中，对排名提升效果非常有用的手段，所以为了做好外链优化工作，了解外链建设的目标是很有必要的。

我们知道一个现象就是谷歌炸弹（Google Bombing），谷歌炸弹就是利用大量的锚文本链接导入，提升某个网页该锚文本关键词的排名，开始用于恶搞白宫网站，所以称为谷歌炸弹。从谷歌炸弹这一现象可以看出，只要有大量锚文本链接导入，即使网页没有某个关键词，同样能获得高排位。

这一现象证明了外链对网页关键词的作用，也证明外链建设的两个重要的因素，那就是锚文本和外链数量，其实外链建设还有一个比较重要的指标，就是外链网站的质量。这三个因素是决定网页排名的最大影响因素，总结起来就是外链的数量、质量、锚文本。

建设外链的目的是提高网站关键词排名，而目标是网站要建设外链的数量、质量、锚文本。也就是说，根据网站的关键词排名需要，要建设多少外链、建设多少高质量的外链、锚文本外链要建设多少等,才能完成网站关键词排名的任务。

(1)外链数量目标可以根据竞争对手的情况制定,要超过竞争对手至少需要达到多少外链水平,建设时可以根据外链建设的数量目标,确定每天、每周的外链工作任务。

(2)高质量外链的数量目标,同样要了解竞争对手的情况,可以分析竞争对手的高质量外链。高质量的外链一般是网站权重高、主题相关、首页链接等因素决定了链接质量的高低。

(3)链接种类中质量最好的是锚文本链接,当然锚文本数量越多越好,但是不能以为网站外链全是锚文本最好,因为正常网站的外链不可能全是锚文本,还会有普通的超链接和文本链接。所以建设外链时,并不能只建设锚文本,以免触碰红线。

制定外链目标可以将网站的外链优化工作变得简单而有条理,每天、每周的工作都更有计划,并且将建设的外链以及关键词等信息记录下来,以便检查工作和效果分析。

3.5.3 外链效果怎样分析

建设外链的工作不只要有序,还要阶段性的检查,以判断外链优化工作的成效,便于完善外链建设工作。

分析网站外链效果主要从外链建设的成果,以及外链优化给网站排名带来的提升两个层面来了解外链建设情况。

(1)外链建设的成果分析。成果分析是对外链工作的检查,通过对表格中记录的外链检查,可以知道网站建设了多少外链、高权重网站外链数量、锚文本外链有多少。这些数据也可以通过百度的站长工具查询到,但是没有利用记录表格查询方便简洁,另外,可以将不同权重的外链平台、不同的链接形成分开记录,这样各项具体的数据也就更容易统计。如图3.17所示为网站外链建设记录表格,其中包括外链建设的时间、平台、百度权重、锚文本关键词、URL地址、是否收录、百度排名等项,外链建设工作检查时,可以按收录的数量统计,也可以按外链平台权重进行分类检查统计外链数量,或者按锚文本来检查关键词链接数量,最后将统计结果与外链建设目标进行核对。

B	C	D	E	F	G
平台	权重	长尾关键词	URL地址	是否收录	百度排名
教育在线	2	成都培训学校	http://peixun.eol.cn/company/company_article_detail.php?articleid=21303	是	
	2	成都名师堂学校	http://peixun.eol.cn/company/company_article_detail.php?articleid=21304	是	
	2	暑假补习	http://peixun.eol.cn/company/company_article_detail.php?articleid=21305	是	
PC01	1	小学家教	http://www.pc01.cn/shop/Shop049/u241456/news_show_120790.html	否	
	1	初中补习	http://www.pc01.cn/shop/Shop049/u241456/news_show_120791.html	否	
	1	成都名师堂学校	http://www.pc01.cn/shop/Shop049/u241456/news_show_120792.html	否	
新浪博客	9	中考提分	http://blog.sina.com.cn/s/blog_94ac79d8010190h7.html	是	
京东信息网	1	少儿英语培训	http://www.jdxinxi.com/sell/bencandy.php?fid=1867&id=79421	是	
黄页88	6	考试辅导	http://jiaoyu.huangye88.com/xinxi/8498814.html	是	
教育在线	2	考试辅导	http://peixun.eol.cn/company/company_article_detail.php?articleid=21332	是	
	2	名师堂学校	http://peixun.eol.cn/company/company_article_detail.php?articleid=21333	是	
	2	成都培训学校	http://peixun.eol.cn/company/company_article_detail.php?articleid=21334	是	
七七商网	1	小学家教	http://www.77b2b.com/com/bdks/news/itemid-9602.html	是	
教育在线	2	暑假补习	http://peixun.eol.cn/company/company_article_detail.php?articleid=21361	是	
	2	成都培训学校	http://peixun.eol.cn/company/company_article_detail.php?articleid=21362	是	

图3.17 网站外链建设记录表格

(2)网站优化效果分析。通过建设外链,网站关键词排名也会有所提升。用工具查询出网站关键词排名与流量情况，如图 3.18 所示为网站外链优化效果查询记录表格，其中包含关键词、指数、URL、最新排名、本月 IP 量、排名升降情况这几项，查询出来后与关键词建设表格对比，排名持平和下降的都要检查外链建设的问题、完善外链建设的策略。

A	B	C	D	E	F
关键词	指数	URL链接	6.30百度排名	6.1-6.30独立访客	升/降
成都名师堂学校	46	http://www.mstxx.com/	1	967	→
名师堂官网	125	http://www.mstxx.com/	1	2690	→
名师堂学校	5	http://www.mstxx.com/	1	87	→
成都培训学校	38	http://www.mstxx.com/	5	316	↑
暑假补习	27	http://www.mstxx.com/	17	10	↑
小学辅导	18	http://www.mstxx.com/	44	5	↓
小学家教	17	http://www.mstxx.com/	34	3	↑
初中辅导	6	http://www.mstxx.com/	18	1	↑
初中补习	5	http://www.mstxx.com/	39	1	↓
考试辅导	26	http://www.mstxx.com/	29	7	↑
中考提分	12	http://www.mstxx.com/	32	3	↑
少儿英语培训	243	http://www.mstxx.com/	42	5	↓
学习方法	982	http://www.mstxx.com/	49	17	↓

图 3.18　网站外链优化效果查询记录表格

外链的建设是为了提高排名，外链效果分析是为了修改、完善外链建设策略，分析的方法就是使用前面学过的高级命令和站长工具，查询外链效果情况。

3.5.4　制定合理的外链建设方案

很多 SEOer 做了很多外链，平时有空就发外链、在论坛留言，或者发布其他信息，但是网站始终得不到好的关键词排名，这是什么原因呢？

其中一个很重要的原因，就是没有合理的外链建设方案，外链建设方案可以指导推广人员按照计划进行外链的建设；如果没有外链建设方案，建设的外链不规范，优化效率又低，外链优化的效果就很难实现。

所以一个合理的外链建设方案是建设外链操作的一个指导者，也是网站优化方案的一个重要组成部分。

外链建设方案包括：外链建设目标、外链建设平台、外链建设类型、每日外链建设数量、外链效果分析等内容。

（1）外链建设目标：主要以各项外链数据为标准的计划目标，在前面已经具体介绍过。

（2）外链建设平台：是先确定外链建设的主要平台类型，如问答、百科、文库、商铺、博客、论坛、软文平台等，然后挖掘各种类型的能建设外链的网站，并记录下来。根据网站的权重和主题相关性进行排序，权重高且相关性强的网站优先建设外链，其次选择权重高相关性弱和权重低相关性强的网站，最后选择权重低相关性弱的网站。发布外链的时候，按照排序依次选择网站发布。

（3）外链建设类型：外链建设的类型有锚文本外链、普通超链接、文本外链。其中以锚文本关键词形式的外链最佳，通常出现在软文、博客、商铺、论坛、友链等平台中；普通超链接质量一般的，一般出现在问答、百科、文库等平台中；质量最低的外链是文本外链，相当于关键词，搜索引擎不能通过文本链接爬行到网页，常出现在商铺、问答平台中。

（4）每日外链建设数量：指外链优化的工作计划，网站外链建设最好是每日进行，因为持续性的增加外链，对搜索引擎优化有很大帮助，而且是有别于作弊的判断因素。确定每日各类型外链建设的数量，以保证网站优化效果的实现，并起到管理优化团队的作用。

（5）外链效果分析：分析外链的建设目标任务和网站关键词排名情况，看是否达到网站外链优化效果的要求，以完善外链建设计划，提高优化效果。

网站外链建设方案的作用是告诉优化团队，网站外链优化的目标是什么、外链建设用什么方式、建设外链的工作要求有哪些、建设效果怎样分析。这些都是外链建设人员必须知道的内容，以方案的形式规范管理，提高优化效率。

3.6　网站市场分析及计划

任何一个网站都是为了面对用户，网站的用户群体就是网站的市场。网站在建立之前就需要分析网站的市场，了解市场才能做出受市场欢迎的网站，才能针对市场做网站推广工作。

具体地说就是，通过分析网站的市场需求和用户特点，使网站既能提供用户的基本需求，又能符合用户群体的使用习惯，在推广时，根据市场的特点，采用有针对性的方法推广网站。根据网站市场分析结果和市场推广方案，制定网站的整体市场策略，作为网站推广的基本思想。

本节将分析网站整体市场和主要竞争对手，以及讲解根据市场所要做的策略。

3.6.1　网站整体市场的评估

在建立网站或者网站优化推广前，了解网站定位的市场，把握整个市场的需求，能给网站建设改版和优化推广带来直接的帮助。

（1）分析网站市场整体需求，定位的用户群体需要什么样的资源，或者需要什么样的服务，细化目标用户需求。通过网站定位的用户群体的整体需求，确定网站整体的服务方向和需求解决方案，例如设计网站的架构和整体风格等；另外根据细化的用户需求，确定网站的其他细化功能，例如网站的栏目二级域名等。

（2）根据网站整体市场用户的特点，确定网站优化推广的方法。例如网站的用户群体年轻且是学生，那么网站推广时，通过学生论坛、社区平台、微博等方式推广，效果会更好。

当然分析市场也就是分析用户需求，这并不简单，所以很多网站的市场定位不准，用户需求把握不到位，建设和优化推广的网站就很难获得用户的认可，那么怎样分析网站市场呢？

（1）根据行业特点、用户关注热点或某一问题，利用互联网行业信息数据，如 IResearch、CNZZ 数据中心、百度数据研究中心、百度风云榜、谷歌趋势等平台，获取网站互联网市场的变化趋势，如图 3.19 和图 3.20 所示分别为 CNZZ 数据中心和百度数据研究中心的行业关键词数据，根据用户大量搜索的急待解决的问题，就能发现用户的需求和关注变化。

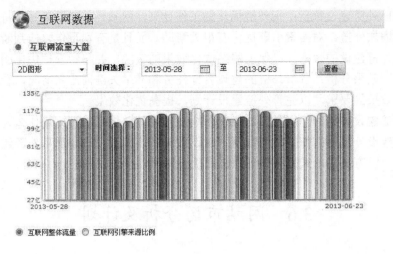

图 3.19　CNZZ 数据研究中心

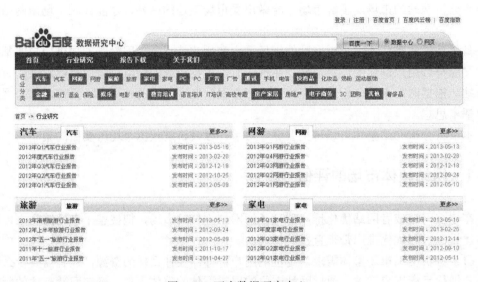

图 3.20　百度数据研究中心

（2）研究用户群的特点，分析网站定位的目标用户群体的年龄、性别、学历、职业、地域等属性，通过这些属性把握用户群的使用习惯和搜索习惯。例如网站定位的是关于四川高考资讯、复习、交流的论坛，那么可以分析出网站的用户群体，年龄以高中适龄 15～20 岁为主，性别没有限制，学历以高中为主，职业是学生，地域为四川省。

通过这些属性可以得出，用户群是 15～20 岁的四川高考学生，这类人关注的是高考复习，也是使用网络作为资源获取的主流人群，不用担心他们会不会使用，只需要考虑网站的独特性、趣味性、分享性。让网站变得特点更鲜明，突出主要功能，如将复习资料等重点内容进行重要位置展示等；让网站操作或网站内容更丰富有趣，如加入关于高考的小功能：倒计时、制定复习计划、复习方法交流等；这个年龄段的人重分享，网站分享到其他平台是必不可少的。如提高百度分享，用户可以直接转载到博客、微博、空间等地方，便于自己和他人随时查看。

从 SEO 来说，网站市场分析还有一个重要的工作，那就是分析整个行业网站的整体水平,如排名靠前的网站中,不同权重值网站的数量多少,以判断整体水平和市场大小。如果整个行业网站都是低权重网站,一般证明这个行业的用户搜索量小,也就是网站的市场较小,网站优化的难度不是很大,但用户量将很小。

3.6.2 分析网站主要的竞争对手

网站的整体市场水平,决定了网站最大能做到多大;而竞争对手网站水平,决定了网站至少需要做到多大,才能超过其他竞争对手。

简单地说,网站的竞争对手研究目的,就是要知道别人已经做到什么程度了,自己需要做到什么程度才能成为第一,也就是网站的优化目标,所以分析竞争对手可以制定网站的目标。

因为主要竞争对手都是行业的标杆,所以他们的优化方式可以加以借鉴,从而增加和完善自己的优化方式,提高网站优化的效果。

分析网站的竞争对手很简单,只需要将网站的核心关键词进行检索,排名靠前的基本都是网站的竞争对手,而其中排名较好、权重较高、匹配准确的网站结果,就是主要的竞争对手。如图 3.21 所示为搜索"数据研究中心"获得的结果,其中有的关键词匹配不完全,有的权重不高,竞争最大的对手应该是结果中第二个和第四个网站。

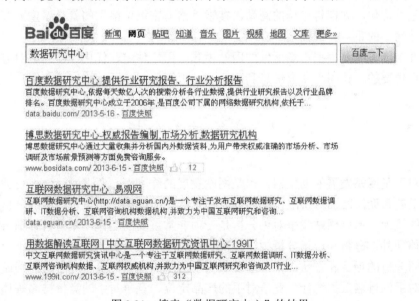

图 3.21 搜索"数据研究中心"的结果

找出竞争最大的几个网站对手,并分析网站的综合数据,以及网站的内部和外部优化技巧,从而辅助制定网站优化目标和学习优化技巧。

3.6.3 制定可行性市场策略

不论是整个市场,还是个别竞争对手,分析市场的目的是做好网站。做好网站就要有可行性市场策略,这是区别于网站优化方案的针对推广的策略。

市场策略的作用：作为网站架构、界面、功能的建设依据，指导网站优化、推广。

市场策略的制定：根据对网站市场和竞争对手的分析，制定网站可行性的市场策略。

网站市场策略包括网站的用户需求、网站的功能实现、网站的推广重点三个部分。

（1）网站的用户需求。市场策略要研究的是市场，也就是用户，用户的需求是任何企业提供产品和服务的基础。

了解用户的需求，才有满足用户需求的可能性，像手机界的三星一样，用户要 NFC 功能就给你 NFC，用户要无线充电就给你无线充电，用户要大屏幕就给你大屏幕，反正用户想要的三星都给你，所以三星在激烈的安卓系统竞争中脱颖而出。我们做网站也同样，用户需要快速打开网页、用户需要打开网站即了解到网站的主题、用户需要快速找到需要的资源、用户需要更方便的购买流程等，用户需求还有很多，我们可以选择行业最主要的需求，以及其他竞争对手还没有解决的需求，策划自己的网站架构、页面、功能的实现。

（2）网站的功能实现。了解用户需求后，网站要实现这些用户需求，就要策划网站需要哪些功能来实现用户的需求。如网站的用户需要产品筛选，那么网站需要提供筛选功能；如果用户需要产品对比，那么网站应该加入对比功能。

（3）网站的推广重点。根据用户的特点，推广和优化的重点都应该以用户群体为准，用户群体常使用哪些方式进入网络，而这些主要的途径，就是网站推广的最好方式，如针对年轻用户的微博推广、对大学生的人人网推广等。网站优化则根据用户的搜索习惯，有转化的词重点优化，如销售空调的网站，搜索"格力空调价格"的就是希望购买的用户，那么这就是网站的重点关键词。

可行性市场策略是根据市场所做的网站模式、用户体验、优化推广的应对方案，也就是给予用户想要的，让用户获取信息和购买产品更简单，让网站推广更有用户针对性。

3.7 竞争对手分析

竞争对手是网站发展的助推器，也是网站发展的绊脚石。所谓知己知彼百战不殆，分析竞争对手能帮助网站面对挑战，不断创新和发展，而如果忽略竞争对手的分析，将陷入掩耳盗铃的境地。所以网站竞争对手分析是一项非常重要的工作，本节将详细讲解。

虽然前面外链分析和市场分析中，都提到过竞争对手分析，但是那些并不全面，也没有具体介绍分析的项目和方法，本节主要从竞争对手的质量情况、竞争对手网站的主要数据、竞争对手的排名数据统计、竞争对手的产品定位、竞争对手的竞价排名等项，对竞争对手进行一个全面的分析。

3.7.1 竞争对手的质量情况

前面在市场分析时，已经讲过找出竞争对手，那么什么样的竞争对手才是真正有质量的竞争对手呢？

我们知道，利用搜索引擎搜索网站的核心关键词，通常有排名的网站都是网站的竞争对手，但是往往一个行业的企业或个人会有很多，并不是每个竞争对手都值得我们去具体研究。很多竞争对手的网站质量很低，无论是网站的展示还是优化，都没有专门管理过，那么这样的网站我们可以放在一边，哪怕网站背后的企业是很强大的，但是它的网站却不是我们的竞争对手。所以分析竞争对手之前，要筛选出真正的竞争对手，那么竞争对手怎样筛选呢？

当我们从搜索引擎挖掘出很多竞争对手时，我们要做的并不是完全按照排名来判断竞争对手的质量。可以通过网站建立的时间、网站的品牌、网站排名是否稳定、网站更新快慢、网站的使用感受等这些直观的信息初步找到网站的竞争对手，如图3.22所示为搜索关键词"成都租车"获得的结果。

图 3.22　搜索关键词"成都租车"获得的结果

从结果中可以首先排除百度知道，然后分析一下特征：

（1）这几个网站的年龄都比较老，都是长期做租车服务的。

（2）第2、5位都有行业品牌名，比较专业，没有行业品牌名的网站质量低一些。

（3）这几个网站中长期排名相对较差的是第4位同程网，其他几个网站排名都比较稳定，所以同程网质量相对低一些。

（4）这4个网站的快照都比较一致，没有明显的差距。

（5）网站的使用感受是用户使用最简单、交易完成过程时间最短，这4个结果中，用户能最快选车的是第2、4、5的三个网站,排在第3位的网站从成都58同城进入网站,然后再选择其他机构,再在其他机构筛选车型,非常麻烦,用户使用感受并不好。这里排名第4的网页并不是同程网驻车栏目的首页,而是一个筛选的内页,所以能直接选车,但首页和第2、第5的差别不大。

虽然这几个网站各有优缺点,但是不得不承认这几个网站都是长期从事这个行业的,排名相对其他网站有比较大的优势,所以能确定这几个网站都是真正的竞争对手。后面的网站同样能用这样的方法进行网站质量的基本判断,然后选择质量高一点的真正的竞争对手,再进行网站详细数据的分析。

3.7.2 竞争对手的主要数据分析

筛选出真正的竞争对手,我们要对竞争对手的网站的主要数据进行分析,以把握对手网站目前的主要状态,认识竞争对手网站的长处和不足之处。

一般情况下,要查询网站的主要数据,我们会使用综合站长工具,以快速查询到网站各项数据,如下所述。

站长之家工具:http://tool.chinaz.com/

爱站工具:http://www.aizhan.com/

去查网:http://www.7c.com/

站长帮手:http://www.adminlj.com/或 http://www.links.cn/

Bing 外链查询工具:http://www.bing.com/toolbox/webmaster

其中,相对比较准确的是站长之家工具和去查网,我们查询时要注意网站的一些数据,如图3.23所示为利用站长之家工具查询神州租车的主要数据。

图 3.23 神州租车网站的主要数据

从图中可以看到，该网站大部分的数据都查询出来了，红色圈出的为主要的数据，其他未被圈的数据并不是主要数据或者不准确，下面分析竞争对手神州租车的主要数据：

（1）世界排名、流量排名、日均 IP、日均 PV。世界排名是 Alexa 的网站综合评估排名，流量排名是根据 Alexa 插件统计的网站流量排名，日均 IP 也就是 Alexa 统计的网站每天用户访问数量，日均 PV 是 Alexa 统计的网站每天用户浏览页面数量。世界排名和流量排名越高，证明网站综合实力越强，日均 IP 和 PV 越高，证明网站的用户量越大。

（2）百度权重。百度权重代表了网站的关键词流量，也就是百度带来的流量越高，百度权重也就越高，这是网站百度优化的情况。神州租车网的百度权重为 6，是比较高的，可以知道该网站的百度流量还是很不错的，超越的难度也比较大。

（3）谷歌 PR。谷歌 PR 代表了网站页面的质量，是网站外链质量和数量的体现，网站的外链数量越大、质量越好，网站的谷歌 PR 越高。神州租车网的谷歌 PR 为 6，在中文网站中已经是非常高的了，表明网站在谷歌中有比较好的表现。

（4）响应时间。网站的响应时间也就是网站的打开速度，响应时间越短，网页打开速度越快，用户体验越好。神州租车网打开速度很快，用户第一感受比较好。

（5）域名年龄。域名年龄是域名注册至今的时间，年龄越老表示网站的历史悠久，更专业、权威，信任度也越高。神州租车网的域名年龄达到了 11 年，搜索引擎相对更照顾。

（6）百度流量统计。百度流量统计也就是百度关键词带来的流量，这是一个预估值，和百度权重相对应，也就是百度流量越高，百度权重越高。神州租车网的百度流量预估为 11496，其对应的也就是权重 6 的百度流量 10001-50000IP。注意提高百度权重，曾经有人使用软件刷关键词指数，然后提高网站的百度权重，目前这一方法有时有效，不过建议不要使用，因为这对网站的长期发展不利。

（7）百度快照。百度快照是网站被百度最后抓取的时间，百度快照越新，表示网站更新的频率越高，搜索引擎越喜欢，快照在 3 天以内是比较快的。神州租车网快照当天，蜘蛛爬行频率很高，搜索引擎也会比较偏爱。

（8）今日收录。表示搜索引擎今日爬行抓取了网站多少页面，抓取的页面数量越多，证明网站的收录越好。神州租车网的今日收录数量为 481，并不算高，但是在租车行业里，已经是比较高的当日收录量了。

（9）百度收录、谷歌收录、360 收录。它们代表网站在这 3 种搜索引擎的收录数量，目前这 3 种搜索引擎是 SEOer 主要研究对象，它们收录量越大表明搜索引擎更信任网站，给予的权重更高。神州租车网在谷歌的收录比较好，而在百度和 360 的收录很不理想，被收录的页面非常少，这反应了谷歌 PR 对该网站的影响。

从上面分析的数据来看，该网站还是一个比较不错的网站，也经过较长时间的优化，不过还有很大上升的空间。

通过分析竞争对手的主要数据，了解对手的一个整体现状，看到对手的优势，对自己优化难度有一个评估和设定优化的时间；把握对手的劣势，便于制定针对性的网站优化方案。

3.7.3 竞争对手的排名数据分析

通常我们所说的排名数据，并不是用搜索引擎提供的工具查询的，而是一些站长工具根据关键词指数和排名进行的一个网站预估流量统计。例如中文搜索引擎百度的权重即 BR 值，就是爱站、站长工具等创造出来的网站百度流量等级，百度内部并没有 BR 值这一说法。

虽然这一数据统计并不是百度官方的数据，但是对网站的分析仍然有一定的作用，尤其是分析竞争对手的大致流量和关键词排名有很大的帮助。

首先我们看看 3.7.1 节中提到的另一个网站，如图 3.24 所示是一嗨租车网的关键词排名数据。

序号	关键字(竞价数)	指数	排名	收录量	网页标题	
1	租车	2706	1	100000000	一嗨租车_引领中国汽车租赁行业,倡导时尚生活方式,北京上海...	首页
2	一嗨租车	2583	1	892000	一嗨租车_引领中国汽车租赁行业,倡导时尚生活方式,北京上海...	首页
3	一嗨租车官网	888	1	863000	一嗨租车_引领中国汽车租赁行业,倡导时尚生活方式,北京上海...	首页
4	深圳租车	471	1	5700000	【深圳租车_深圳租车网】深圳租车服务领...	
5	1嗨租车	198	1	3630000	一嗨租车_引领中国汽车租赁行业,倡导时尚生活方式,北京上海...	首页
6	上海租车网	126	1	991000	一嗨租车_引领中国汽车租赁行业,倡导时尚生活方式,北京...	首页
7	杭州租车网	116	1	642000	【杭州租车_杭州租车网】杭州租车服务领先品牌_一嗨租车	
8	南京租车网	111	1	565000	【南京租车_南京租车网】南京租车服务领先品牌_一嗨租车	
9	一嗨租车	110	1	869000	一嗨租车_引领中国汽车租赁行业,倡导时尚生活方式,北京上海...	首页
10	自驾租车网	101	1	7700000	一嗨租车_引领中国汽车租赁行业,倡导时尚生活方式,北京上海...	首页
11	珠海租车	95	1	5820000	【珠海租车_珠海租车网】珠海租车服务领...	
12	企业租车	68	1	6590000	一嗨租车_引领中国汽车租赁行业,倡导时尚生活方式,北京上海...	首页
13	一嗨网	63	1	82700	一嗨租车_引领中国汽车租赁行业,倡导时尚生活方式,北京上海...	首页
14	武汉一嗨租车	62	1	736000	一嗨租车_引领中国汽车租赁行业,倡导时尚生活方式,北京上海...	首页

图 3.24 一嗨租车网关键词排名数据

从一嗨租车网的关键词排名数据来看，站长工具计算的百度权重为 5，预计关键词流量为 7293 次，对于租车行业来说这一流量比较不错，超越对手的难度也比较大。

下面的百度推广、百度竞价、品牌推广在这个时段并没有，所以显示为 0，开放平台数量 11 表示有 11 个关键词，有网站百度数据开放平台页面获得排名，百度应用是关键词有网站的应用排名的数量。

从一嗨租车网的关键词排名，可以了解目前竞争对手的排名情况，也可以利用这一排名数据，分析竞争对手排名较好的网页优化情况，以及挖掘网站的关键词。如该网站在关键词"租车"排名第一，打开关键词对应的网页，我们就可以分析它为什么排名第一。

分析竞争对手的关键词，是网站挖掘关键词的一种方式，也是研究对手关键词排名的途径，还是了解竞争对手目前流量状况的一种方法。

3.7.4 竞争对手的产品定位分析

分析竞争对手，往往不只分析网站的优化情况，因为网站的优化数据并不能反应竞争对手的定位。

首先我们要知道网站的产品定位，网站的产品需要解决什么问题、给什么人解决问题，如网站要解决出行没车需要租用的问题，针对的客户人群是成都地区的用户，那么反映在关键词上比如"成都自驾租车"，这就是一个符合产品定位的关键词。而如果产品定位是成都地区，那么选择关键词"北京自驾租车"那就是产品定位与关键词不匹配。

一般造成网站产品定位与关键词不匹配的原因，是 SEOer 选择了产品定位以外的关键词进行优化，所以这些关键词有了较好排名，但是并不能获得订单。如定位成都的租车服务，对北京用户根本没用，不会产生交易行为，所以优化这些关键词只是浪费资源。

所以研究竞争对手的产品定位的一个用处，是了解网站服务人群和要解决的问题与关键词是否对应，可以知道对手网站优化的针对性强弱、是否错误优化等问题，同样，这一理论也适用于自己网站的关键词选择。

另外通过分析竞争对手的产品定位，与自身网站对比，自己的网站产品优势和劣势在什么地方，然后突出优势，弱化劣势，从而获得更高的转化率和利润。当然这里所说的网站产品并不一定只指网站销售的产品和服务，而且包括网站的某个栏目版块或者功能，如 BBS、Blog、问答平台、查询页面等，都可以是网站的产品，也都有其自身的产品定位。

分析竞争对手产品定位，可以查看网页的元标签和网页内的文字、图片等，一般网站都会将产品定位放在元标签中，或者网页中的文字说明、图片展示等，另外通过查询关键词排名，可以进行二者的对比，找出网站的定位差距。

3.7.5 竞争对手的竞价排名情况

竞价排名并不属于 SEO 的范畴，而是与搜索引擎优化并列的，是搜索引擎营销的两种营销方式之一。竞价排名不属于 SEO，但并不表示与 SEO 没有联系，反而竞价排名会用到 SEO 的技术。例如竞价关键词的挖掘和创意的撰写，都需要用到 SEO 思想。

然而分析竞争对手竞价排名的原因，并不是因为与 SEO 的直接联系，而是为了了解竞争对手的网络推广力度，如果竞争对手都没有做竞价推广，那么证明这个行业的竞争不是很激烈，那么自己做起来的可能性就非常大；如果竞争对手的竞价排名很多，而且行业的关键词基本都有竞价排名的结果，那么我们就应该知道，这个行业的竞争非常大，网站优化的难度将比较高。

而分析竞争对手竞价排名很简单，只需要用站长工具查询即可，这样就可以大致了解哪些词有竞价排名，如果词汇很多，说明竞争比较激烈，那么除了做 SEO 自然排名以外，还要考虑做竞价排名的需要。如果做竞价排名，SEO 同样要提供技术支持。

3.8 网站日常分析方法

前面所介绍的都是网站前期分析的方法，而网站日常运营和维护都需要进行分析，分析的作用是为了检查优化的效果、完善优化方法、规避优化中的风险等。所以网站日常分析是一项必不可少的工作，通常是优化团队的负责人操作。

本节将从网站日志的分析、关键词数据统计分析、网站流量分析、关键词数据统计分析、网站流量分析、网站权重分析、网站收录分析、网站快照跟踪、用户行为分析、网站外链增加速率、网站临时问题分析、分析结果汇总修正优化方案等方面介绍网站日常分析方法，以及分析结果对优化方案的指导。

3.8.1　网站日志的分析

网站日志也称为服务器日志，是记录 Web 服务器接收处理请求以及运行时的各种状态信息，并以.log 结尾的文件，网站日志存储于服务器的某个文件夹中，如主机的 logfiles 文件夹，查看分析时将它要下载到本地。

然后利用网站日志分析工具进行分析，主要分析的内容包括搜索引擎蜘蛛的爬行次数、服务器的响应代码、访问的页面、IP 段这 4 项内容。蜘蛛爬行次数，反映了网站的更新频率和网站的权重，次数降低可能是作弊被惩罚，或者网站更新太慢。

服务器的响应代码，表示服务器对用户访问返回的状态，其中 200 表示成功返回，304、404 表示返回错误。访问的页面表示搜索引擎蜘蛛爬行的页面，可以分析网站哪些页面被爬行。

搜索引擎蜘蛛 IP 段，表示搜索引擎蜘蛛爬行该网页使用的服务器，有的 IP 段服务器是搜索引擎专门寻找作弊网站的，如百度 IP 段：123.125.68.*、220.181.68.*，如果网站出现很多这些 IP 段蜘蛛，那么有可能受到百度的惩罚。如图 3.25 所示为利用 IIS 网站日志分析工具分析某网站的日志记录。

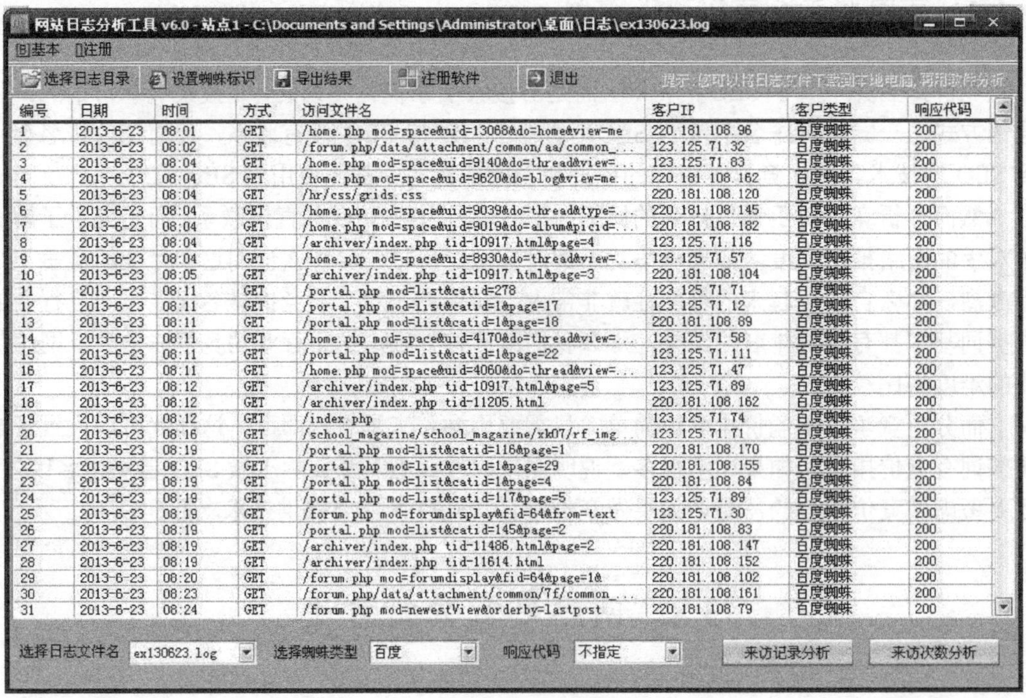

编号	日期	时间	方式	访问文件名	客户IP	客户类型	响应代码
1	2013-6-23	08:01	GET	/home.php mod=space&uid=13068&do=home&view=me	220.181.108.96	百度蜘蛛	200
2	2013-6-23	08:02	GET	/forum.php/data/attachment/common/aa/common_...	123.125.71.32	百度蜘蛛	200
3	2013-6-23	08:04	GET	/home.php mod=space&uid=9140&do=thread&view=...	123.125.71.83	百度蜘蛛	200
4	2013-6-23	08:04	GET	/home.php mod=space&uid=9620&do=blog&view=me...	220.181.108.162	百度蜘蛛	200
5	2013-6-23	08:04	GET	/hr/css/grids.css	220.181.108.120	百度蜘蛛	200
6	2013-6-23	08:04	GET	/home.php mod=space&uid=9039&do=thread&type=...	220.181.108.145	百度蜘蛛	200
7	2013-6-23	08:04	GET	/home.php mod=space&uid=9019&do=album&picid=...	220.181.108.182	百度蜘蛛	200
8	2013-6-23	08:04	GET	/archiver/index.php tid-10917.html&page=4	123.125.71.116	百度蜘蛛	200
9	2013-6-23	08:04	GET	/home.php mod=space&uid=8930&do=thread&view=...	123.125.71.57	百度蜘蛛	200
10	2013-6-23	08:05	GET	/archiver/index.php tid-10917.html&page=3	220.181.108.104	百度蜘蛛	200
11	2013-6-23	08:11	GET	/portal.php mod=list&catid=278	123.125.71.71	百度蜘蛛	200
12	2013-6-23	08:11	GET	/portal.php mod=list&catid=1&page=17	123.125.71.12	百度蜘蛛	200
13	2013-6-23	08:11	GET	/portal.php mod=list&catid=1&page=18	220.181.108.89	百度蜘蛛	200
14	2013-6-23	08:11	GET	/home.php mod=space&uid=4170&do=thread&view=...	123.125.71.58	百度蜘蛛	200
15	2013-6-23	08:11	GET	/portal.php mod=list&catid=1&page=22	123.125.71.111	百度蜘蛛	200
16	2013-6-23	08:11	GET	/home.php mod=space&uid=4060&do=thread&view=...	123.125.71.47	百度蜘蛛	200
17	2013-6-23	08:12	GET	/archiver/index.php tid-10917.html&page=5	123.125.71.89	百度蜘蛛	200
18	2013-6-23	08:12	GET	/archiver/index.php tid-11205.html	220.181.108.162	百度蜘蛛	200
19	2013-6-23	08:12	GET	/index.php	123.125.71.74	百度蜘蛛	200
20	2013-6-23	08:16	GET	/school_magazine/school_magazine/xk07/rf_img...	123.125.71.71	百度蜘蛛	200
21	2013-6-23	08:19	GET	/portal.php mod=list&catid=116&page=1	220.181.108.170	百度蜘蛛	200
22	2013-6-23	08:19	GET	/portal.php mod=list&catid=1&page=29	220.181.108.155	百度蜘蛛	200
23	2013-6-23	08:19	GET	/portal.php mod=list&catid=1&page=4	220.181.108.84	百度蜘蛛	200
24	2013-6-23	08:19	GET	/portal.php mod=list&catid=117&page=5	123.125.71.89	百度蜘蛛	200
25	2013-6-23	08:19	GET	/forum.php mod=forumdisplay&fid=64&from=text	123.125.71.30	百度蜘蛛	200
26	2013-6-23	08:19	GET	/portal.php mod=list&catid=145&page=2	220.181.108.83	百度蜘蛛	200
27	2013-6-23	08:19	GET	/archiver/index.php tid-11486.html&page=2	220.181.108.147	百度蜘蛛	200
28	2013-6-23	08:19	GET	/archiver/index.php tid-11614.html	220.181.108.152	百度蜘蛛	200
29	2013-6-23	08:20	GET	/forum.php mod=forumdisplay&fid=64&page=1&	220.181.108.102	百度蜘蛛	200
30	2013-6-23	08:23	GET	/forum.php/data/attachment/common/7f/common_...	220.181.108.161	百度蜘蛛	200
31	2013-6-23	08:24	GET	/forum.php mod=newestView&orderby=lastpost	220.181.108.79	百度蜘蛛	200

图 3.25　分析网站日志

如图中所示，该网站的搜索引擎爬行记录非常密集，当天的爬行记录分别是百度 2190 次、谷歌 7653 次、SOSO5965 次，可见搜索引擎对网站都是比较重视的；而响应代码全是

200，表示网站的服务器、链接和页面等都没有问题；并且通过访问的页面来看，网站的主要栏目收录都比较正常；从搜索引擎蜘蛛的 IP 段来看，网站并没有受到百度作弊蜘蛛的关注，是比较安全的。

网站日志分析是网站日常分析的一个工作，通常每隔几天就需要检查一下，或者网站在搜索引擎表现不正常，如收录、权重、排名变化时，都需要检查网站日志。

3.8.2 关键词数据统计分析

关键词数据包括关键词的排名情况和关键词的流量情况，通过分析排名情况和流量情况，可以了解网站的优化效果，及时调整网站关键词的优化重点。

（1）关键词的排名情况分析，要用到站长工具查询网站的关键词，如站长之家工具，然后建立关键词排名记录表，监控网站关键词的排名升降情况，再根据关键词指数高低，选择新的关键词进行优化操作。如图 3.26 所示为使用站长之家工具查询名师堂网站关键词排名情况。

图 3.26 名师堂网站关键词排名情况

如表 3.3 所示，将上面查询的关键词排名数据，导入到网站关键词推广表里。经过对比，名师堂的关键词经过一个月的推广优化，排名有一定的上升，那么在做下一周期的关键词优化时，就选择 6.30 百度排名在 4 到 14 的这几个词，作为主要推广关键词。注意，这里不研究该网站的其他优化情况，只针对关键词排名数据选择关键词优化的问题。

（2）关键词的流量情况分析。分析的内容是网站在一定时间段内，从各个搜索引擎中获得的关键词流量数据。

要查询网站的关键词流量，就必须使用网站统计工具，如百度统计、CNZZ、51.la 等。针对百度优化的用户，可以选择百度统计，因为百度统计有百度索引量和网站外链两项功能，可以查询网站在百度的数据情况，由于是百度自己的工具，数据的准确性更高。如图 3.27 所示为百度统计后台的关键词流量数据，这一数据与网站的关键词排名数据是有一定区别的，它是真实的通过搜索引擎来到网站的流量，这些关键词对网站优化有很大的帮助。

表 3.3 名师堂关键词升级表

关键词	百度指数	网站 URL	5.30 百度排名	6.30 百度排名
名师堂	190	http://www.mstxx.com/	1	1
名师堂官网	125	http://www.mstxx.com/	1	1
重庆南开中学小升初	18	http://www.mstxx.com/portal.php?mod=view&aid=3864&page=1	4	3
成外官网	59	http://www.mstxx.com/forum.php?mod=viewthread&tid=1882	11	4
成都培训学校	64	http://www.mstxx.com/	14	8
成都七中初中部	75	http://www.mstxx.com/forum.php?mod=viewthread&tid=5946&page=1	17	9
兰西小屋论坛	152	http://www.mstxx.com/forum.php?mod=viewthread&tid=60	22	14

	搜索词		浏览量(PV)↓	访客数(UV)	IP数
1	成都名师堂学校		53	7	7
2	名师堂官网		35	8	8
3	成都名师堂		17	3	3
4	成都名恩堂		16	1	1
5	名师堂		16	8	8
6	名师堂学校		15	2	2
7	丹秋名师堂		12	4	4
8	名师堂大石西路		7	1	1
9	名师堂花牌坊校区电话		5	1	1
10	成都名师堂官方网站		5	1	1

图 3.27 百度统计的关键词流量数据

将通过百度统计查询的关键词流量数据建立成一个关键词流量表格，包含关键词、网站 URL、一段时间内的 IP 量、关键词的排名这四项数据，用以帮助选择网站推广关键词。如表 3.4 所示为关键词流量数据表，其中灰色的关键词排名在 2 到 4 位，但是流量比较大，可提升的空间很大，可以优先考虑优化。

表 3.4 关键词流量数据表

关键词	网站 URL	7 天 IP 量	关键词排名
名师堂官网	http://www.mstxx.com/	2348	1
名师堂	http://www.mstxx.com/	1328	1
成都名师堂学校	http://www.mstxx.com/	437	1
丹秋名师堂	http://www.mstxx.com/	234	1
成都名师堂	http://www.mstxx.com/	213	2
名师堂官方网站	http://www.mstxx.com/	153	3
名师堂学校	http://www.mstxx.com/	132	3
成都名思堂	http://www.mstxx.com/	71	4
名师堂大石西路	http://www.mstxx.com/portal.php?mod=list&catid=35	21	4
名师堂花牌坊校区电话	http://www.mstxx.com/portal.php?mod=view&aid=1936	12	4

通过关键词排名数据和流量数据,选择近期主要优化的关键词。这两个数据的作用是互补的,排名数据可以筛选指数很高,但是网站排名不好的关键词继续优化;流量数据可以筛选指数不高,但是网站排名较好的关键词继续优化。这两种方式简单地说就是两种排序方式,分别是以排名和流量为依据,一种是优化排名低的,另一种是优化流量较好的。

日常分析关键词的数据,也就是为了关键词排名持续优化。

3.8.3 网站流量分析

网站流量,就网站的单击 IP 数量。在网站优化过程中,SEOer 最关心的问题往往是网站的流量是否增加。

上一节中已经介绍过关键词流量,这只是网站流量的一部分,网站流量还包括直接访问和外部链接的流量,如图 3.28 所示为网站流量三种来源类型图。

(1)关键词流量来自于各种搜索引擎,目前国内的网站关键词流量主要来自百度、360、SOSO、搜狗、Google 等,关键词流量最大的是百度和 360。

(2)直接访问,是用户知道网站,直接输入网站或者通过收藏夹访问,这种流量反映了网站的知名度,知名度越高的网站直接访问流量越大。

(3)外部链接,是用户通过网站外部的链接来到网站,外部链接来的流量一般有友情链接和推广建设的外链,外部链接的流量受网站外链建设的质量和广泛度的影响。

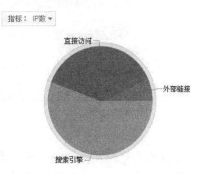

图 3.28　网站流量三种来源类型图

分析网站的流量,判断网站主要的流量方式,其作用就是帮助网站获得更多的流量。如网站的流量主要来源于直接访问,那说明搜索引擎优化还不到位;如果网站流量只来自搜索引擎的关键词,说明网站品牌知名度不高。因为各行业各网站的情况不同,这里没有一个明确的流量比例,但是一个正常的网站,通常关键词流量和直接访问是通过品牌大小决定的,而这两项一般都大于外链链接的流量。

所以根据网站流量的来源我们可以知道网站哪些推广还不足,比如关键词排名的不足、品牌推广的不足、外链建设的不足。了解网站的不足之后,可以有针对性地提高网站的流量来源,使网站全面获取流量。

3.8.4 网站权重分析

网站权重,是指网站在搜索引擎中的权威性等级。各个搜索引擎都有自己的等级算法,并不一定是我们所看到的权重值,例如百度权重。

通过分析网站权重可以了解网站的优化等级,这是搜索引擎对网站的一个整体评价,从网站的权重也可以看到网站的运营和优化状态。不管网站是靠品牌带来的流量,还是依靠搜索引擎带来的流量,只要流量高,网站的权重就比较高。如果网站受到搜索引擎惩罚,也能从网站权重看出来。

我们常见的网站权重主要包括百度权重、谷歌 PR、Sougou Rank 等。我们主要分析的是百度权重和谷歌 PR。

（1）百度权重，反映的是百度关键词流量的等级，百度流量越大网站的百度权重越高，如果受到搜索引擎惩罚，排名下降，流量减少，百度权重也会降低。

（2）谷歌 PR，是谷歌的网页等级评价系统，反映的是网页外链的质量和数量，也就是外链 PR 越高、数量越多，网页的 PR 就越高。谷歌 PR 以前是谷歌排名的一个重要因素，目前其重要性在慢慢降低。很多人交换友链时，还是很注重谷歌 PR 的。

直接使用站长工具即可查询网站权重，如图 3.29 所示为使用站长工具查询某网站的权重。

图 3.29　使用站长工具查询某网站的权重

网站权重在交换友链的时候尤其重要，通常权重高的网站和权重高的网站交换，如果权重太低很难交换到好的友情链接。

3.8.5　网站收录分析

网站的收录，是网站在搜索引擎数据库中页面的数量，页面越多参与排名的页面就越多，获得流量的机会也就更多。

网站的收录会受网站质量的影响，如网站的权重、页面的质量、合理的链接等众多因素。所以网站的收录往往反映网站的整体质量，在交换友链时，SEOer 也比较关注收录量，收录不正常可能是网站权重、链接、质量等因素有问题；而且当网站受到搜索引擎惩罚时，网站的收录一般都会下降，日常分析可以监测网站是否被惩罚。

网站的收录主要根据搜索引擎划分，如百度收录、谷歌收录、SOSO 收录、搜狗收录、360 收录等，目前由于各搜索引擎的使用率不同，暂时只分析百度收录、360 收录，外贸网站要关注谷歌收录。查询收录可以直接到搜索引擎使用 Site 命令，如 site:www.mstxx.com，也可以直接使用站长工具查询，如图 3.30 所示为使用站长工具查询网站收录。

百度相关				
百度流量预计	百度快照	今日收录	最近一周	最近一月
339	2013-6-15	9180	9240	1万2100

网站 mstx.com 的收录/反链结果						
搜索引擎	百度	谷歌	SOSO	搜狗	360	有道
收录	1万3100	21万2000	2万4151	7078↑	1万5000	查询
反链	6290	6	2万8063	查询	2万3400	0

图 3.30　使用站长工具查询网站收录

网站的收录数量应该做好记录，以便后面对工作的效果进行分析。如果是优化团队管理者，可以用这些数据向领导汇报工作的成效。

3.8.6 网站快照时间跟踪

网页快照，就是网页被搜索引擎抓取收录的数据，就像搜索引擎给网页照了一张照片，网页快照时间就是网页被抓取的时间，网站快照的时间就是指首页的快照时间。

网站的快照时间反映了网站首页被搜索引擎抓取的时间，其意义是网站的快照时间越新，网站被抓取的频率越高，搜索引擎对网站越友好。

每个搜索引擎都有快照，如图 3.31 和图 3.32 所示，分别是百度快照的链接和百度快照的样式。每个搜索引擎的快照的链接，都在搜索结果的右下角，百度快照左边的日期就是快照时间。在快照中，用户搜索词与快照中匹配的关键词，会使用相同的颜色标识出来。

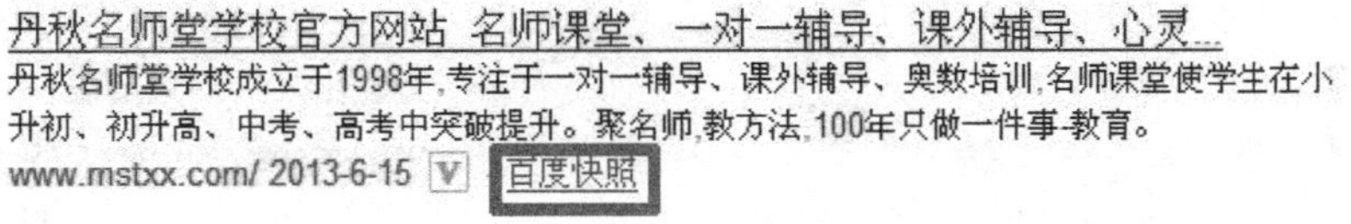

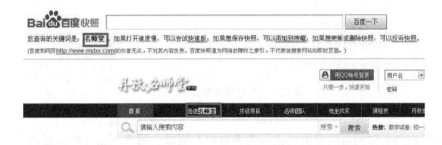

图 3.31　百度快照的链接

图 3.32　百度快照的样式

网站的快照时间如果最近没有更新，表明搜索引擎很久没有抓取网站的首页，那么首页导出链接就不能被搜索引擎爬行。这有两个坏处：

（1）影响网站的内页收录。搜索引擎不抓取首页，那么首页上链接的内页收录就会受到影响。如果近期首页不更新快照，网站的整体收录都会受影响。

（2）影响网站的内页排名。首页不被抓取，导入到内页的链接不能传递权重，内页的排名就没有链接了的内页好。

当然，如果网站的快照时间最近没有更新，别人也不会交换友情链接，因为不能给别人带来权重的传递，所以应随时监测网站的快照时间。

3.8.7 用户行为分析

用户行为，就是用户浏览网站的行为，包括用户单击多个页面、页面停留、跳出页面三种行为。

通过这三种行为，可以发现很多网站的有用数据。例如，用户单击最多的页面是哪个、用户停留时间最长的页面是哪个、用户跳出率最高的页面是哪个、用户在哪个页面单击下一页次数最多、入口用户最多的页面是哪个、跳出率最高的关键词、多次单击最多的关键词等，还有很多这样的数据，可以分析出网站优化的问题，解决存在的问题，网站优化才能做好。

分析网站的这些数据，需要用到网站统计工具，前面已经讲到过网站统计工具，这里用某网站的百度统计数据做演示。

（1）查看用户单击最多的页面。如图 3.33 所示是百度统计的用户单击页面的次数排名。从中可以知道网站浏览量最大的一些页面，如果网站需要推出一些新产品，在浏览最多的网页做推广，或者利用链接导入到产品页面。

	页面URL		浏览量(PV)
1	http://www.msbx.com		597
2	http://www.msbx.com/mst_kcb		120
3	http://bbs.msbx.com		99
4	http://www.msbx.com/teachers		91
5	http://www.msbx.com/article-5473-1.html		69
6	http://ffb.msbx.com		63
7	http://www.msbx.com/article-4357-1.html		58
8	http://www.msbx.com/list-18-1.html		47
9	http://www.msbx.com/article-3958-1.html		45
10	http://www.msbx.com/list-132-1.html		43

图 3.33　用户单击页面次数统计

（2）查看用户停留时间最短的页面。如图 3.34 所示是百度统计的用户停留页面时间排名。从页面的浏览时间可以看出页面是否符合用户需求，用户不会在不满足自身需求的网页停留很久。也就是说如果网页不能快速传达主题，用户就很可能会离开，所以用户停留时间太短的网页往往是需要优化的，更好地传达出网页的主题，才能让用户更容易找到需要的信息。

	页面URL		平均停留时长
1	http://www.msbx.com/article-5418-1.html		00:00:00
2	http://www.msbx.com/portal.php?mod=list&catid=280		00:00:00
3	http://www.msbx.com/connect.php?receive=yes&mod=login&op=callback&referer=http%7e9&con_oauth_verifier=00000000302ac4d4&con_is_user_info=1&con_is_feed=1&con		00:00:00
4	http://www.msbx.com/thread-7620-1-1.html		00:00:00
5	http://www.msbx.com/forum.php?mod=viewthread&tid=7295		00:00:00
6	http://bbs.msbx.com/forum.php?mod=viewthread&tid=7175&page=1#pid15542		00:00:00
7	http://www.msbx.com/article-5423-1.html		00:00:00
8	http://www.msbx.com/forum.php?mod=viewthread&tid=11088		00:00:00
9	http://www.msbx.com/forum.php?mod=viewthread&tid=1984		00:00:00
10	http://www.msbx.com/article-4668-1.html		00:00:00

图 3.34　用户停留页面时间统计

(3) 查看用户跳出率最高的页面。如图 3.35 所示是百度统计的用户跳出率的排名。用户跳出网站和在网页停留时间短相似，说明网页难以满足用户的需求。如果跳出率达到 100%，说明网页的体验很差，这些网页需要重新优化内容或者用户体验，并建立其他出口链接导入到其他网页。

	页面URL		退出率
1	未知		100%
2	http://www.msbox.com/portal.php?mod=view&aid=3176		100%
3	http://www.msbox.com/forum.php?mod=attachment&aid=MzQxOHxlYjVmYj		100%
4	http://cq.msbox.com/portal.php?aid=3861&mod=view		100%
5	http://www.msbox.com/article-4668-1.html		100%
6	http://www.msbox.com/forum.php?mod=viewthread&tid=38		100%
7	http://www.msbox.com/article-5321-1.html		100%
8	http://www.msbox.com/article-5335-1.html		100%
9	http://www.msbox.com/article-5421-1.html		100%
10	http://www.msbox.com/space-uid-8596.html		100%

图 3.35　用户跳出页面统计

(4) 查看用户单击下一页次数最多页面。如图 3.36 所示是百度统计的用户单击下一页次数排名。这种页面一般是主页或者栏目页，因为这些页面本身并没有多少信息或资源满足用户，只是集合了其他内容页面的链接，所以用户到达这些页面，都会单击下一页进行浏览。我们可以找出浏览下一页最多的网页，然后将需要用户单击的页面链接放置在这个页面，提高用户浏览这些页面的几率。

	页面URL		贡献下游浏览
1	http://www.msbox.com		570
2	http://www.msbox.com/mst_kcb		136
3	http://bbs.msbox.com		96
4	http://www.msbox.com/teachers		71
5	http://www.msbox.com/list-18-1.html		56
6	http://ffb.msbox.com		49
7	http://www.msbox.com/list-21-1.html		36
8	http://www.msbox.com/list-169-1.html		31
9	http://www.msbox.com/list-24-1.html		24
10	http://cq.msbox.com		23

图 3.36　用户单击下页统计

(5) 查看用户入口最多的页面。如图 3.37 所示是百度统计的用户入口页面排名。通过这些页面进入网站的用户最多，有可能是通过关键词进入、直接单击进入，也可能是通过外链进入。不论是通过什么方法单击这些页面进入网站，它们相当于网站给用户的第一印象,如果这些页面能优化好,让用户有兴趣单击其他页面进行浏览,或者让用户直接转化,那么网站的 PV 值和转化率都将会提高很多。

	页面URL		入口页次数
1	http://www.msbox.com		398
2	http://www.msbox.com/article-4357-1.html		23
3	http://www.msbox.com/portal.php?mod=view&aid=2702		21
4	http://www.msbox.com/mst_kcb		20
5	http://bbs.msbox.com		20
6	http://www.msbox.com/forum.php?mod=viewthread&tid=2627		17
7	http://www.msbox.com/teachers		16
8	http://www.msbox.com/list-24-1.html		11
9	http://bbs.msbox.com/forum.php?archiveid=1&mod=viewthread&tid=10182		9
10	http://www.msbox.com/article-5473-1.html		8

图 3.37　用户入口页面统计

(6)查看跳出率最高的关键词。如图 3.38 所示是百度统计的用户跳出关键词排名。通过搜索引擎关键词来到网页的用户,通常都是网页的目标用户。如果目标用户进入网页后选择跳出,那么说明网页没有满足用户,或者说网页没有吸引力让用户继续访问网站,这种用户的跳出是对关键词流量的极大浪费。如果可以将这些跳出关键词的页面筛选出来,进行针对目标用户的优化,如提供该关键词的相关内容,同样能极大地提高网站的 PV 值。

	搜索词		跳出率
1	孩子每次模拟考都很好,到真正大考时都不好		100%
2	傈北中学初中基地班		100%
3	林成根教什么班		100%
4	Look Ahead 展望未来		100%
5	成都列五中学 官网		100%
6	四七九近几年初升高的录取分数		100%
7	丹秋新浪博客		100%
8	2013小升初模拟卷		100%
9	丹秋名师堂海椒市校区怎么样		100%
10	是不是每个孩子都适合学习		100%

图 3.38　用户跳出关键词统计

用户的行为能告诉网站,他们喜欢什么不喜欢什么,我们要迎合用户的喜好,才能获得用户的认可,所以分析用户行为就势在必行了。就连搜索引擎也在提高实用性网站的排名,未来随着用户行为的精准分析,获得用户喜爱的网站将能得到更大的发挥空间。

3.8.8　分析结果汇总,修正优化方案

根据前面的日常分析的结果,针对网站出现的问题,以及各种问题的解决办法,对网

站优化方案进行调整。

（1）日志分析。如果网站出现收录问题，利用网站日志分析搜索引擎蜘蛛是否减少，如果大量减少，证明网站受到了搜索引擎惩罚。遇到搜索引擎惩罚，先要看网站是否真的有作弊行为，如果没有可能是由于搜索引擎升级算法的误伤，可以提交申述等待网站恢复；如果网站有作弊行为，那么在除去作弊行为后，按照正常优化做，等待搜索引擎恢复网站收录。

（2）关键词数据分析。利用关键词数据确定网站后面的优化重点，如关键词的调整，选择低排名大流量的关键词进行优化推广，提升网站流量。

（3）网站流量分析。依据流量来源的不同分析流量来源，找出网站流量的薄弱环节，如果关键词流量不足，可加大长尾词优化；如果直接访问量少，可适当加大品牌的推广；如果网站的链接流量比较少，可通过软文、外链、网址导航等方式进行推广。

（4）网站权重分析。日常分析网站权重，随时了解网站等级和关键词排名情况，确保网站正常运行。如果权重下降，要考虑是否被惩罚，并做出调整。

（5）网站收录分析。监控网站收录数据，查看每天网站的新网页收录状态。如果网站的收录不增加，或者减少，都有可能是受到惩罚；如果只是单纯的收录慢、收录不良，那么考虑要网站首页是否链接到了不好的文章内容，以及加强外链建设，提高网站权重。

（6）网站快照时间跟踪。每天跟踪快照时间，如果快照陈旧和停滞，考虑建设有质量的外链，并更新网站首页的内容。

（7）用户行为分析。利用用户行为的表现，找到网站的机会页面和缺陷页面，以提高网站页面浏览量和转化率为目标，进行针对性的页面优化。

通过分析以上网站中需要日常分析的项目，了解网站的运营优化状况，以及网站出现的问题，并针对这些状况和问题，完善网站优化方案和改进优化方法。

这里再补充一点，网站日常分析的作用远远不只我们介绍时提到的这么多，几乎网站出了什么问题、需要怎样改进、日常优化操作技巧，都可以用到这些分析方法。所以掌握网站日常分析方法是优化操作的基础。

3.9 小　　结

本章到这里就结束了，通过本章的讲解，我们对网站优化前期的分析技术有了一定了解。网站优化的前提是要分析，没有分析就没有网站优化操作。网站分析的目的是为了了解网站的市场、竞争对手，以及自己的网站，只有了解这几项的现状，才能制定有针对、有策略的网站优化计划，然后根据网站优化计划指导实际优化操作。实际优化操作中也需要网站的分析，分析优化的效果不足和防止网站被惩罚，使网站能可持续地发展。

在网站优化方法和计划中，本书对网站分析的作用、关键词的选择、关键词的挖掘、网站关键词布局及表现形式、网站外链分析及计划、网站市场分析及计划、竞争对手分析、网站日常分析方法这 8 个方面，进行了详细的讲解和示例的分析。目的是让读者了解到网站分析的重要性，学会分析网站的关键词、外链、市场、竞争对手等工作的方法，并懂得这些分析技术的作用，可以综合地运用于网站的实际分析中，来确定网站最终的优化计划。

本章的学习目标：认识网站分析的作用，懂得什么样的关键词适合自己的网站，掌握关键词的挖掘技术，学会关键词如何布局和展现方法、网站外链分析方法、网站市场分析方法、竞争对手分析方法、日常数据分析方法，并能根据各种分析的结果，制定网站优化的计划方案。

本章的难点：选择什么样的关键词、网站关键词布局及表现形式、网站外链分析及计划、网站市场分析及计划、竞争对手分析、网站日常分析方法。

第 4 章　网站内部优化

经过前面一章对网站前期分析的讲解，我们已经对网站竞争对手及自身网站要达到的目标有了清楚的认识，并且筛选出了需要推广的关键词及其布局方式。利用这些已有资源及数据，我们将从内部优化和外部优化两个方面开展网站 SEO 工作。而作为重中之重的网站内部优化，是每个 SEO 从业者必须认真对待的一部分，这不仅影响着网站在搜索引擎的排名，而且对于提高用户体验及网站转化率有着极大的帮助。本章将详细地讲解网站内部优化的具体操作和流程，其中包括网站结构优化和内容页面优化两方面内容。

4.1　站内整体架构

由于网站结构优化掌握起来比较难，而且更具系统性，因此是很多 SEOer 容易忽视的问题而对于搜索引擎来说，好的网站架构是决定整个网站在搜索引擎中质量的重要因素，对于网页收录深度、页面排名及用户体验也有极大的帮助。因为网站架构涉及服务器技术与数据接口等问题，并不是我们的重点，因此我们在此讲的网站架构主要是针对 SEO 的网站内部架构。网站内部架构优化需要注意以下几个方面的问题。

1．利于收录及排名

网站内部架构是决定网站收录速度及收录深度最重要的因素之一，对于网页排名也有着一定的影响。首先，对搜索引擎不友好的网站架构，蜘蛛是非常不喜欢的，这不仅增加了蜘蛛抓取网页的难度，还降低了蜘蛛的工作效率。如果不是权重十分高的网站，蜘蛛一般会选择性放弃不易抓取的网页，这对于网站的收录来说是十分不利的。另外，采用了不利于搜索引擎优化的网站结构，作为网站的整体架构，例如框架结构，搜索引擎无法知道网页的实际内容，或者只抓取到部分内容，非常不利于网页的排名，这是 SEO 中的一个禁忌。

2．加强页面的联系

好的网站架构是整体联系局部的，局部再进行有效的互联，对于站内权重的传导有非常明显的效果，而且能提高网站 PV 值。提高 PV 值降低跳出率有利于用户体验的提高，同时搜索引擎会根据这一用户行为给网站加分，这也是我们前面讲到的用户行为影响排名的一个事例。

3．提高网站反应速度

网站架构是网站面对用户和搜索引擎最直观的表现形式，过多的冗余内容和难以使用的结构，会降低网站反应速度和用户体验，搜索引擎是不提倡的。通常情况下，网站的 JavaScript（本书后文简称 JS）脚本代码和 CSS 样式尽量外置，如果每个网页都有同样的 JS 和 CSS，势必会增加网页大小，给网站加载带来负担。而使用简单清晰的网站架构能提高网站的反应速度，从而给搜索引擎和用户一个好的感受，这自然会给网站带来好的影响。

上面我们已经总结了站内整体架构的一些构建原则，通过这些原则我们可以知道构建一个完整的网站内部架构需要把握以下几个大的问题：（1）网站架构的布局形式；（2）网站文件位置；（3）链接及页面的组成问题；（4）避免不利 SEO 的整体结构。把握好这几个问题就构成了一个完整网站内部架构，如图 4.1 所示为网站站内整体架构模型。后面小节我们会详细讲解这 4 个方面的知识。

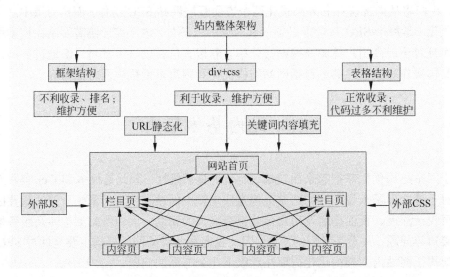

图 4.1 网站站内整体架构模型

4.1.1 搜索引擎友好的 DIV+CSS 结构

搜索引擎蜘蛛的工作趋向于线性方式，蜘蛛抓取网页内容的时候会从上到下依次抓取网页上的内容，越简单实用的网页就越受蜘蛛的喜欢。而在网站兴起的初期，网站基本采用框架结构和表格形式来构成网页的基本布局，这使得蜘蛛的线性工作很难抓取网页的具体内容，也很难对网站结构布局进行控制，这不利于搜索引擎优化。而在 DIV+CSS 出现后，改变了这一不利的局面。

随着网页标记语言的发展，在 HTML 基础上优化和改进形成了一种新的语言 XHTML，目的是基于 XML 应用与强大的数据转换能力，适应未来网络应用更多的需求。在 XHTML 网站设计标准中，不再使用表格定位技术，而是采用 DIV+CSS 的方式实现各种定位布局。

DIV+CSS 有别于传统的表格（table）定位方式，它可以实现网页页面内容与表现相分离。网站建设者可以控制某一内容在网页的具体位置和表现形式，灵活度更高。而且对于搜索引擎来说，DIV 模块化的结构是很容易抓取和分析网页内容的。对于内容量较大的网站来说，使用 DIV+CSS 更是必然的选择。

如图 4.2 所示为考试在线的网站结构布局，我们可以看到网站整体呈模块化布局，结构统一。页面每一行都由 3 个 DIV 层组成,例如考试报名、成绩查询、报考指南这三个版块的 DIV 层分别为左、中、右排列在同一行,浏览者可以轻松地在网站上找到自己需要的内容。在便于收录的同时,还可提高用户体验和网站的页面浏览量,这是其他网站结构难以达到的效果。由于考试在线 DIV+CSS 布局代码较多,下面我们只对 DIV+CSS 布局原理做一些简单的分析。

图 4.2　考试在线 DIV+CSS 布局

CSS(Cascading Style Sheets,层叠样式表),用于定义 HTML 元素的显示形式,是 W3C 推出的格式化网页内容的标准技术,是控制 DIV 网站布局的重要工具。

DIV 层相对位置控制代码如下:

```
#left{ width:200px; float:left;background-color:#FFF}
#mid{width:auto;background:#00FF00;margin:0 230px; border:1px solid #000;}
#right{ width:200px; float:right; background-color:#CCC}
```

DIV 层绝对位置控制代码如下:

```
#left{background:#999;width:100px;height:200px;position:absolute;top:0;left:0}
#mid{background:#0CF;height:200px;margin-left:120px;margin-right:120px;}
#right{width:100px;height:200px;position:absolute;background:#693;top:0;right:0}
```

第一段相对位置控制代码表示 DIV 层分别为#left:float 向左浮动,宽度为 200 像素;#mid:位置居中,宽度自动,左边距为 0,右边距为 230 像素;#right:float 向右浮动,宽度为 200 像素。这样就构成了一个三个 DIV 层的位置分布,相当于上一级 DIV 层里的左中右布局。

第二段绝对位置控制代码表示 DIV 层分别为#left:DIV 层距离页面上边和左边都为 0,即置顶靠左,position 位置属性设置为绝对位置,DIV 层宽 100 像素,高 200 像素;#mid:DIV 层宽 200 像素,左边距离 120 像素,右边距离 120 像素;#right:DIV 层距离页面上边和右边都为 0,即置顶靠右,position 位置属性设置为绝对位置,DIV 层宽 100 像素,高

200 像素，这就构成了三个位置固定的 DIV 层左中右布局。

以下为内容页面 DIV 调用 CSS 里的样式构成网站的布局的代码：

```
<div id="left">考试报名</div>
<div id="right">成绩查询 </div>
<div id="mid">报考指南</div>
```

经过分析 DIV+CSS 代码是如何实现网站结构布局以后，我们对 DIV+CSS 为何能成为目前主流的网站结构布局方式有了一个清楚的了解。

- DIV+CSS 使网站内容更富有层次和条理性，符合搜索引擎抓取网页的习惯。
- 加快页面载入速度。使用 margin 和 padding 代替多余的表格单元和间隔图片，相比之下，DIV+CSS 结构的页面在代码的字节数比 table 页面的小几倍以上，在 table 中要移动 1 像素的距离就要多出几行代码甚至更多，而在 DIV+CSS 结构中只需改动一下 margin 或 padding 的数值即可实现。
- 降低服务器带宽及流量。虽说现在很多 IDC 都不限制网站的网络流量，但是带宽都有限制的，CSS 样式表在浏览器加载一次后，即可保存在本地而不需要再次加载，对于节省网站服务器带宽有着很大的作用，保证了服务器在多用户请求时的反应速度和用户的浏览速度。
- 保持整个站点视觉的一致性。这点对于提高用户体验有很大帮助。用户不会因为凌乱的网站布局而找不到自己想要的信息，对于提高网站实用性也有好处。
- 使网站修改时更有效率、代价更低。修改使用 table 来布局的网页简直是噩梦，几乎需要重新编写，而对于 DIV+CSS 结构的网站，只需要修改 CSS 样式表里的一些数据就行了，这大大提高了网站修改和改版的效率。

DIV+CSS 是网页标记语言的一大进步，它使网站结构布局变得简单，也使搜索引擎内容抓取变得容易。作为一个合格的 SEOer，应该了解 DIV+CSS 的使用，对于网站内部的优化才更得心应手。

4.1.2 JS 脚本代码和 CSS 外置

由于网站效果的需要，许多网站都会在网页上加上一些 JS 特效，或者大量的 CSS 样式，以达到丰富网站内容的作用。但是由于有的网站建设者技术不够专业或建设习惯问题，导致网站中 JS 和 CSS 占用了大量的篇幅。这不仅影响了网页打开的速度，而且给蜘蛛的爬行带来了不便，虽然蜘蛛常会跳过大量的 JS 代码，但是过多的可以外置的代码仍然会给蜘蛛带来不好的印象。要知道，搜索引擎蜘蛛喜欢的是简单有条理的内容，而对蜘蛛来说大篇的 JS 代码就是无用的，因为大多数搜索引擎都不知道它所表示的具体意思。

对于 SEOer 来说，我们需要的不只是网站美观、效果丰富，我们更需要的是便于搜索引擎优化的网页。因此对于网站内大段的 JS 和 CSS 代码，最好的办法就是将它们独立成单个的文件，放置在一个专门的 JS 和 CSS 目录下。在需要的网页 head 部分，调用 JS 脚本文件或者 CSS 样式表，以下为站长之家首页调用外部 JS 和 CSS 文件的代码：

```
<head>
<meta name=
<link rel="stylesheet" href="http://img.chinaz.com/max-templates
```

```
/passport/styles/topbar.css">
<script src="http://img.chinaz.com/templates/chinaz/js/script.js">
</script>
<script src="http://img.chinaz.com/js/lib/jquery.js"></script>
</head>
```

上段代码中 href 及 src 后面的值为调用 JS 和 CSS 文件的 URL 地址，调用 JS 或者 CSS 外置文件时注意以下几个方面：

- 调用代码应在网页 head 部分。
- JS 文件调用时应使用 <script language="javascript/vbscript" type="text/javascript/vbscript" src="../xx.js"></script>为标准调用代码，里面的 javascrip/vbscript 根据调用文件的类型决定。为何站长之家没有写 language="javascript" type="text/javascript"呢？因为以 IE 内核为标准的浏览器默认的 script 文件为 javascript 语言脚本，因此在绝大部分的浏览者中都不会发生错误。但是不排除有使用 vbscript 的网站，因此我们为保证准确性，最好完整地写出来。
- 调用 CSS 样式表的标准代码为 <link rel="stylesheet" type="text/css" href="../xx.css">，同样告诉浏览器此调用的是样式表（stylesheet），格式为 CSS 文本。不过 CSS 发生错误的几率非常低，但是为了万无一失最好还是按照标准写法编写。

将 JS 和 CSS 独立出来，放置在一个单独的文件夹里，使网站的维护和修改变得更为便捷，当需要修改某个样式或者效果时，只需要改动单个文件。同时当多个网页使用同一个 JS 或者 CSS 文件时，用户只需要加载一次代码文件就行了，浏览其他网页时，直接使用浏览器缓存里的 JS 和 CSS 文件，这有利于减少带宽和打开速度。

但外置文件也有不利因素，那就是当用户第一次访问网页时，浏览器会发出多次 HTTP 请求，这会加大服务器的负担。如果初次访问用户过多的话，很可能出现网页打开不全的情况，这就是为什么有时候打开某些网站会出现网站布局错乱的情况。

我们在决定使用外置还是内置 JS 和 CSS 文件时，一般还是考虑将它们独立出来，以提高网站的打开速度，也便于搜索引擎蜘蛛的爬行，这是利大于弊的。尤其是网站内容丰富、用户浏览网页数量较多的网站，如新闻站、信息资源站等，这些网站用户浏览的网页数量一般很多，而且大多数页面的样式和效果都一样，外置 JS 和 CSS 文件是非常重要的。而且对于 SEO 来说，外置 JS 和 CSS 文件，是规范整站和内部优化的一项重要工作。

4.1.3　点线面的完美布局

每当提到网站架构时，很多人会有大而空的感觉，大脑里有一些网站的整体轮廓，但又不是十分清晰。但是，如果我们把网站的页面想象成一片树叶，把网站的内部链接想象成链接树叶的枝干，由它们组合就成了一片树荫，这就是本小节要讲的点线面的完美布局。

虽然任何一个网站的架构都是由许多的网页构成，而这些网页又是由更多的超链接联系起来。但是为什么有的网站能枝繁叶茂，有的网站却濒于干枯？暂不谈网站的定位和营销的方式，让我们先看看什么样的网站架构能够成功。

1. 蜘蛛能快速地找到网页

网站链接的通达性是搜索引擎蜘蛛爬行的根本保证。网站内各个页面之间，在不超过 4 次点击都能到达，发达的站内链接使蜘蛛爬行到网站所有的页面。前面我们讲过两种蜘蛛爬行遍历策略，即深度优先和广度优先两种策略，当站内的链接足够发达时，任意一种爬行策略都可达到网站的每个角落。在保证链接的通达性的同时，链接的类型也会影响到蜘蛛的爬行，即后面我们会讲到的动态链接和静态链接。这里我们推荐使用静态链接或者 URL 伪静态，这样排除了过多的计算，也避免了一些重复链接的产生，对于蜘蛛爬行抓取是非常有帮助的。

2. 足够多的点才能形成面

前面说过网站的每个页面就是一个点，无数的点构成了一个网站，只有一个页面的网站是不存在的。我们评定一个网站的好坏，都会看网站内容的丰富程度。如果网站内容干瘪且数量极少的话，我们不会认为这是一个对我们十分有价值的网站，搜索引擎的排名算法中，也有这样的认定因素。当然极个别的网站除外，如铁道部的订票网站，即使它的内容不够丰富，但是仍然是一个很有用的网站，搜索引擎给予的权重也很高，这主要是由于网站功能的特殊性、大量的外部链接因素，还有搜索引擎的人工增权造成的。这种网站只是少数，绝大多数网站如果没有大量的网页内容，就很难得到搜索引擎的信任。

3. 把握好面的布局

对搜索引擎友好的网站架构都有好的布局，而好的布局是网站点线构成面的重要因素。在网站架构布局中，我们要布局哪些内容在首页、导航链接哪些二级栏目、二级栏目与内容页面怎么互联、关键词怎样布局到各个网页等，这些问题是在网站整体布局时必须考虑并制定详细计划的。一般情况下，好的网站布局应该以有利于用户浏览为标准，将最受欢迎的内容放在首页，把最重要的栏目放在导航，相关的内容或栏目都有发达的链接关系等。搜索引擎会根据用户行为判断哪些内容受欢迎，就会经常抓取哪些内容。后面我们还会对网站各个部分及布局优化进行详细讲解，现在我们先认识一下网站的点和线是怎样构成面的。如图 4.3 和图 4.4 所示，分别为链接方式和链接布局。

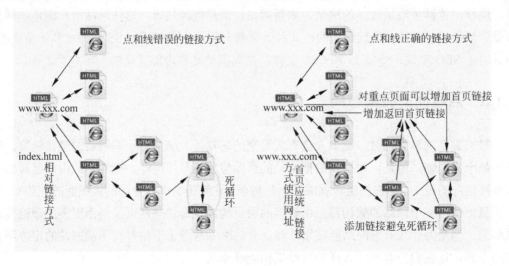

图 4.3 点和线的链接方式

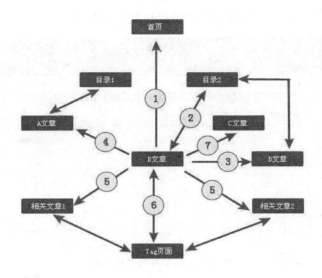

图 4.4 点线面的链接布局

在图 4.3 中，我们可以看到链接的通达性是搜索引擎抓取页面的必要条件。如果网站的整体架构未设计好，就会出现死循环，造成网站收录问题。只有使网站的任何页面之间点击数在 4 次以内，才能保证搜索引擎蜘蛛爬行到网站的每个页面。在图 4.4 中，B 文章即为一个点，通过链接大量的文章页和栏目页，从而形成一个有某种联系的面，这种联系可能是都含有某个相关关键词，也可能是这些页面的内容具有相同的性质，如产品页面。通过这些联系，用户访问某个页面的时候会关注到其他相关的内容，吸引用户点击，从而提高网站的 PV 值（页面浏览量）。而相关页面通过链接的方式构成的面，也有助于提高网页关键词的相关性，是利于排名的，而且能带动其他相关页面的收录。因此我们在站内结构优化中，应把握好页面与链接的关系，形成一个完美的点线面布局。

4.1.4 禁止使用框架结构

框架结构（Frame）在网站发展初期有较多的使用，现在已经很少有网站使用框架结构了，基本上都是不在乎搜索引擎收录的网站还在使用。例如，邮箱里的用户页面、少数学校和政府机关的网站。下面将对框架结构的实质进行一些分析。

框架结构是一种帧结构网页，网页由多个 Frame 的页面构成（一般为三个），网页很少有完整的内容，整个网页内容是由数个含有部分内容的子页面构成。框架结构有两种表现形式：（1）一个页面内的某一块保持固定，其他部分信息可以通过滚动条上下或左右移动显示，如左边菜单固定，正文信息可移动，或顶部导航和 LOGO 部分保持固定，其他部分上下或左右移动。（2）深层页面的域名通常不会在 URL 中体现出来，即使进入深层子页面浏览器显示出来的 URL 依然是主页的 URL。例如，工业和信息化部备案查询页面即为框架结构，如图 4.5 所示。

我们在搜索引擎中，并不能直接搜索到工信部备案查询页面，因为它使用的是框架结构，搜索引擎也拿它没办法。不过，工信部这样的网站并不靠搜索引擎获得流量，因此搜索引擎是否收录这个页面对它来说并不重要，只要能找到它的主页就行了。但是对于绝大部分网站来说，使用对搜索引擎友好的网站架构是十分重要的。

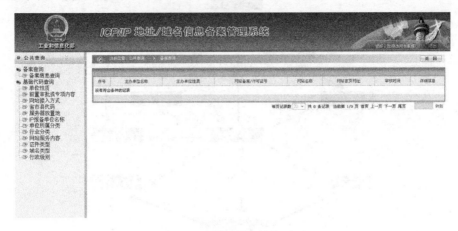

图 4.5　工信部框架结构页面

使用框架结构主要是因为页面的整体一致性和更新方便，尤其对于一些大型网站而言，框架结构的使用可以使网站的维护变得相对容易。但框架结构对搜索引擎优化是十分不友好的，大多数的搜索引擎都无法识别框架结构，更不能完整抓取框架中的内容。对搜索引擎来说，虽然 iframe 中的文字是可见的，蜘蛛也可以跟踪到其中链接指向的页面，不过与用户所见不同的是，搜索引擎将 iframe 内容看成单独的一个页面内容，与被内嵌的页面内容无关。因此，搜索引擎无法确定网页的实际内容，这样的网页是很难被收录的。

框架结构是 SEO 必须避免的问题，作为 SEOer 只需要了解什么是框架结构，实际的网站前台页面切不可使用框架结构，除非你的网站并不靠搜索引擎获得流量。

4.2　建设利于优化的后台程序

本节内容不会很多，因为作为 SEOer 一般对于网站建设，尤其是网站的后台程序编写都不会十分钻研。通常情况下，我们会选择现成的网站建站系统建站，如动易建站系统、帝国建站系统、discuz 系统、phpcms、phpwind 论坛系统、织梦等。这些建站系统都很方便地实现了"傻瓜式"操作，对于很多没有编程基础的人来说，只需要下载一个建站系统的软件，就可以制作一个网站了。因此我们并不会直接编写代码建站，我们更需要了解的是什么样的后台程序更利于网站优化。

建站系统对于很多人来说是一个快捷而低成本的建站方法，而对于 SEOer 来说，建站系统并不能解决全部的问题。虽然现在很多建站系统已经相当的完善，也针对搜索引擎优化做了很多改进，但是仍有很多不利于搜索引擎优化的问题。

1. 建站系统程序开源容易被挂黑链

我们用的建站系统都是网上的资源，大家都在用。对于一些黑客来说这可是个好消息，由于大家使用的建站系统都是开源的，而很多人由于不懂代码，不会去修改数据库及其链接文件，黑客们可以很轻松地找到网站的数据库，并做修改，挂上他们需要的内容。也有很多黑客用帮站长挂黑链的方法而获利。其实这种技术难度并不高，但是由于很多站长使用开源建站系统建站，却不知道修改里面的内容，从而造成了巨大的损失。如图 4.6 所示，这个网站本来是一个销售职称计算机考试软件的网站，由于使用了开源的建站系统建站，而且未进行程序的修改，被黑客挂上了多达数千个游戏网页。直到笔者写作时，在百度的索引数据库中网站的错误信息仍未删除。

图 4.6　开源建站系统网站被挂其他内容

2．功能不全扩展难度高

尽管网站建站系统不断升级，功能都在不断优化，但是目前仍然无法全部满足 SEO 的要求。主要有以下几方面的功能缺陷：

（1）有的建站系统的后台程序不支持网站模块的添加，导致用户无法扩展新的内容到目标页面，对优化不利。

（2）管理后台不能手动设置相关文章互联，这是很多建站系统后台程序都存在的问题，使网站链接不够发达，也不能吸引用户更多的点击；绝大部分 CMS 管理系统不带分页标题设置，使得很多网页标题相同。

（3）建站系统建的后台程序只有单一的内容管理或者商品管理，对于希望不断壮大的网站来说，单一的网站管理系统远远无法满足网站的需要，扩展论坛、博客或者其他内容管理难度高。

（4）功能不能完全适合自身的需要，有的网站需要添加内容时加关键字、描述等，有的需要添加产品时写各种规格，而建站系统的后台程序不能完全满足网站的个性化需求。

如图 4.7 所示，织梦内容管理系统并未提供相关内容的关联选择，不利于搜索引擎抓取到相关内容；而分页标题设置的选项也没有，分页标题由系统直接生成第几页，搜索引擎也难以获取分页的主题。

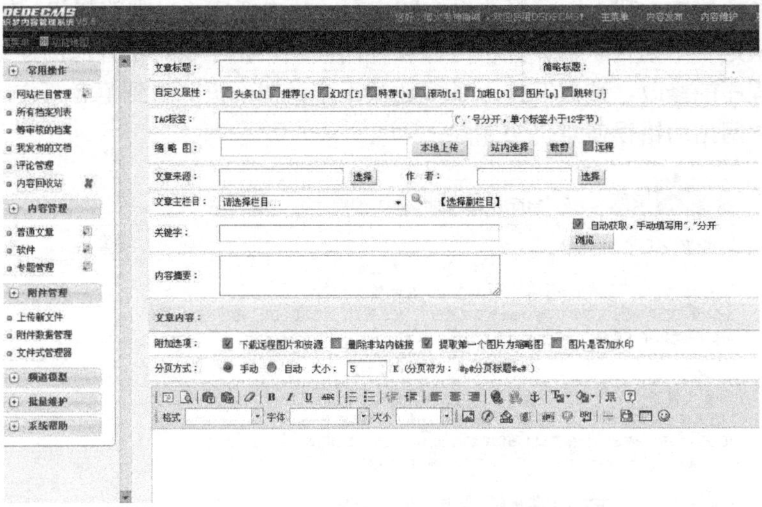

图 4.7　织梦内容管理系统内容添加界面

3．生成不利于SEO的网页和URL

我们都知道网页冗余代码过多，尤其是大篇幅的 JS 和 CSS 代码对于搜索引擎抓取网页不利，而目前仍有建站系统建设的网站，生成的网页含有非常多的冗余 JS 和 CSS 代码。这会使整个网站文件变大很多，也会影响单个页面的蜘蛛抓取；还有一种不利于优化的现象，一些商品管理系统生成的网页为动态 URL，这并不能怪商品管理系统。因为一般情况下商品有很多种规格，而管理系统不可能为此生成多个页面，都会选择用动态页面，调用数据库的信息来显示。虽然搜索引擎已经有能力抓取动态页面，但是动态页面可能产生重复内容，或者导致蜘蛛无限循环，尽量还是不要使用。如图 4.8 所示为使用某建站系统构建的商城网站，其后台无法生成静态化 URL，在一定程度上影响了此网站的整体收录。

图 4.8　商城网站动态 URL

上面提到了很多建站程序构建网站的不足，但是我们不得不承认，建站程序确实给建站降低了门槛和成本。很多不精通技术的人也可以建站，通过其后台程序管理网站。建站系统也减少了很多繁琐的代码编写过程，降低了网站建设的成本，因此使用建站系统建站仍是个人及小投资站长的首选。但是使用建站系统时，我们应该注意，尽量选择不会出现上述问题的建站系统。建站时也应针对建站系统的不足做一些针对性的优化。

4.3 物理结构

前面我们已经讲过站内架构的优化，对网站结构有了一定的了解。网站结构是指网站中页面之间的层次关系，其中包括物理结构和链接结构（也称逻辑结构）。网站物理结构指的是网页文件及目录存储的真实位置所表现出来的结构，物理结构一般包含两种不同的表现形式：扁平物理结构和树状物理结构，本节将分别介绍。

4.3.1 扁平物理结构

扁平物理结构，即网站全部网页都分布在根目录下，表现形式为：

www.xxx.com/index.html

www.xxx.com/1.html

www.xxx.com/2.html

www.xxx.com/3.html

www.xxx.com/4.html

………

如图4.9所示，扁平物理结构网站文件都位于同一目录下，即网站根目录。

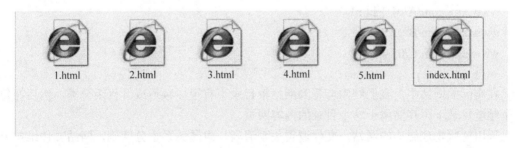

图 4.9 网站扁平物理结构

当搜索引擎在抓取网页时，在第一层就可以抓取到内页，所以扁平物理结构对搜索引擎是非常友好的。而且相对于其他层次较深的内页来说，距离首页较近的扁平化网页得到的权重更高，因此更有排名优势。

但是这种结构只适合小型网站，因为如果把大量的内页文件放在根目录下，在网站制作和维护管理时都是十分麻烦的。

一般个人博客文件量不大，可以用扁平物理结构，而且有利于收录和排名。

4.3.2 树状物理结构

什么是树状物理结构呢？我们知道，扁平物理结构是把网页文件都存放在根目录，那么稍微大型一点的网站把页面都放在根目录下的话，是很愚蠢的做法，所以就只能使用树状物理结构。顾名思义，树状物理结构就好比树形一样，从根目录到二级目录再到三级目录，甚至四级目录再到内页，每个目录又包含多个下级目录。如图 4.10 所示，树状物理结构网站内网页文件位于不同的目录下。

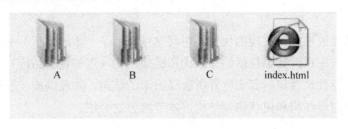

图 4.10 网站树状物理结构

如上图所示，根目录下有 A、B、C 三个目录，A、B、C 目录中分别又有 01、02、03 的二级目录，其下又分别含有 1、2、3 网页文件。其网页表现为：

www.xxx.com/index.html
www.xxx.com/A/
www.xxx.com/B/
www.xxx.com/C/
www.xxx.com/A/01/
www.xxx.com/B/02/
www.xxx.com/C/03/
www.xxx.com/A/01/1.html
www.xxx.com/B/02/2.html
www.xxx.com/C/03/3.html
……

在实际的网站中，我们经常会看到网站根目录下有很多频道或者目录分类，然后在每一个频道目录下再存储属于这个目录的内容网页。

采用树状物理结构的网站，文件逻辑关系清晰，隶属关系十分明确，网站文件维护方便，大多数网站都使用树状物理结构。需要注意的是，这里我们讨论的树状物理结构是文件在存储空间的实际位置。并非网站内点击的深度，也不是后台程序生成的网页 URL 的层数。

4.4 链接结构

前面我们了解了网站物理结构，网站的物理结构表现为网页存储空间的结构；而相对应的就是页面链接关系的结构,即链接结构,也称为逻辑结构。以下我们称链接结构,以便于大家理解。

链接结构是网站内所有页面通过超链接联系的网状形态,它是用户可以感知到的最直观的网站构成形式,因此良好的链接结构对于提高用户浏览的方便性很有帮助。而对于SEOer来说,搜索引擎蜘蛛是通过网页之间的链接爬行的,而且网站链接结构对网页排名也有着重要的影响。那么我们先来看一下,什么样的链接结构是更有利于SEO的呢?如图4.11所示。

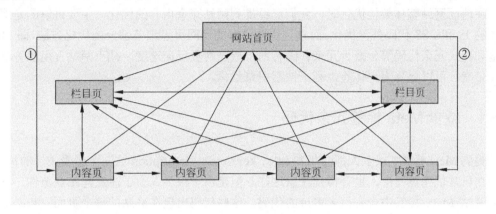

图 4.11 网站链接结构模型

从上图我们可以看到,一个合理的网站链接结构大致形式可以简单的理解为:首页→频道页、频道页→首页、频道页→其他频道页、频道页→内容页、内容页→首页、内容页→频道页、内容页→本频道内容页、首页→部分内容页。

图中标注的①和②为首页链接向部分内容页,这样做有三个好处:

(1)有助于网站首页快照更新。网站首页加入指向内容页的链接,首页会随着内容页的更新而更新首页内容。

(2)有利于内容页的收录。一般网站,首页的蜘蛛爬行率是整个网站最高的,通过首页直接链接出的内容页比深层栏目页链接的内容页收录率更高,速度也更快。

(3)有助于内容页的排名。我们知道网站首页是整站权重最高的页面,首页链接的页面所获得的权重也比一般页面高,因此首页指向的重点内容页也比一般内容更有排名能力。这个也可以解释有的页面刚发布排名好,后来排名就下降了。因为网站更新了其他内容,首页上以前的内容链接被现在的代替了,没有了首页的权重输入,那些内容页排名也就下降了。

注意:上图为一个网站链接结构模型,实际的网站中通常会有多个一级目录,更多的二级目录,但是网站的链接形式是一样的,只是更为复杂。网站链接结构与物理结构不同的是,物理结构中层次深度不会直接影响网页的收录,而链接结构中,层次过深却会影响网页的收录和排名。因为搜索引擎蜘蛛是通过链接结构爬行的,而非物理结构检索,权重也是通过链接结构传递的。例如,首页链接向 www.xxx.com/C/03/3.html 这个网页,那么它就不会比 www.xxx.com/C/3.html 的收录和排名能力弱,甚至会更高。

通过上面的介绍我们知道，良好的网站链接结构可以大大地提升网站的收录量，也能提高网站关键词的排名。要想做好网站链接结构优化，这就要求我们不仅要保证网站链接的通达性，还要保证链接的丰富度，链接结构优化也是网站结构优化的重点。

4.5 页面冗余代码优化

在前面网站整体架构优化时，我们已经提到网站冗余内容的优化，主要讲解的是网站整体的 JS 和 CSS 代码外置优化。而本节所要讲解的是网页里细节部分的优化方法，即 Meta 标签和样式冗余代码等。减少冗余代码有助于提高网页反应速度，减小网站占用服务器资源和带宽，可以提高用户体验，利于搜索引擎优化。

4.5.1 减少 Meta 标签冗余代码

提到 Meta 标签，很多人都会想到 title、keywords、description 这三个最受关注的标签，我们在日常优化过程中，也会特别注意这些。但是由于很多人为了注意建站规范性，导致很多网站 Meta 标签中含有很多多余的代码，这些代码出现在网站的每个页面，势必导致整个网站变大，也使网页打开时浏览器处理很多无用的代码，从而降低了反应速度，虽然这是极小的差别，但正是因一些极小的差别才使得每个网站的排名有所不同。

下面我们看看哪些 Meta 标签是冗余的，我们以某耳机论坛为例，代码如下：

```
<head>
<meta http-equiv="Content-Type" content="text/html; charset=gb2312" />
<title>XX 耳机论坛 -   XX 打造耳机第一论坛</title>
<meta name="keywords" content="XX 耳机论坛, XX 打造耳机第一论坛" />
  #<meta name="verify-v1" content="MrOMk27uwCyetWkPiV5XCcR/
q0kUJ2X+IPJx8gPe8Yg=" />
<meta name="description" content="XX 耳机论坛 - XX 打造耳机第一论坛" />
  #<meta content=all name=robots />
  #<meta name="keywords" content="XX 耳机论坛,XX 打造耳机第一论坛" />
  #<meta name="googlebot" content="index, follow" />
  #<meta name="generator" content="Discuz! X1.5" />
  #<meta name="author" content="Discuz! Team and Comsenz UI Team" />
  #<meta name="copyright" content="2001-2010 Comsenz Inc." />
<meta name="MSSmartTagsPreventParsing" content="True" />
<meta http-equiv="MSThemeCompatible" content="Yes" />
<link  href="/templets/default/925m2.com_hx/index.css"  rel="stylesheet"
type="text/css" />
<link href="/templets/default/925m2.com_hx/nev/news.css" rel="stylesheet"
type="text/css" />
</head>
```

这是它以前的代码，我们可以看到这个网页的 head 部分因为冗余代码变得很长，这是对优化不利的。其中前面标注有#的代码，就是冗余代码，我先给大家介绍一下代码的意思（这里不讨论它的 Meta 关键词优化，只针对优化中的冗余代码）。

正文第 1 行：定义 HTML 页面所使用的字符集为 GB2132，就是国标汉字码。

第 2 行：大家都很熟悉的 title 网页标题标签。

第 3 行：keywords 关键词标签，提示搜索引擎网页关键词。

第 4 行：Google 网站管理员工具核实网站归属的代码，为冗余代码。

第 5 行：网站 description 标签，描述网页主要内容或网页摘要。

第 6 行：允许搜索引擎访问这个页面的全部内容和链接，允许就可以不写，这是冗余代码。

第 7 行：网页模版设计问题，keywords 重复出现，是冗余代码。

第 8 行：允许 Google 蜘蛛抓取本页内容，并可以顺着本页继续索引别的链接，为冗余代码。

第 9 行：说明网站由 Discuz 建站系统建设，为冗余代码。

第 10 行：说明网站建设作者，为冗余代码。

第 11 行：说明网站系统版权信息，为冗余代码。

第 12 行：IE 浏览器不自动生成相关 tags。

第 13 行：打开 xp 的蓝色立体按钮系统显示。

最后两行：调用外部 CSS 文件。

我们可以看到，在这个网站的 Meta 标签中，很多内容都是无用的，而且还有重复内容，这对于搜索引擎优化来说，是非常不好的。精简的 Meta 标签，不仅能提高浏览器处理页面的速度，而且使搜索引擎抓取网页时，能准确快速地获取网页主要内容。要知道搜索引擎蜘蛛是很"懒"的，方便了蜘蛛，搜索引擎才会更喜欢你。

4.5.2 减少样式冗余代码

控制网站页面样式，一般通过调用 CSS 来完成，但是针对某些特定的内容，就会使用很多譬如 Span 或者 Font 标记来控制。Font 主要控制页面文字样式，Span 则控制其他内容的样式。由于很多站长滥用，导致很多相同的 Span 或 Font 标记出现在页面上，给网页增添了很大的负担。

如下是某网站的一篇游戏攻略文章的 HTML 代码，我们可以看到，编辑者为了突出某些词语，给很多词语加上了<font color="#ff0000" size="4" face="verdana"></font>标记，从而造成代码增长了不少。

```
<p>小玩家快速冲级心得<br />
<strong><font color="#ff0000" size="4" face="verdana">1. 组 队：
</font></strong>平日里要养成组队的习惯，特别是挂机刷怪和做日常任务的时候，组队不仅可
以提高完成任务的效率，同时组队还有经验加成，队伍人数越多经验加成越高。所以组队的好处是
既节约了游戏的时间，又可以多多拿经验。<br />
同时，挂机刷怪的时候要注意，不要刷和自己等级相同特别是比自己等级低的怪，最好可以刷比
<strong><font color="#ff00ff">自己等级高 3 级</font></strong>左右的怪，这样经
验会多一些。<br />
<strong><font color="#ff0000" size="4" face="verdana">2. 上古令牌：
</font></strong>上古令牌任务根据颜色不同经验也不同，等级由低到高分为：白，绿，蓝，紫，
橙。刷上古令牌任务的时候颜色等级可能不会变，也可能刷到比当前等级高的，但是任务等级却肯
定不会下降，所以在刷的时候可以放心的刷。<br />
上古令牌任务可以通过乾坤石来刷，<strong><font color="blue" size="4"
face="verdana">乾坤石</font></strong>可以通过打各种 BOSS 来获得，可以多多去下
<font color="magenta"><strong>BOSS</strong></font>之家等。上古令牌任务还需要
```

上古令牌才可以，上古令牌任务一天最多可以接\\<font color="#ff00ff"> 6 \</font>\次，所以每天最多也就买\\<font color="#ff00ff" size="4" face="verdana">6 块令牌 \</font>\就可以了，一块需要一银，每天也就\\<font color="#ff00ff" size="4" face="verdana">6 银\</font>\。\
\\<font color="#ff0000" size="4" face="verdana">3. 答 题：\</font>\每天中午有智慧答题，时间不长，但是如果答得好的话，可以拿到大量的经验。如果是经常答题的玩家就可以知道，每天的题目里会有很多是重复的，所以平时答题的时候可以用心记录一下，或者和其他的玩家相互交流，也是一个增加分数的不错的方法。\
\\<font color="#ff0000" size="4" face="verdana">4. 副 本：\</font>\每天的副本尽量将能够刷的全部刷完，不仅可以有大量的经验，还会有各种装备和道具，可以满足自己的需要，同时还可以将自己不需要的出售。而且如果是有能力的玩家能够单刷副本，再吃上经验符的话，每天副本的经验是相当可观的。\
\\<font color="#ff0000" size="4" face="verdana">5. 蛮 兽：\</font>\也就是我们平时说的宝宝，是洪荒神话里升级的好帮手，一个好的蛮兽，可以让你的实力大增，自然可以提高打怪速度，提高升级的速度。\\<font color="#ff00ff" size="4" face="verdana">血脉浓度和成长度\</font>\都会影响到一个宝宝的品质，还有传说的\<font color="#ff00ff" size="4" face="verdana">\橙色宝宝\\</font>，当然是很稀有的。另外，装备的好坏也是实力的一个象征，自然也是可以影响升级速度的。\
这里只是简单介绍了一些洪荒神话中影响升级的一些方面，当然还有这里没有说到的，需要大家去探索寻找更快更好的升级方法，希望大家能够快速升级。\</p>

其实我们可以先定义一个 CSS 样式，如果写在外置的 CSS 文件中更好，然后在这个页面需要的地方用 Span 调用就行了。相比之下，可以省去很多代码。例如：

```
<style type="text/css">
<!--.style1 {font-family: "verdana" ont-size:4 color:#ff0000 }-->
</style>
<span class="style1">1.组队：</span>
......
```

如果一篇文章很长，而需要使用的样式又有很多相同的，最好采用调用的方式。这比 Font 更符合 W3C 标准，也提高浏览器解析速度和搜索引擎友好。

减少样式冗余代码，是很多 SEOer 不太注重的一方面。但是相比于网站外部优化，网站内的优化是自己能完全控制的，既然可以控制，那么我们就应该好好把握每个细节，包括网站冗余代码的优化，其作用很多时候是出乎意料的。

4.5.3 给网页整体瘦身

网页除了前面提到的冗余内容外，还有很多冗余内容，这些是我们经常忽略的，如空格字符、默认属性、长标签、注释语句等。这些内容在大部分网站都会出现，而且在网页上所占的比例是非常高的，有的网站冗余内容占到网页的 70%之多，这是相当不友好的。

虽然现在搜索引擎最大能抓取到数 MB 的网页，但是还是建议网页不要过大，过大的网页会有抓取截断的现象。网页正文内容最好也不要过大，过大会被索引截断。当然，搜索引擎抓取截断的上限会远大于索引截断的上限。

几年前百度对于网页的大小是有限制的，要求网页体积最大是 125KB，超过这个范围快照显示就会不正常。随着搜索引擎技术和网络技术的发展，现在已经远远大于这个数字了。但总体来讲，过大的网页是不利于抓取的，也影响页面打开速度，建议网页大小一般不要超过150KB，所以在网页优化的时候要注意这一点。

我们来看看著名的小游戏网站4399的首页百度快照，如图4.12所示。由于4399首页的内容过多，百度的索引在后面部分显示不正常，后面的内容被直接截断，无法显示。4399首页的大小为192KB，并不算很大，但是代码很长，搜索引擎索引时截取其中的前面部分，而首页下部的内链未被索引，这是一个不好的现象。

图 4.12 4399 首页百度快照

（1）一般情况下，空格字符大约占到网页代码的15%，达到几十KB甚至更多。这里要提一下，我们说的空格字符不是代码： ，而是在代码编辑环境中，按空格键所产生的符号，每个空格相当于一个字符。一般出现在代码的开始处、结束处还有空行中。设计网页模版时应将这些空格删除，做一个简洁的网页模版。

（2）一般我们在制作网页时，都使用专用网页制作软件，经常会产生一些默认属性的代码。比如，即使我们在网页设计中不添加左对齐的属性，页面中的内容也会默认为左对齐，所以代码中的左对齐属性代码一般可以删除，特殊指定的位置除外。我们常见的默认属性有：align="left";valign="middle";size="3";target="_self"等，这些默认代码可以利用

Dreamweaver 进行替换删除。

（3）很多时候我们为了突出重点，或者让读者接收我们推送的内容，一般会对文字使用一些强调处理。例如加粗，我们会使用<strony></strong>代码，其实还可以使用更简便的方法，即使用<b></b>能起到同样的作用。而且相比之下，代码更短，查看也更为清晰。如果网页加粗较多，也可以缩短代码长度。

（4）还有一些给网页增加负担的内容，那就是注释句子。很多网站的建设者为了方便网页的检查，会在编写代码的时候添加很多对于网页根本没有用处的注释。这些注释使网页的代码增加了不少。一般只要代码不跟别人分享，注释语句是可以省略的，就算分享了，我们也应该在网站上线后删除这些注释语句，减小网页的负担。

网页上出现的上述问题，我们如果都能认真对待，那么整个网站及网页都会减小很多，这就相当于给网页做了一个整体瘦身。做好了，网站的索引质量和打开速度将会有质的飞跃。

4.6 网站导航目录优化

网站的导航和目录是网站由单一构成整体的纽带，是带领用户不断深入的桥梁。从一个用户的角度来看，清晰的导航及目录层次是网站质量的体现，也是其是否继续点击下去的动力。如果一个用户在导航或目录中，根本不知道自己的需求在哪儿，那么还会继续点击下去吗？从搜索引擎的角度来看，网站导航目录是蜘蛛不断深入的保证。事实上就算再不注重 SEO 的大网站，也会仔细地拿捏网站的导航和目录，这足以体现网站导航和目录的重要性。下面我们将对这两个方面进行详细地讲解。

4.6.1 导航结构清晰化

首先我们要明确导航是干什么的。网站导航是对网站的栏目、菜单、在线帮助、布局结构等形式的统称。它的主要功能是引导用户方便地访问网站内容，同时导航也是评价网站专业度、可用度的重要指标，对搜索引擎也有一些提示作用。所以在导航结构优化时，尽量使网站导航结构更加清晰，让用户在最短时间内找到自己喜欢的内容。

网站导航不仅能引导用户在网站各内容页面间的跳转，而且让用户清楚自己所处的位置，下一步应该去哪儿，这些都是通过网站导航来完成。对于搜索引擎来说，导航是获取网站的基本结构、权重划分、抓取页面的条件，还可以帮助搜索引擎从总体上判断网站的主题。可见网站导航在网站中具有巨大的作用。

那么什么样的网站导航才是更有利于用户和搜索引擎的呢？下面将一一介绍。

（1）导航结构清晰有层次。导航是用户和蜘蛛深入网站的入口，首先应该让他们知道走向的下个页面的内容，也就是导航的文字要表达清楚内容。导航的层次根据网站的实际内容逐级划分，最多不要超过 4 层。超过 4 层获得的内部权重就太低了，不利于收录。如图 4.13 所示，甘蔗网小游戏的导航比较清晰又比较有层次。

图 4.13 导航结构

（2）使用文字导航。有的网站为了视觉效果，使用图片、按钮、JS 和 Flash 来制作网站导航，但是目前搜索引擎无法识别这些内容，对于搜索引擎优化是十分不友好的，是 SEO 一大陷阱。百度在其优化指南里说，百度目前只能识别文本内容，对图片、Flash、JS 等形式内容还不能处理好。导航是网站重要的联系内部页面的桥梁，必须要确保搜索引擎能很好的抓取，所以我们最好使用文字导航。

（3）使用面包屑导航。面包屑导航一般在网页内容上面，它指出用户当前所处的位置，以及上一级页面和网站首页页面，这样不仅方便用户返回，也可以让搜索引擎知道，当前页面在网站整个导航结构中所处的位置，方便搜索引擎蜘蛛的抓取。例如站长之家的一个面包屑导航：首页 » 建站 » 优化 » 正文。

（4）重点内容突出。网站的权重都是一定的，不能每个分类都放在首页导航里，因此我们必须把有竞争力的内容放在首页导航内。而且在选取导航文字时，最好加入关键词，有利于网页关键词的排名。

（5）建立导航地图。网站地图是辅助导航的手段，方便用户快捷到达目标页。良好的网站地图设计常常以网站拓扑结构体现复杂的目录关系，具有静态、直观、扁平、简单的特点。通过网站地图中的文本链接，搜索引擎可以抓取到很多导航中未抓取到的网页，因此这是一个网站导航的辅助系统。关于网站地图的知识，后面我们还会进行详细讲解。

4.6.2 目录结构精简化

在前面讲解网站物理结构的时候，我们提到过网站目录。这里我们将详细分析什么样的网站目录结构才更有利于 SEO。

一般情况下，由于内容较多，网站都会采用树状的目录结构。内容不能都放在根目录下，应按栏目内容建立子目录，尽量使用意义相关的目录名称，这对于搜索引擎和用户识别都是有帮助的。例如 blog、bbs、news 等，如果是其他目录可以使用拼音名称。目录名称应该短小精简，保证 URL 不会过长，过长的 URL 不易识读，也不利于 SEO。

目录与导航相辅相成，目录是设置导航的依据，导航是目录的反映。和导航一样，目录结构的层级对 SEO 的影响很大。网站的目录层级不能太深，最好不要超过 3 层，目录结构越简单，搜索引擎和用户访问就越容易，目录结构层级越深，用户越难找到需要的网页，搜索引擎爬虫也不容易抓取。

其实目录层次越少，越利于传播、交换链接和提高用户体验等。对于目录划分太细的网站最好在首页添加到深层目录的链接，或者大目录的形式，这样才能保证被收录和排名。因此我们可以看到，导航和目录是相互作用，相互配合的。

目录名和文件名可以适当使用关键词，如果是关键词组，最好用分隔符号分开，我们常用连字符"-"进行分隔，例如微贸网的目录：http://www.weimao.net/daohang/

made-in-china/。我们不能将词组合并在一起：madeinchina，这样搜索引擎会当做一个词来处理，就起不到关键词的作用了。

前面我们已经说过，网站目录结构的层级对于 SEO 有很大影响，越是简单的目录结构就越容易收录，也更具有排名能力。对于搜索引擎而言，网站的域名、目录和页面的权重是不一样的。相对情况下，相同关键词的网站首页，排名能力是最强的，目录其次，内容页面则是最低。

因此，当我们需要冲击某个关键词时，如果排名前十的大多数是内容内页在竞争，那我们可以建立一个目录来竞争；如果排名在第一页的都是网站目录，那我们可以用子域名做关键词来提高排名；如果前十名都是域名级的网页，我们就只能通过提高网站质量和权重来竞争关键词排名了。我们这里谈的是单一条件下的对比，如果别人内容页面的权重高、相关度高，依然有可能排在目录页面前面，甚至超过其他首页排在第一。

这里我们又遇到一个问题，子域名和子目录的选择。一般情况下，子域名即二级域名，拥有更高的排名能力，因为搜索引擎会把子域名定义为另外一个网站，即另外一个网站的首页。例如考试大网站考试栏目：ks.233.com/www.233.com/ks/。

上例中，在其他内容不变的情况下，子域名的网页比下面的目录页面更有排名能力。

因此单就 URL 而言，子域名比目录有更好的权重和排名，但是子域名是相对主域名独立的网站，其收录会比主域名下的目录慢些，子域名权重的增加也不会影响主域名的权重；主域名权重提高了，子域名权重影响也不大。

相比之下，网站目录权重的增加可以提高主域名的权重，主域名的权重增加，也能带动目录的权重。目录是依靠着主域名权重，收录速度也会较子域名快。

但是当网站内容十分巨大时候，必须适当地使用子域名，如新浪、网易、搜狐这些门户型网站，其内容量大，涉及的方面较多就必须使用子域名了。在网站选择使用目录和子域名时，应该仔细考虑，不管做不做子域名，网站目录肯定是要做的。因此我们应该根据目录结构的精简化原则，进行网站目录结构的优化。

4.7 网站地图 SiteMap 优化

网站地图（SiteMap），它就像网站对用户和搜索引擎的使用说明书，是每个网站都应有的页面，其重要性不亚于任何一个网站页面。不管网站的大小，都会有专门的网站地图页面，有的大网站，甚至为网站地图设立二级域名，如图 4.14 所示为网易的网站地图：http://sitemap.163.com，可见其重要性。下面我们将具体介绍网站地图的优化。

4.7.1 什么是网站地图

网站地图，也称站点地图。网站地图是一个网页，在这个页面上放置了网站的目录分类，以及所有重要页面的链接。当用户找不到自己所需要的信息时，就可以利用网站地图，寻找到自己想要的目录或页面；搜索引擎在抓取网站内容时，也会根据网站地图进行深入爬行。因此网站地图同时方便了用户和搜索引擎，我们必须做好网站地图的优化，使它更好地完成它的使命。

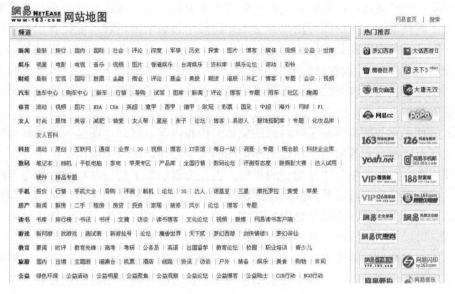

图 4.14　网易的网站地图

网站地图一般分为两种形式：HTML 网站地图和 XML 网站地图。这两种网站地图也经常表示为 sitemap 和 Sitemap，这两种格式的网站地图在制作及针对的搜索引擎会有些差别，后面我们将会分别介绍。

良好的网站地图应包含哪些内容和特点呢？
- 提供文本链接到站点上最主要的页面上；如果网站内容较少，应该链接到网站所有的页面。
- 每个链接都有相应的栏目名或页面名，这是用户寻找和搜索引擎爬行的基本要求。
- 能在网站地图上找到，或者间接找到网站的所有内容，即网站地图至少要包含网站所有的目录结构。
- 在文本中含有重要关键词，搜索引擎能识别内容主题及相关性。
- 网站地图按网站结构分布网站内容链接。
- 经常更新的网站地图，能养成搜索引擎爬行的习惯。
- 地图内的每个链接都是正确有效的，没有死链和错误链接，是对用户和搜索引擎负责的表现。

对于大网站来说，网站地图的作用尤为突出。很多内容页面都在网站的深层，搜索引擎不容易找到，而使用网站地图可以大大提升网站的收录。

4.7.2　网站地图有什么作用

前面我们说过，网站地图就像是网站的使用说明书，也许不用这说明书很多人也能浏览信息，但是当我们找不到需要的信息的时候，就能体现网站地图的重要性了。简单地说，网站地图能帮助用户找到自己的需求，也能使搜索引擎更好地抓取网站的内容。网站地图大致有以下几方面的作用：

（1）网站地图为用户提供可以进入网站所有页面或内部栏目的链接。尤其是网站内容较多的网站，用户通过网站导航并不能完全找到想要的信息，或者需要浪费很多时间才能找到。有了网站地图，用户就可以很方便地知道每个目录下的内容，能提升用户体验。

（2）方便搜索引擎找到难以爬行到的网页，比如动态网页和处于网站深处的内页。有的网站使用的动态 URL 或者目录太深，使得很多网页没有被蜘蛛爬行到，以至于收录率很低。而网站地图将需要收录的链接都提供给搜索引擎，使搜索引擎很轻松地找到网页，能够有效提升整站收录率。

（3）方便用户和搜索引擎了解网站的整体结构和内容。网站地图是网站目录结构和内容的直观展示，用户和搜索引擎通过网站地图的文字描述，可以了解网站的主题，以及网站有哪些内容。网站地图是网站功能的说明，也是搜索引擎了解网站相关性的重要途径。

（4）404 错误页面可以导入到网站地图进行转化。如果网站出现错误页面，我们可以在 404 错误页面上，做一个网站地图的链接，便于用户通过网站地图找到他需要的内容或相关内容。可以在一定程度上减少网页错误导致的用户流失，进行有效的用户转化。

（5）可以将网站的地图提交到搜索引擎，有利于搜索引擎优化。在与搜索引擎博弈过程中，我们不能一直处于被动等待搜索引擎的来临，而应该将网站地图或者首页提交给搜索引擎。一般在有外链导入的情况下，网站首页较容易被搜索引擎索引，但是网站地图就需要我们主动提交，网站内页才更容易被搜索引擎发现并收录。搜索引擎是非常喜欢网站地图的，因为通过地图搜索引擎可以轻松遍历整站。后面还会讲到怎样将网站地图提交到搜索引擎。

（6）有利于搜索引擎了解网页信息和网站权重的分配。通过 XML 网站地图中链接的相关信息，搜索引擎可以知道网页的更新频率，以及网页的重要程度。我们可以通过设置不同的值，提示蜘蛛来爬行的时间，也就是养蜘蛛。而通过页面重要程度的设定，也可以很好地调节站内的权重分配，使重要的页面获得更高的权重，从而在排名竞争中更有优势。

总之，对于用户来说，网站地图就是网站导航的辅助；对于搜索引擎来说，网站地图是搜索引擎的引导者。网站地图在搜索引擎优化中是必不可少的一部分，而且是需要认真制作的一个部分。

4.7.3 Html 网站地图的建立

Html 网站地图英文也称 sitemap，它能帮助用户了解网站结构，找到需要的内容，文件一般为 sitemap.html。Html 地图主要是根据网站结构特征进行制作的，尽量将网站的内容有序地填充在目录中，并在网站首页添加 Html 地图的链接，一般在顶部或者底部添加。建议添加在顶部，因为在顶部更容易被用户发现，也让搜索引擎一进入网页就能爬行到地图。

一般情况下，网站的内容比较多，在一个页面上很难将网站全部的内容都链接上。很多时候 Html 地图都只有一个页面，这个页面无法放下全部的链接。因此，一般我们在 Html 地图上放上各级目录结构就行了，也能引导搜索引擎蜘蛛进入内页。因为如果网站有 3 级目录，一般情况下，从网站首页到内容页需要 4 次点击，而有网站地图只需要 3 次就行了。所以即使不把内容页链接加在 Html 地图，对 SEO 也是有好处的。前面提到过的网易网站地图就是很好的示例。

也有网站的 Html 地图并不止一个页面，它们将网站主要目录放在一个页面，次要目录和内容链接放在下一级网站地图中。这样就可以将庞大的网站全部用网站地图的形式展示给用户和搜索引擎。但是网站不是很大的话，使用一个网站地图就行了。

以上为我们经常看到的 Html 地图，它们都含有网站的目录结构，这是我们比较提倡的一种 Html 地图形式。细心的读者还会发现，有些网站 Html 格式地图，并没有将网站目录结构放在地图中，而是直接将网站的内容页面链接，集成为一个 Html 地图。如图 4.15 所示，成都信息网直接将网站底部链接做成了一个多个分页的 Html 网站地图。

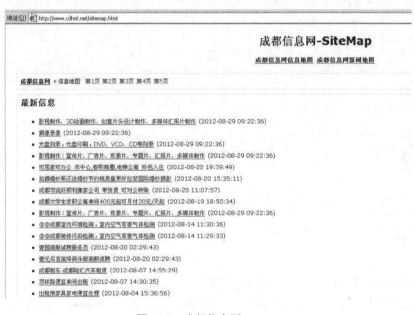

图 4.15　成都信息网 sitemap

直接集成内容页链接为网站地图，可以提高内容页的收录和排名，因为链接传递次数少，内容页能获得更多的权重。但是对于用户来说，这样的网站地图很难了解网站结构和找到需要的内容，对用户体验不高。

我们介绍完了几种 Html 格式的网站地图，虽然它们的表示形式不同，但是它们的建立都适用 4.7.1 节中网站地图包含的内容和特点，建立 Html 格式地图时也应注意这几点。但是至于建立哪种网站地图，我们建议选择有网站目录结构的 Html 地图，对于用户体验和搜索引擎都有好处，一举两得。

4.7.4　XML 网站地图的建立

XML 网站地图也称 Sitemap，和 Html 地图不同的是，这是一种直接针对搜索引擎的网站地图。它的作用主要是方便搜索引擎抓取网页，而对于用户来说，XML 地图是没有用处的，因为 XML 地图就是一堆代码，一般用户根本就无法识读。因此，也就没有提高用户体验一说了。例如，重庆热线城口站的 XML 地图部分内容：

```
<?xml version="1.0" encoding="UTF-8" ?>
- <urlset xmlns="http://www.sitemaps.org/schemas/sitemap/0.9">
- <url>
```

```xml
<loc>http://ck.online.cq.cn/</loc>
<lastmod>2011-09-16</lastmod>
<changefreq>always</changefreq>
<priority>1.0</priority>
</url>
- <url>
<loc>http://ck.online.cq.cn/tg/qitatuan</loc>
<lastmod>2011-09-16</lastmod>
<changefreq>daily</changefreq>
<priority>0.9</priority>
</url>
- <url>
<loc>http://ck.online.cq.cn/videos/lvyou</loc>
<lastmod>2011-09-16</lastmod>
<changefreq>daily</changefreq>
<priority>0.9</priority>
</url>
- <url>
<loc>http://ck.online.cq.cn/article/guonei</loc>
<lastmod>2011-09-16</lastmod>
<changefreq>daily</changefreq>
<priority>0.9</priority>
</url>
- <url>
<loc>http://ck.online.cq.cn/article/guoji</loc>
<lastmod>2011-09-16</lastmod>
<changefreq>daily</changefreq>
<priority>0.9</priority>
</url>
......
```

这段代码就是 XML 地图，它就是以代码的形式展现的，因此，只能针对搜索引擎，对于用户没有直接用处。其实，在 2005 年谷歌提出使用 XML 地图时，就是只针对搜索引擎的。经过 7 年的发展，大部分的搜索引擎都支持 XML 地图，因此建立搜索引擎喜欢的 XML 地图，是必不可少的一步。

XML 地图的代码其实就是将网站链接一一列出来，以便于搜索引擎抓取。我们先分析上面的 XML 网站地图。

urlset xmlns="http://www.sitemaps.org/schemas/sitemap/0.9"：告诉搜索引擎这是一个 XML 版本地图。

<url></url>：这里面包含了需要搜索引擎抓取的链接，以及相关信息。

<loc></loc>：其中书写网页链接，只限一个。

<lastmod></lastmod>：网页的更新时间，也可以不写。

<changefreq></changefreq>：此链接网页的更新频率，也可以不写，主要有 always、hourly、daily、weekly、monthly、yearly、never 这些值，相对应的意思就是：网页一直在更新、每小时更新、每天更新、每周更新、每月更新、每年更新、一直不更新。

<priority></priority>：此项表示网页在网站中的重要程度，从低到高分别为 0.0 到 1.0。上面示例填写的是 0.9，这里我们推荐内容页用 0.5 到 0.8，可根据网站目录层次多少来逐级递减，首页为 1.0。这里需要说明的是，这里的重要程度只是网页在站内的重要程度，即使将每个网页都写为 1.0，也不会提高网页在搜索引擎的排名，反而让搜索引擎找不到网站的重点，对 SEO 不友好。

虽然搜索引擎比较喜欢 XML 地图，但是即使有网站地图，也不能保证每个网页被收

录。如果网页获得的权重低于收录的下限，网页也不会被收录。不过，有了网站地图，可以帮助蜘蛛爬行到每个网页，是收录的基础条件。

和 Html 地图一样，如果网站内容过多的话，也需要分为多个 XML 地图。因为一个 XML 地图只能写 5 万个链接，可以用一个主地图链接其他分页地图，这样基本上可以将链接全部写出来。一般这么庞大的地图，我们都会用网站地图工具制作，例如 Site Map Builder、Sitemap X、Sitemap Creator 等。

制作完成 XML 网站地图后，一般会将地图链接写在 robots 文件里，以便于搜索引擎蜘蛛抓取，一般英文写法是 Sitemap.xml。Robots.txt 文件里的 XML 地图写法为：

```
User-Agent: *
Allow: /
Sitemap: http://www.XXX.com/sitemap.xml
```

在以上代码中，robots 文件代码后面会讲到，sitemap 后面的就是 XML 地图的链接，Html 地图的写法与此相同。当搜索引擎检索 robots 文件时就能找到网站地图，从而进行抓取。

4.7.5 网站地图提交搜索引擎

当我们完成了网站地图的制作，就应该想办法将网站地图的作用发挥出来。而发挥网站地图的作用，就要让搜索引擎找到我们的网站地图。前面我们已经提到，将网站地图写入 robots 文件内，然后我们就坐等搜索引擎来了吗？当然不是，我们还需要向搜索引擎提交网站地图。怎样提交呢？到哪儿提交呢？让我们一起来看一下。

现在绝大部分搜索引擎都支持网站地图，因此也都有相应的网站地图提交入口，我们先看看一些常用搜索引擎的地图提交地址。

Baidu 提交：http://www.baidu.com/search/url_submit.html。
Google 提交：http://www.google.com/webmasters/。
Bing 提交：http://www.bing.com/toolbox/webmaster/。
Soso 提交：http://www.soso.com/help/usb/urlsubmit.shtml。
Sogou 提交：http://www.sogou.com/feedback/urlfeedback.php。
Youdao 提交：http://tellbot.youdao.com/report。

百度、搜搜、有道等搜索引擎，目前都还没有供站长使用的 sitemap 提交入口，但是通过各自的网站提交入口提交地图，也是一样的。Google 和 Bing（yahoo 提交入口和 Bing 合并）都是使用各自的网站管理员工具提交网站地图。

通过各个搜索引擎对网站地图的态度，我们可以知道，国外搜索引擎对于网站地图更为重视，尤其是对 XML 地图。国内搜索引擎虽然都已支持了网站地图，但是从效果来看，提交网站地图的效果并没国外搜索引擎好。通过观察，国内网站对 Html 格式的网站地图更为青睐，而国外网站更倾向于 XML 网站地图。

我们提交了网站地图，并不代表以后就高枕无忧了，因为网页是否被收录，还有很多其他因素，网站地图只起到一个辅助的作用。但是网站地图对于某些结构不好的网站，也是非常有效果的。

4.8 网站内部权重传导

前面说过，网站的权重是通过链接传导的，而一个网站的权重在一定时间内是固定的，良好的网站结构，可以使权重得到合理的分配。网站的整体权重传导应该沿着树状的链接进行分配，这对网站整体的收录有一定的帮助。但是不是每个网站都必须这样分散传导权重，我们应该利用这样一个内部优化方法，再根据自己的目标进行权重的传导控制。对于必须收录和重点排名目标，可以直接通过首页进行权重传导，而对于不需要收录和排名的页面，就直接禁止收录和权重的传递。因此，做好网站内部权重传导优化，需要研究网站的排名目标、收录目标，从而进行系统控制。

4.8.1 链接指向重点页面

在通常情况下，网站的首页是整个网站权重最高的页面，因为每个网站不管是站内还是站外，指向网站首页的链接都是整站最多的。而被首页链接的页面，也能获得比其他页面更多的权重，这也是为什么交换友情链接的时候，很多人都在首页交换，并要求 Site 首页在第一的原因（注意如果 Site 首页不在第一，可能是首页权重低于内页，或者被搜索引擎惩罚，这样的网站很多人不愿意交换）。

首页的权重值是一定的，而首页上的导出链接却不可能无限制增加，所以要好钢用在刀刃上，将首页链接向重点内容。网站导航和重点栏目的内容都可以用网站首页进行链接，从而将网站首页的权重传递到这些页面，促进这些页面的收录和提高排名。

在网站中，哪些页面是重点页面呢？又该怎样链接向它们呢？

对于每个用户来说，重点页面就是他们需要的内容页面，而对于站长而言，需要导入权重的重点页面有两种：需要收录的页面和提高排名的页面。

网站的收录是衡量一个网站质量的指标，网站很多内页由于目录层次太深，得到的权重达不到收录底线，不会被收录。但是很多时候那些内容却是我们推广的重点页面。因此，就需要在网站的首页做上这些内容的上一级栏目链接、列表页的链接或者 tag 链接，以促进这些内容页面的收录。这种方法经常出现在内容页面很多的网站上，这些网站除了导航外，还会在网页顶部或者底部链接上深层目录或列表的页面，这样可以大大提高网站的收录量。

首页链接向深层目录页和列表页，可以提高这些页面的权重，有助收录其下的内容页，另一方面也能提高目录页关键词的排名。

要提高重点页面的排名，还可以将重点内页链接直接放在首页，也就是我们经常看到的很多网站的部分目录会在首页展示最近更新的内容。这些内页有了首页的权重导入，相比其他页面权重高很多，排名能力也强很多。只要首页权重高，这些内页关键词的排名会更好，有的甚至超过其他网站的首页。

如图 4.16 所示为考试吧网站，除了应有的导航外，顶部还有深层目录的链接，如 2013 中考、四六级、会计证等，这些链接有效地将首页权重传递到网站深层目录，对内页收录很有帮助；而重点目录下的内容页，如考试资料、网校动态等，也由首页链接直接导入权重,这些内容就更容易被收录,尤其更有排名能力。

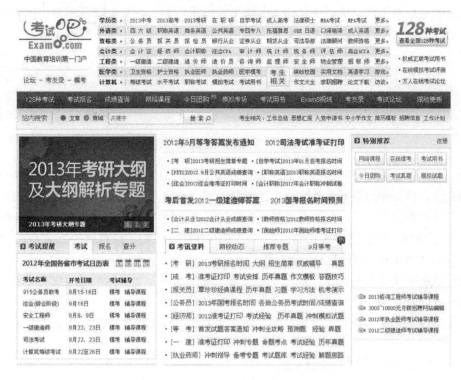

图 4.16 中华考试网

然而这样的权重传递也有不足之处,就是可能会分散首页权重,导航目录页获得的权重会相对减少,导致这些一级目录关键词排名能力下降;而旧的内容链接被更新的内容顶下去,其排名能力也就随之下降,可能会出现排名下降的情况。

但是这两种不足并不能影响整体权重的传导。一般情况下,内容量较大的网站都可以使用这样的权重传递方式,也应该这样使用,才能使网站收录率提高,也提高重点页面的排名。抛开收录和排名不谈,用户一般先进入首页,在首页上提供更多选择,让用户更方便找到内容,这是有利于提高用户体验的。

4.8.2 减少非目标页面权重导入

前面已经说过网站的权重值,在某个时间段内是一定的,所能传递的权重也是一定的。如果网站的权重按照所有的页面进行平均分配的话,那么我们的目标页面获得的权重就会相对较少。

假如网站的权重值为 10,那么 10 个页面来分,每个网页获得的权重值不会超过 1;如果只有 5 个页面来分配,每个页面就有机会获得 2 个权重值。也就是说,能获得权重的页面越少,页面获得的权重就越高。那么怎样让更多的权重值传递到目标页面呢?

我们知道每个网站都有"联系我们"、"关于我们"、"申明页面"、"帮助",或者特定用户访问页面等内容,而这些内容页面对于收录并没什么用,也不会拿来做排名。但是这些页面中,有很多又是必要的,这些页面获得的内部链接指向,也是仅次于首页的,获得了很多权重传递。对于 SEO 来说，这无疑是很大的浪费。那么我们可以禁止搜索引擎跟踪或者收录这些页面，从而使目标页面获得的权重增加。如图 4.17 所示为中国教师研修网底部的内容，这些内容在每个页面都有调用，因此权重很高，都被收录了。

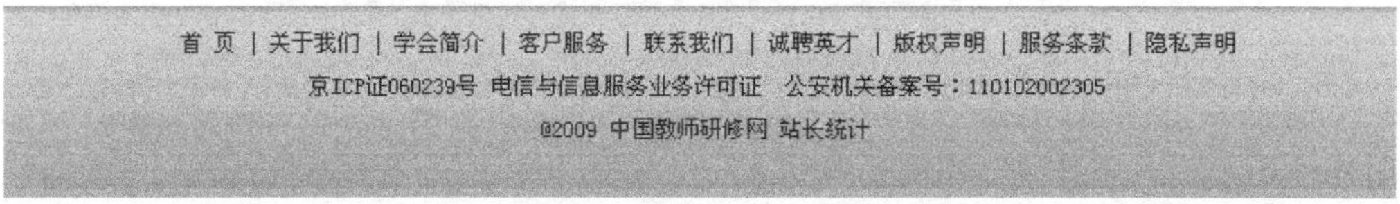

图 4.17 中国教师研修网底部内容

对于网站中必要而不重要的页面，我们可以采取两种方法优化。第一种，减少这些页面的曝光度。网站中尽量减少指向它们的链接，除了必要页面尽量不链接到这些页面，以减少它们获得的权重。第二种，有"曝光"但是不传递权重。在这些链接上加 Nofollow 标签进行禁止跟踪，然而这样做我们需要在很多地方进行添加，最直接的方法是在 Robots 文件里添加 Disallow 进行禁止收录处理。

通过以上两个方面的优化，可在一定程度上减少这些并非目标页面的权重导入，从而提高目标页面获得的权重，使网站的重要页面排名更高。

关于怎样禁止跟踪和收录这些页面，将在 4.9 节详细讲解禁止收录机制。

4.8.3 相关页面链接传递权重

前面 4.1.3 节已经说到，每个网页是一个单独的点，当这些点通过链接形成一个面时，网站的整体收录和排名都会有质的提高。那么单个网页怎样链接才能更好地传递权重呢？除了采用树状的链接形式，还有什么办法提高页面的排名呢？

我们知道，链接投票的重要性在于网页与此主题的相关性，相关性越高，链接投出的票重要性越高，也就能更好地传递页面的权重和相关度。因此，相关页面链接进行权重传递是十分重要的，不管此页面是站内还是站外的，这里我们讲的是站内的相关页面权重传递。

也就是说，在站内将相关的单个页面进行互联可以有效地传递权重，而且能提高这些页面的相关度。在搜索引擎中，相关度越高的页面，也就更有排名能力，即能获得更好的排名。这里我们可以理解为此页面参加一个投票竞选，投票时分为专家投票和民众投票，很明显专家投票分量更重。在相同的票数情况下，专家投票越多的页面更有优势赢得竞争。

我们知道了相关页面链接的作用，就可以将网站内相关性高的页面进行互联。这里的互联不仅是内容页面的链接，也可以是栏目页面的链接。如果网站的后台有相关性网页的链接调用的后台，那就更完美了。如果没有，我们也可以手动将相关性高的页面进行互联。

如图 4.18 所示，是 4399 小游戏网站内容页面，它在正文下部做了相关内容的互联，得到了相关页面的权重传递，提高了内容的相关性，也有了比较好的排名。

我们可以知道的是，相关页面链接不仅有利排名，而且能提高网站页面的浏览量。因为对此主题感兴趣的用户，大多会点击相关页面，可以扩展用户的阅读，有很好的用户体验和感受。在可能的情况下，尽量做站内的相关页面互联，对于任何一个网站来说都是有益无害的。

第 4 章 网站内部优化

图 4.18 4399 相关页面互联

4.9 禁止收录与跟踪

网站就像人一样，有需要大家认识的一面，也有不想让大家看到或者传播的一面。怎样让这些页面不在搜索引擎中出现，或者少出现呢？在上一节中，我们说到了不需要收录和排名的页面，其中就提到了禁止收录和跟踪。本节将向大家介绍，怎样禁止收录与跟踪这些非目标页面。

4.9.1 Robots 文件优化

网站 Robots 文件是一个文本文件，一般以 robots.txt 形式存放在网站根目录下，如新浪博客的 robots 文件：http://blog.sina.com.cn/robots.txt。大部分搜索引擎在抓取网站内容时，都会先在根目录寻找是否有 robots.txt 文件，因为 Robots 就是网站和搜索引擎的一个协议。网站不希望搜索引擎抓取的内容，搜索引擎是不会抓取的，而网站需要抓取的内容可以写出来，也可以不写。

就在笔者写到 Robots 这一节时，百度的某工程师称，360 综合搜索违背 Robots 协议，肆意抓取百度数据。这里我们暂不谈 360 搜索是否有违背 Robots 协议的行为，先来看百度 Robots 文件是怎么写的，它是怎样禁止别的搜索引擎收录它的数据的。代码如下：

```
User-agent: Baiduspider
Disallow: /baidu
Disallow: /s?

User-agent: Googlebot
Disallow: /baidu
Disallow: /s?
Disallow: /shifen/
Disallow: /homepage/
Disallow: /cpro

User-agent: MSNBot
重复部分被省略......

User-agent: Baiduspider-image
重复部分被省略......

User-agent: YoudaoBot
重复部分被省略......

User-agent: Sogou web spider
重复部分被省略......

User-agent: Sogou inst spider
重复部分被省略......

User-agent: Sogou spider2
重复部分被省略......

User-agent: Sogou blog
重复部分被省略......

User-agent: Sogou News Spider
重复部分被省略......

User-agent: Sogou Orion spider
重复部分被省略......

User-agent: JikeSpider
重复部分被省略......

User-agent: Sosospider
重复部分被省略......

User-agent: *
Disallow: /
```

> **注意**：由于篇幅原因，这里将代码中与第一项 Googlebot 相同的部分省略。Robots 文件中每一项之间用空行隔开。

User-agent：用户代理，用户信息的标识。即为此访问用户是谁，一般写漫游器的名称，这里针对搜索引擎，就填写蜘蛛机器人的名称。例如，上面代码中的 Baiduspider、Googlebot、MSNBot、Sogou web spider、Sosospider、YoudaoBot 等，它们分别代表百度蜘蛛、谷歌机器人、MSN 机器人、搜狗蜘蛛、搜搜蜘蛛、有道机器人。希望阻止哪个搜索引擎爬行收录，就写上相应蜘蛛的名字。

Disallow：拒绝收录，即要阻止搜索引擎抓取的内容。可以写文件的名称，也可以是整个目录。例如 Disallow: /shifen/，即不允许收录 shifen 目录下的内容。百度这里还写了个 Disallow: /baidu? 和 Disallow: /s?代码，它的意思是禁止收录查询的内容，因为百度搜索结果地址为 http://www.baidu.com/baidu?和 http://www.baidu.com/s?开头。所以百度是为了防止自己收录自己的查询结果，也防止其他搜索引擎检索它的收录和排名结果。

Allow：允许收录，即同意搜索引擎检索和收录的内容。这里需要说明的是，即使把网站全部内容写上，搜索引擎也不一定会全部收录，这里只是告诉搜索引擎这些内容是允许被收录的。因为默认的情况下，搜索引擎即认为允许被收录，所以写上 Allow 和不写是没差别的，它的写法和 Disallow 是一样的。

在 Robots 文件中还有一些通配符：*、$等字符，$应放在尾部。它们有替代和类的意思，即表示某一类文件，例如 /*?* 、.png$等，意思是动态页面和所有 png 格式的图片。

那么我们可以利用上述指令，完成网站收录与禁止收录的 Robots 协议。

```
User-agent: *
allow: /
```

以上为允许所有搜索引擎收录所有页面。

```
User-agent: *
Disallow: /
```

以上为禁止所有搜索引擎收录所有页面。

```
User-agent: *
Disallow: /*?*
Disallow: .png$
Disallow:/about.html
```

以上为禁止所有搜索引擎收录所有动态页面、png 格式图片和说明页面。

网站内允许收录和禁止的页面，通过 Robots 文件可以与搜索引擎达成协议。我们可以利用这个协议，将我们的非目标页面进行禁止收录，从而减少权重的分散。在 Robots 文件中，可以一次性禁止收录 4.8.2 节说到的页面，如关于我们、版权申明、帮助等内容。

4.9.2 Meta robots 优化

在上一节中，我们知道了 Robots 禁止收录的方法，Robots 文件是禁止全站不需要收录的网页或目录。禁止后，整个目录或者页面不会被收录。而 Meta robots 是禁止收录或跟踪本页面，不能禁止目录或者某类页面的收录。

那么 Meta robots 怎么写呢？从 Meta 可以看出，是在网页 head 部分中的 Meta 标签里添加 robots 标签，从而禁止收录和跟踪本网页。这种方法也可以影响网站权重的传导，但是这种方法只针对某个特定网页，如果要禁止某一类或者某个目录，可以使用 Robots 文件。

```
<head>
<meta name="Robots" content="noindex,nofollow">
</head>
```

以上为最简单的 Meta robots 写法，它表示禁止所有搜索引擎索引此页面，也禁止跟踪此页面的链接。

Content 后接标签值，用逗号隔开。一般常见的有 noindex（不要索引本页面）和 nofollow（不要跟踪本页链接），还有一些如 nosnippte（不要在搜索结果中显示说明文字）、noarchive（不要显示快照）、noodp（不要使用开放目录中的标题和说明）。

Meta 标签也可以分开写，效果是一样的。如下：

```
<head>
  <meta name="Robots" content="noindex">
  <meta name="Robots" content="nofollow">
</head>
```

Meta robots 标签中如果是 index、follow，表示页面可以被收录，也可以跟踪页面的链接。那么写上和不写是没有区别的，也没有意义。所以，如果允许收录和跟踪的页面尽量不写。

如果我们要禁止收录一个网页，但不禁止搜索引擎跟踪网页上的链接，就可以写为：

```
<head>
  <meta name="Robots" content="noindex">
</head>
```

这就表示不要搜索引擎收录这个页面，但是可以跟着链接爬行到其他页面，也就是可以通过这个页面传递权重，给其他页面投了一票。我们一般处理禁止收录时，可以使用这段代码，禁止收录非目标页面的同时，仍可以传递权重。

这里需要说明一下，Meta robots 的禁止收录 noindex。搜索引擎的处理是，蜘蛛可以爬行这个网页，但是不会索引到搜索引擎数据库，即不收录这个页面。如果允许跟踪 follow，那么这个页面还可以传递权重，有投票权。这些与 Robots 文件的禁止收录是不同的，Robots 的禁止收录是指搜索引擎蜘蛛直接不会爬行这些页面。

但是遗憾的是，在百度的官方 SEO 说明中，表示只支持 nofollow、noarchive 两种 meta 标签。即不显示网站的快照，不追踪此网页上的链接，且不传递链接的权重。

4.9.3 nofollow 优化

前面说到了 nofollow 在 Meta robots 中的应用，也知道了 nofollow 的意思，即不跟踪链接。搜索引擎蜘蛛不爬行这个链接，也不会传递权重到这个链接，是我们控制权重传导的重要手段，而且百度也是支持 nofollow 标签的。但是在 Meta robots 中，nofollow 禁止的是整个页面的链接，也就是如果在 Meta robots 标签中加入 nofollow，那么不管是需要跟踪，还是不需要跟踪的链接，都会全部封杀，这就不能够灵活地处理网页中链接的需求了。

我们需要更为灵活的控制权重的传导，就像 robots 文件和 Meta robots 标签一样，一个控制整体，然后还有单个页面控制方法作为补充。那么，这里也应该有一种控制整个页面链接跟踪和单个链接跟踪的方法。

于是，在 2005 年，即 XML 地图提出的那一年，谷歌提出在超链接<a>标签中加入 nofollow 属性，以减少互联网垃圾链接的影响，当链接中含有这个属性，搜索引擎就不跟踪这个链接，也不会传递权重。其写法为：

```
<a href="http://www.XXX.com/about.html" rel="nofollow" >版权申明</a>
```

当搜索引擎在网页内发现链接中带有 nofollow 属性，那么就不跟踪这个链接；如果没有这个属性，搜索引擎就当做一个正常的链接进行跟踪并传递一份权重。谷歌官方给出的解释是，Google 不会传送这些链接中的 PR 或定位文字。从本质上说，使用 nofollow 会使谷歌放弃这些链接。

基于此特性，nofollow 不仅被用来禁止跟踪非目标页面链接，而且当网站内有广告链接，或者留言板、论坛这些内容时，也可以在链接中加入 nofollow 属性，以禁止跟踪链接。因为在广告链接中，我们只需要展现给用户，而非权重的传递；而在留言板和论坛中，垃圾链接更是满天飞，如果不加以控制，那么网站内将流失部分权重，甚至很多指向了非法网站。因此，加上 nofollow 是最好的选择。很多人在论坛或者留言板等做外链，看似做了很多，但是都被加上了 nofollow，这是一点用都没有的，而且还浪费了时间。

nofollow 还有一种更规范的写法：rel="external nofollow"，它们表示的意义大致相同，只是后者更为规范，在任何网页编码中使用，都不会有出错的情况。

目前很多论坛、留言板和可以加入链接的开放平台，都会对链接加上 nofollow 属性。例如，百度旗下的好 123 推出的知道平台，推出以后就成了站长疯狂做外链的战场。通过实验得知百度确实对自己的东西特别照顾，在好 123 知道平台的提问能在最多几分钟内被收录，于是很多站长兴奋了，做了很多链接在好 123 知道平台。如图 4.19 所示为站长在好 123 知道平台做的外链，但是他们没有看到源代码中的 nofollow 属性，已经被禁止跟踪链接和传递权重了，做了也是没用的，而且基本都会被删除。代码如下：

```
<div class="answer-content"><pre>先等待收录吧，收录之后才好优化引流量啊。要不只能靠去宣传了</pre></div>
<div class="answer-refer">参考资料：<span class="reference">草鞋站长论坛-站长的外链论坛 -<a href="http://www.cx94.com/" target="_blank" rel="nofollow">http://www.cx94.com/</a></span></div>
```

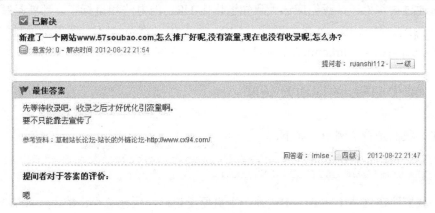

图 4.19　好 123 知道

从百度旗下的产品可以看出，百度对于 nofollow 是支持的，并且可以防止权重流失。因此，在控制站内权重传导时，可以灵活利用这一特性优化站内的权重流向。

4.10　URL 优化方法

URL 是每个用户对网站的最初印象，是网页的身份证，也是寻找和传播网页的代号。

因此，第一印象做好了，对于网页优化是有好处的。前面我们已经提到链接的联系对优化有好处，而这里说的 URL 有什么不同呢？

这里要讲解的 URL 优化，是针对 URL 本身的性质及特点进行优化；而前面讲到的各种链接优化，是页面之间链接联系的关系优化。由于 URL 本身有较多的性质，并且这些性质对于收录和排名有一定的影响，所以本节也会从 URL 的每个方面进行详细地讲解。

4.10.1　URL 优化的目标

关于 URL 的优化，我们首先应该明确优化的 URL 有什么作用、是什么样的，然后就可以知道 URL 优化的目标了。

利于优化的 URL 设计，可以帮助网站获得更多的流量和认知度。细分来说有三点：（1）良好的 URL 设计可以使网页更容易被搜索引擎抓取；（2）更利于用户或者站长对网页进行寻找和传播；（3）可以提高用户对网站的信任度和认知度。通过了解网站良好 URL 的作用，可以知道 URL 优化是十分重要的。

那么 URL 要产生这些作用，应该是什么样的呢？

首先，有利于搜索引擎抓取和排名的 URL 应该是简短且目录层次较浅的，这样的搜索引擎能更轻松地爬行到这些网页，收录的几率相对更高。

其次，利于寻找和传播的 URL 应该是静态 URL 且是绝对路径，即使是动态 URL，也应该是极少参数的 URL。这样更容易传播，而且避免了错误的产生。

最后，有助于提高网站信任度和认知度的 URL 应该是简短、规范，且在 URL 中含有关键词的。这样用户能理解网页的内容，简短规范的 URL 会使用户更信任此网页。

那么通过这些描述，我们应该大致知道优化 URL 的方法和目标了，那就是减少 URL 的层次和长度、使 URL 包含关键词、URL 静态化、规范 URL 到正确地址等，例如 www.XXX.com/seo/seo-url.html。后面我们将向大家详细介绍 URL 的优化方法。

4.10.2　减少 URL 的层次及长度

首先，我们先看个例子，如下：

```
www.XXX.com/news/today/gwxw/american/2012/09/24/201209240233.html
www.XXX.com/news/201209240233.html
```

如果我们要在这两个 URL 中选择一个更便于记忆，更愿意点击的，一般情况下会选择哪个呢？我想大部分人会选择下面的那个。

这个简单的例子，可以证明 URL 的层次和长度会影响用户是否愿意单击这个链接。这和用户的心理有关系，用户天生会对长度更短的 URL 有好感，因为容易记忆，也有更高的信任度，就像以.com 结尾的域名比.cc 的更有信任度一样。

当然，我们使用简短的 URL，主要是为了提高用户的信任和记忆，使网站得到更多的传播机会。虽然对于搜索引擎来说，URL 字符的长度并不会直接影响网页的抓取，但是通过实际经验发现，搜索引擎对于简短且层次较浅的 URL 也是有好感的。层次越浅，获得的搜索引擎信任度会更高一点，也许搜索引擎认为，这样的 URL 代表的网页目录层次高、更重要，相对也就给予更好的排名能力。

如果目录层次过深，且无链接直接链接进来，搜索引擎也是比较难收录的。一般来说，三层目录是最为合适的，也就是上例中第二个 URL。蜘蛛在某个网站爬行的过程中，过多的目录较容易导致爬行不顺利，形成蜘蛛爬行死角和跳出。

因此，友好的 URL 应该尽量简短，层次也不要过多，让用户一目了然，让搜索引擎更好地抓取和排名。

4.10.3　URL 的内容含关键词

URL 是用户和搜索引擎的第一印象，要使这第一印象良好，只有简短的 URL 还不行。如果能在 URL 中加入需要优化的关键词，那将是锦上添花。

从用户的角度来看，含有关键词的 URL 更容易了解网页的内容主题，从而判断是否有用。例如我们在某个地方看到这样一个链接：www.XXX.com/seo/url.html，从这个 URL 中，我们可以知道，这个网页应该是关于 URL 优化的主题，就可以决定用户是否单击这个链接。

如果一个域名中含有关键词，那么用户就知道这是个什么主题的网站，也更便于记忆。例如，美国网站：www.seo.com，即使我们不懂英文，我们也知道这个网站是关于搜索引擎优化的。

从搜索引擎角度来看，可以提高页面的相关性，有利于网页的排名。但是对于中文网站来说，就不像英文网站那么便利了。主要是搜索引擎百度对于 URL 中英文单词是能识别的，如果用汉语拼音也能识别，但是用汉语拼音难免会造成 URL 过长，如果只用首字母，就几乎没有什么效果了。

不过，我们在设计 URL 时，最好考虑用关键词，这对于页面优化是有好处的。因为 URL 中的关键词是关键词排名的一个因素，虽然所占比例并不大，但是我们从很多搜索结果中可以看到，搜索引擎是认同并支持这一做法的。如图 4.20 所示，当搜索 SEO 这个词的时候，在搜索结果中，URL 中的关键词是经过加粗处理的。这就是搜索引擎提醒用户，这个结果的 URL 中含有关键词，是更相关的结果。

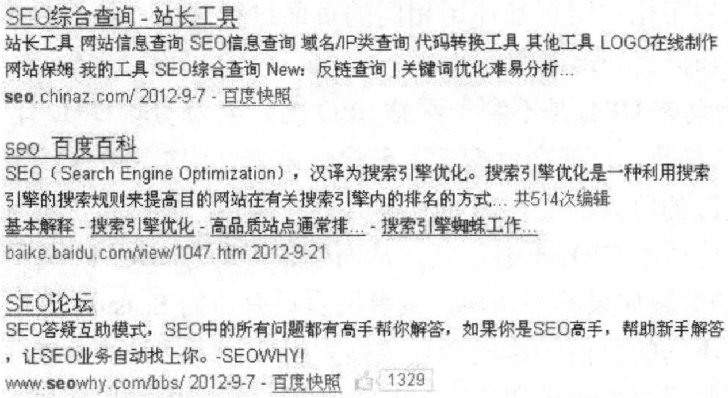

图 4.20　URL 中关键词优化

由于互联网迅速发展，很多含有关键词的好域名已经被人抢注了。我们无法获得较短的关键词域名，可以向注册的人购买，但这就增加了很大的成本。不过我们可以用关键词做目录和页面的名称，如 www.XXX.com/seo/url.html，以提高页面的相关性。虽然效果相对域名差一点，但是如果运用得好，也是很有帮助的。

从以上两方面解释，我们更清楚 URL 关键词优化的好处，在实际优化中也可以使用上述方法，但切记不要过分堆积关键词，导致过度优化，一个 URL 有一个关键词就足够了。因为近日谷歌高层卡茨（Matt Cutts）通过 Twitter 宣布，谷歌将对排序算法进行小幅度调整，将会降低依靠"域名匹配关键词"上位的低劣网站。这一算法调整可能影响到 0.6%的英文搜索，所以应尽量避免过度优化，适当就好。

4.10.4 动态 URL 的优缺点

动态 URL 是一个很有争议的话题，因为大多数人认为动态 URL 会影响网站的收录，因为动态 URL 会加重搜索引擎计算负担，造成网站内容重复，使蜘蛛无限循环爬行。但是搜索引擎又表明，能抓取动态 URL，而且动态 URL 中的参数对于搜索引擎了解网页内容很有帮助。

动态 URL 也称为动态页面，一般情况下，动态 URL 的网页都是动态页面；而静态 URL 的网页并非都是静态页面。因为静态页面和动态页面的内容，对于用户和搜索引擎都是一样的，只是 URL 不同而已。所以这里我们讨论的也是动态 URL，而不是页面的编写代码。

从以上对动态 URL 的不同态度来看，它们各自都是有一定道理的。下面我们就来看看动态 URL 有哪些优缺点。

先来看看动态 URL 的优点：

- 动态 URL 中的参数对搜索引擎有提示作用。搜索引擎抓取网页时，更容易理解网页的主题，就像 URL 中含有关键词一样。搜索引擎对?后的参数有识别能力，有利于网页的关键词的排名，例如 http://www.XXX.com/search?color=red&size=35。
- 同一类型网页用相同 URL 类型，仅调用参数不同。比如列表页和文章页，它们一般使用 http://www.mingdiangg.com/list.asp?title=1 和 http://www.mingdiangg.com/content.asp?id=13。这样方便管理，且能知道网页的类型是列表页还是内容页。
- 网站物理结构扁平化。网页都使用相同的页面进行调用，页面最多就两层目录结构，便于管理和提高处理速度。

那么更多的人认为动态 URL 是不利于网站 SEO 的，因为动态 URL 有以下缺点：

- 动态 URL 中的参数，可能会使搜索引擎蜘蛛陷入无限循环的爬行中，造成搜索引擎和服务器资源的巨大浪费。例如万年历中的内容，蜘蛛可能会无限爬行下去。搜索引擎一般对动态 URL 不够信任，从而使很多动态 URL 的网页不能被收录。
- 动态 URL 中的参数如果顺序调换，或者网页设有访问 Session ID，这些相同的网页会被认为是不同的页面。这就会导致搜索引擎认为网站上存在很多重复内容，有可能影响正常网页的收录和排名，甚至被误惩罚。例如以下同一个网页的两个 URL，第二个是带 Session ID 的动态 URL，搜索引擎可能会当成两个网页处理。

```
www.XXX.com/news/new.asp?id=342
www.XXX.com/news/new.asp?id=342&sid=3.279561.283799.89.a8e1d3
```

❏ 动态 URL 相对不易传播，用户对于过多的参数都是比较反感的，在站外进行传播的时候，用户信任度会比静态 URL 低。在搜索引擎中，动态 URL 的信任度也会比静态 URL 略低一点，因为动态 URL 的变动性较大，不如静态 URL 稳定。例如以下两个 URL，第一个显然更易受到用户的青睐。

```
www.XXX.com/2012/09/24/news/today/gwxw/2012092400343431.html
www.XXX.com/news/new.asp?id=342&class=12&page=1&other=12&date=2012-09-2
4
```

从以上优缺点我们可以看出，动态 URL 和静态 URL 并非绝对的谁好谁差，更多还是网站质量的好坏。如果能多方面考虑，尽量减少参数的数量，动态 URL 也是能够被收录和获得好的排名的。

4.10.5 URL 静态化

前面讲了动态 URL 的优缺点，由于很多时候不好控制动态 URL 的参数，导致动态 URL 的页面收录不好，或者造成蜘蛛无限循环等问题。相对来说静态化 URL 更有优势：

❏ 搜索引擎对静态 URL 更有好感，不会出现无限循环，虽然动态 URL 也能被收录，但是作为更标准的静态 URL，很明显占有优势。

❏ 静态 URL 更容易传播，在实际生活中静态 URL 具有不变性，更容易被人接受并乐于传播。

❏ 静态 URL 更标准化、简洁、可读性高，能提供良好的视觉感受，提高用户体验。

因此，我们能使用静态 URL 就尽量使用静态的，以避免出错。但是我们又不可直接使用静态页面，所以就形成了 URL 静态化的方法。

URL 静态化分为纯静态和伪静态两种方法。

纯静态化：网页为纯 HTML 编码组成，浏览器打开时内容能够直接输出，减少服务器运算压力。即服务器的硬盘上储存有一个实实在在的.html 的文件，这就是纯静态。

伪静态化：服务器上并没有静态.html 网页文件，只是在服务器端使用了 Rewrite，将动态 URL 进行重写，使动态 URL 表现为静态 URL，以满足网页 URL 静态需求。但网页依然为动态调用的，不会减少服务器的运算压力，只是避免了动态 URL 可能出现的一些问题。

一般情况下，纯静态化和伪静态化的 URL 对于搜索引擎来说都是一样的，但纯静态化由于不需要处理参数，反应速度会更快一些。

虽然这两种静态化的效果是一样的，但是实现它们的方法却完全不同，下面我们来看看它们都是怎样实现的。

纯静态化是通过网站程序将调用的网页结果生成一个.html 的网页文件，从而得到一个静态的网页 URL。如图 4.21 所示为网站程序在目录下生成一个真实存在的.html 文件，那么这个文件的路径就是这个网页的 URL。虽然纯静态化 URL 的网页有打开速度快的优点，但是网站内容巨大的话，势必会使网站的体积变大很多。

伪静态化是通过服务器的 URL 重写模块对动态的 URL 进行重写，从而形成静态形式的 URL。这种页面的本质仍为动态页面，只是 URL 表现为静态形式。具体的伪静态方法，根据服务器和网站程序的不同而不相同。

图 4.21　纯静态化生成的.html 文件

如果是微软系统服务器，即下载使用 ISAPI_rewrite 进行重写。安装好 ISAPI_rewrit 后，打开 IIS，在"ISAPI 筛选器选项卡"中添加筛选器，名称可任意填写，路径选择 ISAPI_Rewrite.dll 的安装目录即可。然后就是添加 urlrewrite 规则，打开 ISAPI_Rewrite 的安装目录，将 httpd.ini 文件的只读属性去掉。用记事本打开 httpd.ini 文件，在文件中加入一行规则代码，就可将示例的第一个动态 URL 重写为静态 URL，规则代码如下：

```
RewriteRule /news_([0-9,a-z]*)_([0-9,a-z]*)/news.asp?id=$1&date=$2
```

示例：

```
http://www.XXX.com/news.asp?id=342&date=20120924
http://www.XXX.com/news_342_20120924/
```

规则代码可以根据自己的方式编写，另外还有很多 URL 重写方法，这里就不一一讲解。由于 URL 重写代码比较复杂且变化很多，如果不懂代码最好不要自己编写，很容易产生错误。一般 SEOer 可以与程序员进行沟通，选择一种比较适合的方式进行 URL 的静态化重写。

4.10.6　URL 重定向到规范网址

说到规范网址，我想很多人都会想到如 http://www.XXX.com 和 http://XXX.com 这种带和不带 www 的网址。这确实是规范网址的一种，其实在用户看来，这两个网址就是一个网页，因为这两个网址返回的内容都是一个网页。其实这是 301 重定向导致的，这两个是不同的网址。因为有时候难免会有错误网址的出现，我们不可能都返回 404 错误页面，因而就需要做 301 重定向到规范的网址。

那么不规范网址有什么不好呢？

首先，网站出现多个不规范的网址，会使搜索引擎收录出现错误。不管在内链还是外链中，如果网址不规范，本来是同一个网页，却会被搜索引擎认为是两个网页，这就可能会造成网站内容重复。如果网站重复内容过多，甚至会受到搜索引擎惩罚。

其次，网页链接是不同的网址会影响网页权重的传递，导致网页排名不理想。

最后，搜索引擎可能收录不规范的网址，并给予较高的排名，这种网址并不是我们想要的，甚至让用户认为不规范的网址是正确的。

不规范网址的坏处还有很多，这最终会降低网站的用户体验，是不得不解决的问题。

那么常见的不规范网址有哪些呢？我们先来看以下几个网址。

- http://www.XXX.com 和 http://XXX.com。一般我们会以带 www 为规范，将 http://XXX.com 重定向到 http://www.XXX.com。
- 网站动态 URL 重写为静态 URL 后，两个 URL 同时存在，一般我们以静态为准，避免出现动态的 URL。
- 表示网站首页：http://www.XXX.com、http://www.XXX.com/、http://www.XXX.com/index.html、http://www.XXX.com/index.asp 等，这些网址都是指的网站主页，一般将其余几个重定向到 http://www.XXX.com。
- 带有端口号的网址：http://www.XXX.com 和 http://www.XXX.com:80，可以将带有端口的网址定向到不带端口的，因为默认的浏览器访问端口就是 80 端口，写出来后会成为一个不规范的网址。

通过上面的介绍，我们已经知道了不规范网址的坏处，也清楚该使用哪些作为规范网址。那么重定向到底怎样做呢？

这里可以采用两种方法，第一种是 301 重定向，但是很多虚拟主机不支持 301，因此有了第二种方法，那就是使用 canonical 属性，这个标签是由谷歌提出的。但是经过试验，在网站的模版文件中加入 canonical 属性，生成的静态网页都规范到网站首页，最后网站百度收录下降很多，证明了百度现在也支持这一标签。下面我们就分别来看看 301 重定向和 canonical 属性的用法。

301 重定向又被称为 301 转向或 301 跳转，指的是当用户或搜索引擎向网站服务器发出浏览请求时，服务器返回的 HTTP 数据流中头信息（header）中的状态码的一种，表示本网页永久性转移到另一个地址。301 重定向是网页更改地址后，对搜索引擎友好的最好方法，只要不是暂时转移网址，都建议使用 301 来做转址。以下是一些常用的 301 重定向的方法。

（1）在 Apache 服务器中，网站根目录下 .htaccess 文件中增加 301 重定向指令，就可以将 http://xxx.com/定向到 http://www.xxx.com/，指令如下：

```
RewriteEngine on
RewriteCond %{HTTP_HOST} !^xxx.com/$ [NC]
RewriteRule ^(.*)$ http://www.xxx.com/$1 [R=301,L]
```

如果网站更换域名，如将 www.xxx.com 定向到 www.yyy.com 需要 301 重定向到新域名，则在 .htaccess 文件中添加如下代码：

```
RewriteEngine On
RewriteBase /
RewriteCond %{HTTP_HOST} !www.xxx.com$ [NC]
RewriteRule ^(.*)$ http://www.yyy.com/$1 [L,R=301]
```

（2）在 IIS 服务器中，在需要重定向的网站中选择属性>主目录>重定向到我们需要的网站，需要注意的是，一定要选择资源的永久重定向。

（3）用 ASP/PHP/JSP/.NET 实现 301 重定向。

ASP301 重定向的方法，在首页文件的最顶部添加如下代码：

```
<%
Response.Status="301 Moved Permanently"
Response.AddHeader "Location",http://www.xxx.com/
```

```
Response.End
%>
```

PHP301 重定向的方法，在首页文件的最顶部添加如下代码：

```
<?php
header("HTTP/1.1 301 Moved Permanently");
header("Location: http://www.xxx.com/");
exit();
?>
```

JSP301 重定向的方法，在首页文件的最顶部添加如下代码：

```
<%
response.setStatus(301);
response.setHeader( "Location", "http://xxx.com/" );
response.setHeader( "Connection", "close" );
%>
```

.NET301 重定向的方法，在首页文件的最顶部添加如下代码：

```
<script runat="server">
private void Page_Load(object sender, System.EventArgs e) { Response.Status
= "301 Moved Permanently"; Response.AddHeader("Location",
"http://shgoogleseo.com"); }
</script>
```

做 301 重定向还有一些其他的方法，可以根据自己的实际情况选择最佳的方法。做完 301 重定向后可以用工具进行检测，这样的工具有很多，如 Check Server Headers Tool。

相对于做 301 重定向，使用 canonical 属性规范网址，就显得更为便捷。因为只要在不规范网址的页面内，插入 rel="canonical" 属性在 <link> 元素中，将不规范的网址导向到规范的，搜索引擎就可以知道，规范的页面为收录和排名的内容。例如，要将 http://www.XXX.com/news.asp?id=342&date=20120924 网址规范到 http://www.XXX.com/news_342_20120924/，就可以在前一个网址的页面 <head> 部分加入如下代码：

```
<link rel="canonical" href="http://www.XXX.com/news_342_20120924/"/>
```

这样当搜索引擎抓取网页的时候，就可以根据网页的 canonical 建议进行选择，这里注意尽量使用绝对地址。但是 rel="canonical" 只是一个对搜索引擎的建议，搜索引擎不一定会按照建议的网址收录和排名，搜索引擎还会根据自身的算法对网页进行选择。

因此，做 rel="canonical" 属性并不一定能成功，这与做 301 重定向是不同的。而且使用 canonical 属性的网页并不会返回到指定的网址，而是在原网页上，只是将导入此网页的权重集中到定向的网址。

在允许的情况下，我们可以做 301 重定向来规范网址，还可以结合 canonical 的使用来调整单个页面的规范网址。尽最大努力避免由于网址不规范导致的网站收录和排名问题。

4.10.7　路径的绝对与相对

如果对建站有一定了解的话，肯定对绝对路径和相对路径不陌生。因为在网站建设中，一般会对使用绝对路径还是相对路径进行一番考虑。那对于 SEOer 来说，什么时候使用相对路径，什么时候选择绝对路径呢？下面先来认识下绝对路径和相对路径吧。

简单地说，绝对路径就是不管从外部还是内部访问，都能通过此路径找到文件；而相对路径就是相对于自身的，其他文件的位置路径，只能通过内部访问，外部不能通过此路径访问到文件。

例如，在 D 盘下 A 文件夹中，有 x 文件和 B 文件夹，B 文件夹下有 y 文件，如图 4.22 所示。

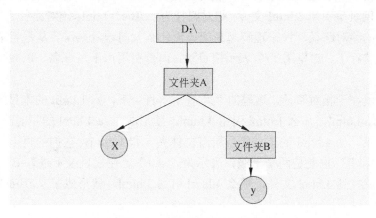

图 4.22　路径的相对与绝对

那么相对于 x 来说，y 的绝对路径为 D:\A\B\y；相对路径为 B\y，因为 x 和文件夹 B 都在文件夹 A 下，所以上级目录就不用写出来了。

通过上面的示例我们可以看出，绝对路径是以根目录为基准，而相对路径是以自身位置到指定文件的最短路线。相当于我和邻居两家，邻居的绝对路径就是他的家庭住址，而他对于我的相对路径就是在我家旁边，我们可以这样理解相对和绝对的路径。

在网站中，绝对路径就是相对根目录文件的位置，内部引用的时候，可带域名也可用"/"来代替根目录。例如，www.XXX.com/A/x.html 和/A/x.html，这两个都是绝对路径，但是前面的一般用于站外引用，而/A/x.html 则是在站内引用的绝对路径。

站内引用时的相对路径就要用到另外两个表示目录的符合："."和".."，它们分别代表当前目录和上一级目录。如图 4.23 所示为网站目录。

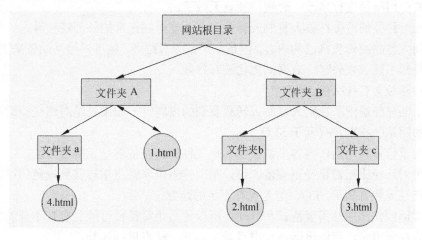

图 4.23　网站目录

在 2.html 网页里引用 3.html 文件，相对路径为：../c/3.html；绝对路径为：/B/c/3.html。
在 2.html 网页里引用 1.html 文件，相对路径为：../../A/1.html；绝对路径为：/A/1.html。
在 2.html 网页里引用 4.html 文件，相对路径为：../../A/a/4.html；绝对路径为：/A/a/4.html。
在 4.html 网页里引用 1.html 文件，相对路径为：../1.html；绝对路径为：/A/1.html。
在 4.html 网页里引用 2.html 文件，相对路径为：../../B/b/2.html；绝对路径为：/B/b/2.html。
在 1.html 网页里引用 4.html 文件，相对路径为：./a/4.html；绝对路径为：/A/a/4.html。
在 1.html 网页里引用 3.html 文件，相对路径为：../B/c/3.html；绝对路径为：/B/c/3.html。

网站引用的绝对路径，大家理解起来应该没什么大问题，只需要从根目录按目录层次结构写出路径就行了。这里用"/"表示根目录，内部引用可不写域名，以减少代码和方便测试移动。

这里难点就在于相对路径，这里的"."表示本目录下，如 1.html 的本目录下有 a 文件夹，a 文件下有 4.html，那么 1.html 引用 4.html，就形成了 ./a/4.html 的相对路径。而".."表示上一级目录，如 4.html 的上一级目录有文件夹 a 和 1.html，它们的再上一级就是根目录下文件夹 A 和 B，也就是两个上级，表示为"../../"。在根目录下进入 B 文件夹，再进入 c 文件夹，就找到 3.html 文件，那么 4.html 引用 3.html，就形成了 ../../B/c/3.html 的相对路径。

其实相对路径相当于我们已经在一个文件的位置，去寻找另外需要的文件的过程，那么就会不断向上层目录返回，然后以最短的距离进入到其他文件夹寻找到需要的文件。这样来理解相对路径，就简单多了。

前面已经对相对路径和绝对路径做了详细的介绍，那么相对路径和绝对路径哪种更好、更适合在网站中使用呢？

相对路径有什么优点呢？

（1）移动内容很容易，可以整个目录移动，而不需要改动内容里的引用路径，网站建设者可以轻松地对网站进行移动。

（2）便于网站测试，可在任意主机和目录下进行网站测试，灵活性很强。

相对路径的缺点也很明显：

（1）因为是文件之间相对的路径，因此引用与被引用的页面发生位置变化时，就必须对页面中的引用路径进行修改，否则路径就无效了。

（2）相对路径的网页在被人复制或转载时，不能返回正常的外部链接导入。虽然我们不能控制别人复制或转载自己的内容，但是如果是绝对路径，就可以给网站带来很多外链，而相对路径却不能带来外链，对网站优化没有好处。

那绝对路径又有什么优点呢？

（1）上面已经说到了在别人复制或转载我们的内容时，如果是绝对路径能给网站带来外链，增加网站的权重，有利于 SEO。

（2）网页位置移动后，内容里链接到其他文件的路径依然是正确有效的。

（3）绝对路径比相对路径更规范，可以帮助搜索引擎将权重转移到规范的网址中。

绝对路径虽然有利于 SEO，但是也有不足的地方：

（1）本地制作的网站需要测试和移动，所以使用绝对路径可能会有打不开的情况。不过一般在内部调用时，可以灵活替代根目录，对这一缺点进行弥补。

（2）文件移动困难。一旦移动一个网页，其他通过原来绝对路径链接到这个文件的网页都必须修改链接的路径。

其实相对路径和绝对路径并没有好或不好。只要能规范好相对路径的网址，路径层数不要太多，相对路径也并不是不利于 SEO 的。而且在网站中相对路径更简单易用，测试方便，因此很多网站还是使用的相对路径。如果后台程序能生成网页链接为绝对路径，也是非常好的。

4.11 页面内容优化

前面已经对网站的整体优化和部分优化都做了较为详细的介绍。可能你会觉得很多优化项目都是一次性做好了，就可以在很长一段时间不用改变。而本节所要介绍的是每天做优化都会涉及的内容，那就是内容页面的优化。一个网站要不断壮大，不断发展，就要不断更新网站的内容，因此内容页面也就经常会出现在优化者的面前。也许你去问 SEO 是什么，很多人会回答内容和外链，SEO 回归到最本质确实就是内容和外链。那么作为 SEO 中决定性的内容优化，除了前面我们讲到的项目，内容页面的优化更为熟悉。那么怎样将这些熟悉的东西做好呢？本节将会详细对内容页面优化进行讲解。

4.11.1 筛选关键词

在网站分析阶段，我们已经讲了怎么去挖掘主关键词，以及制定首页、栏目页关键词的分布和推广计划。在页面内容优化的时候，可以不用筛选主要关键词，只需要根据计划将关键词分配到主页和栏目页，然后按照后面几节讲的内容，进行页面内的关键词优化。

筛选关键词，是指日常发布文章内容的主题关键词筛选，这不是以网站发展规划为目标，而只是在日常更新中添加更有排名的内容，为网站获得更多的流量。这也是把本小节放在网站内部优化里介绍，而不放在网站前期分析计划中的原因。

筛选长尾关键词时，可以对长尾关键词进行搜索分析，从而了解长尾关键词的排名情况。大概得出如果自己做这个关键词，是否能获得前几位的排名，做文章长尾词一般要以排在前 5 名为目标。如果目标定太低，筛选时就会出现关键词过大等情况，以至于内容页面首页都上不了。筛选关键词的目的是得到好的排名，如果只是为了收录，那文章内容页面筛选关键词是没有必要的。

那么我们怎么确定一个关键词能否排在前列呢？

首先看搜索结果中标题中的关键词，即被搜索引擎标红的词，与搜索词的匹配度。如果匹配度高，即标题中完整出现搜索词，说明这个长尾词竞争较大。反之，如果几乎都不匹配，那么我们做这个词就很有机会进前几位。如图 4.24 所示为搜索词与结果匹配度，结果中标题与搜索词匹配度最高的排在了第一位。如果这个长尾词竞争较大的话，我们可以再加长关键词，添加用户口语化的搜索形式等，如"好吗"、"行吗"、"怎么样"等，使长尾关键词更符合搜索习惯。这样既有人搜索，又能提高自身关键词的匹配度，获得好的排名。

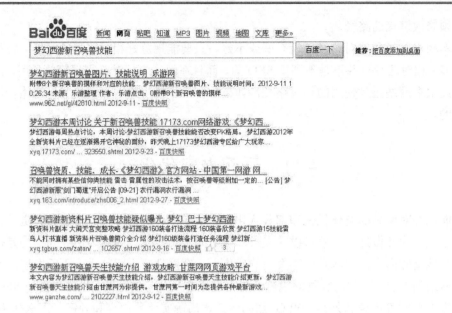

图 4.24　搜索词与结果匹配度

　　另外，还要看排在前面几位网站的权重情况。因为这种文章的长尾关键词一般都是文章页，也不用看有多少是首页或栏目页，因为基本没有这些页面和你竞争这种文章长尾词。所以只需要看网站的整体权重值，或者用站长帮手网可以查到内页的 PR 值，如果是针对百度优化，就只需要注意百度权重。如果是大网站的内容页，而自己网站没有一定的权重就不容易排在前几位；但是如果排名前几位中，有权重值低于自己的网站，或者基本都低于自身，那么这个词写的文章页面，只要有首页指向一个链接，排在前几位基本没问题。

　　我们知道了筛选有竞争力关键词的方法，那么我们可以从哪些地方筛选呢？筛选关键词可以从原来制定好的长尾关键词表里选择，也可以通过一些小方法进行筛选。

　　（1）从制定好的文章关键词表里筛选。一定要注意，因为前面我们挖掘文章关键词，会从百度知道、搜搜问问等平台挖掘，而这些平台也是 SEO 做推广的平台，因此会有很多问题，用户不会搜索或者不会用这种方式搜索。在实际的关键词筛选时，尽量多在搜索引擎里搜索一下，经过不断变化关键词形式和长度，确定用户最有可能搜索的词，且此关键词写文章能有好的排名。

　　（2）从其他网站长尾关键词里筛选。我们平时会用到站长工具进行网站关键词排名的查询，有没有想过用这个工具去挖掘文章长尾词？其实这是一个很好的办法，可以说是屡试不爽的方法。只要找准权重值比自己低的网站，然后挖掘它们有排名的词，然后利用自己的权重值，就比较有把握排在前几名。如图 4.25 所示为利用站长工具找到的文章长尾词，我们知道医院的竞争是非常大的，能找准一个关键词排在前面，就可以带来很大的回报。由于这种筛选方法对竞争对手不算公平，因此笔者对示例图片域名做了模糊处理。

　　如上例中的长尾关键词都可以选择，对手的百度权重是 2，只要自己的网站权重比 2 高就比较容易排在前面了。通过这些筛选方法，我们可以选择更好排名的关键词。一个网站只要做好了长尾词，流量会相当可观，而且长尾词不像主关键词那样，排名波动对网站流量影响很大，因此在筛选关键词的时候一定要仔细。

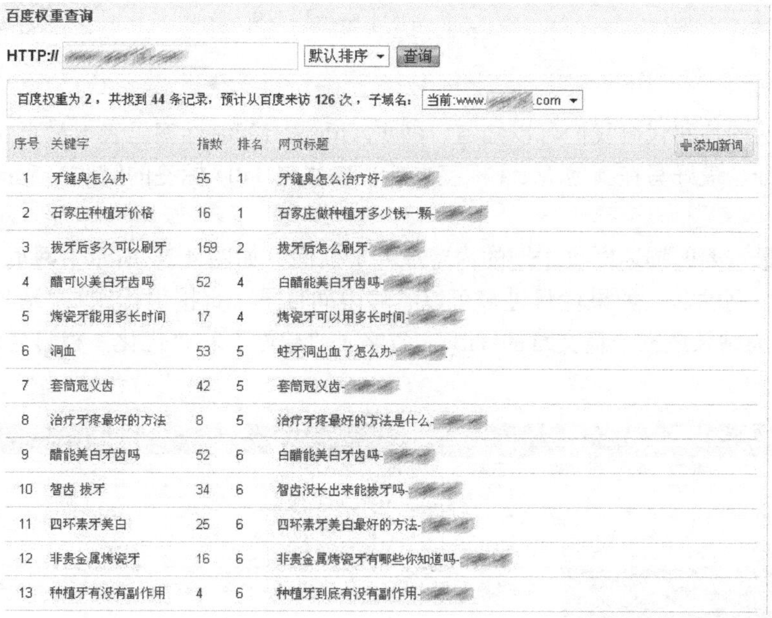

图 4.25 站长工具筛选长尾关键词

4.11.2 Title 的关键词优化

对于大多 SEOer 来说，Title 的关键词优化再熟悉不过了，几乎每个网站的每个页面都需要设计 Title。因为 Title 的质量往往决定网页在搜索引擎的排名表现。很多网站并非权重和链接不够，而是 Title 的缺陷导致网页不能得到好的排名，因此，设计一个针对关键词优化的 Title 至关重要。

Title 是搜索引擎获取网页内容的第一关，蜘蛛爬行抓取网页时，首先会分析网页 Title。对 Title 进行分词索引到数据库中，前面讲搜索引擎工作原理的时候，我们已经讲到过。而据观察，尤其是百度，对于 Title 中的关键词特别重视，几乎超越其他标签的作用。我们应特别注意搜索引擎的分词技术对于 Title 排名因素的影响，将搜索引擎喜欢的关键词加入到 Title 的书写中去。

怎么将关键词合理地加入到 Title 中去,而且能得到搜索引擎的青睐呢？我们知道 Title 就是网页的标题，即如图 4.26 所示，腾讯网的一篇新闻网页的 Title。

图 4.26 网页 Title

这个网页的 Title 代码如下：

```
<head>
......
```

```
<title>杭州绕城堵车长达 60 公里 大量新手上路事故不断_新闻_腾讯网</title>
......
</head>
```

从上面的图片和代码我们可以知道，网页 Title 是 Meta 标签里表现最直观的。在网页的<head>部分，最好写在其他 Meta 标签之前。在优化 Title 标签的时候，应该注意以下一些问题。

（1）将最重要的描述网页主题的内容放在最前面，如图 4.26 所示中网页 Title 格式为标题_栏目名_网站名，如果栏目过多可以省略中间目录，直接用标题+网站名的形式。如图 4.27 所示为站长之家一篇文章的 Title，省略了"建站"和"优化"栏目名，只有标题+网站名。

图 4.27　网页 Title 省略栏目名

（2）在优化过程中，最好将网页的关键词放在 Title 的前部分，网站名放在 Title 的后部，这样做有几个好处：1）搜索引擎先抓取到网页标题，其中的关键词也就更突出，有利于网页的排名。2）搜索引擎的搜索结果中，通常 Title 显示字数为：百度 60 个字符，即 30 个汉字；谷歌 65 个字符，即 32 个汉字；360 搜索 56 个字符，即 28 个汉字；搜狗 62 个字符，即 31 个汉字。如果字数过多，在搜索结果中就会被省略掉，如果关键词在 Title 尾部，结果就会省略前面的内容。因此最好将关键词放在前部，且字数最好不要超过 40 个字符，即 20 个汉字。3）便于用户查看搜索结果，将关键词放在 Title 前部有利于提高用户体验。

（3）避免 Title 的重复，网站内重复 Title 是经常出现的，出现这种情况一般有以下几种原因：1）有的站长对于 SEO 有错误的认识，认为网站内相同的 Title 越多，就说明网站与这个主题越相关，这是错误的。网站内重复的 Title 越多，搜索引擎会认为这个网站存在过多的重复内容，以至于影响蜘蛛的爬行兴趣，久而久之就会影响网站的收录。而且严重的网站内部关键词竞争，会导致网页排名受到影响。2）使用相同标题或者不写标题，这种情况在企业网站和个人网站是经常出现的，为了突出企业名、品牌名，或者疏于 Title 优化，所有的文章都使用相同的 Title。如图 4.29 所示为公司网站使用相同的 Title。这样用户是很难搜索到这些文章的。3）电子商务网站的产品分类页面，很多重复分类页面使用相同的 Title。

图 4.28 企业网站重复 Title

（4）与网页内容准确相关的 Title，且不可堆砌关键词。很多站长认为 Title 的关键词数量越多，排名就会越好，其实不然。网站的关键词数量并不会影响网页排名，因为搜索引擎不会笨到用这样的因素判断网页的相关性，谁不会在网页上重复关键词呢？因此在 Title 中堆砌关键词是不可取的。还有的站长为了追求热点，使用与内容不相关的 Title。也许有时候会骗取一些单击，但是这是对用户体验的极大伤害，从此被冠上垃圾网站的名号就不值得了。在优化中最好使用与内容相关，不重复关键词的 Title。例如，小游戏_在线小游戏_小游戏大全_5658 小游戏网，其实我们可以直接写成：在线小游戏大全_5658 小游戏网。通顺不重复的 Title，能给用户更好的感受，也是用户乐于单击的。

（5）当品牌大于产品或服务时，尽量使用品牌名。例如学校银行等网站，不可使用其他关键词作为首页 Title，直接用品牌名比任何关键词都有用。因为品牌名的影响比产品或者服务更有知名度时，应重品牌用户，这样的用户是最真诚的，而且比产品服务数量更大。切不可将有限的 Title 用在少数的点击上。例如，本科师范学校_研究生招生_西华师范大学，如果是这样的 Title 的话，那简直就是灾难了，很可能排不到好的名次，而且浪费了 Title 较前的位置。因此可以直接写为：西华师范大学。

（6）尽量不要频繁更换 Title。网页的 title 如果经常改变，搜索引擎会重新审定这个网页，使得网站得不到好的排名，并且搜索引擎可能认为是在作弊或者更换内容，就会被 K 或者减少收录量。在大网站中，一般对已经生成的 HTML 不再优化，而是对新的页面优化。如果是使用伪静态的页面，也是对于 Title 进行一些一次性的小改动，尽量不要频繁地修改网页 title，甚至变得完全不相关，是十分不利于优化的。

（7）网页标题中的符号建议使用"_"或"-"，从百度来看，百度自己的产品如百度百科、百度知道、百度文库等，我们可以看出百度是提倡使用"_"作为连接符号的。例如，搜索引擎优化_百度百科。而谷歌使用"-"作为 Title 连接符，则更符合规范。还有个问题，当 Title 一句连贯的话未表达清楚，需要两段话时，最好使用空格，而不是标点符号。当然这仅限于 Title，在 Meta 标签的其他内容里不可使用空格对内容断开。

（8）网站整站 Title 中含有网站域名，这样做是否对优化有好处呢？如图 4.29 所示为游戏网站 962 的 Title 中含域名，为自己的 domain（相关域）数量增添了很多。其实这种方法是有一定作用的，但是效果不大。首先这种方法可以增加网站域名在 Title 索引中的数量，即增加了曝光率。另外搜索引擎可能把域名当做一个关键词处理，而且与 Title 其他内容经常联系在一起，可以提高这个域名与某类关键词的相关性。如果网站文章经常是游戏内容，那么作为关键词的域名经常和游戏内容联系在一起，搜索引擎会认为这个域名和游戏很相关。当然具体作用有多大，目前还不确定，不过从 domain 数据上确实可以招来一些友链交换和广告商的青睐。

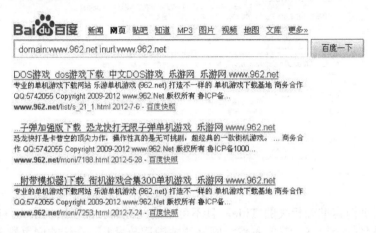

图 4.29　网站页面 Title 中含有域名

因为 Title 优化的程度，直接影响网页在搜索引擎的排名，应该极其重视。

4.11.3　Description 的关键词优化

Description 即网页描述，是 Meta 标签中的一个属性。和 Title 一样，它也是在搜索结果中每次都会出现的内容。那么它的重要性主要表现在判定网页相关性和对网页进行说明以吸引用户点击，但效果比 Title 属性差。

如图 4.30 所示为搜索结果中网页 Description 属性，而在网页中的 Description，用户并不能直接看到，只有在源代码中才能看到。

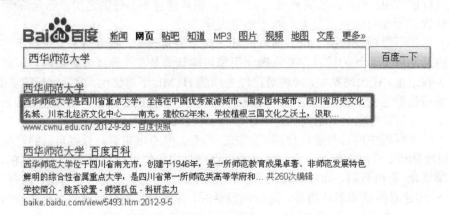

图 4.30　搜索结果中网页 description 属性

上图中网页 Description 代码为：

```
<head>
......
<meta name="Description" content="西华师范大学是四川省重点大学，坐落在中国优秀旅
游城市、国家园林城市、四川省历史文化名城、川东北经济文化中心——南充。建校 62 年来，学
校植根三国文化之沃土，汲取嘉陵江水之灵韵，与祖国共奋进，与时代同发展，谱写了以教书育人、
创新发展为主旋律的华美篇章。六十余年的发展历程逐渐凝练出"从严治校、严谨治学、艰苦奋斗、
开拓进取"的校园精神和"铸魂励教、陶冶化育"的办学理念，在培育人才的过程中发挥了强大的
凝聚功能和同化功能。经过几代人的不懈努力，学校已经发展成为一所立足四川、面向西部、辐射
全国的具有鲜明教师教育特色的教学型师范大学。" />
......
</head>
```

可以看到源代码中的 Description 属性，字数远远超过了搜索结果中展现的。和 Title 一样，在搜索结果中对 Description 的字数也是有限制的，通常情况下，百度和谷歌都为 156 个字符，即 78 个汉字，但是有时候谷歌有显示 100 个以上，或者不到 78 个汉字的 Description 属性。所以在实际优化中，尽量使用 70 字以内的 Description 为好。

和 Title 属性一样，Description 的优化也有需要注意的地方：

❑ Description 内容应与网页主题相关，不可堆砌罗列关键词。这个和 Title 是一样的要求，作为搜索引擎判断网页相关性的因素。使用与网页不相关的描述和罗列堆砌关键词是误导搜索引擎、影响用户体验的行为。尽量用符合网页内容的描述，而且在书写时用连贯的句子，适当地出现关键词即可，如上面西华师范大学的例子。

❑ 避免每个网页的 Description 重复，完全的重复描述，并不能提高整个网站的相关性。而是让搜索引擎放弃这个描述，从而动态地抓取网页内容作为 Description，在搜索结果中展示。如果网站中太多的描述是相同的，搜索引擎会认为这是个质量不高的网站，最终会影响收录和排名。因此尽量自己书写描述，而不是随机或者使用重复的描述。

❑ 合理布局网页关键词，将关键词自然地加入到 Description 中。如果在 Description 中搜索引擎找不到关键词，就会在网页中随机抓取关键词部分，显示在搜索结果中。因此，在网页描述中必须要布局一些关键词，但是不要太多，3~4 个就足够了。用自然连贯的话表述出来，可以加入一些关键词的相关词。例如，新浪新闻频道的 Description，简练的将关键词用通顺的语言串联起来。

```
<head>
<meta name="description" content="新浪网新闻中心是新浪网最重要的频道之一，24 小
时滚动报道国内、国际及社会新闻。每日编发新闻数以万计。" />
</head>
```

❑ 在 Description 中，融入更多的吸引用户点击的宣传语言。在电子商务等需要销售产品或服务的网站，要写出自己的优势和用户最关心的内容，如价格、质量、售后等。有针对性的将这些语言独立出来，使它们更突出，更容易被用户看到。即使排名不在第一位，同样也能获得不错的用户单击。在这一点上，我们需要向百度推广的描述学习。如图 4.31 所示为百度推广的 Description，都很具吸引力。

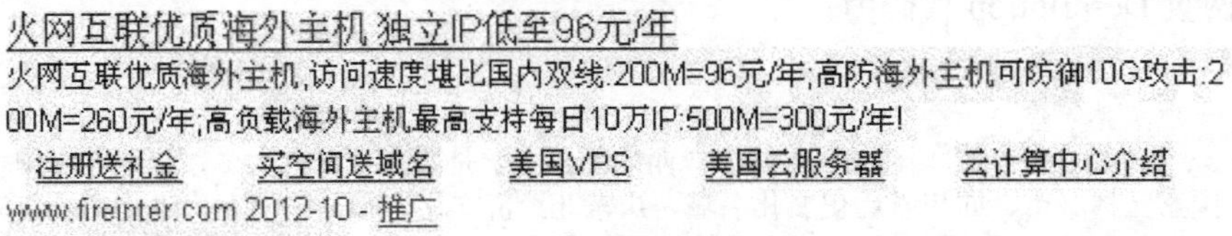

火网互联优质海外主机 独立IP低至96元/年
火网互联优质海外主机,访问速度堪比国内双线:200M=96元/年;高防海外主机可防御10G攻击:2
00M=260元/年;高负载海外主机最高支持每日10万IP:500M=300元/年!
注册送礼金　　　买空间送域名　　　美国VPS　　　美国云服务器　　　云计算中心介绍
www.fireinter.com 2012-10 - 推广

图 4.31　百度推广结果的 Description

以上的几点，是 Description 常要注意的，也是描述中最容易忽视的。虽然随着搜索引擎技术的发展，Description 的关键词优化影响排名能力越来越低，但是只要在搜索结果中出现，就说明它的作用还没有消失，我们就应该认真对待。

4.11.4　Keywords 的关键词优化

Keywords 是 Meta 标签中最后一个需要设置的属性。虽然这个属性看似可以直接设置网页的关键词，但是搜索引擎现在越来越不重视 Keywords 属性了。甚至可以说 Keywords 在搜索引擎中几乎没有作用。但是我建议 Keywords 的优化还是要做，因为这是对搜索引擎的一个提示，可以使搜索引擎分词时更为准确。

Keywords 和 Description 一样，在网页中无法直接看到，只有通过网页源代码查看。Keywords 在 Meta 中代码为：

```
<head>
......
<meta name="Keywords" content="西华师范大学,西部高校,熊猫大学,四川师范学院,南充师范学院"/>
......
</head>
```

由于 Keywords 对搜索引擎的排名影响不大，因此，建议大概写一些重要的关键词即可，不必过多的浪费时间在 Keywords 上。在写 Keywords 时注意以下几点：

- ❏ 写重点关键词，主要是为了搜索引擎分词准确。因为 Keywords 属性的重要性很低，所以不建议花太多时间在 Keywords 上，只写 4 个左右网页的重点关键词即可。
- ❏ 不重复堆砌关键词，搜索引擎对 Keywords 不重视，就是因为很多人大量堆砌关键词，试图影响搜索结果的排名。所以堆砌关键词是搜索引擎初期的技术早已经没有用处了。
- ❏ 不要频繁更改网页 Keywords 属性，虽然搜索引擎不重视 Keywords，但是如果网站内大量更改关键词，依然会使网页的排名下降。这不是因为 Keywords 会影响排名，而是因为搜索引擎会认为网站改版或者作弊，会对网站进行审查。因此，如果网页已经有了很好的排名，不管有没有写 Keywords，都不要进行修改了。

网页内 Keywords 的关键词优化重要性不高，因此也不做详细讲解。只需要稍微注意下就行了，这也是现在很多 CMS 后台根本不提供填写 Keywords 的原因。

4.11.5　H 标签的关键词优化

H 标签即 Heading 标签，是网页 Html 中对文本标题进行强调的一种标签。在网页正文内容中，H 标签中的关键词的作用是非常大的。其重要程度从<h1>到<h6>依次递减，即<h1>标签对搜索引擎的提示作用最大。

```
<body>
......
<h1>H 标签的关键词优化</h1>
......
<h2>H1 标签的优化</h2>
......
<h3>H1 标签是什么</h3>
......
<h3>H1 标签怎么优化</h3>
......
</body>
```

不过 H 标签不能滥用，<h1>标签只能用一次，而且<h3>以下的标签提示作用很弱，因此不建议使用低级的 H 标签。

H 标签是对文章结构的划分，<h1>标签则是对全文内容的概括，因此在 H 标签中优化关键词会有很好的效果，对排名影响较大。不过需要注意以下问题：

- <h1>标签是全文内容的概括，适当添加关键词，不可堆砌关键词。搜索引擎对<h1>是很重视的，但是如果堆砌关键词，也是很容易被发现的。因此使用通顺含有关键词的概括句子，不仅利于搜索引擎优化，更符合用户体验的需要。
- 尽量只使用<h1>到<h3>标签，这两个标签在搜索引擎中重要性更高。使用太多层级的 H 标签，也会使内容看起来过于复杂，不利于用户体验，而且也得不到搜索引擎的重视。
- 在<h1>中使用一次完整的关键词，在<h2>或<h3>中使用拆分的关键词，或者长尾关键词等。这样文章内容的相关性更高，而且不会出现故意关键词优化的痕迹。尤其应避免所有层级 H 标签全使用一样的内容，这会造成关键词堆积的问题。

因为搜索引擎对文章内容的理解根本无法和人相比，它只能机械地根据文章中的提示，进行文章内容的判断。如果没有 H 标签的提示，搜索引擎会将文章内容中的每个词都给予相同的权重和平等对待。而有 H 标签的提示，搜索引擎就知道文章最重要的信息。因此在 H 标签中布局关键词是十分重要的，而且<h1>标签也是<body>部分，最重要的关键词优化项，充分利用<h1>可以有效提高网页排名。

4.11.6　图片 ALT 的关键词优化

图片和文字一样，在任何网站都大量存在。然而更多的人更重视文字的优化，而忽视了图片的优化，因为大家认为搜索引擎只能识别文字内容。其实对于图片、视频等富媒体来说，目前搜索引擎确实无法识别其中的内容，但是为什么能通过搜索引擎找到这些内容呢？说明搜索引擎可以通过其他内容对富媒体进行内容判断，从而提供搜索服务。

对于图片来说，我们知道，在 Html 语言中有个 Alt 属性，就是这个属性帮助搜索引擎识别图片内容的。

```
<img src="images/seoyhlc.jpg" alt="网站优化流程图" >
```

Alt 是对图片内容的说明，也是搜索引擎判断图片意义的最重要标识。由于现在网络图片的不断增加，以及用户搜索需求的增加，搜索引擎对图片也越来越重视，图片的索引量也大幅提高。但是没有图片 Alt 就无法实施检索，因此，Alt 是图片优化必须要做好的。

要说明图片的意义，不但要描述图片内容，还应该加入页面关键词对图片进行说明。这样既能提高网页的关键词相关度，利于网页排名，而且图片也能索引到这个关键词下。如果图片本身是一个链接，如网站 logo，那么 Alt 标签就能起到锚文字的作用。

图片 Alt 关键词优化时应注意以下事项：

❑ Alt 标签不可重复堆积关键词，通常情况下 Alt 关键词只需要一次即可。重复的 Alt 关键词并不能带来好的排名，尽量用简洁含关键词的短句描述。如上例：alt="网站优化流程图"。

❑ 一个网页内多个图片 Alt 尽量不同，可以使用网页的多个关键词。这样网页的多个关键词都可以得到展现，有利于多个关键词的排名。

关于图片的 URL 中包含关键词，这里我们就不谈了，因为在前面 URL 的优化中已经说过了。图片 Alt 关键词的添加，对关键词排名的影响还是较大的，大致相当于关键词黑体加粗的等级，因此不要为了省事而放弃 Alt 这样重要的因素。

4.11.7 关键词在网页中的出现位置

关键词在内容页面中，一般以出现在正文中为主，而且搜索引擎对正文中的关键词给予更高的权重。而在正文中，关键词出现的位置也十分重要，正文中除了 H 标签里的关键词，其他内容中关键词应该合理的分散在文章中。

通常情况下，自然写作的关键词一般会分布在第一段和最后一段文字中，而文章的中间内容也会少量的出现。

第一段最好将关键词放在第一句话中，以便于搜索引擎更快地抓取到网页的主题。这里出现的关键词最好是完整的关键词，第一句以后的句子，可以使用长尾关键词或者关键词的变式。如网页关键词为：网页关键词优化，在第一句中完整出现，而在后面句子中，可使用：网页关键词优化方法、怎么优化网页关键词、关键词页面优化等长尾或变式。

文章中间部分则自然书写，但是要注意的是将关键词拆分出现在内容中，当然长尾关键词也需要出现几次。如上面的例子，可将关键词拆分为：网页、关键词、优化、关键词优化、页面优化等，在网页中进行布局。

文末部分和第一段差不多，另外还建议在最后加上网站的链接，起到传递权重和有利于蜘蛛爬行的作用。这里用网站的链接最好是超链接，不用锚文本。一般写转载注明出处或者宣传网站的文字，也可以带来一些外链资源和用户点击。

在内容关键词优化中，经常会出现的问题就是关键词堆砌。很多站长将关键词生硬地插入文章，这样不仅伤害用户体验，搜索引擎也很容易能识别出来，并不会给予好的排名。相比之下通顺自然的关键词语句，搜索引擎是更喜欢的。

网页排名最重要的因素是什么？网页内容质量度占很大成分，而内容的相关性越高，排名也就越高。内容的相关度表现在这些文章内的细节，关键词在内容中的分布就是其中之一。

4.11.8 关键词在网页中的变式展现

在上一节中提到,关键词在网页内容中的展现,除了完整的出现,还应该有关键词的变式。关键词的变式展现,最大的作用在于提高网页的相关性或在变式关键词搜索中的排名。

提高网页的相关性,可以通过多次出现关键词的方法实现,但是容易造成关键词堆砌,而使用变式的关键词,就不会出现这种弊端。而且使用变式关键词,也可以提高网页关键词的相关度,变式关键词也可以有排名。那么关键词变式展现是怎样的呢?

例如,SEO 变式为搜索引擎优化,电脑变式为计算机,职称计算机考试变式为计算机应用能力考试等。在实际的内容编辑中,会遇到很多这样的关键词变式。经过试验,相同的文章添加变式关键词对提高网页排名有很大的帮助。

首先我们这里要明白一个原理,为什么搜索引擎能知道这些词是相关的呢?其实这是搜索引擎不断智能化的结果,就像人工作久了有经验一样。

例如,搜索引擎抓取的"SEO"关键词的网页中,经常会出现"搜索引擎优化"这个词,当大量的网页都同时含有这两个词时,搜索引擎就会认为这两个词是相关的,或者说它们有某种联系。自然搜索引擎就会认为,这两个词的相关性高,即使这个网页关键词是 SEO,那么当用户搜索"搜索引擎优化"时,也可以搜索到这篇"SEO"关键词的文章。

如图 4.32 和图 4.33 所示,这个网站的关键词为"SEO",而在搜索"搜索引擎优化"时,这个网站出现在搜索结果中。然而分析这个网站是否有"搜索引擎优化"关键词时,发现并没有这个关键词,然后再分析了网站外链,也没有以"搜索引擎优化"为关键词的链接。说明很可能是搜索引擎中变式关键词的影响。

图 4.32 搜索"搜索引擎优化"关键词

从上面的相关性原理可以知道,提高相关性并非就是不断重复完整的关键词,关键词的变式其实是很好的选择。切勿为了提高关键词相关性而堆砌关键词。

图4.33　此网站"搜索引擎优化"关键词没有出现

4.11.9　控制关键词的密度

在几年前,网页关键词密度是搜索引擎重要的排名因素,但是现在这一因素的重要性已经下降了很多。现在搜索结果中,排名前几位的网页,有的关键词密度只有1%,有的关键词密度有30%。

搜索引擎的这种转变可以说是必然的。因为就像Meta keywords属性中堆砌关键词,从而获得排名一样,这种方法很容易被人利用,从而操纵排名,这样就严重失去搜索引擎的公平性,所以将这一因素冷落也是可以预见的。

但是这里为什么还要拿出来讲呢?因为通过实际经验来看,一个网页没有一定的关键词密度,很难获得好排名,尤其是在竞争相对较小的长尾关键词中,有一定的关键词密度的网页,仍然比密度较小的排名好。这说明只要一定范围内的关键词密度,对排名是有好处的,只是这种帮助的效果较小,只有在竞争小,就是其他排名因素影响小的情况下,才容易看出效果。

但是这一定范围的关键词密度,到底多少合适呢?

一般情况下,网页的关键词密度在1%～10%都可以有很好的排名。但是由于这个度不好掌握,因此我们写作的时候以2%～7%为标准,大概100个词出现2到7次。

虽然关键词密度对排名的影响越来越小,但是可以肯定的是,关键词密度不会被排除在搜索引擎排名因素之外。因为在自然写作情况下,出现关键词是很正常的,而且正常写作的关键词密度都是相差不大的,这个范围就是最合理的关键词密度。

4.11.10　加粗关键词

网页加粗关键词是最常见的网页关键词优化方法之一。加粗文字代码如下:

```
<b>需要加粗的文字</b>
或者
<strong>需要加粗的文字</strong>
```

因为加粗是对文字的强调,如果是针对网页的关键词,就能使搜索引擎更为重视关键词,而搜索引擎也会对加粗的关键词给予比普通文字更高的权重。表现为搜索引擎认为网页与该关键词更相关,也就更有排名能力。

加粗关键词还有一个作用,就是提示搜索引擎本网页的关键词的划分,也就是提示搜索引擎分词。这一点和 Meta keywords 属性一样,能帮助搜索引擎更好地分词,以提高关键词匹配度。

加粗关键词对于搜索引擎主要有这两方面的作用。而对用户而言,能更清楚网页的主题,也是有利于提高用户体验的。

一般加粗的关键词都选择内容中第一次出现的关键词,例如下面示例:

```
<div>
<p><b>怎么选择虚拟主机</b>是很多站长头疼的事,因为每次选择虚拟主机或者 vps 的时候,很多服务商都把自己说得天花乱坠。然后站长轻易相信的后果就是,服务器经常打不开,导致辛辛苦苦做的网站被搜索引擎所抛弃。</p>
</div>
```

加粗第一次出现的关键词,搜索引擎就能很快抓取到网页强调的关键词,有利于搜索引擎优化。

但是需要明确的是,加粗关键词并不一定能使网页获得好排名,这种因素影响排名的效果不是很大。我们建议关键词加粗,更多的还是因为加粗关键词的提示作用,以及提高用户体验的作用。当然提示搜索引擎关键词分词,也能间接的使网页的关键词排名更好。

4.11.11 内部链接锚文本

前面讲内部链接的时候,主要是从链接的结构、链接本身优化等方面进行分析。本节说的是内部链接的锚文本,也就是链接的关键词使用。

在很多时候,我们无法控制网页其他部分的锚文本,如导航中的首页,我们不可能改为首页的关键词,这是不利于用户习惯的。而我们最能灵活控制的就是内容中链接的锚文本。

```
<a href="http://www.XXX.com/" target="_blank">锚文本</a>
```

从整个网页来说,在页首和页脚布置的专门为优化的关键词链接,只是其中一个方法。当然这样做是有一些效果,但是整个页面中效果好的链接位置,其实是正文内容中的链接。正文中的链接有以下几个好处。

(1)首先从用户体验说,用户更乐意点击正文内容中的链接。用户浏览网页时,视线都会集中在网页的正文部分,如图 4.34 所示为用户浏览网页的视线热力图。

(2)链接锚文本可以灵活控制,不像其他位置的链接,必须遵循用户习惯和美观的要求。在正文内容中可以针对链接页面的关键词,进行有效的权重传递,而这种权重传递更为准确,可有效提升关键词的排名。

(3)正文内容中的链接权重更高,搜索引擎给予正文内容中的权重更高。搜索引擎认为正文中的链接与网页的内容联系更大,而不像页首和页脚那些干扰内容在每个页面都会出现。正文内容中的链接与主题更相关,因此投票的能力也大于其他地方的链接。

锚文本链接的作用很大,在网页模版设计时,应该对网页的除正文内容外,进行关键词锚文本的优化,主要以链接结构的原则进行,尽量用链接页面的关键词。而日常则应该针对正文内容的添加,进行锚文本优化。

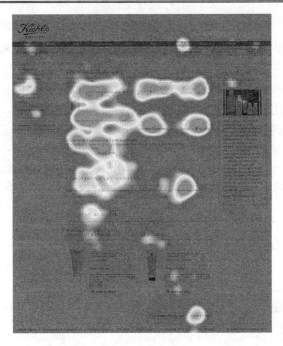

图 4.34　用户浏览网页视线热力图

正文锚文本的优化，建议在文章中链接到首页和上级栏目页，而最重要的就是用关键词做锚文本，例如：

> `<p>` 对于初学`<a href="http://www.XXX.com/" target="_blank">`SEO`</a>`的朋友来说，SEO 就是外链和内容，然后就不断用简单的方法，不断的重复内容和外链，最后发现别人做成功了，而自己却一直没有起色。是什么原因呢？这里为大家总结了一些 `<a href="http://www.XXX.com/zhuanti/" target="_blank">`SEO 专题优化`</a>`，希望对大家有所帮助。`</p>`

在上面的例子中，在正文中用"SEO"和"SEO 专题优化"链接到首页和栏目页，在吸引用户点击的同时，有利于内部权重的准确传导，使搜索引擎能给予相应页面更好的排名。

内部链接的锚文本优化极为重要，是内部对关键词排名影响很大的因素。因此在选择关键词做锚文本时，尽量分类链接。例如，首页有多个关键词"SEO 优化"、"SEO 历史"、"SEO 服务"，并对应相应的栏目，那么在文章中就用本栏目对应的首页关键词链接到主页。假如是 SEO 优化栏目下的文章，就用"SEO 优化"做锚文本；如果是 SEO 历史下的文章，就全部用"SEO 历史"做锚文本。这样整站的结构就更规范、清晰。

4.11.12　避免关键词在网站内部竞争

网站多个网页关键词相同，是很多站长都会犯的通病。这和网页 Title 重复有一些联系，都是由于站长疏忽或偷懒造成。但又不相同，因为网页关键词与链接有关，而 Title 主要是设置问题。

重复的页面关键词会造成网站内关键词的内部竞争，在有限的内部和外部链接的情况下，内部竞争会浪费极大的资源，网页的排名不稳定。搜索引擎会选取其中一个给予排名，而另外的页面就得不到排名，就算有排名，用户通过一个排名就可以点击进来，而两个就等于浪费了一个页面。

另外，关键词的内部竞争还会造成网站内部链接的混乱。网页之间链接的锚文本都使用相同的，同一个网页又用同一个锚文本链接多个网页。检查内链的时候，这样是很麻烦的。而且搜索引擎也不喜欢关键词分布混乱的网站，有条理的、合理布局关键词的网站，搜索引擎检索及预排名更轻松。

关键词内部竞争的弊端很多，但是还是有很多网站会出现这种情况。一般都是由于站长不懂优化，或者未注意内部网站的布局造成的。这两种可能出现的情况也是不同的，通常不懂优化的站长会给网站内主要页面都使用相同关键词，包括首页、栏目页等，这是极大的资源浪费；而站长疏忽导致的站内关键词竞争，则主要表现为内容页面的关键词竞争，这种情况虽然影响不大，但是也应该尽量避免。

要避免关键词在网站内部的竞争，在设计网页之初就应该将栏目和关键词归类，并用表格将关键词统计好，以避免栏目页和首页的关键词竞争。而文章内容中关键词就要将做过的关键词记录好，在制作内部链接的时候也参考一下。

需要注意的是，这里我们说的关键词内部竞争，不止是网页上 Meta 标签里书写的关键词相同，而更多的是站内外链接使用的锚文本。这是网站有效权重传递的关键，关系到网页在搜索引擎的排名，值得所有 SEOer 重视。

4.11.13 避免站内内容重复

网站重复内容，是搜索引擎不友好的因素之一，其直接结果就是导致网站收录下降，甚至被惩罚。而且对于用户体验也是非常不好的，如果站内重复内容过多，一般都被认为这是一个质量较低的网站。从而失去用户和搜索引擎的喜爱。

产生站内重复内容，除了前面说到的 URL 不规范外，还有很多原因导致产生重复内容：

- 生成网页时，系统延迟导致生成多个相同网页。这种情况一般出现在可生成 Html 文件的后台程序，当生成内容较大，服务器 cpu 跟不上时，就经常会重复生成相同内容。例如，Siteweaver CMS 就可能出现这种情况，使用者应该注意删除重复的内容。当然这不是个例，很多 CMS 都可能出现这种情况。
- 企业网站和商城网站经常会出现很多相同的介绍页面。因为产品有多个规格或者型号，而产品的说明都是一样的，因此在网站内出现很多 Title 不一样，而内容完全一样的网页。如果数量过多，会影响网站的收录，网页的排名也不会很好。
- 网页正文内容较少，而导航、底部说明、广告、调用内容等占据了大量篇幅。搜索引擎对于正文内容过少，其他调用内容过多的网页，很可能不会收录。因为它会认为这些网页内容重复，对用户的帮助不大。除非网站的权重很高才可能收录这种页面。例如小型问答网站，很多问题只有一句话，而且也没什么回答，网页内大量的调用相同内容，如果不是高权重网站，一般收录都是很低的。
- 错误页面返回正确状态码。有的网站错误页面较多，站长为了不影响网站的用户体验，制作一个链接页面，返回 200 状态码。其实这种做法是错误的，返回 200 状态码会让搜索引擎认为这个链接是正常的，而且网站存在大量重复内容。错误页面应在服务器 IIS 中设置，或者直接在服务器的错误页面文件上修改，但不能返回正常状态码。

❑ 站内重复内容有 Title 相同的，也有 Title 不同、内容相同的。如果 Title 不同，那么排查重复内容比较难，收录了的页面可以用正文任意文字搜索，例如，搜索"正文任意文字 inurl:www.XXX.com"，如图 4.35 所示为搜索站内重复内容。

图 4.35　站内重复内容搜索

这种方法只能查询被收录的网页，如果没被收录就查不到了。而 Google 站长工具，也只能看到站内重复标题的网页。所以平时应该多注意可能产生重复内容的事项，避免站内产生重复的内容。

4.11.14　提高关键词周围文字的相关性

提高关键词周围文字的相关性，这也是影响搜索引擎排名的因素。这种因素所占的比例不是很高，但却是搜索引擎防止恶意插入关键词的一个方法。很多管理员在添加文章的时候，会随机在文章中插入关键词以提高排名。但是这种方法效果并不好，有时候甚至有反作用。

搜索引擎抓取网页时，会将句子划分为词组索引到数据库。而关键词周围的文字与关键词的相关性越高，说明此文章的关键词更为准确。当然这种情况也适用于其他页面，只要关键词周围也有相关的词组，就会比直接随机插入的关键词获得更好的排名。

例如，关键词"学校"，周围文字可以是"培训"、"教育"、"课程"、"老师"、"学生"等。而如果整篇文章中随机插入关键词"学校"，那么周围的词组是任何的文字，相关性可能就很弱，排名肯定不如相关性强的网页。

提高关键词周围文字的相关性，在于写作的时候多使用相关词，不要随机插入关键词。

4.11.15　关键词拆分布局在网页中

前面已经讨论过关键词变式在网页中的应用，这里我们来看看网页中关键词的拆分布局。

例如关键词"搜索引擎优化排名",这个关键词可以分为词组"搜索"、"搜索引擎"、"优化"、"排名"、"搜索引擎优化"、"搜索引擎排名"等。

那么自然写作或者网页布局,肯定会出现其中的词组。然而有的网站,尤其在主页,可能就只会出现"搜索引擎优化排名"这个关键词,而拆分词组在网页中很少出现。这样的网页在搜索引擎看来,要么不是自然写作或布局,要么是故意优化"搜索引擎优化排名"这个词,那么得到的排名必然不是很好。

正确的方法是组成关键词的词组,在网页中都有单独的出现。这样不仅能提高其他关键词的频率,还能提高整个网页对于这个关键词的相关性。这就是我们经常看到搜索结果中,网页并没有完整出现关键词,却得到了更好的排名。如图4.36所示为搜索"搜索引擎优化排名"这个关键词时,排名第一的网页并没有完整出现这个关键词,但是关键词的拆分词组都有出现,同样也能得到较好的排名。

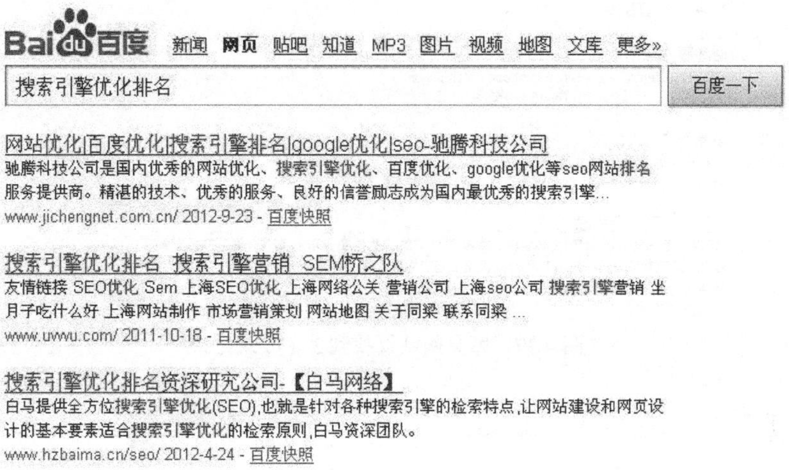

图 4.36 关键词的拆分布局

在任何网页中,关键词的拆分词组都是提高网页关键词相关度的有效方法,而且是非常重要的网站内部优化方法。

4.12 内部优化不利因素

前面讲解了内部优化的方法,包括了从结构到链接,再到页面的优化方法和注意的事项。但是掌握了内部优化方法,不代表网站内部优化已经做得很完美了。在这个优化过程中,还是会出现很多内部优化上的问题,本节将总结一些内部优化常出现的问题。这些问题是内部优化中的不利因素,极大地影响网站在搜索引擎的表现。

4.12.1 整站使用 Flash

在前面的章节,我们也知道了,搜索引擎目前无法识别图片、视频等富媒体,而 Flash

也是其中之一。

如果网站整站使用 Flash 来制作，那么可以说这个网站基本不打算从搜索引擎获得流量了。通常情况下，网站的某个部分使用 Flash 增强网站的视觉效果，并不影响网站整体的搜索引擎表现。因为和网站图片、视频一样，只是网页的一个组成部分，搜索引擎可以通过其他信息判断网页的内容。

但是整站使用 Flash 制作的网站就没有那么幸运了，例如国内服饰品牌摩高的网站，如图 4.37 所示为整站使用 Flash 百度仅找到 3 个收录结果，如图 4.38 所示为蜘蛛模拟爬行只能得到极少的信息。

图 4.37　摩高网站仅找到 3 个收录结果

图 4.38　模拟蜘蛛爬行摩高网站的结果

从上面的示例可以知道，Flash 网站是很难被收录的。也就是说，整个网站能参与排名的只有极少数，如果没有固定的用户访问可能就成为一个死站。但是一般情况下，使用 Flash 制作网站的公司，他们本身有巨大的品牌知名度，所以并不在乎搜索引擎能带来多少流量。如果你只是一个草根站长，请你还是放弃用 Flash 制作整站吧。

4.12.2　JavaScript 导航或链接

JavaScript 的优缺点很明显，能带给网站丰富的特效的同时，也给网站带来了收录的麻烦。尤其是用 JS 做导航或者链接时，影响的将不是一个页面，而是整个网站的收录。当搜索引擎不能抓取到其中链接的时候，还会破坏整站的权重传递，这是很大的搜索引擎陷阱。

如图 4.39 所示为使用 JavaScript 制作的导航菜单，搜索引擎抓取其中的栏目链接就比较困难。

图 4.39 JS 导航菜单

还有人使用 JS 做打开链接等，如果不是作弊，那么就是不懂 SEO 了，不过这种情况很少。代码如下：

```
<a href="javascript:window.open('http://www.XXXX.com/bbs/','_blank')">超链接锚文本</a>
```

不管是作弊还是怎样，用 JS 做的链接是不容易抓取到的。应尽量避免使用 JS 的导航和链接。

不过随着搜索引擎技术的发展，JS 中的链接也会被搜索引擎抓取到的。比如 JS 做的超链接，搜索引擎目前也是能抓取到，但是效果远没有标准的超链接好。因此不能在网页中这样大量使用，尤其是导航菜单，为确保很好的收录还是老老实实的使用标准超链接语言吧。

在搜索引擎技术发展的同时，JavaScript 也在不断发展，很多基于 JS 框架的类库也产生了，比较突出的如 Prototype、jQuery 等。这些 JS 库改善了一些 JS 复杂且不利于收录的弊端。不过目前还不能从根本上解决收录困难的问题。

4.12.3 网站代码冗余

本章的前几节已经介绍了一些优化冗余代码的方法，这里提出来主要是引起大家的注意，因为这是站内优化的一个最常见的不利因素。

网站冗余代码是大部分网站都存在的问题，而且比较难解决，需要修改大量的网站程序代码。但是很多站长因为对代码不是很精通，或者偷懒不想去修改，所以这个问题会长期存在，得不到解决。这对网站的优化是不利的，从长远出发优化冗余代码是必要的。

而对于普通站长而言，优化网站冗余代码也是可行的，因为大部分普通站长都是使用的现成模版程序建站，而建站都需要修改前台页面模版，在修改模版的时候，完全可以对网站进行代码规划，去除站内的冗余代码。

优化网站冗余代码，只需要按照前面所说的主要几点进行逐一排查。通过优化网站冗余代码，对网站的整体收录和排名都是有益的。

4.12.4 网页内容与已收录内容高度重复

出现网页内容与已收录内容高度重复这种情况，一般是因为转载和抄袭造成的。这也是不利于站内优化的，尤其当站内大量存在这种内容时，就更难被搜索引擎认可了。

搜索引擎喜欢的内容是原创，即使是同一个主题，也最好内容不同。这样才能给用户提供更多的选择，这也是搜索引擎所希望的。未来搜索引擎也会向内容丰富化、多样化发展，提供更多不同类型的结果给用户。后面讲搜索引擎发展趋势时，还会说到这些内容。

从实际的经验来看，目前的搜索引擎还达不到完全没有重复内容，但是对于重复内容的收录和排名却是很谨慎的。如果不是高权重网站，收录比较难，排名也不会很好。但是令很多原创者伤心的是，原创的文章被大站转载，而转载的却排在了前面。很重要的原因是用户行为影响排名，还有就是网站本身的权重高。如图 4.40 所示为转载的内容在百度排在了第一。

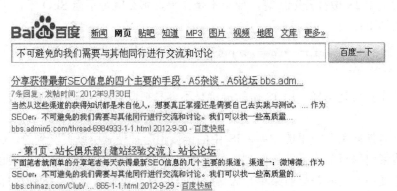

图 4.40　转载内容排在前面

不过我们不必怀疑原创的必要性，因为如果你是小站，抄袭和转载是得不到好的排名的，并且难以保证被收录，对于网站的成长也是不好的。而且就算是大站，最主要的内容还是原创的，一个只有转载内容的网站，很难成为知名的站点。

网页与已收录内容高度重复，还有一种可能就是镜像网站或者采集站。这种网站不仅不利于优化，而且是黑帽 SEO 的范围了，应避免这种方式。

搜索引擎的目的是更好地满足用户的需求，给用户想要的信息，这个定义其实很难把握。因此很多时候搜索引擎也不能完美地呈现用户想要的结果。但是重复内容过多，是对网络资源和搜索引擎资源的极大浪费，鼓励原创是肯定的。

高度重复的网页内容存在量很大。如果想从中脱颖而出，还是要坚持原创。

4.12.5　网站内部重复内容过多

上一小节介绍了网站内容与已收录内容的重复是不利于优化的因素，本节将要介绍的是网站内部重复内容也是优化过程中容易出现的问题。站内重复内容包括网页正文内容重复、Title 重复、正文内容过少、通用内容过多等情况。相对于站外的重复内容，站内的重复内容往往不容易发现。

站内重复内容过多，搜索引擎会对网站逐渐降低兴趣，收录会经常上下波动很难提高，这样的网站也经常是搜索引擎惩罚的对象。因此，过多的网站内部重复内容，是非常不利于搜索引擎优化的。不过产生网站内部重复内容的原因很多时候站长无法控制。

建议平时多注意站内重复内容，比如生成文章的时候，看一下是否多次生成；如果是网站正文内容过少，应尽量丰富一些正文中的内容，以免被搜索引擎认为多个网页都是重复内容；而网站的重复标题，应在编辑文章时就写好，避免自动生成和使用默认标题。

只要多注意，站内的内容重复也不会很多，不过如果不注意避免，产生站内重复内容就很麻烦了。

4.12.6 链向低质量或垃圾站点

经常检查网站的站长，肯定遇到过网站收录下降、相关域下降、百度权重下降、PR下降等情况。引起这些情况的原因很多，其中一个原因是网站链向低质量或垃圾站点，受到了牵连，也有人称之为惩罚"连坐"。

友情链接是优化中不可缺少的一部分，而别人网站的好坏自己不能完全掌握。如果别人因为使用作弊手段被惩罚，那么自己网站就有可能被牵连。这种牵连有时候会产生连锁反应，别人会因为自己被降权或者其他惩罚，也去掉自己的链接。这样自己就比较无辜了。如图4.41所示为利用站长工具检查网站的友情链接情况。

图4.41 友情链接检查

在搜索引擎里，链接的指向代表网站A给网站B投了一票，表示认可网站B的质量。当搜索引擎发现网站B有作弊的行为，就会惩罚网站B。而给网站B投票的网站A，就相当于投了错误票，搜索引擎无法判断这种错误投票是否是故意的，网站A就会受到搜索引擎的不信任，就有可能出现降权、快照不更新、减少收录等惩罚。

出现这种情况是很无辜的，但是没办法，这也是搜索引擎针对链接作弊的预防措施。因为正常情况下是没有网站愿意链接到低质量或者垃圾站点的。除非有某种特殊的需要，如买卖链接、黑链等情况，网站A故意链接到网站B，提高网站B的权重以获得排名。

搜索引擎打击作弊的决心是很强的，因此，很多时候有防作弊算法的推出，很多网站难免被误伤，这也是很正常的。所以不能控制的情况下，只能极力避免被牵连。

要避免被垃圾站点牵连，只能多关注网站友情链接。发现有异常情况，可以跟对方站长沟通，暂时下掉异常的网站。这种方法能在一定程度上避免被牵连，但是要从根本上解决问题，还是在制作出站链接时多考察下网站的质量。坚持与正规站点来往，以保证双方都能快速发展。

4.12.7 过分堆砌关键词

堆砌关键词，是通过在网页中重复添加关键词的方法，希望提高网页关键词相关性，来获得较好的排名。这种做法主要出现在 SEO 作弊和新手中。前面在讲网站内容优化的几节中，都提到了避免堆砌关键词的行为。

堆砌关键词在很多年前搜索引擎技术不成熟时，还能得到好的排名，现在搜索引擎加入了很多检测方法，堆砌关键词已经没有作用了，这种网页一般也不会收录，而且还会被搜索引擎惩罚。

从现在的情况来看，网站内容中堆砌关键词的做法已经不多了。更多的是在网站 Meta 标签中过分堆砌关键词。例如在 Title、Description、Keywords 属性中，将关键词多次重复。其实这样做是完全没有意义的，只能给搜索引擎带来不好的印象，最终影响网页的排名。

严格的说，过分的在网页中堆砌关键词是一种黑帽 SEO，也就是搜索引擎作弊的行为。因为这是利用搜索引擎的漏洞操纵关键词排名的行为。比如后面我们讲到的黑帽 SEO 中，隐藏堆砌关键词的做法都是较严重的作弊行为，被搜索引擎发现往往会给予惩罚。

通常情况下，在 Meta 标签中过分堆砌关键词，不会受到搜索引擎直接惩罚。因为搜索引擎反作弊技术提高后，对这种网页基本不会收录，就算收录也不会给予好的排名。如果网站内大量的网页都堆砌关键词，那么网站就可能被惩罚了。

堆砌关键词在现在来看，基本上没什么作用了，而且还可能受到惩罚，所以也不要期望用堆砌关键词提高排名。

4.12.8 大量出售链接

出售链接也是黑帽 SEO 的做法，是搜索引擎作弊的一种。购买链接网站是为了迅速提高权重值，带来蜘蛛爬行，最终获得较高排名，出售链接网站链接到购买网站的行为。

网站出售链接这种行为，是搜索引擎不好判断的一种作弊。因为如果把网站有很多出站链接就算为出售链接，那么可能会误伤某些广告网站。广告和链接的界限是比较模糊的，搜索引擎也不好判断是出售链接还是广告。而且很多大的导航网址也是收费链接网站，这也算是出售链接的行为。

如果把大量的单向出站链接都判定为出售链接，那么肯定会使很多网站被误伤。因此，搜索引擎在判断出售链接的网站时都是比较谨慎的，但是谨慎不代表可以肆无忌惮地出售。

大量出售链接，有很多不利于优化的因素：

❑ 搜索引擎不好判断，并不代表不能判断出售链接网站。随着搜索引擎的发展，检查网站如果不是导航网站，而存在大量的单向链接，而且锚文本都是关键词时，那可能会被判断为出售链接网站。大量出售链接就很可能被惩罚。

❑ 大量导入到相关性差的网站，使自身网站的关键词相关性下降，即排名下降。链接指向同主题的网站，是网站相关性高的一个因素。而大量出售链接的网站，由于链接向各类网站，关键词相关性不高，排名也不会特别好。

❑ 大量出售链接不好控制对方网站质量，如果对方网站是垃圾站点，自身会受到牵连，前面已经讨论过。网络上各种网站都存在，很多购买链接的网站都是质量很差，甚至是违法网站。如果链接向这样的网站，自身肯定会受到惩罚的牵连。

网站大量出售链接存在很大的风险，且很不利于搜索引擎优化。一般出售链接的网站都是不以网站的发展为目的的,因此建议那些希望长期发展的网站,不要为蝇头小利而出售链接。

4.12.9 经常更改网页 Meta 标签

网页经常更新,能带来搜索引擎蜘蛛的频繁光临。但是如果经常更改 Meta 标签,则不但不能受到搜索引擎的喜爱,反而会被认为是作弊和网页内容的不稳定。

对于搜索引擎来说,网页的更新是受到鼓励的,搜索引擎不喜欢制作好了就不管的网站,那样的网站对用户的帮助是有限的。因此,网站页面的内容时常更新,对于搜索引擎优化是有好处的,这里说的内容是指网页 Body 标签里的内容。如果是网页 Meta 标签时常更改,或者整个网站的结构经常更改,这对搜索引擎优化是不利的。

经常更改网页 Meta 标签,是网站未定型的表现,也就不能为用户提供稳定丰富的服务。不但不利于用户体验,也不利于搜索引擎优化。因为搜索引擎无法判断网站的主题和质量,试想互联网无数的网站都经常更改 Meta 标签或者网站结构,会给搜索引擎带来多大的麻烦。搜索引擎将无法正常满足用户的搜索需求,结果可想而知。搜索引擎和用户都不会喜欢经常更换 Meta 的网站,网站也不会有好的排名和用户体验。

从另一方面看,网页更换 Meta 后,就像一个饭店换了店名,换了厨师,换了装修。顾客并不能确定这家店的东西是否还如以往一样好吃,信任度就会有所降低。这样的网站会受到搜索引擎的观察,在此期间得不到很好的排名。而如果经常更换 Meta 标签,就好比一个饭店经常在换店名,换装修,很容易将顾客推到别家去,就不会有好的生意。网站也是一样,当网站的更改频率太高,最终会被搜索引擎视为低质量站点,很难再爬起来。

总之,在网站设计之初,就应该计划好主要页面的 Meta 标签。制作好以后,不应频繁更改,更改间隔最好在 6 个月以上。

4.12.10 网页违规跳转

违背用户意志的违规跳转是搜索引擎和用户都深恶痛绝的。而搜索引擎提倡的 301 永久重定向,并不属于这类违背用户意志的跳转。这里要介绍的网页违规跳转主要指 302 跳转、Meta Refresh 跳转、JS 跳转、body onload 跳转等各种强制性的跳转。

从本质来说,用户无法知晓的跳转程序都是不友好的行为。但是有时候的网页跳转,是为了更好的用户体验。大部分分类信息网站如百姓网、58 同城、赶集网等,在用户进入网站后,会根据用户的地理位置进行跳转。虽然这种跳转也是在用户不知晓的情况下跳转的,但是这种做法的根本目的是为了提高用户体验,而且得到了大多数用户的支持。搜索引擎并没有对这些站进行惩罚,因此我们可以了解,搜索引擎对于跳转的底线,对于用户有帮助的网页跳转,即得到用户支持的跳转,并不会受到惩罚。

怎么判断得到用户的支持呢?搜索引擎主要从网页跳转后用户的行为判断的。如果网页跳转后,用户的跳出率很高,说明这个跳转是不受用户欢迎的,也就可以判定为违规跳转,这类跳转就会被搜索引擎惩罚。

因此就算网页存在跳转,搜索引擎也发现了跳转,但是由于用户行为影响,搜索引擎并没有将网站 K 掉。这种情况主要表现在一些违法网站上,这些词有固定的搜索群体,而排名网页只是一个关键词桥页，打开网站都会自动跳转到违法网站上。但是由于跳转的内容正是用户搜索的，因此跳出率很低，搜索引擎并不会将这个桥页 K 掉。如图 4.42 所示为违法网站跳转并未被百度排除在外（谷歌也未排除这些网站）。由于网站涉嫌违法，因此对图片进行了模糊处理。

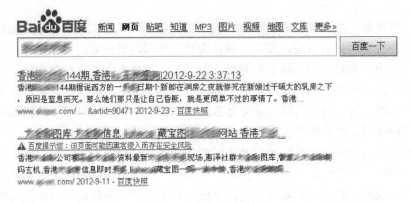

图 4.42　违法网站跳转

因此，如果网页的跳转得不到用户的认可，基本上都会被搜索引擎惩罚，这是毫无疑问的。如果不是特殊原因，基本上网站也不需要跳转，为避免被搜索引擎惩罚，最好都不要使用网页违规跳转。

4.12.11　使用框架结构

在 4.1 节里，已经提到很多框架结构的弊端是非常不利于搜索引擎优化的一种网站结构。

框架结构最大的不利在于无法正常的收录，即使能收录，搜索引擎也不好判断网页的主题。一个框架结构的网页相当于几个网页，而这几个网页都是只含有部分信息。搜索引擎抓取到的网页信息都是不全的，因此不便于判断整个网页的主题。搜索引擎对框架结构的网页是避而远之的。

而且使用框架结构的网页，也不符合现在网站的审美。大多数人已经习惯了从上到下的浏览形式，使用很久以前的框架结构，对用户体验也不好。

在实际的网站中，使用框架结构的并不多。而且现在建站，除了特殊要求使用框架结构，建站者一般都不再使用框架结构建站。因此，我们只需要了解框架结构的弊端，并不需要过多的研究。

4.12.12　登录才能显示网页内容

我们经常会遇到这样的情况，那就是浏览某个网页的时候，要求登录后才能查看内容。相信不少用户会感到反感，迫于网站信息的独特性，不得不注册登录。

而搜索引擎是模仿人浏览网页的方式对网页内容进行抓取。如果遇到网页需要登录才能显示，搜索引擎同样无法获取到网页的内容，因为搜索引擎的蜘蛛并不知道登录，也不会去注册。

这样的网页，是直接将搜索引擎拒之门外。如果网页的信息对用户很有帮助，用户可能会进行注册和登录。但是搜索引擎却不会注册，即使网页的内容有多独特性。

由于被挡，搜索引擎难以抓取到网页的正文内容，仅能获取到 Meta 标签里的信息，网页就很难被收录，也就很难有好的排名。如果网站内全是这样的网页，那么整站的收录就会受到影响。

由于登录才显示的模式，并不利于搜索引擎优化。因此就出现了有的网站提示登录的同时，也会将网页的内容显示出来，这样搜索引擎就能抓取到网页的内容，而用户查看内容仍要登录。这种方法很好地解决了网页不容易被收录的弊端。

4.12.13　网站更新频率波动太大

在 4.7 节网站地图的介绍中，XML 地图可以设置网页的更新频率属性，可以帮助搜索引擎有规律地检索网站的内容，也就是俗称的"养蜘蛛"。

"养蜘蛛"可以使搜索引擎有规律地爬行网站，从而提高网站的收录量和快照更新速度。"养蜘蛛"最重要的便是有更新规律，更新有规律的网站能得到搜索引擎的喜欢。因为搜索引擎蜘蛛在某个时间段爬行很多次，网站都没有更新，搜索引擎数据库就会记录这个网站，并在近段时间都不会再爬行。而这时网站又更新了，就不会很快被收录，首页快照也很久不会更新。

因此时常有规律的网站更新，是网站收录和快照更新的条件。这也是有的网站能实现立刻被收录而有的网站很久都不更新收录的原因。

网站更新的频率应在建站初期确定好，更新的频率不在于每天必须更新多少，而重在时间上。每天什么时间段更新，或者每周、每月什么时间段更新。确定好更新的时间后，应该尽量按照固定的时间更新。更新的时间波动不能太大，这是很重要的促进收录和快照的方法。

除了更新的时间频率，在网站更新内容的数量上，每次也不要相差太大。如果今天更新 30 篇内容，明天更新 2 个网页，长此以往，会使搜索引擎收录率下降，再更新 30 篇内容，就只能收录 10 多篇。在更新数量频率上要有好的习惯，才能让收录率不断提高。

防止更新频率大的波动，从更新时间频率和数量频率两方面出发，养成良好的搜索引擎习惯，提高网站在搜索引擎的质量度。

4.13　HTTP 状态码

HTTP 状态码一般表现在用户端设备上，但其实质是服务器的状态代码。服务器获取到 HTTP 请求时，对请求处理的回复用 3 位数字表示，也就是 HTTP 状态码。最常见的状态码是 200、301、404、500 等，所有状态码的第一个数字代表服务器响应的五种状态之一。

五种状态为 1XX、2XX、3XX、4XX、5XX。

❑ 1XX：服务器临时响应，表示已接受请求，并需要继续处理并返回结果。

❑ 2XX：HTTP 请求已成功被服务器接收、理解，并返回正常的请求结果。

- 3XX：表示服务器需要客户端下一步的操作，才能完成请求的结果，这是网页重定向的状态代码。
- 4XX：表示客户端的请求出现错误，服务器无法处理此请求，返回出现错误的可能原因。
- 5XX：服务器处理请求时发生错误或者异常状态，不能完成客户端请求，返回出现错误的可能的原因。

以上为 HTTP 状态码的五种类型，通过 HTTP 状态码我们可以分析服务器网站是否正常，或者存在的问题和原因。本节就 HTTP 状态码的认识和一些必要的优化做详细的介绍。

4.13.1　常见的 HTTP 状态码

从前面的介绍我们知道 HTTP 状态码是服务器和客户端之间交流信息的语言。分析 HTTP 状态码，对我们的预防网站的 SEO 问题有很大帮助。常见的 HTTP 状态码如下所述。

100：此状态码是告诉客户端应当继续发送请求。这个临时响应是用来通知客户端，其部分请求已经被服务器接受。客户端应当继续发送请求的剩余部分，如果请求已经完成，就忽略这个响应。服务器会在请求完成后向客户端发送一个最终结果。

200：最常见的 HTTP 状态码，表示服务器已成功接受请求，并将返回客户端所请求的最终结果。

202：表示服务器已接受请求，但尚未处理，而且该请求最终是否处理并不确定。

204：服务器成功处理了请求，但没有返回任何实体内容，可能会返回新的头部元信息。

205：服务器成功处理了请求，没有返回任何实体内容。与 204 响应不同，返回此状态码的响应要求请求者重置文档视图。该响应主要是被用于接受用户输入后立即重置表单，方便用户重新输入。

301：客户端请求的网页已永久移动到新位置。当 URL 发生变化时，返回 301 代码告诉客户端 URL 变化，客户端保存新的 URL，并向新 URL 发送请求，以返回请求结果。

302：客户端请求的资源，临时转移到新 URL 上。由于这样的重定向是临时的，客户端以后发送请求地址仍为原 URL。

304：客户端发送的请求已成功处理，但网页自请求者上次相同请求后没有更新，则服务器返回 304 代码告诉请求者，此状态码不含实体内容。

400：服务器无法理解客户端的请求，有可能是请求语法或参数错误。

403：服务器理解请求，拒绝执行并返回可能的原因。

404：请求失败，客户端请求的资源在服务器上没有找到，返回可能的原因。

410：客户端请求的资源在服务器上已不可用，服务器返回此响应，但没有请求资源的新位置。此状态码与 404 代码相似，但主要用于被永久删除的资源。

500：服务器遇到未知的错误，导致无法完成客户端请求的处理。出现此问题，一般是服务器程序码出错导致的。

503：服务器由于临时的服务器过载或维护，而无法处理当前请求。

以上的 HTTP 状态码是服务器经常返回的状态代码。用户只能通过浏览器的状态，了解服务器的正常与否，一般除了错误状态代码，都看不到服务器的状态。

作为网站的管理员,可以通过服务器下的日志文件,即网站日志,查看服务器和网站的运行状态,从而得出网站可能存在的一些问题。

4.13.2 HTTP 错误状态的产生

当服务器处于正常工作和客户端请求正确时,HTTP 返回的结果为 1XX、2XX、3XX。而当客户端请求错误,或者服务器有其他问题时,服务器就会向客户端返回错误状态代码,如 4XX、5XX 状态码。

从返回的错误状态码我们可以大致知道出现的问题原因。一般情况下,产生 HTTP 错误有以下几种原因:

- 服务器问题,无法正常工作,以处理客户端请求。主要有服务器程序错误、服务器过载等问题。发生这种情况,唯一的办法就是检查服务器,排除服务器问题。如果是服务器过载,在条件允许的情况下,更换更好的服务器。例如,HTTP 403.9、HTTP500、HTTP 503 等错误码。
- 服务器工作正常,请求的资源无法找到。这种情况发生在请求的资源已删除或被其他资源代替。可以利用建立错误 404 页面,对用户进行引导入正常的资源。例如 HTTP 404、HTTP 405、HTTP 410 等错误码。
- 请求指令错误,包括参数、语法等错误,服务器正确返回请求。避免错误的 URL 链接,规范化网址,从而减少这种原因引起的服务器错误,如 HTTP 400 错误码。
- 服务器限制,某些请求或请求的客户端不满足条件。有的 HTTP 请求需要客户端或者请求满足某些条件,如服务器权限等条件,如果不符合这些条件,将不会返回正确状态码。这种情况比较少,如果出现,则修改一些条件,或者引导用户进入网站其他页面。例如,HTTP 406、HTTP 407、HTTP 412、HTTP 414 等错误码。

当网站服务器出现错误时,势必会影响网站的表现。不仅会给用户带来浏览上的不便,对搜索引擎蜘蛛爬行也带来麻烦。因此针对相应的服务器错误,应做一些补救或修改的措施。

4.13.3 建立必要的 404 页面

由于网页被删除或者转移乃至网址不规范,都有可能造成 404 错误。而这些错误页面的链接可能还存在于站内或者站外,也没有办法去掉全部的链接。怎样才能让网站不用因为网页错误,而损害用户体验和搜索引擎优化呢?

建立 404 页面,准确的说是修改 404 页面。因为在 IIS 服务器上 C 盘中有默认的 404 错误页面,路径为:C:\WINDOWS\help\iisHelp\common\404b.htm。站长可以在这个页面上修改,也可以在建立一个 404 页面,然后修改 IIS 服务器中的网站 404 错误的指向地址。

将网站 404 错误指向新的文件方法为:进入服务器远程桌面>打开 IIS 管理器>右击要修改的网站>属性>自定义错误>选择 404 错误,然后单击编辑>选择新 404 页面路径,最后单击确定。

设计 404 页面要注意以下几个事项:

- 404 页面与网站的风格相符,不要让用户产生这是错误页面的感觉。将 404 页面设计为网站风格,能给用户更好的视觉和心理感觉,也更为美观,用户更愿意点击页面上的链接,导入到网站其他页面。

- 避免使用 404 错误提示的文字,提示错误会使用户对网站的信任感下降,因此最好不要直接显示 404 错误的语句。轻松愉快的提示语言不会让用户产生反感心理。
- 提示用户找不到网页的原因,是否是链接错误或者拼写错误等情况。帮助用户解决问题,能得到用户的支持。
- 添加网站地图及主要页面的链接,方便用户继续寻找信息,减少用户跳出。如果没有吸引用户的链接,用户遇到错误页面后,绝大部分都会直接关闭网页。而有链接的 404 页面可以将用户导入网站其他页面。
- 在 404 页面添加站内搜索功能,帮助用户寻找需要的信息。用户如果没找到需要的信息,很可能在提示下重新搜索相关内容。如果网站内有相关内容,可以在很大程度上留住用户,可以增加 PV。
- 禁止 404 错误页面直接跳转,在前面已经说过,跳转是非常不友好的网页行为。尤其在用户没有找到需要的网页情况下,直接跳转会让用户有被欺骗的感觉,因此坚决不能直接跳转。

根据以上的注意事项,在制作 404 页面时可以更好的留住用户,增加网站 PV,提升用户体验。如图 4.43 所示为站长之家的 404 错误页面可以作为参考。

图 4.43　站长之家 404 错误页面

制作 404 错误页面是一门艺术,要把握好用户的心理,而且 404 页面的文字要有吸引力,避免引起用户因为找不到网页的反感情绪。

4.14 小　　结

第 4 章网站内部优化到这里就结束了。前面的每个小节都是日常站内优化的细节技术。通过细节技术的分析把握,从而使网站整体优化质量得以提高。

从 4.1 节开始到 4.11 节，介绍了网站整体优化的要点和方法，以及网站各部分的优化。在整体优化中，对主要的架构和整站的布局进行分析；而在网站各部分优化中，对网站最重要的页面、链接、关键词等做了讲解，提到了很多相关的优化方法，都是目前能实现有效果的技术解析。

4.12 节和 4.13 节，则是对网站优化中可能出现的问题进行分析，以及网页错误的补救等，以帮助大家在实际的优化工作中，规避不利优化技术的风险，并在一定程度上进行修改和补救。

本章学习目标：了解网站整体结构及组成，掌握网站各部分优化技术，规避各种不利因素的风险，对网站内部优化有完整的思维模式及方向。

本章学习重点：网站架构及组成部分、结构优化、代码优化、链接优化、页面内容优化、优化的不利因素。

第 5 章 网站外部优化

在上一章中对网站内部优化做了详细的介绍，我们知道网站优化分为内部优化和外部优化。本章将对外部优化中最重要的链接问题做充分的介绍。网站的外部优化一直以来都是 SEOer 比较关心的问题，因为在搜索引擎排名因素中，站外部分所占比例很大。很多时候站外因素甚至起到了主导作用。在本章的介绍中，也会就网站外部优化中各个方面进行分析，包括外链的认识、外链的建设、外链工作的调整等。重点把握外链建设的技巧等知识，以便在实际操作中能做好外部优化。

5.1 外部链接概述

互联网是一个相互联系的世界，在互联网里最重要的是各个站点的互通，能给用户带来无穷的信息与资源。它以网站的外部链接为基础，从而构成一个巨大的信息网。而搜索引擎的产生也得益于互联网的这一特点，搜索引擎蜘蛛就是以各个网站的外部链接进行爬行检索的。如果没有网站外部链接，搜索引擎蜘蛛就无法来到这个网站，这个网站也就不能被收录，极少数被搜索引擎选为爬行起点的网站除外。认识外链及其作用，对于 SEOer 的优化工作是非常重要的基础。

5.1.1 Google PR 算法

在 2.6.1 节中已经简单介绍过谷歌网页评级系统 Google PR（Google PageRank）。PR 取自 Google 的创始人 LarryPage，所以也称佩奇级别，它是 Google 排名运算法则的重要因素，是对网页重要性的评估。

Google PR 是通过超链接关系来确定一个页面的等级，PR 级别从 0~10 级，10 级为最高。PR 值越高说明该网页链接越流行，网页也就越重要。简单地说就是网页的导入链接越多，网页 PR 也就越高。

PR 是 SEOer 最熟悉的搜索引擎理论，不管是交换友情链接、建设外链都会选择 PR 高的网站。但是我们平常所关注的 PR，只是在某段时间内将 PR 量化为 0~10 的等级，真实的 Google 排名 PR 的数值并没有上限。通过 Google 工具条查到的网页 PR，只是表示此网页的真实 PR 在某一个 PR 段内，即 1~10 的 PR 等级。其中每个等级 PR 对应的真实 PR 值差别都是很大的，有可能同级 PR 的真实 PR 值可能相差数倍。

Google 工具条查到的 PR 是网页在某个时间段的 PR 等级，一般是 1~3 个月更新一次，因此，我们看到的 PR 并不十分准确。

真实 PR 的算法为：

$$PR(A) = (1-d)+d\ [PR(t_1)/C(t_1)+ ... +PR(t_n)/C(t_n)]$$

其中 PR(A)代表页面 A 的 PR 值，d 为阻尼系数，一般为 0.85，$PR(t_1)...PR(t_n)$ 分别代表各个链接到 A 页面的网页 PR 值，$C(t_1)...C(t_n)$ 分别是各个链接到 A 页面的网页出招链接数量。

从这个 PR 计算公式可以看出，网页的导入链接越多，网页的 PR 就会越高。这就证明了 Google 链接理论，导入链接越多的网页越重要。但是我们在做外链或者友情链接时，不能只注重对方网站的 PR，对方网站出站链接数量也很重要。

其中阻尼系数 d 的作用是防止在网络的互联中 PR 无限增加。阻尼系数 d 使链接 PR 传递逐渐衰减，从而防止了网页 PR 无限大。

在以前的排名算法中，PR 的影响很大，PR 越高的网页排名也就越高。不过现在 PR 的重要性有所下降，但是仍然在排名及网页收录上有着很大的影响。值得注意的是，Google PR 与百度权重概念不同，Google PR 是针对链接的理论，而百度权重则是网站的关键词排名的综合评级。Google PR 针对网页，百度权重针对整个网站评级。

Google PR 作为网页链接理论，对网页也有着很大的作用：（1）网站 PR 的高低对网站收录有一定影响，当然这种影响主要是对 Google 的收录，其他搜索引擎有自己的链接理论和收录决定因素。在 Google 中，PR 越高的网站，收录的页面数量会更多，深度也会更深；（2）PR 越高，网页的排名能力越强。PR 越高的网页链接越流行，网页也就更受欢迎，因此排名能力就更强。其他搜索引擎相同，只是该影响因素并不叫 PR 而已；（3）网页的快照的更新频率会受网页的 PR 高低影响。在 Google 的数据库中，PR 越高的网页，爬行的几率和频率都越高。因此网页更新后，也就能更快的被搜索引擎发现和收录，网页的快照更新就更快、更频繁。

Google PR 是对网页外部链接作用的理论化概括，用 PR 值的形式判断网页外链丰富程度，从而得到网页外链作用大小的结果。

5.1.2 外部链接有什么作用

关于外链的作用，上一节的 Google PR 的作用也是外链作用的一部分。因为 PR 本身就是链接理论，是对链接传递作用大小的一个概括。本节会对网站外部链接的作用进行详细分析。

外部链接是网站优化的重要部分，可以说是最重要的部分。而在搜索引擎中，大部分的搜索引擎都很重视外链对排名的影响，目前外链对百度排名的影响仍非常大，而谷歌则慢慢淡化 PR 或者外链的作用。不过由于外链是现行比较公平的排名因素，所以其影响 Google 排名的比例仍不容小觑。

外链的作用可以用一个最著名的现象来说明，那就是 Google 炸弹。这也是谷歌淡化外链的一个原因。那么什么是 Google 炸弹呢？就是大量的外部链接用同一个锚文本，链向某一个网页。那么这个网页在 Google 中的排名迅速提升，甚至排在第一。之所以叫炸弹是因为这种现象最初被用在了别人的网站上，使他人网站出现在某个不该出现的关键词第一位。例如著名的白宫网站排在了 miserable failure（惨败）一词的第一，而白宫网站并无这个词。如图 5.1 所示为奥巴马在当选美国总统后，其白宫介绍页面排在了 worst failure ever（有史以来最糟糕的失败）的第一位。

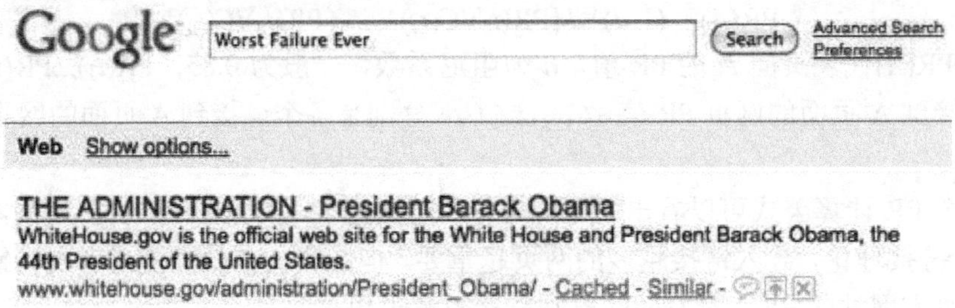

图 5.1　Google 炸弹

从 Google 炸弹可以看出，外部链接的作用是巨大的。即使网站未出现这个词，而在大量外链的作用下也会排在搜索结果前列。

除了 Google 炸弹这一现象可以看出外链的作用，那网站外部链接还能起到哪些作用呢？

- 网站外部链接和内部链接一样，都是权重传递的条件。网页权重是这个网页导入权重的集合，常见的如谷歌使用 PR、搜狗的 SR 等。网站内部链接传递的权重总是有限的，因为网站整站的权重和页面数是固定的，因此很容易达到上限。另外，如果没有外链的传递，站内自身权重是非常低的；而外部链接可以说是无限的，传递的权重也是非常巨大的，经过外部权重的传递，网站内才会有权重的不断增加。权重的增加可以帮助收录和排名，前面已经介绍过。
- 链接是搜索引擎蜘蛛爬行的基础，而外链是蜘蛛从外部爬行到自己网站的基础。为什么新站即使提交了搜索引擎，过了很久也没有收录呢？其实就是因为缺乏有效的外部链接，我们要注意的是外链的有效性，也就是经常说的高质量外链。很多网站不收录是因为没有外链，而有的网站有外链也未被搜索引擎收录，其中原因就是外链无效，比如带有 nofollow、js 链接、低质链接等。这种外链，蜘蛛一般都不会爬行，因此，网站收录就会不理想。
- 网站外部链接，可以带来用户点击流量。很多时候网站的外部链接，是用户进入网站的重要途径，其中以网址导航、问答平台尤为突出。这些流量有时候甚至能占到网站的大部分，而且都是比较优质的用户，这些用户通常会点击多个页面，或者成为网站的固定用户。因此外部链接也是外部推广的一个部分，对于网站品牌建立和点击流量都有帮助。

外部链接是网站发展的重要条件，其作用是任何内部因素都无法代替的。简单地说，外部链接的作用就是带来权重、蜘蛛和流量，而这些正是网站生存的条件。因此外部链接是优化中的一个重点。

5.1.3　外链的表现形式

外链的表现形式包括三种，锚文本链接、普通超链接和纯文本链接。三种外链形式代码分别如下：

```
<p><a href="http://www.XXXX.com/" target="_blank">锚文本</a></p>
<p><a href="http://www.XXXX.com/" target="_blank">http://www.XXXX.com/</a></p>
<p>http://www.XXXX.com/</p>
```

其中第一种就是锚文本链接，第二、三种分别为普通超链接和纯文本链接。

锚文本链接是这三种外链形式中效果最好的。其作用可以分为以下两方面：（1）锚文本链接是有针对性的关键词权重传递形式，可以有效提升锚文本关键词的排名。前面提到的 Google 炸弹就是这种形式外链的效果。（2）对链接进行文字说明，用户更容易知道这个链接是否有必要点击。锚文本链接也是唯一有此作用的超链接，用户可以通过链接上的文字进行判断，网页是否是自己需要的，从而进行点击。

因此，锚文本链接也是超链接中对提升用户点击和搜索引擎排名最好的链接形式。所以友情链接交换都使用锚文本链接，其他两种链接都无法达到锚文本链接的效果。

普通超链接即示例代码的第二种。普通超链接也可以带来权重，但是权重的传递不够准确，提升关键词排名的能力也不如锚文本链接。普通链接也能供用户点击，但是没有锚文字的说明，用户点击的几率相对低一些。总地来说，普通超链接具有锚文本链接的作用，但是作用没有锚文本链接大，使用时可以在普通超链接旁用文字进行说明。普通超链接在网站外链中占了大部分，因为在其他站引用网页时，其他网站的编辑一般不会使用锚链接，都直接使用普通超链接。因此在外链的使用频率上来说，普通超链接是最高的。

纯文本链接，即链接的表现形式为文本格式，也是三种链接中唯一不可点击的。严格地说，纯文本链接不能算是一种超链接，因为超链接是指能点击的链接。但是在网站外部链接中，纯文本链接也占了很大部分，尤其在很多网站中是不允许使用超链接做外链的。这类网站一般是允许浏览者发布消息的，但是又担心用户过多的发布外链影响自身网站，所以不允许发布超链接的外链。但是纯文本链接和文字文本是一样的，因此纯文本链接是无法阻止的，也就留给浏览者发外链的机会。

但是纯文本外链的获取成本很低，搜索引擎对这种很容易获得的外链就不会特别重视。为什么还有很多人乐此不疲地做纯文本链接呢？其实纯文本链接对网页权重传递，也是有一定作用的，但是作用不大，其最大的作用是提高网站的曝光率，这对搜索引擎评估网站质量是有帮助的。我们经常用的相关域查询（domain）就能查询到这些纯文本链接。这证明纯文本外链还是能起到超链接外链的部分作用，也能提高网站曝光率。

作为外链，这几种形式的链接都是必要的，正常网站的外部链接是三种形式的链接都有。因为在搜索引擎看来，一个网站被其他网站引用是随机的，别人可能使用任何形式的链接。所以如果一个网站的外链只表现为锚文本链接或者普通超链接，那一定是不正常的现象，极有可能是网站管理员在发布相同的链接。因此，我们不能因为锚文本链接效果好，就只用锚文本链接做外链，这样的结果会引起搜索引擎怀疑。要正常发展，应将各种链接形式搭配使用。

5.2 外部链接优化建议

前面我们认识了外部链接，打下了外链建设的基础。并不是马上就开始外链优化，因为还没弄清什么样的外链是高质量的外链，怎样做外链对网站才更有利，这些问题是外链建设前最需要认识的，带着这些问题，开始本节的学习。本节将分析外链建设的注意事项，即对外链建设的优化建议。

5.2.1　外部链接锚文字优化

外部链接中效果最好的是锚文本链接，怎样优化外链的锚文字才能更好的让外链发挥作用呢？

锚文字就是链接的文字说明，但是由于锚文字对搜索引擎有提示作用，是网页关键词排名的重要因素。如果锚文字优化得好，网页的目标关键词排名也会更好；使用错误的锚文字，不但浪费了时间和资源，而且也得不到好的效果。锚文本外链建设十分重要，建设时需要注意一些事项：

- ❑ 锚文字使用网页重要的关键词，尤其是目标关键词。选择网页目标关键词作为外链的锚文字，有助于提高目标关键词的权重，是最好的外链优化手段。前面分析关键词时说过，选择目标关键词，尽量选择有实际搜索量的，不要去做站长搜索词，这些词是站长搜索的，没有实际的流量和转化。因此为节约外链建设时间和资源，应避开搜索量低和没有实际用户的词。例如，“美国虚拟主机评测”这个词的流量很低，从搜索数据的变化来看，很多时候都是站长在搜索。
- ❑ 尽量使用网页的多个关键词做外链锚文字，防止网页的关键词单一化。这和外链的形式多样化是一个道理，过度使用同一个词作为锚文字，有可能产生过度优化某个词的危险。而且也不利于网页其他关键词的排名。因此应选取网页的几个相关词，或者关键词的变式作为锚文字。如图5.2所示为网站的外链锚文字，均使用相同的“导校培训网”，但是这个词的搜索量极低。
- ❑ 锚文字尽量使用完整精准的关键词，最好不要加入无意义的词。锚文本外链的长短一般不能过长，因此锚文字就应该尽量精炼，不使用无意义的词，如“了”、“啊”、“吧”等。完整精准的锚文字能准确的提升某个关键词的排名，而且符合用户的搜索习惯。如“怎么做SEO”最好不要写为“怎么做SEO啊”。

以上的注意事项，也是对网站外链锚文字优化的一些建议。锚文本外链优化主要是通过优化关键词，选择更好的关键词作为锚文字。当某个关键词的锚外链足够多了，关键词的排名也会随之上升。而一个关键词上升后，可以选择另外有机会上升的关键词，继续做锚文本外链的优化。

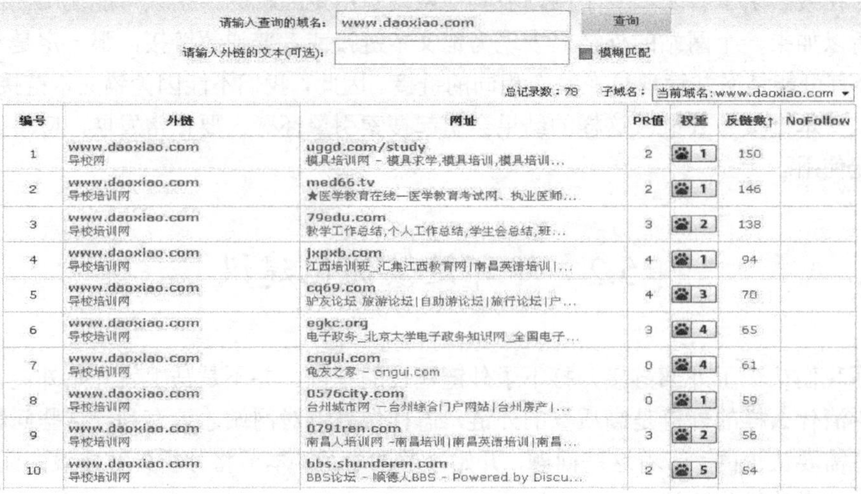

编号	外链	网址	PR值	权重	反链数↑	NoFollow
1	www.daoxiao.com 导校网	uggd.com/study 模具培训网 - 模具求学,模具培训,模具培训…	2	1	150	
2	www.daoxiao.com 导校培训网	med66.tv ★医学教育在线—医学教育考试网、执业医师…	2	1	146	
3	www.daoxiao.com 导校培训网	79edu.com 教学工作总结,个人工作总结,学生会总结,班…	3	2	138	
4	www.daoxiao.com 导校培训网	jxpxb.com 江西培训班_汇集江西教育网|南昌英语培训|…	4	1	94	
5	www.daoxiao.com 导校培训网	cq69.com 驴友论坛 旅游论坛|自助游论坛|旅行论坛|户…	4	3	70	
6	www.daoxiao.com 导校培训网	egkc.org 电子政务_北京大学电子政务知识网_全国电子…	3	4	65	
7	www.daoxiao.com 导校培训网	cngui.com 龟友之家 - cngui.com	0	4	61	
8	www.daoxiao.com 导校培训网	0576city.com 台州城市网 —台州综合门户网站|台州房产|…	0	1	59	
9	www.daoxiao.com 导校培训网	0791ren.com 南昌人培训网 -南昌培训|南昌英语培训|南昌…	3	2	56	
10	www.daoxiao.com 导校培训网	bbs.shunderen.com BBS论坛 - 顺德人BBS - Powered by Discu…	2	5	54	

图5.2　网站外链全部使用相同锚文字

5.2.2 外部链接网站的质量

网站外部链接建设的效果影响因素很多，其中一个很重要的因素就是导出外链网站的整体质量。

外部链接网站的质量是影响这个外链作用大小的因素，也就会影响外链建设的质量。外链网站的质量好，外链就能更好地传递权重，给导入网站带来更大的支持；反之则达不到很好的效果。

外链网站质量的好坏主要从以下几个方面影响导入网站的外链效果。

- 质量高的外链网站更新较快，外链被收录的速度更快，收录的可能性更高。高质量的外链网站，网页能及时收录，网页中的外链也能更快被搜索引擎索引进数据库。低质量的外链网站并不能保证收录全部的网页，也就有可能建设的外链不被搜索引擎收录，这就完全浪费了时间。而质量高的外链网站，相对更能保证外链的收录。
- 高质量的外链网站对导入网站权重的提高更有帮助。在相同条件下，高质量的外链网站通过链接传递的权重值更多，也会传递一部分信任度到导入网站。前面在PR 中讲过，高 PR 的网站能传递出的 PR 也就更多，在导出相同的情况下更有优势。另外，高质量的网站能得到搜索引擎更大的信任，这些高质量站点指向的网站也能得到一部分信任度。
- 高质量的网站收录数量更稳定，不容易出现因为外链网站收录下降，导致的外链减少的情况。低质量的网站经常会出现收录减少的情况，那么建设的外链也就不复存在了。网站外链如果大量减少，对网站是非常不利的；而高质量网站则较少出现这种情况，也就能保证外链的持续增长。
- 高质量外链网站拥有更多的外链，即外链网站本身的链接广泛性高。在前面影响网页排名因素里，外部链接页面本身的链接流行度，也就是质量高的外链网站能得到更多的网站链接。这样的网站做外链指向自身网站，对网页的排名是更为有效的。
- 高质量的外链网站可以给自身网站带来更多点击流量。高质量的网站一般用户流量都比较大，在这些网站上建设外链能让更多的用户看到并点击，自身网站也就能获得更多的浏览量。而低质量的网站几乎不能带来多少点击流量。

从前面的高质量外链网站对网站的影响，我们可以总结出什么是高质量的外链网站。也就是更新快、权重高、收录稳定、有高的 Alexa 排名、浏览量大的网站，在高质量的网站上建设外链，难度更大，但是效果也更好。因此在建设外链之前，应该筛选出一些高质量的外链网站，重点在这些网站上建设外链，这是事半功倍的。

5.2.3 外部链接网页的相关性

外部链接除了要求网站的整体质量外，导出链接的网页主题也影响着外部链接的质量。

主题相关的网页链接指向其他的网页，被认为是对导入链接网页排名最有利的。在百度排名因素中讲到过，相关性越高的网页链接能提高网页的关键词相关性，因此排名也会更好。好比两个同领域的人相互评价就更为专业。搜索引擎评价网页时也是相同的道理，相关性高的网页链接更有价值。这也是大家在交换链接的时候，一般只交换同类网站的原因。

既然网页的相关性越高，外链的作用越好，那么怎样的网页相关性更好呢？网页相关性主要表现在网页的主题上，主题相关的网页会与两种情况相关。

- 导出和导入链接的网页关键词完全相同，或者关键词变式，这种情况是相关性最强的。相同的关键词及变式，说明两个网页是竞争关系，这样的外链也是较难获得的，因此外链的价值也就更高。这种关键词相同的情况，一般出现在交换友链和转载文章上。例如导入和导出链接网页的关键词都为"搜索引擎优化"。通过这种相同关键词外链，对网页排名的帮助也是最大的。
- 导出和导入链接的网页是同行业的，相关行业页面的主题也是相关的，主要表现在其关键词都是同行业的相关词。同行业的相关词，没有关键词完全相同和变式相同相关度高，但是作为同行业词有一定相关性。例如以"骨科医院哪家好"和"医疗器材批发"这两个词做关键词的网页，经过链接联系后，也是有一定作用的，因为都属于医疗行业。

外部链接网页的相关性，是提高网页关键词相关性的重要外部途径。由于相关性高的网页导出链接，能使其他网页有更好排名。因此不管在友链交换，还是外链建设时，尽量选择相关性高的网页。相关性差的，如论坛这样的外链平台，主要起到辅助引蜘蛛的作用。

5.2.4 外部链接网站的相关性

前面一节中介绍了，外部链接网页的相关性越高，越有利于排名，这种相关性只是停留在导出链接的网页。本节所说的导出链接网站的相关性和网页是同样的道理，相关性越高越有利于排名。

但是相关性高的网站与相关性高的网页相比，明显少了很多。因为这两个站是直接竞争关系，获得这种外链的难度比相关网页更大，相关网页可以是相关博文、相关新闻、相关第三方信息平台。但是相关性高的网站一般是竞争网站，难度更大，这种外链的效果是非常好的。

外部链接网站的相关性和网页相关性有相同的地方。就是主题的关键词相同和同行业相关，当然相关性更高的也是关键字相同的网站。

和外链网页相关性中不同的是：相关网站中的网页基本上都是相关的，而相关网页的网站并非全部是相关的内容。简单地说就是不相关网站中，有一些页面的关键词和自身是相关的，最常见的就是软文。例如在博客、论坛上发布的文章，文章的主题和自身网站是相关的，但是整个博客或者论坛的主题并不一定相同。而这里要求的网站相关性是对网站的主题而言的，这种站有很多的相关性网页。

外链网站关键词相关性越高，越能提高自身网站的相关性。因此在交换和建设外链时，尤其要注意网站与自身网站的相关性。

判断网站是否相关，可以从网站首页的关键词来判断。判断条件则是网站关键词是否相同，或者是相同关键词的变形，也可以是同行业类的关键词。

5.2.5 外部链接的广泛度

网站外部链接流行度分两个标准,一个是外部链接的数量,另一个为外部链接网站的广泛度。

外部链接的广泛度,主要体现在外部链接来源网站的数量。例如网站 A、B 都有 100 个外部链接,A 网站外链分布在 10 个网站上,而网站 B 的外链分布在 50 个网站上。从链接的数量来看,两个网站是分不出差距的;但是在外链的广泛度上,网站 B 外链分布更广泛。如果他们有相同的关键词排名,则网站 B 的排名会更好。

从上面的例子我们知道,网站外链的广泛度影响着网站的整体表现。广泛性更高的网站,不管是在排名、收录、用户点击等方面,都比外链广泛度差的网站更有优势。

很多人并不清楚为什么网站的外链来源越广对网站越有利。下面总结一些外链广泛度对网站各方面的影响。

- 外链来源丰富的网站获得的链接支持更全面,对提高网站的排名有帮助。其他条件相同,外链来源越丰富,说明网站受到更多网站的喜欢。而外链不够广泛的网站,获得支持的面相对更窄,不像是自然产生的外链,因此在关键词排名上会有不足。总地来说,不管是同行业内,还是整个互联网内,外链来源是展现此网站在行业内和互联网的影响力更大,而且只有权威的网站才会得到更多行业内和互联网的外链。其实用链接投票理论来说,就是票数相同而投票的人类型越多,也就更有优势胜利。但是最好的来源,还是相关性高的同行业网站。

- 外链来源丰富的网站,蜘蛛爬行的频率更高,收录和快照会更正常。如果网站 A 的外链只来源于几个网站,当这几个网站的快照和收录不正常时,网站 A 也会出现问题。而如果网站 A 的外链来源于几十个网站,就不容易出现这种情况。因为很少同时出现很多网站都收录不正常,几率也就下降了很多。

- 外链来源丰富的网站,有更多的用户点击进入。外链来源站点越多,相当于用户面更为广泛,用户数量更庞大。在相同的用户点击率下,点击的数量也就会更多。比如网站 A 的外链网站有 20 个,网站 B 的外链网站 5 个,外链网站的 IP 量都大致相同,则网站 A 潜在点击用户是网站 B 的 4 倍,在相同点击率下用户点击就多出 4 倍。

健康的外链构成应该是来自于各种网站,各种水平、各种形式的都有,这样的外链才显得自然健康。外链的广泛度优化,应该以相关或同行业网站为前提,以其他类型网站为辅助,相关行业的外链广泛度是其中的重点。

5.2.6 外部链接的数量

前面一节我们介绍到外部链接网站的广泛度对网站的影响。本节将介绍另一个影响因素,外部链接的数量。

外部链接的数量,是网站流行度的重要表现,是网站在搜索引擎及互联网表现的影响因素。在平时的优化工作中,一般都会十分注意外部链接工作。在外部链接工作中,最受 SEOer 关注的也就是外链的数量。可以看出外部链接的数量,往往是网站好坏的一个评价因素。

在搜索引擎中，外部链接的数量也是网站排名的重要影响因素，很多人认为是最重要的因素。确实外部链接的数量在排名因素中比例较大。因此外链建设应该持之以恒，随着网站外部链接数量的提高，网站的排名也会慢慢提升。

很多人认为 Domain 就是在百度中查网站外链的指令，这种说法是不准确的。Domain 是相关域查询，查询出的内容中，有的并非是网站的外链，有可能是网站内的链接，或者是其他类似链接。如图 5.3 所示为 domain 查询外链，很多结果为自身网站的链接。

图 5.3 domain 查询结果

而谷歌使用的 link 指令，是查询实在外链的方法，但是谷歌的外链查询有很大随机性，而且显示的也只是其中一部分，并不具有参考价值。以前具有参考价值的是 Yahoo 外链查询，现在已经关闭接口。目前被认为较为准确的是 Bing 网站管理员工具。通过 Bing 查询，可以得到有参考意义的外链情况，从而了解网站外部链接的数量等情况。

外部链接的数量是网站在搜索引擎表现的重要依据，外部链接的数量通过以下几个方面影响网站。

- 外部链接数量越多，网站蜘蛛爬行的几率更大，收录和快照更正常。网站外部链接数量越多，通过外链爬行到网站的途径相对也就更多。网站被爬行的次数越多，被收录的几率也就更大，网站快照更新也更新。通常情况下，外部链接一万的网站比一千的收录量都会多很多。

- 外部链接数量越多，网站获得的权重越多，网站排名会更有优势。权重是通过链接传递的，网站拥有更多的外链，权重也就相对更高，网站关键词排名就更好；权重高的网站收录量也会更好，因为有更多的网页能达到搜索引擎的收录要求。

- 外部链接数量的多少，也会影响点击进入的用户数量。即外部链接数量越多，点击进入网站的用户也会更多。这和前面讲的外部链接广泛度有共同之处，在相同的点击率下，外部链接的数量越多，点击进入的用户也就越多。但是外链广泛度对用户点击的影响更大，而外部链接的数量，如果在没有足够多的来源网站，效果就相对小很多。也就是说,两个网站 A 和 B 外链数量相同,如果网站 A 的外链来源网站更多,则网站 A 比 B 的用户点击量更多。

外部链接的数量虽然影响着网站的搜索引擎表现,但并非绝对外部链接数量越多,网站的整体流量排名就越好,这还跟前面提到的影响因素有关。通常情况下外链的数量都是很重要的网站排名影响因素,应该持续增加网站的外部链接数量。

5.3 外部链接建设方法

了解了网站外部链接建设的建议后,我们需要将这些理论应用到实际的优化工作中去。外部链接建设是优化工作的重要方面,掌握合理的外链建设方法,对网站快速稳定提升排名有很大的帮助。本节会对各个外链建设平台进行单独分析,找到常用的外部链接建设方法。

5.3.1 交换友情链接

友情链接是日常优化工作中再熟悉不过的事了。友情链接是网站外部链接的一个特殊情况,是网站外部链接的重要方式,但是由于也有导出到对方网站的链接,而且数量上不能无限增加,因此选择友情链接是一项很谨慎的工作。

友情链接交换,是 SEOer 必须掌握的基本技能。什么样的友情链接才符合自身网站需要,才更能带给网站好处呢?要知道友情链接交换技巧,就应该知道友情链接的注意事项,以下总结一些友情链接的注意事项:

- 作为特殊的网站外部链接,友情链接具有外链的全部作用。而且更为重要的是,友情链接都是重要页面的链接,包括首页、二级域名首页、频道页等。这些页面的权重、快照等越好,外链的效果也就越突出,能带给自身网站更高的权重,更快的收录和快照,被用户点击的数量也更大。因此选择权重更高、收录更好更快的网站更好。
- 友情链接的数量有限,更应该注重来源网站的相关性。来源网站与关键词越相关,对自身网站关键词排名越有好处,最理想的情况就是相同关键词的网站交换友情链接。
- 友情链接是特殊的外链,因为友情链接是相互链接的,不仅要考虑对方网站的质量,还应该了解对方的优化情况,比如是否采用作弊手段。因为对方作弊有可能会牵连到自己,经常会有网站因为友情链接问题,导致排名和收录下降等。

友情链接是重要的外部链接,由于自身网站也要链接向对方,因此对方网站的质量要非常重视。从上面的注意事项中,我们可以总结出一些友链交换的技巧:(1)查看对方网站的关键词,最好选择相同行业的网站。(2)使用站长工具检查对方网站,如用站长之家的站长工具,查看对方网站的整体质量。需要注意的项目有百度权重、PR、网站快照、导出链接数量、网站收录量等,很多站长会忽视网站的出站链接数,这是非常不好的。很多网站的出站链接很多,可能是交换过多或者出售链接,这使得网站的 PR 输出值非常低,如果是出售链接,还可能使自身网站受到惩罚的牵连。(3)Site 网站首页是否在第一,可以在搜索引擎中搜索,如图 5.4 所示为搜索"site: www.uujaa.cn"的结果, site 首页不在第一。这样的网站最好不换,一般是被降权或者惩罚了。(4)查看对方网站的首页是否有常规的作弊行为,比如堆砌关键词、跳转、出售链接等,如果发现则尽量不交换。

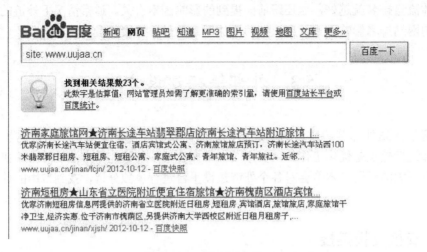

图 5.4 site 首页不在第一

友情链接交换的方法有很多,只要能寻找到相关的网站,并按照上述的方法进行检查,合适的则可交换。寻找友情链接的方法主要有:(1)QQ 群交换友情链接,这是大部分优化工作者都会选择的交换方法,这种方法速度较快,而且可以加入行业站 QQ 群,相关性更高。(2)将网站添加到友情链接交换平台,或者在链接交换平台,随便选符合自身要求的网站交换。这个方法省时省力,方便有效。如 go9go 外链平台等。(3)通过挖掘竞争对手的友情链接交换,用友情链接查询工具对竞争对手网站进行分析,然后选择符合要求的网站交换。(4)搜索自身网站相关关键词,找到相关网站进行友链交换。这样的方法是挖掘对手友链的补充,也是非常有效的交换方法。

交换友情链接是重要的外链优化工作,对网站有着重要的意义,应认真检查、慎重交换友链。交换的友情链接应经常检查,防止掉链及对方网站遭惩罚而受到的牵连。

5.3.2 到网站导航提交网站

网站导航也称网站目录,是专门提供网站分类目录及导航服务的网站。

网站导航有大量的用户,提交网站到网站导航能带来一定的点击流量。而大的网站导航则是搜索引擎蜘蛛爬行的起点,能帮助网站更新快照、增加收录等。

网站导航是效果非常好的外部链接。但是现在的网站导航,登录条件都比较高,甚至好的网站导航需要付费登录。但是 SEOer 还是没有放弃网站导航的提交,因为网站导航对自身排名和流量都很有帮助。

好的网站导航虽然难以提交成功,但是却是非常优质的外部链接。

❑ 优质的网站导航的蜘蛛爬行频率非常高,登录的网站也会因此受益。搜索引擎对网站导航是十分重视的,很多大的网站目录是蜘蛛爬行的起点,如 http://www.hao123.com/。因此网站登录后,网站收录的速度能得到提高。而且优秀的网站导航权重一般较高，能提高自身网站权重和排名。
- 优秀的网站导航用户量庞大，能带来大量的网站浏览量。好的网站导航有很多，如好 123、360 网站导航等，用户量是非常庞大的，能带来大量的用户导入。如果不能登录到这些大的导航网站，就尽量多的登录小的导航网站，积少成多，也能有一定的浏览量。

现在提交网站导航的难度比较大，有的需要制作网站导航的链接，甚至付费。这里提供一些网站导航的提交地址。

好 123：http://submit.hao123.com/static/auditSys/wztj.htm。

360 网站导航：http://hao.360.cn/url.html。

265 上网导航：http://www.265.com/submit.html。

百度网址大全：http://site.baidu.com/quality/quality_form.php。

5.3.3 企业供求商铺发布外链

企业供求信息是电子商务发展的结果，由于企业网站的数量多如牛毛，在激烈的竞争下，很难有脱颖而出的机会。因此优质的第三方平台供求，可以帮助企业网站获得更多的展示机会，如一呼百应、一比多等。

在第三供求平台中，企业可以建立自己的企业商铺。在商铺里可以发布企业的产品，企业新闻等信息。但是大多数企业供求商铺的用户并不多，因此发布产品获得的转化并不多。

企业供求商铺对 SEOer 更大的好处在于发布带外链的软文，从而增加网站的外部链接。这些链接都是比较优质的，因为 SEOer 可以控制软文的外链形式，从而达到更好的外链效果。

选择企业供求商铺时，也需要注意它的质量：
- 企业供求平台的网站质量，包括网站的权重、收录等。高权重的企业供求平台发布的外链，能带来更多的权重和排名。收录量大，则表示发布的外链软文更容易被收录。
- 企业供求平台发布的软文能否使用锚链接或超链接。很多企业供求商铺只能发布文本链接，效果不是很好。因此需要检查商铺是否能发布锚文本链接等，以筛选出更好的外链平台。例如教育在线网站就是一个很好的锚文本外链平台。
- 寻找专业性的商铺平台，更利于提高网站的相关性。同行业的商铺平台是非常好的外链资源，应该首选这些网站作为外链平台。例如 IT 行业的中国 IT 供应商、教育行业的教育在线等。

企业供求商铺可以大大增加网站的外链，相比其他软文难度小很多，而且很多平台都是免费的，是非常值得推荐的。

5.3.4 分类信息平台发布外链

分类信息平台是互联网用户提供各种生活需求信息的平台，也是互联网用户最常使用的服务之一。例如我们熟悉的百姓网、58 同城、赶集网等。

分类信息平台的特点就是，服务于互联网用户，信息更新更快、用户精准、地区性强。分类信息平台对于站长来说，是一个非常重要的营销平台和发布外链的平台。

由于分类信息的用户量大，对于网站的品牌推广有一定的好处；外链也是分类信息平台的一个作用，因为分类信息平台收录都较好，而且网站的权重一般较高。如图 5.5 所示为某网站在 58 同城的外链。

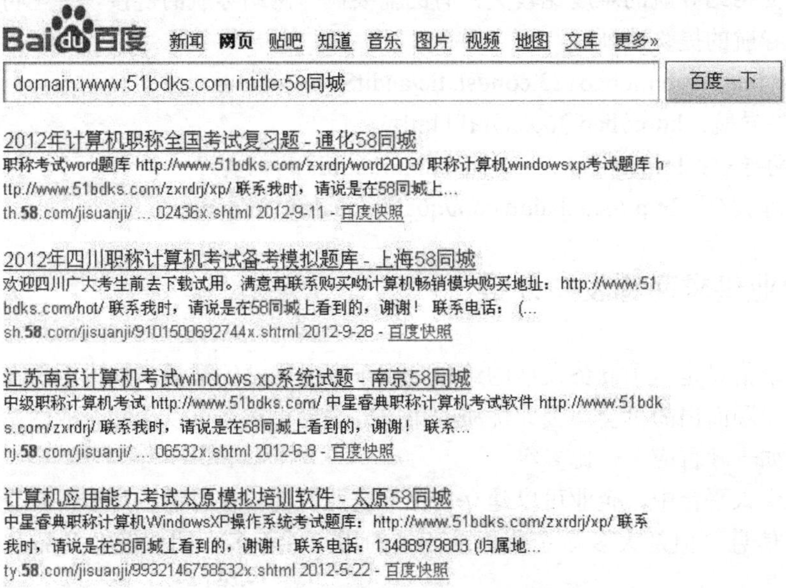

图 5.5　某网站在 58 同城的外链

和前面商铺平台一样，在分类信息平台做外链也需要对网站进行检查。筛选的注意事项如下：

- 分类信息网站的权重越高，外链传递的权重也越高。
- 分类信息网站是否能使用超链接。很多分类信息网站的文章，并不允许使用超链接，仅为文本链接。这样效果并不是很好，所以尽量选择能使用超链接的分类信息平台。例如赶集网就是非常好的外链平台。

分类信息平台和商铺平台一样，适合长期发布外链。经过一定时间的积累，网站能得到较大的提高，因此重在坚持。

5.3.5　博客及论坛发布外链

博客和论坛对于 SEOer 来说再熟悉不过了。每个 SEOer 在建设网站外链时，都会选择博客和论坛，因为博客和论坛是最容易发布外链的平台。

容易发布并不代表这就是成功的外部链接，因为很多时候博文是难以被收录的，而论坛的外链权重又较低。由于获得难度很低，搜索引擎对博客和论坛的外链现在也不重视。虽然建设博客和论坛的外链效果并不十分好，但是作为最简便的方法，仍是很多 SEOer 最常用的。

这里推荐一些收录较好的博客和论坛，博客如新浪、搜狐、网易、天涯等。论坛则较多，SEOer 做外链的博客主要有站长论坛、Admin5、落伍者、28 推、推一把、seowhy 论坛、Discuz 论坛等。

建设博客外链最好检查原创文章，使搜索引擎喜欢上自己博客的文章，也就是俗称养博客。当博客能达到每天收录时，博客外链效果也是非常好的。

建设论坛外链则更多的使用签名的形式，虽然能大量增加网站外链，但是链接的权重是相当低的。论坛外链效果并不好，主要以量取胜。

博客和论坛的外链建设，都需要一个长期的过程。如果每天抽出一点时间来做，对网站是有益无害的，但不应该是网站外部链接的主要构成。

5.3.6 问答平台发布外链

问答平台是一种互动资源的平台，互联网用户可通过向其他用户提问的方式，获得想要的信息。最为国内用户熟悉的是百度知道、SOSO 问问等。

作为一种互联网用户交流的平台，用户使用的频率很高，也就是问答平台的用户量非常大。尤其是搜索引擎本身的问答平台，如百度的知道、SOSO 的问问。搜索引擎给予自身产品的权重都比较高，在用户搜索相关关键词时，会得到非常高的排名，流量是非常大的。因此问答平台是极好的外链平台，以及品牌推广平台。如图 5.6 所示为某网站在百度知道建设的外链。

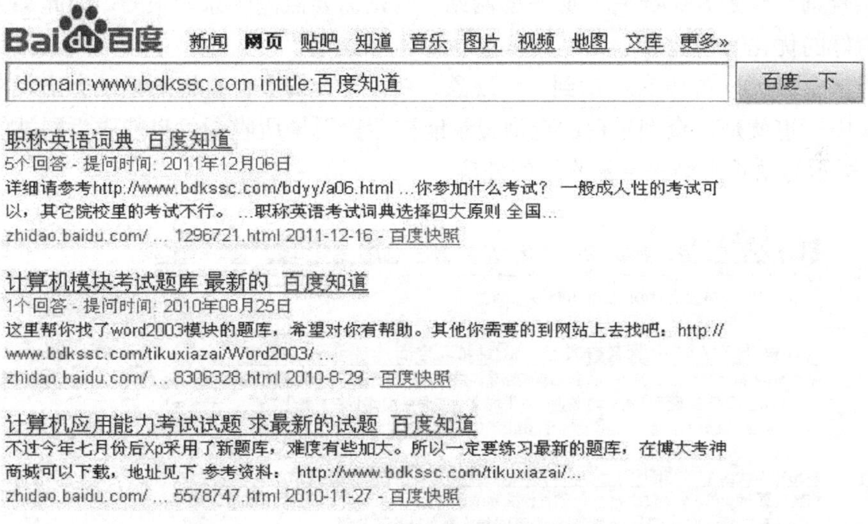

图 5.6 某网站的百度知道外链

百度知道在百度权重非常高，排名非常好，浏览量相当大。一般百度知道的外链建设难度要大于 SOSO 问问，但是百度知道的效果却更好。因为有巨大搜索量保证和百度自身产品传递权重的认可度，也就是百度知道的外链比其他问答平台更被百度认可，对网站权重及信任提升更高。

需要注意的是，很多问答平台的外链都会被添加上 Nofollow 标签。对网站优化没有帮助，因此在筛选问答平台建设外链时，应该选择没有 Nofollow 标签，且权重较高、收录较好的。

在建设问答平台的外链时,需要注意以下几点:
- 避免明显的广告辞令。既然是用户互动的平台,提问者和搜索者肯定不希望看到的是商家的广告。这样不但达不到推广品牌和带来流量的效果,反而让用户产生反感情绪。最好能直接解决用户问题,或者将用户巧妙地引入到网站。自己提的问题,也应该避免同样的错误。
- 避免重复使用相同的账号添加相同的网站。使用相同的账号添加相同的网站,很快就会被网站发现,可能导致该账号的建设的外链全部失效。因此应合理使用账号和要添加的链接。
- 问题应该与外链的页面内容相关。很多 SEOer 为了做外链而做外链,完全忽视用户的实际需求,经常在热点问题上添加不相关的自身网站链接。这样用户体验极差,虽然得到了外链,却失去了用户,而且外链相关度不高,这是不划算的。应尽量在相关问题上,导入外链到自身网站。

问题平台是效果非常好的外链平台,但是建设难度也越来越大。几年前,百度知道可以轻松地添加大量链接,而且非常稳定,现在已经不那么容易添加链接了。SOSO 问问难度稍小一些,但是难度越高效果也越好,应尽量做好问题平台的外链。

5.3.7 站长查询平台查询记录中的外链

站长查询平台是 SEOer 每天必去的网站,网站需要监测的东西很多,因此每天检查网站是非常好的优化习惯。

可能很多 SEOer 并没有注意到一个现象,在站长查询平台查询的记录会出现在搜索引擎的结果中。也就是,查询平台的查询记录能被搜索引擎所收录,也能成为网站的外链。如图 5.7 所示为站长查询平台被收录的外链。

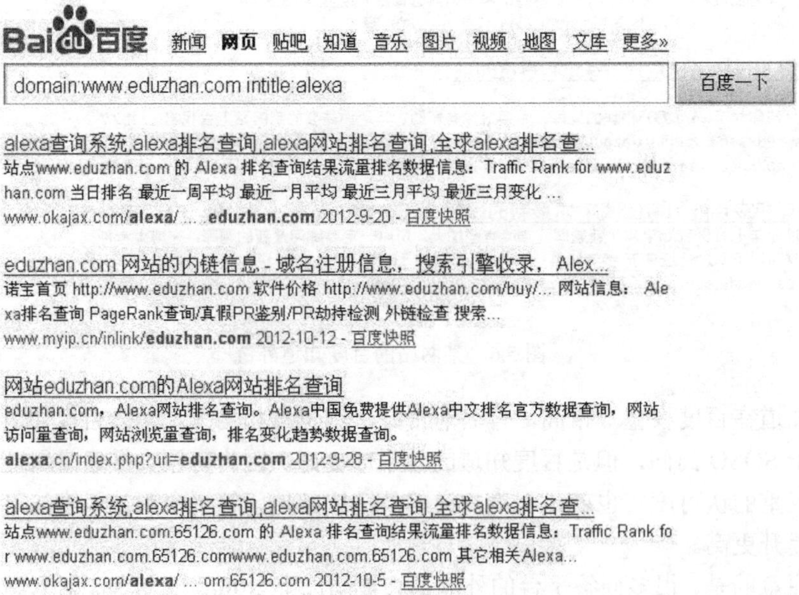

图 5.7 站长查询平台外链

当用户查询某个网站的 Alexa、PR、搜索引擎收录等信息之后，这些站长查询网站都会把查询情况记录到数据库，并留下所查网站的链接，相当于建立了一个自身网站的外链。虽然此类外链的质量不如软文外链质量好，但确实能快速增加网站的外链。

很多时候，站长查询平台的外链不能完全被收录，也不是经常去查询就能获得的。而且这类查询平台很多，难以实现人工查询建设外链，可以总结为两点：第一，站长查询平台的效果并不十分好，不能保证查询外链一定被收录；其次，查询平台多收集工作量大，会浪费较多时间。

因此也就出现了很多专业查询工具，这些查询工具收集了大量 IP、Alexa、PR 查询等网站，通过自动提交查询的方式，完成站长查询平台外链的建设。此类工具有超级外链、SEO 蜘蛛侠等，只要填写需要建设外链的网站，就能自动提交到大量的查询网站，十分便捷。

站长查询平台外链传递的权重很低，只能积少成多，因此我们也不可能浪费时间手动去建设。不过经观察发现，经常在站长查询平台查询能提高网站的曝光度，对于新站来说，能加快搜索引擎的收录。但是对于关键词排名几乎没什么效果。

5.3.8 书签网摘平台

书签和网摘都是社会化分享平台，通过用户分享和收藏的方式，进行互联网内容的传播。网摘及书签现在逐渐发展为分享推荐的一种新途径，用户可以将自己感兴趣的网页、图片等收藏起来。收藏的内容可以展示给其他用户，也能被搜索引擎收录，得到更广泛的传播。而此类书签网摘网站有 QQ 书签、有道书签、天极网摘、天天网摘、人人网摘等。

书签和网摘是用户的一种自发收藏行为，只有对用户有价值的网站，被收藏的可能性才会更大。如果网站内容没有价值，用户不会主动收藏。因此搜索引擎中，书签网摘平台收藏越多的内容，给予的权重就越高，也是社会化影响排名因素之一；从另一个方面来说，搜索引擎可以收录用户收藏的网站链接，即网站被收藏得越多，所产生的网站外链也就越多，这也是影响被收藏网站排名的因素。如图 5.8 所示为北京奥运气象服务中心网站在 QQ 书签的外链。

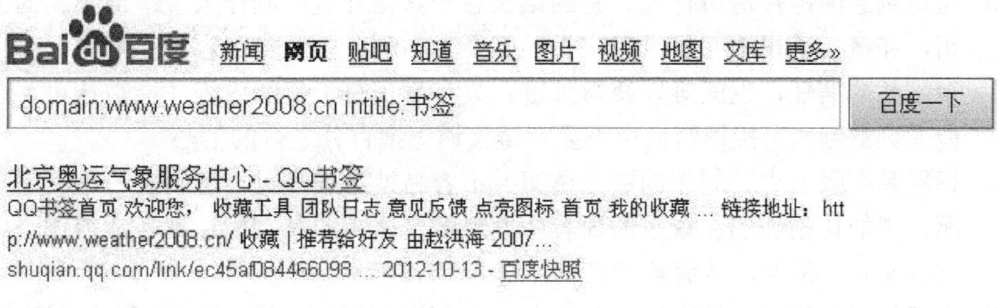

图 5.8 网站在 QQ 书签中的外链

被用户在书签和网摘平台中收藏的网站能向其他用户展示，其他用户也能通过链接来到网站，给网站带来一定的流量。但是不能对这些流量抱太大希望，因为用户看到和点击的几率都比较低。因此书签和网摘平台的收藏，最大的作用仍是传递权重的外链。

经过分析对比，发现 Google 比百度更重视书签和网摘网站的链接，不管是对此类网站的收录数量，还是对导出网站的收录速度，都比百度更好。如果是针对 Google 做优化，书签和网摘平台的外链是非常好的。尤其对新站来说，书签和网摘平台的外链，能让网站很快被 Google 收录。虽然百度对书签和网摘平台的外链收录并不如 Google 好，但是书签和网摘的外链也能带来一些权重。

书签外链的建设比较难，这是一种用户行为，站长是很难控制的。但是 SEOer 可将每天发布的网站内容链接收藏到各大书签和网摘平台中，对网站外链优化也是有一定效果的。

5.3.9 制作链接诱饵

链接诱饵（Link Baiting）是一种利用站长主动传播的外链手段，链接诱饵可以是软文诱饵、资源诱饵、线上工具、利益吸引、幽默搞笑、事件炒作、病毒营销等方式。链接诱饵的产生，主要是由于网站内容本身的价值独特性，站长给予的一种链接指向行为。

链接诱饵最大的特点是要有吸引力，能满足站长的需求。最大的优点则是大量单向链接导入，提高网站权重。这是最值得推荐的外链建设方法，不过制作链接诱饵也是非常困难的，因为需要得到其他站长的喜欢，是非常困难的。需要投其所好，能得到他们的认可才能获得更多的外链。

链接诱饵产生外链的形式是搜索引擎最认可的，因为这种外链都是站长自愿、来源广泛的单向链接。这种外链的数量，也是判断一个网站质量的重要依据，也是排名中非常重要的影响因素。

制作链接诱饵是一个很有挑战的工作，并不是做了就能获得大量外链，需要注意很多细节：

- 链接诱饵是需要站长支持的链接，因此链接诱饵应该针对站长的需求。首先需要考虑站长感兴趣的内容，而非用户需求。因为很多时候，用户需求和站长需求是不同的，站长需求也是多于用户需求的，用户感兴趣的内容只是站长需求的一部分。例如站长对本行业的资讯话题感兴趣，而用户可能只关心与自己有利的内容，对行业资讯并不很关心。
- 避免刻意的链接诱饵行为。有的站长急于获得外链，制作大量价值不高的链接诱饵，在链接诱饵中明显带着广告的嫌疑。站长对于这类内容早已熟悉，就很难获得站长的信任，也就难以获得外链。只有真正有价值的内容才能被认可，因此不能太刻意制作链接诱饵，也不要对链接诱饵抱百分之百的信心。
- 标题具有吸引力。制作的链接诱饵并不容易被站长注意，但是有一个吸引力的标题，更能让站长们在众多的内容中发现链接诱饵的存在，让站长觉得这个内容是有意义和价值的，从而给予网页外链。
- 利于传播的形式。无论是分享方式、链接诱饵的版面等，都应以利于传播为标准。分享方式应更简单方便，复杂的程序谁都不会喜欢。在制作文章类的链接诱饵时，文章的版面和长度也会影响站长是否给予链接，规范而长度适中的文章是更权威和准确的。

制作链接诱饵的方法有很多，需要充分发挥创意和研究站长的喜好，并分别做针对性的处理。（1）制作软文链接诱饵时，一定要注意软文的独特性和权威性，才能在众多的内容中脱颖而出。例如标题为"10大搜索引擎排名算法因素"的软文就比较独特，也更能吸引用户转载。(2)资源链接诱饵，最好具有原创性和独特性。有区别才能得到站长的肯定，也才能获得外链。如果在互联网上已经有的，或者只是照抄别人的资源，这样的内容是没有多少价值的。例如网上很多网站模版资源都会带有自身网站的链接。(3)线上工具链接诱饵，要注重原创和实用。只有原创的线上工具，别人才会将链接指向自己；而实用性是工具传播的条件，没有实用性的工具是得不到大量传播的。例如线上SEO工具、网络插件等。(4)利益吸引链接诱饵，提高站长需要的服务，使站长主动提供链接支持，例如很多网站提供的网站分析服务等。(5)幽默搞笑链接诱饵，幽默搞笑内容是最受大众欢迎的内容，站长也不例外，因此能得到快速的传播。(6)事件炒作链接诱饵，主要是利用重点事件进行分歧性争论进行炒作，将事件放大，让更多人关注，从而得到站长的跟进。此类炒作应有一个度，以免失去大众的支持。

制作链接诱饵的方法很多，重要的不是链接诱饵的形式，而是如何吸引站长，从而得到他们的链接。因此准确把握站长的需求，才是制作链接诱饵中最重要的要求。也就是选择任何一个适合自身网站的链接诱饵形式，都能做出大量外链。也可能得不到多少外链，这就要看制作的链接诱饵，是否真正能满足站长的独特需求。

5.4 友情链接交换查询技巧

在前面已经讲过友情链接交换的方法，但是并未对友链交换进行完全的分析。因为友情链接是网站最重要的外链形式，关系着网站整体表现。本节将详细分析友情链接交换中，对对方网站数据查询的技巧，以从中选择更优秀的网站，使友情链接的作用发挥到最大，也规避友情链接交换中的风险。

5.4.1 注意对方的PR及百度权重高低

交换友情链接时，所有的SEOer都会检查对方的网站。一般首先关注的都是网站的Google PR和百度权重，因为这两个是目前国内较权威的搜索引擎。

我们需要明确为什么要关注PR和百度权重，这两个值对我们交换友情链接有什么参考价值？这两者经常同时出现在查询记录中，如图5.9所示为查询某网站PR和百度权重。

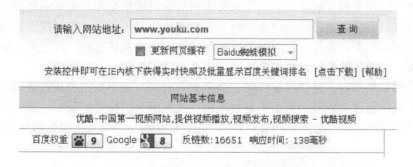

图5.9 站长工具查询PR和百度权重

从前面外链理论中知道，Google PR是链接权重传递的计算值。从PR的高低，我们能了解到一个网站的链接流行度，也就是该网站的外链数量。PR越高，说明该网站有更多的外部链接,也意味着在相同情况下,能带来更多的 PR 传递。作为链接理论,PR 不仅对 Google 优化有帮助,对百度乃至其他搜索引擎都有一定的指导意义。交换友情链接时,也应将 PR 作为一个主要标准。

关于百度权重,很多 SEOer 都有一个误区,就是认为百度权重就是百度的链接理论,和 Google PR 是相同的。这里要纠正一下,我们所看到工具查询出的百度权重,并非网站的外链传递的权重理论,而是网站关键词排名流量的等级。百度关键词流量与百度权重大致对应为:

```
权重1:0-99
权重2:100-499
权重3:500-999
权重4:1000-4999
权重5:5000-9999
权重6:10000-49999
权重7:50000-199999
权重8:200000-999999
权重9:1000000 以上
权重10:暂无
```

因此从百度权重,我们并不清楚该网站能给自己带来多少权重值,而更多的是了解该网站关键词的排名情况。不过一般情况下,百度真实的权重值高的网站,关键词流量都比较好。由于百度权重并不确切地表示网站的关键词流量,有的网站查询出的结果也会有一些出入。因此不必过于信任查询的网站百度权重,这个权重值并非外链能传递的权重值。

但是由于友情链接的重要性,尽量选择 PR 和百度权重比自己高的网站进行链接交换。这需要自己的谈判能力,如果实在交换不了,和自身相当的网站交换也是不错的选择。

5.4.2 首页快照是否及时更新

网站首页快照是首页在搜索引擎的更新频率,是搜索引擎索引网站首页的最近时间。如果这个时间离现在比较久,说明网站的更新情况不理想。有可能是网站内容更新频率低,也有可能是网站受到某种搜索引擎惩罚,导致网站首页的快照更新不及时。

在友情链接交换时,通常要求首页快照在三天内,最迟不超过 1 周。首页快照的更新为什么会影响友情链接交换呢?因为通常交换友情链接的页面都是网站的首页,如果首页不更新快照,即使交换了链接,也无法被搜索引擎索引进数据库,也就不能算做自己的网站的一个外链。而且如果该网站是由于被惩罚导致的快照不更新,有可能还会使惩罚影响到自己的网站。因此,与首页快照未及时更新的网站交换友情链接,可能很久都无法产生期望的效果,且有影响自身网站的风险。

在查询网站快照时,建议尽量直接在搜索引擎查询,而不要完全相信查询工具。因为有的查询工具更新速度较慢,数据不是很准确。在大部分的搜索引擎中,都可以使用 Site 命令查询网站快照,例如 site:www.58.com。如图 5.10 所示为站长之家的百度快照。

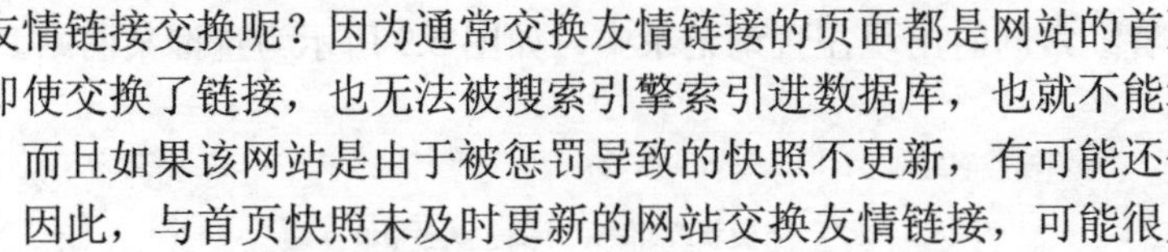

图 5.10 站长之家的百度快照

在交换友情链接的时候，首页快照的时间最好在三天以内，首页快照时间很落后的网站，尽量不要与之交换。

5.4.3 网站收录情况

网站收录是一个网站整体质量地体现，是网站权重和原创内容的直接展现。因此在友情链接交换中，网站收录数量也是 SEOer 应该关注的方面。

网站收录的影响因素，前面已经说了很多。而反向推之，搜索引擎收录数量越多的网站，通常权重更高。因为收录的内页数量越多，内页链接传递给首页的权重也会越多，首页的权重也就更高，那么该网站向外传递权重的能力也就越强；收录越多的网站证明原创内容更多，有价值的内容页也更多，网站的流量相对更高。因此，通过链接所能带来的流量也相对多一些。

一般，查询网站收录比较简单，通过站长工具和搜索引擎都可以查询。用搜索引擎查询时，使用 Site 命令查询，搜索引擎会直接显示网站的索引数量。如图 5.11 所示为 Site 查询网站百度收录数量为 161 个网页。但是 Site 查询的数据并不准确，通过百度提供百度统计后台，查询该网站在当日的收录为 453，如图 5.12 所示为搜索引擎管理工具的查询结果。两者相差得非常大，这种差距在 Google 上也存在。

因此，使用 Site 查询的网站收录是不准确的，但是搜索引擎管理工具只能查询自己的网站，不能查询其他网站。也只能使用 Site 来查询，结果作为一个参考数据。

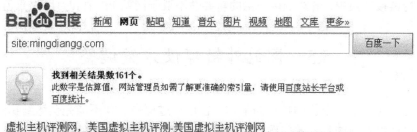

图 5.11 Site 查询网站收录数

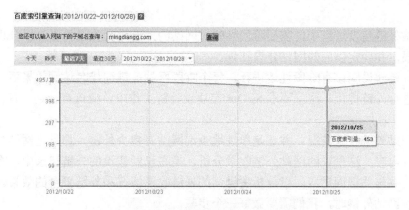

图 5.12 搜索引擎管理工具查询收录数

作为一个网站质量的重要标志，交换友情链接时，查询网站收录数量是很有必要的。但是由于数据的不准确，查询结果只能作为参考。交换时，尽可能选择收录数更多的网站。

5.4.4　出站链接数量多少

前面讲链接理论时，已经了解到导出链接越多，每个链接的权重输出就越少。在介绍 Google PR 时也说到网页导出链接越多，PR 输出值就越少，投票能力就更弱。

出站链接的数量多少，决定着该网站外链质量的高低。在网站权重相同的情况下，出站链接多的网站，权重输出能力低，外链的质量不高，效果也不好；出站链接少的网站，权重输出能力高，外链的质量更高，效果也更好。甚至有的时候，宁愿选择一个导出链接少的低权重网站，也不选择一个大量导出链接的高权重网站。

很多 SEOer 在交换友情链接时，并不注意网站的导出链接数量。很多人用站长之家查询网站，由于在综合查询页面内，并没有网站导出链接数量的数据，就只关注网站的 PR 和百度权重。这就使得网站的友情链接效果并不是最好的，很多友情链接权重输入很少，甚至遇到大量出售链接的网站，导致自身网站受到影响。

要查询网站的出站链接数量，可以使用站长之家的友情链接查询工具，或使用爱站工具友情链接查询工具。通过查询对方网站的友情链接数，便可知该网站的导出链接是多少。如果超过 80 个导出链接，则交换链接时就应该慎重一些。

在友情链接交换中，出站链接数量的重要性不亚于网站 PR 值和百度权重值的重要性。

5.5　网站外链建设方案调整

网站外链建设是一个长期持续的工作，在这个过程中，并不能完全达到我们的预期效果，也会出现很多外链建设的问题。因此我们需要对外链建设的效果进行分析，并对其中出现的问题进行调整解决。本节将对网站外链建设过程中，外链建设方案的调整做一些分析。

5.5.1　网站外链收录分析

在网站外链建设过程中，需要阶段性的对网站的外链进行收录检查，以分析网站外链建设的效果，并确定以后的网站建设计划。

网站外链建设应该有阶段性地进行，每个阶段网站关键词排名达到效果后，需要对其他关键词进行外链优化。这就要求 SEOer 在建设外链工作中，应该有计划、有记录、有调整的实行。

查询网站外链收录情况，并非是单纯地查询网站有多少外链，那只是网站外链收录查询的一部分内容。这里说的网站外链收录分析，是在已经建设的外链记录中，查询出已收录的外链，并与关键词对应，以分析关键词的外链收录情况和外链平台的效果。

在建设网站外链时，我们需要做好三个步骤。

（1）制定阶段性关键词外链建设计划。选取现阶段有上升空间的关键词，可以用 Excel

表格制定一个关键词建设计划。在 Excel 表格中应列出关键词的目前排名、对应 URL、关键词指数等信息。如图 5.13 所示为关键词外链优化计划表。

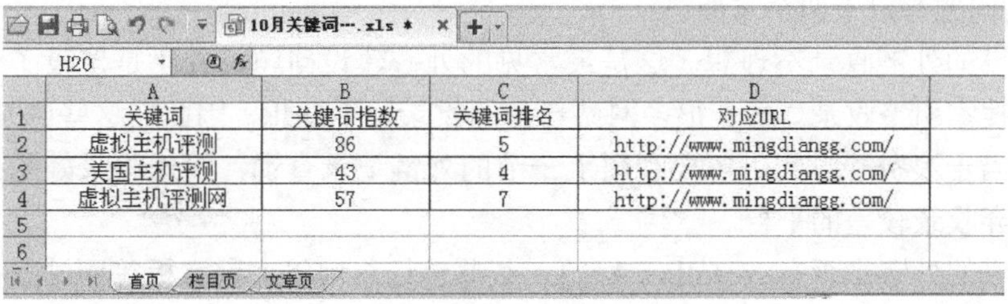

关键词	关键词指数	关键词排名	对应URL
虚拟主机评测	86	5	http://www.mingdiangg.com/
美国主机评测	43	4	http://www.mingdiangg.com/
虚拟主机评测网	57	7	http://www.mingdiangg.com/

图 5.13　关键词外链优化计划表

（2）根据计划表，坚持每天建设网站外链。建设外链时应将外链记录为另一个表，以便于进行收录查询，并对外链建设效果进行分析。调整网站外链建设的方向，舍弃效果不好的外链平台，重点建设收录不好的关键词外链。外链建设记录表应包括时间、外链平台、外链 URL、关键词、本站 URL、是否收录等信息。如图 5.14 所示为关键词外链建设记录表。

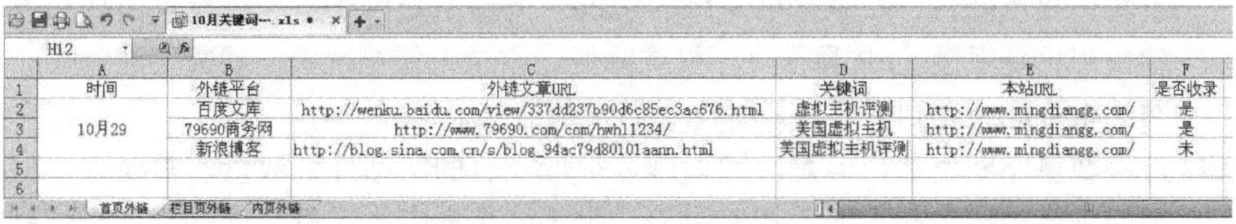

时间	外链平台	外链文章URL	关键词	本站URL	是否收录
10月29	百度文库	http://wenku.baidu.com/view/337dd237b90d6c85ec3ac676.html	虚拟主机评测	http://www.mingdiangg.com/	是
	79690商务网	http://www.79690.com/com/hwhl1234/	美国虚拟主机	http://www.mingdiangg.com/	是
	新浪博客	http://blog.sina.com.cn/s/blog_94ac79d80101aann.html	美国虚拟主机评测	http://www.mingdiangg.com/	未

图 5.14　关键词外链建设记录表

（3）一般以月为周期，调整需要优化的关键词，并舍弃收录不理想的平台，筛选效果较好的外链平台。一般一个月的时间，优化的关键词排名都会有一定提高，如果已经达到目标，则选用其他关键词继续进行优化工作。

上面是规范化的外链建设过程，其中将建设的外链记录为表，是为了更好地分析外链建设的效果。分析网站外链收录主要从以下三个方面进行：

- ❑ 分析网站总体外链收录情况。使用 Bing 网站管理员工具查询的结果最为准确。通过查询外链总数，可以得出网站总体外链建设情况，从而清楚离自身目标和竞争对手的差距。
- ❑ 分析各关键词外链收录情况。通过分析各关键词的外链建设效果，找出外链建设不足的关键词，并在下一步外链建设中，加强外链不足关键词的外链建设。
- ❑ 分析收录不好的外链平台。通过查询建设的外链收录情况，可以了解各外链平台的效果，从而在建设过程中筛选出收录最好的网站。

分析网站外链收录情况，是为了更好地建设外链，也更好地把握外链建设的进度，是重要的外链建设管理手段。

5.5.2　外链建设遇到的问题

外链建设是长期的工作，也就势必会出现一些问题，而且有的问题是非常严重的。例如友链的连坐惩罚等，都是直接影响网站在搜索引擎中的表现的。

外链建设出现的问题，常常是由于SEOer建设外链时方法不规范或者粗心大意造成的。经常出现的问题有以下四个方面：

- ❑ 建设的外链收录不理想。这是最常见的外链建设问题，并不是建设了外链，就能被搜索引擎收录。由于很多网站自身的收录并不理想，因此在这些网站建设外链，相当于浪费了时间。需要利用上一节的外链记录查询，筛选收录好的外链平台，摒弃收录较差的平台。
- ❑ 建设的外链是否有 Nofollow 标签。某些论坛、问答、留言板等网站权重高、收录快，也很容易做上外链。而且建设的外链用 Domain 命令在百度也是能够查到的，但是这些网站的外链都被加上了 Nofollow 标签，也就是让搜索引擎不爬行这个链接，也不作为一个链接投票。这样的外链是没有实际效果的，充其量增大了网站的曝光率，也就是通过 Domain 查询出的相关域结果。所以要尽量避免在这种网站建设外链，以免浪费时间。
- ❑ 友情链接的连坐惩罚。在交换友情链接时或日常的维护中，如未对友情链接进行检查，当对方网站被搜索引擎惩罚，自己的网站也会受到一定牵连，造成快照不更新、权重降低、收录排名下降的情况。无论是交换还是平时检查，如果发现网站快照更新很慢、PR 降到-1、权重降低、收录很低等现象，就需要注意了。这种网站很可能是受到惩罚，最好先不做友情链接。
- ❑ 外链数量不断增加，但是关键词排名很低。有的网站外链数量非常庞大，但是网站的关键词排名却很低，搜索引擎几乎不能带来多少流量。这就要分析外链的质量，以及外链锚文字是否准确相关。如果网站的外链构成只有论坛、留言板，那么这样的外链再多，网站关键词的排名也不会很好；如果外链基本没有锚文本外链，或者锚文字使用不准确，那么网站关键词的排名也会不理想。

外链建设必然会出现问题，我们要做的就是解决这些问题，让网站关键词排名更好。SEO 优化的好坏取决于怎样解决优化问题，而规避优化风险，应该以解决外链建设的问题为主。

5.5.3 外链建设方案要及时调整

每个网站都需要制定外链建设计划，并对外链建设的效果进行监测。因为良好的计划能使网站外链建设更有目标性，而且也是管理和要求优化团队的方法，能提高优化效率，减少优化周期。制定外链优化方案，是科学专业的优化方法，也是专业的 SEOer 的良好工作习惯。

外链建设方案不是一成不变的，随着建设的进度和出现的问题，外链建设也是需要做出一些调整的。最常调整的就是关键词的变化和针对外链收录情况做的平台调整。

制定书面形式的外链建设方案，可包括网站的外链现状、外链目标、外链方法等。

网站的外链现状：应包括网站现阶段的 PR 权重值、外链总数、外链的首页数量、各权重段外链数、同行业首页外链数、关键词的外链数等。

外链建设目标：和外链现状相同，只需按照网站整体目标，进行各单项的具体计划。如网站的 PR 权重值应达到多少、外链总数达到多少、外链首页数量达到多少时，才能在行业内处于领先水平。另外，外链建设目标还应划分阶段性目标，以方便对外链建设进行评估和外链方案的调整。如分阶段建设哪些关键词等。

外链建设方法：根据网站外链建设的目标，确定外链建设的方法，并在建设过程中不断修改和完善。如交换友链的方法、外链平台的筛选、锚文本外链和普通超链接的分配等。

当然，随着外链建设的深入，会出现一些问题，需要对外链建设方案进行调整。在前面我们已经说到了，调整主要的目的是为了更好地建设外链和规避外链错误与风险。

- 更好地建设外链，主要是阶段性地调整外链建设的目标。如网站权重值的提升，可交换更高权重的友情链接；选择更多有机会的关键词作为锚文字进行外链的优化，以提升更多关键词的排名；外链建设目标的提高或降低，主要是根据人力、财力条件和阶段目标，提高或降低外链建设的阶段性目标。
- 规避外链建设错误与风险。如前面说过的友情链接可能有牵连惩罚的可能，应随时检查并调整友情链接；出现错误的 Nofollow 外链，可及时调整外链建设的平台，筛选出更优质的外链平台来建设外链；外链范围应该更广泛，而不是只集中在几个论坛或者博客，最好是增加同行业网站的外链。

外链建设的调整，很多时候是随时都会发生的，但是大的建设目标并不会经常调整。整个网站的外链建设和团队人员的分工，都应该围绕外链建设的目标进行。外链建设的调整，也应该以外链建设目标为要求。

5.6 小　　结

本章到这里就结束了，通过本章的讲解，应该对网站外部优化有了一个清楚的认识。在网站外部 SEO 优化中，网站外链优化占了优化工作的全部。这里我们不谈网络营销和网络品牌打造，因为这并不属于网站外部 SEO 优化的范畴。

在网站外链优化中，我们对外链的作用、外链优化的建议、外链建设的方法、外链建设方案的调整，做了较为详细的讲解。从每个细节对网站外链优化进行分析，也是实际外链建设的各个方面。从外链的认识到建设的建议，从外链的建设方法到外链方案的确定，将外链建设的全部知识完整而系统的展现在读者的面前。

本章的学习目标：了解网站外部优化基本知识，掌握外链建设的原则及方法，懂得用科学的外链建设方案和计划进行网站外链的建设。

本章的难点：外链建设的建议、各平台外链建设的方法、外链建设计划表格、外链建设方案。

第6章 白帽、黑帽和灰帽

SEO 搜索引擎优化的技术不是一成不变的。随着时代的发展，搜索引擎优化的技术也在不断改变和进步。但是无论怎样发展，SEO 的技术种类却是不会改变的，那就是白帽 SEO、黑帽 SEO、灰帽 SEO 三种。

准确地说，白帽（Whitehat）才是真正意义上提倡的优化方法，是符合搜索引擎规范的技术。其他两种 SEO 技术，尤其黑帽（Blackhat）技术是利用搜索引擎的排名算法和漏洞，进行提高排名的作弊手段。灰帽（Greyhat）是介于白帽和黑帽之间，使用取巧或轻微作弊的技术。黑帽和灰帽是不被搜索引擎提倡的，由于它利用搜索引擎算法漏洞进行的排名优化，是违反互联网公平竞争原则的。

6.1 白帽、黑帽和灰帽的关系

SEO 技术刚出现时，只有简单的白帽手法。SEO 发展到今天，相继出现了黑帽 SEO 和灰帽 SEO 技术，它们的出现是互联网发展的结果，也是人们对 SEO 技术重视的结果。

从划分来说，这三种技术主要是从优化的方法进行区别的。

白帽 SEO 是最为规范的搜索引擎优化技术，也是被搜索引擎提倡的。主要的特征就是利用正当的方法，使网页在搜索引擎的排名中上升。通常使用白帽 SEO 技术的网站，一般优化周期较长，但是很少会受到搜索引擎的惩罚，能长久获得好的排名，从而为网站获得长期的利益。由于白帽技术效果见效周期过长，因此单纯使用白帽手法的 SEOer 并不多。主要方法如网站提交搜索引擎、坚持原创文章、优化网站代码等。

与白帽 SEO 相对应的是黑帽 SEO 技术，黑帽是使用作弊手段的排名优化，主要使用诸如关键词堆砌、隐藏文字、买卖链接、桥页等方法。既然是使用不正规的方法优化，必然是搜索引擎打击的对象，所以使用黑帽技术的网站大多都持续不了很久。而且被搜索引擎 K 站后，一般需要数月才能恢复。由于黑帽 SEO 见效快，因此深受暴利网站喜爱，虽然排名不能持续多久，但已经够站长获取高额利益了。

灰帽 SEO 是介于白帽与黑帽之间的 SEO 技术，它采取一些取巧或者轻微作弊的方式操作，因为这些行为并不严重触犯规则，也不严格遵守搜索引擎的公平原则。其特点是能很快地提升网站排名，并且不容易受到搜索引擎惩罚，大部分 SEOer 都会使用。其实在前面我们讲到的内外部优化，很多都是属于灰帽 SEO 范畴的。比如网页关键词的加粗、文章中重复关键词等都是灰帽 SEO 方法。

这三种 SEO 技术有区别，也是有联系的。最大的联系就是，任何一个站都不会单独使用其中一种技术，都是同时使用两种及以上的 SEO 技术。这主要是由于单独使用任何一种 SEO 技术，都有不同程度的缺点，也不能安全快速地提升网站排名；另外，这三种 SEO

技术都是顺着搜索引擎的喜好，比如排名算法的规则、收录的标准等。

因此在白帽、黑帽、灰帽中，并不一定做大站就不用黑帽和灰帽，也不是做短期站就不用白帽和灰帽。最重要的是 SEOer 如何去把握这几种技术的比例。

一般长久站很少会用黑帽手法，比如桥页等，多使用白帽、灰帽 SEO 技术；而做短期站则是在白帽、灰帽的基础上，使用更多的黑帽 SEO 技术。当然我们并不提倡使用黑帽 SEO 技术，因为这是伤害用户体验和破坏互联网公平竞争的行为。而且利用正规手段成功的网站，能持续性为站长带来利益，长远来看是更划算的。

6.2 常见的黑帽 SEO 方法

在前面章节介绍的优化方法中，已经对白帽和灰帽技术分析了很多，本节将详细介绍常见的黑帽 SEO 的方法。

由于黑帽 SEO 的效果好、速度快，吸引了很多 SEOer 的关注，但是我们需要认识的是，黑帽 SEO 并不能带给网站长期的优化效果。因此，我们只需要了解黑帽 SEO 的方式，在实际操作中，请慎重考虑和选择是否有必要冒着被惩罚的危险使用黑帽 SEO 技术。

6.2.1 关键词堆砌

关键词堆砌（Keyword Stuffing）是黑帽 SEO 中，最简单也是最常见的搜索引擎作弊方法。通过在网页中大量堆砌关键词，希望提高关键词密度，提高网页与关键词的相关度，以获得排名的方法，这就是关键词堆砌。

由于关键词堆砌的技术难度低，加上很多 SEOer 的错误认识，在网页各个位置堆砌目标关键词的情况经常出现。比如 Meta 标签、正文内容、图片 Alt、底部 Footer 等位置，都是堆砌关键词现象最多的。

在 10 年前，堆砌关键词对提高排名还是有一定作用的。但是随着搜索引擎对关键词堆砌的打击，效果并不好，还可能受到搜索引擎惩罚。因为堆砌过多无意义的目标关键词，会被搜索引擎检测到；并且关键词密度，已经不是搜索引擎排名的重要因素，很多排名好的网页关键词密度并不高，一般推荐 2%～8%即可。

关键词堆砌会出现在很多位置，也会有多种形式。这是较难清晰划分的，因为只要不是自然出现，人为地添加关键词，也可以被认为是关键词堆砌。但是这些轻微的堆砌，大多数 SEOer 都会使用，并不严重损害用户体验。因此搜索引擎也不会全部打击，只对大量堆砌的行为进行惩罚。

以下为五种常见的堆砌关键词方法。

（1）在 Meta 元标签中堆砌关键词。元标签是判断网页关键词相关性的重要因素，绝大多数堆砌者都会重复关键词很多次。如下面代码是某装修公司的首页代码，在 Title、Keywords、Description 中，使用"北京装修_北京装修队_北京装修公司_北京装修业务_北京装修承包"，这已经是轻微的关键词堆砌。如果直接写成"北京装修公司_北京装修公司_北京装修公司_北京装修公司"，就是更严重的关键词堆砌行为，尤其是在 Keywords 和 Description 中，有的甚至出现几十次相同关键词。

```
<title>北京装修_北京装修队_北京装修公司_北京装修业务_北京装修承包</title>
<meta name="keywords" content="北京装修|北京装修队|北京装修公司|北京装修业务|北京装修承包|北京装修队" />
<meta name="description" content="北京装修,北京装修队,北京装修公司,北京装修业务,北京装修承包,北京装修,北京装修队,北京装修公司,北京装修业务,北京装修承包,北京装修,北京装修队,北京装修公司,北京装修业务,北京装修承包" />
```

（2）正文内容中堆砌关键词。正文内容包括列表内容、文章内容等，它们是网页的主体部分，某些 SEOer 就在主体内容中加入大量的网页关键词。这些关键词都是生硬地插入内容中，并没有实际的必要性，就是期望能提高关键词密度，以获得排名。更有严重的关键词堆砌，利用软件直接生成关键词页面，其中含有大量的关键词，但是没有实际价值。一般这种页面是作为后面要说的桥页使用。另外，在无关网页堆砌大量热门搜索词，以期望获得流量，这也是常见的关键词堆砌行为。

（3）图片 Alt 属性堆砌关键词。前面在讲图片优化方法时，对 Alt 属性的重要性已经做了说明，也说到不可堆砌关键词。但是仍有很多认识不足的 SEOer，在 Alt 中将关键词进行多次重复。当网页图片较多时，网页中就充满大量的关键词，形成关键词堆砌现象。某网站图片 Alt 中关键词堆砌代码如下：

```
<div><img src="img/ad1.gif" width="240" height="90" alt="北京装修公司,北京装修公司,北京装修公司,北京装修公司,北京装修公司,北京装修公司,北京装修公司,北京装修公司,北京装修公司,北京装修公司,北京装修公司,北京装修公司,北京装修公司,"></div>
```

（4）网站 Footer 堆砌关键词。网站 Footer 一般是调用文件，在这个文件中堆砌关键词可以使全站都含有大量关键词。另外，由于 Footer 处于网站的底部，堆砌的关键词，既不影响用户的正常浏览，又可提高关键词密度。因此这也是 SEOer 经常使用的方法，很多隐藏关键词行为也经常出现在 Footer 中。

（5）网站外链关键词堆砌。外链关键词堆砌，就是外链全部使用相同的关键词，对于这是否属于堆砌关键词的范畴一直以来有着争论。但这里我们将之归于此类，因为无论是站内还是站外堆砌，都是利用大量重复关键词，以提高网页关键词相关性的行为。网站全部外链使用相同关键词，也是不被搜索引擎认可的。因为自然产生的外链，关键词最多相近，但不可能全部一样。

关键词堆砌是最常见的黑帽 SEO，但是现在的作用并不大，因此我们只需要了解即可。网页内的关键词保持一定数量就足够了，不要刻意堆砌，以免受到搜索引擎惩罚。

6.2.2 隐藏文字及链接

隐藏文字（Hidden Text）和隐藏链接（Hidden Links），听到这两个词，应该会有一个概念，那就是它们都是普通用户看不到的。

确实，隐藏文字和隐藏链接都是通过代码将其隐藏，使普通用户不能看到，只能通过查看源代码查看，搜索引擎是能看到的。这既对搜索引擎优化起到了作用，也使网页不会损害用户体验。

隐藏文字和链接是通过如超小字号的文字、与背景颜色相同的文字、隐藏文字及链接 DIV 层、JavaScript 隐藏链接、CSS 把文字放在不可见的层里等方法，将文字及链接进行隐藏。这几种隐藏文字和链接具体方法如下所述。

超小字号的文字:将文字大小设置为1或者0像素,这样用户是看不到这些文字的,但是搜索却能检索到这些文字和链接。

与背景颜色相同的文字:如背景颜色为白色(#FFFFFF),把文字颜色设置为相近的颜色如#FFFFFE、#FFFFFD、#FFFEFF、#FEFFFF 等,搜索引擎会认为这是不同的颜色,而人眼根本看不出区别,也就隐藏在背景中了,文字和链接也就顺利地被搜索引擎抓取到。

隐藏文字及链接 DIV 层:使用 DIV 的 display 属性,可以将 DIV 层设置为不可见,只需将 display 值设置为 none。这种方法可以让用户无法查看,搜索引擎能获取内容。但是搜索引擎可能会识别这是隐藏内容,有可能会受到一定惩罚。隐藏代码如下:

```
<div style="display:none">隐藏的文字</div>
<div style="display:none"><a href="http://www.XXXX.com/">隐藏的链接</a></div>
```

JavaScript 隐藏链接:由于搜索引擎对 JavaScript 中的内容还不能很好地识别和抓取;另外 DIV 直接使用 display 属性容易被惩罚,而使用 JavaScript 输出 DIV 标签,则不容易被搜索引擎发现是隐藏内容,而且也能抓取到后面隐藏的内容。

```
<script language="javascript" type="text/javascript"> document.write
("<div style=display:none>"); </script>
<table><tr><td>
隐藏的文字
<a href="http://www.XXXX.com/">隐藏的链接</a>
</td></tr></table>
<script language="javascript" type="text/javascript"> document.write
("</div>"); </script>
```

CSS 把文字放在不可见的层里:CSS 控制层是否可见有两种方法,第一种是上面提到的利用 display 属性;另外一种是利用绝对定位的方式,将 DIV 层放在页面外。第一种不再重复介绍,这里解释一下用绝对定位方式隐藏 DIV 的文字和链接。如下代码,使用 CSS 对 DIV 绝对定位"position:absolute",并将外边距设置为负值,这里设置的是上外边距为 -100 像素,即将 DIV 隐藏在页面上部以外。

```
<head>
<style type="text/css">
<!--
.pos{ position:absolute; margin-top:-100px;}
-->
</style>
</head>
<body>
<div class="pos">
隐藏的文字
<a href="http://www.XXXX.com/">隐藏的链接</a>
</div>
</body>
```

另外,隐藏链接还被用于外部黑链,在挂黑链的网站隐藏链接可降低被发现的可能。

隐藏文字和链接,一般都是隐藏关键词和关键词内链指向网站页面。这并不全部属于堆砌关键词,但是也大大破坏了搜索引擎的规则。Google 就指出通过隐藏内容中的文字或链接来操纵 Google 的搜索排名,会被视为欺诈性行为,并且这样做也违反了 Google 网站站长指南。

不过 Google 也说明，如果网站内包含难以检索的技术，如 JavaScript、图片或 Flash 文件，可使用隐藏文字进行说明。

因此可以看出隐藏文字和链接，并不容易准确区分。但是如果利用隐藏技术，进行关键词堆砌或者内链堆砌，就很容易受到惩罚。

6.2.3 买卖链接

买卖链接是黑帽 SEO 技术中，被 SEOer 使用最多黑帽方法。很多长期站都会购买链接，而很多大站也会出售链接。

通过前面对外链的讲解我们知道，外链是网页排名的最重要因素之一。但是获得优质的外链是难上加难，网站没有特别之处，就不可能得到别人的自然外链。所以购买链接，也就成了众多 SEOer 的选择。

任何搜索引擎对于买卖链接，都是予以反对的，因为买卖链接损害了搜索结果的客观性。

Google 明确表示，通过买卖链接来传递 PageRank 违反了 Google 站长指南。这些链接会损害搜索的相关性而造成以下两种后果：（1）失实：虚假的流行性，以及不是基于实际价值、相关性或权威性的链接；（2）不平等：谷歌的有机搜索结果，会变成让钱包最鼓的网站，占有不公平的优势。

虽然 Google 从 2007 年以来，一直打击以提高搜索排名的链接买卖。但是由于未改变利用外链流行度进行排名的算法，就不能完全阻止买卖链接的行为。而且买卖链接并不好界定，如果大规模惩罚，会伤及大量的无辜网站。

百度也表示，超链是用户真心实意对网站的投票，买卖链接有违超链的本意，我们反对链接买卖。并会对买卖链接的网站进行一定程度的遏制。

虽然买卖链接受到搜索引擎的强烈反对，但是依然不能阻止 SEOer 的热情。主要有以下 4 个原因：（1）获得优质的外链太难，购买外链是非常快捷的方式；（2）出售外链的网站很多，价格并不很贵，有一定资金的网站都可以购买大量外链；（3）购买外链可以选择相关，且权重很高的网站，对网站很有利；（4）搜索引擎不容易判断，只要控制好上链速度及数量，一般不会被搜索引擎惩罚。

买卖链接的方法很多，主要有：（1）通过买卖链接平台，如第三方链接交易网站、第三方买卖软件平台等；（2）通过链接买卖 QQ 群交易，方便买卖双方商议交易事项；（3）通过咨询行业相关网站，站长之间交流是否买卖链接；（4）通过买卖链接的电子邮件，联系交易链接；（5）通过论坛的链接交易版块购买，绝大部分站长论坛都提供链接交易的版块，可在其中进行交易链接。

买卖链接是黑帽 SEO 技术，是违反搜索引擎规则的，因此买卖链接的双方都应该注意避免受到搜索引擎惩罚。

购买链接的 SEOer 需要注意，网站上链的速度不宜过快，每次上链的数量不宜过多，要有规律地购买链接。购买出站链接 100 以内的网站，最好是有效的明链，并且注意网站的质量；出售链接的站长应注意，不要出售过快、过多，少链接向违法网站。

买卖链接是 SEOer 工作中不可避免的问题，存在于互联网的大多数网站。但是我们需要把握好其中的度，尤其是出售链接的网站，以免难以翻身。

6.2.4 链接工厂

链接工厂也称链接农场（Link Farm），它是指由大量网页交叉链接，从而构成的一个网络系统。简单地说，链接工厂是一个相互链接的联盟，加入到这个联盟，自己链接到这个联盟内的所有网站，也得到这个联盟网站的链接。

大多数作为链接工厂的网站，并没有多少实际内容，而且以相同类型网站、相同IP网站为主。链接工厂和友情链接是有区别的，友情链接是两个网站交换链接，很少会涉及第三方。而链接工厂是在这个网络系统中大家都是相互链接的，通过任何一个网站都可以到达系统内的任何一个网站。

在这个联盟里，能快速获得外链和点击流量。但是也有很多弊端，链接工厂一般是同一公司的多个网站进行互联，或者一个公司多个网站，加入链接工厂进行互联，这样的同IP、同类型的网站，很容易被搜索引擎判断为作弊，从而牵连链接工厂的所有网站。另外，链接工厂内的网站，一般都不分行业主题进行互联，对网站相关性并没有好处。

建议尽量避开链接工厂，虽然快速获得了大量外链，但是风险也是非常大的，一般持续不了多久，网站就会受到惩罚。轻者链接传递的权重不予计算排名，重者会被降权甚至K站。

平时对链接工厂应该提高警惕，避免成为链接工厂的一环，识别链接工厂有以下几种方法：

- ❑ 交换友情链接时，同一个人要求交换多个站，应该极力避免。
- ❑ 交换的网站相关度都很低，或者网页内容相差很大。
- ❑ 有人邀请你加入链接群，但是群内的人员不多，都在等新人进来再全部交换。这样的群很可能就是链接工厂的群。

一般愿意加入链接工厂的网站，都是违法且暴利的网站，不在乎网站的长期性。如果是做正规长期站应尽量远离，不可因小失大。

6.2.5 镜像网站

镜像网站（Mirror Sites）是同一个网站程序放在不同的服务器和域名下。这两个或多个网站，除了域名和IP不同以外，其他内容完全一样。

在10多年前，镜像网站的出现是为了防止主站因为服务器故障、用户量多大等问题，导致网站不能访问，这个时候镜像网站就能帮助主站分担用户的访问；在网站需要更换服务器时，镜像网站也是有帮助的；镜像网站能提高不同地区打开和下载的速度，例如国外网站在国内服务器的镜像网站，能使国内用户打开和下载资源的速度更快。

镜像网站有很多好处，为什么还属于黑帽SEO呢？

从镜像网站的优点我们可以看出，这些优点都是直接针对用户的，并不是针对搜索引擎优化的。

对于搜索引擎来说，镜像网站通过复制网站或网页的内容，并分配到不同域名和服务器，搜索引擎就会对同一站点进行多次索引，这是给搜索引擎增加负担。现在搜索引擎对大量重复内容的网站都不予收录，更别说提供排名了。如果镜像网站过多，主站也会受到一定的影响，因为搜索引擎可能在每个镜像站收录一部分内容，也可能都不收录。

而建立镜像网站，最简单的方法就是使用网站同步软件，如 WebSynchronizer、AutoSyncFTP 等。通过软件，进行多站的同步十分便捷。

6.2.6 软件群发博客外链

使用博客群发软件，在各博客注册大量的账号，然后将外链文章群发到各博客的不同账号上。

通过群发软件，可以轻松快速地增加网站的外链；而且由于博客网站本身的权重，不易受到屏蔽；通过编辑相关主题的文章，可获得相关度很多的锚文本外链。如图 6.1 所示为博客群发软件发布的文章。

利用软件群发博客外链虽然有一定的好处，但由于外链出现过快，搜索引擎会将这些外链放入审核区。虽然群发博客外链不易被惩罚，但是当发现这些相同的外链是通过软件群发，也有可能会受到惩罚。另外软件申请的博客账号本身的信任度低，发表的内容很难被收录。由于是群发内容，重复度过高，也是很难被搜索引擎收录的。

另外，Google 和百度等搜索引擎，都降低了博客外链的权重，Google panda 也能检测内容相同的群发外链。不得不承认，博客外链对排名的影响能力越来越弱了，很多 SEOer 甚至放弃了博客外链。不过并不提倡放弃博客外链，因为很多长期原创博客的外链也是有作用的，只是建议不要使用软件群发。

群发博客软件，一般集成了注册、登录、采集、发布等一系列功能，而且发布的文章中会自动添加外链。但是博客群发软件不会改变发布的内容，因此群发的内容都是相同的文章，被收录的几率相当低。目前很多群发软件都是付费的，对比下来并不划算。

在黑帽 SEO 中，软件群发博客外链是被惩罚几率最小的，但是由于博客的收录差，并不是好的选择。每天坚持更新原创博客，相比群发博客外链更好。

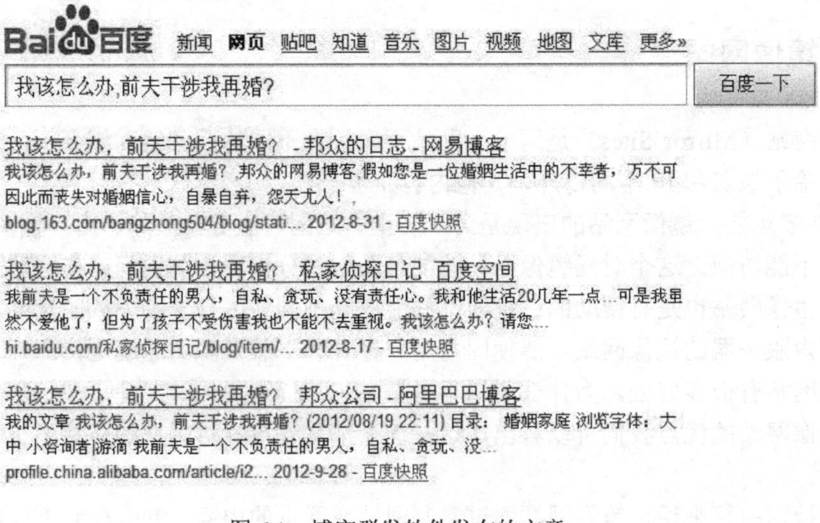

图 6.1　博客群发软件发布的文章

6.2.7 挂黑链

挂黑链是指一些人用非正常的手段，获得其他网站的反向链接。通常是利用网站的程序漏洞获取网站的 Webshell，挂上自己网站的链接，此链接用户是看不到的，搜索引擎能检索到。

一般被挂黑链的网站，都是权重较高的网站，利用其大量的高权重链接，提升自己网站的关键词排名。

由于外链在 SEO 中的重要性，因此挂黑链也流行起来，并有专门的个人和组织进行黑链买卖的违法行为。这些人专门通过入侵他人网站，以挂黑链获取利益，这些行为不止是道德问题，已经触犯了法律。在此也告诫 SEOer 最好不要挂黑链，更不要以帮助他人挂黑链牟利。

黑链为什么有吸引力？挂黑链到底有什么好处呢？

高质量的外链，能在短时间内迅速提升排名。尤其对于新站来说，没有 PR 值，也没什么收录，难以交换到好的友情链接；另外，一些灰色行业的网站也无法交换到友情链接，而大部分出售外链的网站，也都拒绝灰色行业的站。于是黑链就成了这些站长的选择，黑链没有行业限制，而且被黑的网站都是权重高、快照新的网站，能很快给自身网站带来效果。如网站权重提高、快照更新、收录增加等。

当然，黑链除了是违反搜索引擎规则的黑帽 SEO 外，它还有其他一些缺点：经常掉链，对于很多站长，都会每天检查网站的链接情况，发现黑链会进行删除，因此在搜索引擎中，网站的外链非常不稳定，影响网站的排名；购买黑链的价格已经快赶上普通外链，失去了价格上的吸引力，就难以被站长们接受；搜索引擎发现网站的外链大多是隐藏链接，网站可能会被 K。

由于黑链都是隐藏的，从网站上难以看到，通过友情链接检查工具可以查看到网站的出站链接，揪出可能存在的黑链。一般隐藏黑链的方法和前面讲到的隐藏链接的方法相同。但是挂黑链的过程，一般是通过扫描服务器的弱口令、漏洞，然后黑掉网站，把链接挂进去。

由于黑链的流行，平时也应该注意自身站的安全，防止被黑客挂上黑链：
- ❏ 定时检查网站的友情链接情况。
- ❏ 保护好 FTP 密码等资料，防止被窃取。
- ❏ 使用公开的网站程序，应修改数据库等所有信息。
- ❏ 选择安全性高，有保障的服务器提供商。

挂黑链是黑帽 SEO，也是一种违法行为。站长应以长远利益出发，避免购买黑链，也不帮助他人挂黑链，防止他人在自己网站挂黑链。

6.2.8 PR 劫持

PR 是网站外链质量和广泛度的数值表示，只有外链的质量和数量越好，PR 工具条显示的才更高。PR 劫持，就是本身 PR 较低的网站利用欺骗手段，获得工具条上比较高的 PR 值显示。

PR 劫持的方法是使用跳转方式将低 PR 的 URL 跳转到高 PR 的 URL，Google 更新 PR 时，会将最终的 URL 的 PR 值作为这个网页所有 URL 的 PR 值。也就是跳转前 URL 的 PR 值就会和跳转后的 PR 同步，然后再将调整前的域名绑定到其他站。这样就获得了一个高 PR 的网站，但是这个 PR 并不真实，等到 Google 下次 PR 更新就会还原，一般 Google 会 1~3 个月更新一次 PR 工具条。

通常做 PR 劫持的跳转，都使用 301 和 302 定向，因为只有使用这两种方式，搜索引擎才会将跳转前 URL 的 PR 与跳转后的同步。这样才能起到骗取 PR 的作用，其他跳转在搜索引擎是不被认可的。

当 URL 定向到高 PR 的 URL，并不一定必须等 PR 更新后才能用，可以使用判断访问者来进行内容的返回。即当程序检测到访问者是 Google Bot 时，就返回跳转到新 URL 的 301 或 302 代码；如果是普通用户访问，就返回正常的网页内容。这样既不影响网站的正常用户浏览，又不影响 PR 劫持的效果。PHP 简单判断程序代码如下：

```
<?
if (strstr($_SERVER['HTTP_USER_AGENT'], "Googlebot"))
{
    header("HTTP/1.1 301 Moved Permanently");
    header("Location: http://www.xxx.com");
    exit;
}
else {
    header('Content-Type: text/html; charset=ISO-8859-1');
};
?>
```

ASP、JSP 等其他语言，都可以实现相同的判断功能，原理是一样的，都是识别 Google Bot 返回 301 或 302 跳转。

不管是判断的跳转，还是不判断的，PR 劫持获得的 PR 值都是不真实的。劫持的 PR 值不能给网站的排名带来多大的好处，反而该 URL 可能被 Google 永远剔除。

通常进行 PR 劫持的网站并不是为了获得排名，更多的是为了利用高 PR 在出售链接时获得更大的收入。但是由于是虚假的 PR 值，并不能给其他网站带来益处，反而有害。所以我们在交换或购买链接时，应该注意查看对方是否有 PR 劫持的情况：

❑ 使用检测工具，检测是否是 PR 劫持的网站。有很多类似的 PR 检测工具，如：http://checkpagerank.net、http://pr.linkhelper.cn、http://tool.qycn.com/pr/ 等在线工具。

❑ 查看网页快照，对比是否与其网站相同。这是最简单的方法，只需将 URL 查询出的快照与 URL 打开的网页对比。快照和真实网页差别巨大，则很大可能是 PR 劫持。

❑ 查询域名的外链，看结果中是否有该 URL。在 Google 中搜索，如 link:www.xxx.com，在得到的结果中查看是否能找到 www.xxx.com。如果找不到这个 URL，那么很可能是 PR 劫持。因为这些外链都是链接到 www.xxx.com 劫持的域名，所以查到的都是跳转后网站的外链。

PR 劫持对于网站排名没有多大用处，对于希望提高网站 PR 的站长，这个黑帽 SEO 方法并不适合。而且在购买和交换链接时，遇到高 PR 时，应该注意检查有无 PR 劫持。

6.2.9 桥页（门页）

桥页（Bridge Pages）又称门页（Doorway Pages）、跳转页等，是针对搜索引擎专门制作的关键词页面，是没有意义的内容，但包含大量的关键词，并跳转到网站的其他页面。

桥页通常由软件或手工制作，通过堆砌大量杂乱的关键词，获得一个较好的排名，并跳转到真正的网页。一般一个页面的桥页会有很多个，每个关键词一个桥页，然后跳转到一个页面上。例如，A 网页有 3 个关键词，分别是 SEO 方法、SEO 教程、SEO 秘籍，那么通常会建立三个桥页，桥页关键词分别对应这几个词，然后利用跳转或者显眼的链接两种方式导入到 A 网页。如果这三个桥页都有好的排名，那么 A 网页将获得很大的流量。

桥页的两种导入方式，跳转和显眼的链接效果是不同的：

- 在前面讲网页跳转时，已经分析了很多跳转方法。通常自动跳转能给用户带来流畅感，用户不会注意到被转移到了其他网页，会对网页的内容更信任。但是自动跳转容易被搜索引擎发现，因此安全性不高。
- 显眼的链接是指在桥页里使用字体巨大或者颜色特殊的链接，供用户点击到目标页面。这样做的缺点就是用户会产生被骗的感觉，对网站信任度下降。但是由于没有自动跳转，搜索引擎不容易发现这是桥页，安全性相对较高。

网页使用桥页的主要目的是，使网页的所有关键词获得流量。也就要求桥页能获得好的排名，但是现在完全是关键词的网页，并不能获得好的排名。因此桥页逐渐失去了它的意义，很多人都不再使用桥页。

另外，由于全部是关键词堆砌的网页，没有实际的意义和价值，只用于参与搜索引擎排名。搜索引擎对桥页是非常痛恨的，因此通常桥页都不会生存很久，最终的结果就是使用桥页的网站被 K。一般正规网站也都不会使用桥页，只有灰色行业会选择桥页欺骗用户牟利。

Google 给我们的解释，没有实际内容的网站地图 Sitemap 并不算作桥页。通常网站的 Sitemap 也不会有关键词和好的排名，不算做桥页是比较正常的。也就是说，如果是为提高用户体验，而不是针对搜索引擎排名，都不算作桥页。

6.2.10 违规跳转

违规跳转是违背用户意愿的跳转，在用户不知情的情况下，由一个页面跳转到其他页面，这种跳转并非是为了用户的体验，而是出于网站自身的目的。

为了提高用户体验的跳转，并不包括在违规跳转中，如分类信息网站按地理位置的跳转、表格完成页面跳转回主页等。

在网页跳转中，301 是最能被搜索引擎推荐的，用于规范网址或者定向到新网址。而其他的跳转方式就不是很受搜索引擎的喜欢了，甚至会被认为是作弊行为。主要方法有 302 跳转、Meta Refresh 跳转、JavaScript 跳转、body onload 跳转等。

- 302 跳转是临时性重定向，本身是用于正常的网页导向，但是被大量用于黑帽 SEO 中，如 PR 劫持、违规跳转等，搜索引擎对 302 跳转已经不再容忍，通常只要不是大站，都容易被视为作弊行为。

- Meta Refresh 跳转是帮助用户实时更新网页之用，但是由于被用于桥页等黑帽 SEO 之后，也容易受到搜索引擎的打击。但是我们并不能因此就不使用它，很多利用用户体验的跳转也可以使用，如注册后跳转回首页等。Meta Refresh 跳转可以利用 content 属性，设置跳转的间隔时间，如下代码：

```
<head>
    <meta http-equiv="refresh" content="10"; url="http://www.xxx.com">
</head>
```

其中 content 设置为 10，表示在 10 秒后跳转到指定网页。如果不加后面的 URL，则直接刷新当前页面。

- JavaScript 跳转是很简单的跳转方式，具体的设置代码也多种多样，但是搜索引擎能识别 JavaScript 跳转。这就会产生两种后果，第一种是搜索引擎认为作弊，直接降权或 K 站；第二种就是搜索引擎当成永久重定向到新网页，对新网页进行收录，并将权重赋予新网页。但大多数情况，JavaScript 跳转会被当成第一种处理。如下为 JavaScript 跳转的一种方法：

```
<script language="javascript" type="text/javascript">
        window.location.href="http://www.xxx.com";
</script>
```

- body onload 跳转是在网页加载时，通过 onload 事件指定 parent.location 进行自动跳转。这种跳转是非常容易被搜索引擎发现的，发现后后果也是可想而知的。下面是 body onload 跳转的代码：

```
<body onLoad="parent.location="http://www.xxx.com">
```

还有很多跳转方法，例如 ASP、PHP 语言的程序跳转，它们的原理都相差不大，各有用处。

前两节的 PR 劫持和桥页就用到了跳转，但是跳转并非只用于这两个黑帽 SEO，凡是需要将用户转入到特定页面的都会用到跳转。当然跳转有的为了用户体验，有的是为了网站自身目的，但是搜索引擎通常会根据用户行为，判断是否是黑帽跳转。如果跳出率高，通常会被判定为黑帽 SEO，会受到搜索引擎惩罚。

6.2.11 诱饵替换

诱饵替换（Bait and Switch）是利用特定关键词获得排名，然后将网页更换为其他内容。这也是黑帽 SEO 方法的一种，属于欺骗搜索引擎的行为。

使用诱饵替换，主要是利用搜索引擎排名更新的时间差，来制造一种高排名现象。因为搜索引擎给予一个网页排名后，如果网页的内容发生变化，即使全部改变，排名也不会立即改变。这种排名不立即消失的现象被称为搜索引擎的记忆特性。这就给了作弊者机会，更换掉获得排名的内容，从而获得流量和利益。

诱饵替换还出现在博客中，但是并不是获得排名，而是通过博客的首页推荐展示，获得大量流量，然后对博文进行修改或替换成其他盈利内容。通常是一些知名的博客，博主利用诱饵替换的方法为他人做广告来获利。

当然博客中的诱饵替换是特殊的使用,最常见诱饵替换有两种具体的形式:

(1)利用容易排名的长尾关键词制作页面内容,获得排名和点击后,把页面内容换成热门关键词相关的商业价值更高的内容,从而获取利益;(2)使用正常的关键词制作页面内容,获得排名后,将页面换成灰色行业的内容,如成人、赌博、违法等内容,以牟取收入。

这两种形式的方法都是相同的,只是用途不同而已。这两种形式,当搜索引擎更新后,排名都会恢复原来的情况。如果网站经常或者大量出现诱饵替换,就有可能被搜索引擎 K 站或封掉。目前百度已与国内一些网络安全厂商合作,推出的网络安全联盟,就是专门打击灰色和违法网站,因此第二种形式的诱饵替换很快就会被封掉。

6.2.12 斗篷法

斗篷法(Cloaking)指站长将一个网页用两个不同版本的页面,一个版本给搜索引擎抓取,一个版本给用户浏览。这个给搜索引擎抓取的网页,就像一个斗篷一样掩盖网页真实内容。这是严重欺骗搜索引擎的行为,搜索引擎对此的态度就是,抓住此类网站直接从索引库剔除。

斗篷法使用的两个版本页面,通常是使用前面讲到的判断用户的形式来返回不同的页面。如果访问者是搜索引擎,则返回专门经过处理和优化的网页;如果是普通用户,则返回真实内容的网页。

斗篷法是黑帽 SEO 经常使用的方法,尤其在灰色行业中使用更为普遍。如图 6.2 所示为某灰色行业网站的百度快照,该网站在某关键词的排名是第一,但是其网页快照和真实网页内容完全不同,就是使用了斗篷法作弊。如图 6.3 所示为该网站用户看到的真实内容。

图 6.2 某灰色行业网站的百度快照

斗篷法是严重的黑帽 SEO 作弊,这种方法是通过欺骗搜索引擎,来获得网页在搜索引擎的排名。通常用户难以发现,因为在浏览器中,我们看到的网页本身和网页的源代码,都是经过判断用户返回的版本,而搜索引擎得到的却是完全不同的页面版本。但是我们可以通过查看网页的快照,与我们看到的网页进行对比,如果差异巨大,则很有可能是使用了斗篷法作弊。

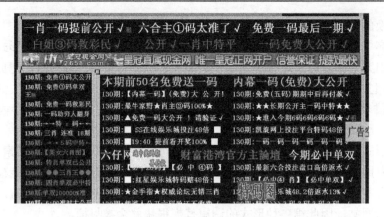

图 6.3 该网站用户看到的真实内容

6.3 做好灰帽也能成功

  SEO 技术主要分为白帽、黑帽、灰帽三类,但是并非只有这三类,还有一些很少提及的 SEO 类型,如蓝帽 SEO、绿帽 SEO、红帽 SEO。使用最多的还是白帽、黑帽、灰帽,就目前 SEO 情况来看灰帽也是很好的选择。

  选择灰帽 SEO 有很多理由,最重要的当数灰帽弥补了白帽和黑帽的缺陷。灰帽 SEO 能比白帽更迎合搜索引擎算法,在优化上见效更快;而且由于不会采用严重的作弊手段,也容易受到搜索引擎惩罚。

  具体地说,白帽 SEO 虽然被认为是最佳的搜索引擎优化方法,规避了 SEO 中的风险,但是单一而教条式的方法,使网站的成长速度变慢。相对于灰帽,白帽需要投入更多的人力和财力,对于资金不充足的站长来说,难以负担长期的费用,利益回报周期太长。

  黑帽 SEO 被认为是违反一切搜索引擎规则,钻研搜索引擎算法漏洞,利用 Spam 手法进行优化,例如前面提到的一些方法等。灰帽有别于黑帽,虽然不能有黑帽的速度,但是在安全性上更胜一筹,也更适合正规长期做站。搜索引擎对灰帽的态度,也不像黑帽那么严重,最大的惩罚也就是降权,很少会 K 站。

  灰帽可以说是对搜索引擎的讨巧,如对文章内容的处理、对网站内链的处理、对 tag 标签的处理、对外链的处理等。这些方法都完全按照搜索引擎的算法,将网站优点的放大,而不是简单采用作弊技术。所以虽然有的方法对搜索引擎工作有一定的干扰,但并不会欺骗搜索引擎来获得流量。

  在灰帽中出现的优化惩罚中,优化过度的问题占绝大部分比重,这也就要求 SEOer 把握好优化的尺度,防止出现过度优化的情况。

  防止过度优化,是做好灰帽 SEO 最重要的注意事项。简单地说,(1)灰帽应在不严重违反搜索引擎的规则下进行,也就是尽量不使用严重的 Spam 手法;(2)循序渐进,不能过于追求速度和效果,而过分使用优化方法。大多数优化过度,都是由于过于追求速度和效果;(3)优化中要随时注意搜索引擎的反馈,避免因过度优化而影响网站。如出现文章不收录、收录下降、外链不收录或减少等情况,应及时降低灰帽优化的操作。

通常把握好这三方面，灰帽就能发挥最大的优势。

从灰帽相对于白帽、黑帽的优势，以及灰帽自身的可行性来看，灰帽是非常适合 SEOer 采用的，也有众多的网站利用灰帽获得成功。但是并不提倡永远坚持灰帽 SEO，当网站达到一定水平后，还是应该以白帽 SEO 为核心，维护网站的胜利果实。

6.4 搜索引擎对作弊的惩罚

作弊严重影响着搜索引擎的公平性，也决定着搜索引擎在用户心中的地位。既然有作弊，搜索引擎必然会对作弊进行遏制。

但是搜索引擎对作弊的界定，并不十分明确。因为作弊本身就没有绝对，有可能同样的技术，被不同的人使用就可能有不同的结果。比如跳转，可以是提高用户体验的手段，也可以是作弊的方式。

因此，搜索引擎对于作弊的惩罚，也是比较冷静的，以免误伤正规站。搜索引擎通常会根据作弊的程度和次数进行一个累积，达到一定程度时就会给予不同程度的惩罚。有人说这是搜索引擎作弊积分制，如有涉嫌作弊积累到一定分数，就受到惩罚；也有人认为搜索引擎有专门的数据库，对网站进行作弊记录，就像网站的个人档案一样。

不管是积分还是档案，网站的作弊行为都要达到一定程度，才会受到相对应的惩罚。各搜索引擎对作弊行为的惩罚也有自己的标准，但是总体是差不多的。主要是如下评级：

- ❑ 网站轻微作弊，如大量重复内容、采集、垃圾信息等，收录数量下降、排名下降。
- ❑ 网站稍严重作弊或作弊次数较多，如群发外链、垃圾链接、买卖链接等，外部链接数会下降，PR 下降。
- ❑ 网站作弊严重，如桥页、斗篷法等，收录、排名、外链直接降为 0，PR 降为 0 或 -1，等于被搜索引擎 K 站。搜索引擎蜘蛛仍会爬行，如果能解除作弊手段，过了审核期又能被收录。
- ❑ 网站作弊非常严重或大量使用作弊技术，如作弊并欺骗用户等，网站收录、外链、相关域全部从搜索引擎剔除，并且永久不予收录，该域名被列入黑名单，蜘蛛不再爬行。

当然这些都是常规的惩罚等级，还有一些小的惩罚，如降低首页权重、外链不传递权重、快照不更新或回档、排名 11 位处理、减少靠前排名的关键词数等。这些主要和附加的惩罚，共同构成了搜索引擎惩罚系统。

知道了搜索引擎的惩罚系统，我们也可以根据网站在搜索引擎的表现，判断是否遭到了惩罚。

- ❑ Site 网站时，看网站的收录数量与正常情况是否有巨大差别。由于 Site 数据并不准确，所以只能大概对比，看是否被惩罚；如果 Site 首页不在第一位，则首页被降权，属于轻微惩罚。如果不能搜索到结果，则说明被严重惩罚了。
- ❑ 第三方工具查询，例如站长工具、站长帮手等。如果 PR 和权重下降，说明被惩罚了，如果权重降为 0 及 PR 降为 0 或-1，则受到了严重惩罚。如果网站关键词排名整体下降，关键词很多稳定在 11 位，那么网站也受到了严重警告。
- ❑ 查看网站日志蜘蛛来访情况，如果搜索引擎蜘蛛来访数量急剧减少，则网站可能受到或者马上要受到惩罚。还可以查看是否有作弊检测 IP 段的蜘蛛来访,如百度 123 开头 IP 段的蜘蛛 123.125.68.*,则网站可能受到惩罚。

作为 SEOer 来说不光要了解作弊与惩罚等级、惩罚的检测等知识,还应知道怎样避免被搜索引擎惩罚。

- 避免使用严重的作弊手段,这是从根本上解决被惩罚的方法。当然实际操作中很难避免优化过度,或者使用轻微作弊,这些情况的惩罚很容易恢复。但使用严重作弊手段,网站再想恢复就很难了。
- 时刻监测网站情况,如查询收录数量、外链数量、Site 首页排名、PR 和百度权重、网站日志等。如有异常情况立即分析最近的优化情况,看是否涉及作弊,尽量改正作弊的优化方法。
- 将网站做大,有稳定的用户,从而避免小的惩罚,这个方法只能属于有一定基础的网站。因为搜索引擎对大网站的作弊是有照顾政策的。如果有大量的用户需要该网站,尽管网站有一些小的作弊行为,搜索引擎也不会违背用户的意愿去惩罚。但是如果作弊太严重,还是会被处理的,如历史上 Google 对德国宝马网站隐藏页面的惩罚、对自身网站 Google 日本的降权等。但是总体来说大网站的轻微作弊,一般不会受到搜索引擎惩罚,所以做大网站也有益于避免小的惩罚。

如果已经被搜索引擎惩罚,该怎么办呢?这是很多 SEOer 最想知道的问题,怎样恢复搜索引擎惩罚的网站呢?

要想恢复网站,就必须知道网站是由于什么原因被惩罚的。我们可以根据被惩罚的特征来判断被惩罚的原因。但是这并不能准确的定位原因,更方便的是 SEOer 应知道自己使用了什么 SEO 方法,哪些可能导致出现这类的惩罚,从而进行改正。

恢复作弊网站,最重要的是排除作弊的手段,从而争取获得搜索引擎的重新认可。如果不是作弊网站或者垃圾站,那么就需要对网站进行一个检查,然后排除不利于优化的事项。

- 检测网站服务器是否稳定正常。可以使用 Ping 命令检查,如果是服务器问题导致的惩罚,应更换稳定的服务器。
- 检查网站日志是否有 200 错误代码。如果有大量网页打不开,则应做成返回 404 错误页面。
- 检查 Robots 文件是否禁止网站的收录。有的 SEOer 对 Robots 不了解,直接禁止搜索引擎抓取网页。如果出现这种情况,应立刻修改 Robots 文件。
- 网站是否优化过度,从而导致排名和收录下降,应降低优化的强度,排除不利于优化的方法。如 Meta 里大量堆砌的关键词、外链锚文本重复度太高等。
- 网页重复内容是否过多。产生重复内容的原因很多,很多站长是在不知情的情况下,产生了很多重复内容,导致收录减少。如果发现有过多重复内容,应立刻删除或重定向到准确的网页上。
- 是否受到友情链接的牵连。前面说到很多受到友情链接牵连,导致网站被惩罚。如果检查发现是由于这种原因,应删除可疑的友情链接。
- 采集、抄袭内容过多,引起收录下降,应开始原创文章。
- 如果网站作弊严重,已经被搜索引擎剔除,很难再恢复,应放弃该域名,重新开始建立新站。

搜索引擎并不能完美的抓住每个作弊者,也不可能完全不伤及无辜的网站,因为白帽与黑帽没有严格的界线。但是我们不能抱侥幸心理,还是应该坚持正规做站。

6.5 小　　结

本章内容的结束,意味着本书第二篇画上了句号。在本章中我们对几种 SEO 技术进行了分析,而大家关心的黑帽 SEO,也在本章做了详细的说明。

通过本章的学习,我们了解到三种 SEO 技术的关系,以及它们的实际使用情况。也了解了一些黑帽 SEO 的具体方法,从而对黑帽 SEO 有一个更深的认识。另外对搜索引擎的惩罚机制,也做了一定的分析,知道怎么避免被惩罚和惩罚后的恢复。

本章学习的目标:了解白帽、黑帽、灰帽三种 SEO 技术,认识黑帽 SEO 及其方法,以及选择灰帽 SEO 的好处,掌握搜索引擎惩罚的知识。

本章学习的难点:黑帽 SEO 各种方法的认识、搜索引擎惩罚的认识和避免。

第 3 篇　SEO 进阶

▶▶　第 7 章　SEO 综合实战

▶▶　第 8 章　搜索引擎发展趋势

▶▶　第 9 章　SEO 工具介绍

第 7 章 SEO 综合实战

为系统地学习 SEO，前面章节从网站内部优化、外部优化、黑帽 SEO 等各个部分的优化进行了剖析，本章就是单个优化技术的综合升华。

本章将前面所有的优化知识和技术进行融合用到实战中。利用前面讲到的知识，将网站的完整优化流程展示出来，从而让读者能够真正的学会 SEO，而不是知识点都懂，但是无法将知识点用在一个网站的完整优化过程中。因此，本章既是知识点的综合运用，也是网站从建站到后期的整个优化流程。

SEO 综合实战是系统而完整地运用 SEO 技术，使每个 SEOer 拥有整站优化的能力，进而培养自己的网站优化思想，形成系统的优化套路，并带领 SEO 团队对整个网站进行优化和管理。

7.1 分析网站制定优化目标

任何 SEOer 在拿到需要优化的网站时，都会对网站进行一系列的分析，然后确定网站的优化目标。尤其是希望做大做强的网站，更会在前期对网站进行大量的分析，前期分析得出的优化目标越详细，后面的优化操作就越明确。

分析网站和制定优化目标是 SEO 优化的第一步，只有分析准确，并根据此制定相应的优化目标，才能进行下一步的网站优化策略的制定。所以分析网站并制定目标，决定着网站未来的走势和效果，应找准方向，认真做好。

分析网站具体方法，在第 3 章已经详细介绍了。这里我们要做的是将这些零散的分析知识，融合整理为一个网站的分析及定位的流程。

7.1.1 网站的市场定位

网站的市场定位，并不是和 SEO 无关，它决定着网站的优化目标和计划的确定，是非常重要的 SEO 因素。

大多数人都清楚网站市场定位的作用，但是很多小公司对网站市场定位并不重视，导致网站后期优化目标不明确，效果无法保证。

网站市场定位是网站及产品确定在目标市场上所处的位置。其中需要注意以下问题：行业市场前景、行业市场的容量、网站自身潜力、网站的最大投入、网站竞争对手等。

- ❏ 行业市场前景是决定网站在行业中，最大的发展限度和是否有必要长期优化。如果一个没有前景而只是眼前有利润的行业，确定 SEO 优化方法时，就应该以最快的速度排在前列，即使被惩罚也不用太在意；如果是很有前景的行业，在 SEO 优化时应防止被惩罚，尽量使用稳健的优化手法。
- 行业的市场容量影响着网站的最低发展限度，也就是需要达到什么水平，才能分得一块蛋糕而不被行业淘汰。这就要求网站制定的优化目标必须要达到行业的市场容量的最低要求，但是通常会高于这个要求，因为没人希望做最差的，都希望能领先于行业。
- 网站自身潜力是网站的竞争力体现，也就是网站自身能为用户提供什么、有何特色、比其他网站好在什么地方。这些都是网站的自身潜力，是网站发展程度的重要因素。网站自身潜力决定了网站 SEO 优化的侧重点，也就是网站优化的关键词要与网站的优势结合度很高，以提高网站转化率。另外，网站的自身潜力，也决定着网站能否领先于行业。
- 网站的最大投入包括对网站人力、物力的投入。网站的投入是网站发展规模的最大影响因素，在目前的互联网行业内，没有巨大投入的小站是很难与大站竞争的。所以如果网站的投入有限，那么尽量避免与大站的竞争，也就是在制定网站目标时，防止直接与大站的竞争。
- 网站竞争对手分析。不用多说，即使忘记了前面所有的因素，都不会忘记这一点。网站竞争对手分析是根据竞争对手的情况，更好地制定自身的网站目标，也就是常说的知己知彼百战不殆。因为竞争对手的分析涉及的内容比较多，所以在下一节将详细介绍。

根据以上的因素，可以大致分析出网站的市场定位，从而得出网站的推广目标。推广的目标包括 SEO 优化的目标和其他营销方式，这些方式共同组成网站发展的手段。

7.1.2 分析竞争对手的情况

在上一节中，提到了网站市场定位，需要分析网站竞争对手的情况。分析竞争对手有两方面作用，其一可以吸取对方网站的优点；其二可以利用竞争对手的不足，做自己的特色。

普通公司的竞争对手，往往分析对手的产品服务、经营状况、财务状况、技术力量等。而对于网站而言，更多的是分析对手网站的用户状况、网站质量等。而网站质量是网站在搜索引擎表现的重要条件，是搜索引擎优化的重要部分。

分析竞争对手网站和分析自身网站基本一样，包括网站的各数据的状况，如网站的百度权重、PR、收录数量、外链数量、关键词排名情况、网站大致流量等。由于无法获得对方准确的数据，很多分析结果仅为估算值，但是通过这些估算值，可以得到竞争对手大概的网站质量。

- 百度权重。前面已经说过，百度权重是网站关键词排名流量大小的体现。通过查询网站的百度权重，可以大概知道网站从百度导入的流量。但是这个流量是通过网站关键词排名和该关键词指数，按照点击比例估算的一个区间。而且通过分析百度权重的关键词，还可以得出对方关键词的排名情况，对后面筛选网站关键词也有一定帮助。
- 分析对手 PR 值。PR 是外链质量和数量的表现。通过对手 PR，我们大概能知道网站在 Google 的外链的质量及外链的数量。如果对手的 PR 较高，证明网站的外链建设良好，不管是 Google 还是百度，超越的难度都更大。这里需要注意的是，并非是 Google 的 PR 权重值会影响百度排名，而是 Google 重外链，对外链的收录要求较高，如果 Google PR 较高，则说明该网站拥有很多优秀的外链资源。在百度等搜索引擎，这些外链资源也是起作用的，能为网站传递权重。所以 PR 高的网站，在其他搜索引擎通常也会有好的表现。

- 收录数量是网站权重和内容质量的体现，通常权重越高，网站的收录数量越多。尤其是百度，我们无法通过工具查询出对手网站真正的权重值。通过收录数量，可以了解对手网站的真正权重。另外，内容的质量也是决定收录数量的因素，一个网站即使权重不高，但是有价值的原创内容越多，收录也就越多。所以收录数量多，证明对手网站权重较高，有价值的内容多，超越对手就要原创更多有价值的内容。

- 外链数量分析是判断对手网站质量和对手对网站的建设力度的方法。通过外链查询，要注意两方面内容：第一是网站的外链数量为多少、外链为首页的数量等；其次是对手在哪些网站建设了外链、质量如何等。但是如果使用 Domain 或者 Link 命令来查询网站外链数量，我们知道这两个命令查询结果都不准确，以前可以使用 open site explorer 和 Yahoo 外链工具来查询：http://siteexplorer.search.yahoo.com。但是 Yahoo 外链工具已经被微软的 Bing 管理员工具取代，Bing 是目前比较准确的外链查询工具。如图 7.1 所示为 Bing 网站管理员工具查询优酷网的外链，设置的条件为锚文本中含有"视频"关键词的外链，也可以不设置查询全部外链。

图 7.1 Bing 网站管理员工具外链查询

- 关键词排名情况的分析，是对竞争对手全面的了解。通过查询出对手关键词排名，可以了解对手主要针对哪些关键词做的优化、整体优化状况等；这些关键词及指数数据，也可以列入自己的关键词计划中。

- 网站大致流量分析，是对竞争对手市场价值和占有率的判断。分析几个大的竞争对手流量，可以了解每个竞争对手的市场比例、哪些是主要竞争对手、他们的实力又是多大。不过遗憾的是没有统计工具能统计他人的网站流量，所以只能估算一个大概的数据。通常估算网站流量时，可以参考几个数据：Alexa 流量数据、百度关键词流量、Google 流量、360 搜索流量估值等，通过这些数据的综合，可以估算出网站的大致流量。不过需要注意的是，由于查询结果是理想的状态，所以通常结果会略高于网站真实的搜索引擎关键词流量。

竞争对手分析是 SEO 过程中非常重要的一环，也是必不可少的一个步骤。通过分析竞争对手，可以形成一个主要竞争对手的分析表格，用于辅助制定自身网站的优化策略。

7.1.3 确定网站关键词排名目标

经过前面的市场定位和竞争对手的分析，可以确定一个网站的优化目标计划。计划中应包含网站的优化目标、优化方法、优化监测、问题解决、效果预估等，而优化目标中以网站关键词排名目标最为重要。

网站做 SEO 的根本体现，是网站关键词在搜索引擎的排名提高，并提高网站流量。其中，第一步就是确定网站关键词排名目标，然后根据需要排名的目标关键词，进行相应的优化工作。

制定网站关键词排名目标，是一个筛选关键词的过程。通常可以将网站关键词筛选在排名目标表格中，并对关键词进行相应的统计，如关键词、关键词的指数、关键词排名靠前的网站、自身网站关键词 URL、网站关键词当前排名、网站目标关键词排名、预计周期等项目。如图 7.2 所示为网站关键词排名目标计划表示例。

目标关键词	关键词百度指数	关键词竞争网站URL	自身网站关键词URL	当前排名	排名目标	预计周期
seo	6279	http://seo.chinaz.com/	http://www.seowhy.com/bbs	3	2	3月
seo工具	840	http://seo.chinaz.com/	http://tool.seowhy.com/	3	1	3月
站长工具	14482	http://tool.chinaz.com/	http://tool.seowhy.com/	26	5	6月

图 7.2 网站关键词排名目标计划表示例

制定好网站的关键词排名目标表格，通常还会对关键词进行一个筛选，根据关键词排名的难易程度及关键词的指数等情况，进行一个分时间段的优化工作，即网站内部页面关键词的优化与外链锚文本的优化。而关键词优化的先后顺序，通常是先对主要目标关键词进行优化推广，然后对流量大非目标词优化。

也就是说，按时间划分网站关键词排名的排名目标，分为总目标、年目标、季目标、月目标等。不过由于按照正规的优化手法，通常年目标与总目标已经很接近了，所以很多时候用总的网站关键词目标代替了年目标。而制定最多的也是关键词的季目标和月目标，一个网站只要按照关键词排名目标表优化，每个季度，甚至每个月关键词都会上升很多，然后不断增加新的或者其他关键词进行优化。

网站关键词排名目标以表格的形式总结出来，可以使优化过程变得有序而且有计划。通常每个月或者每个季度，都可以根据网站的关键词排名目标表，制定网站关键词的优化计划，也是考核 SEO 团队绩效的很好手段。

7.1.4 网站关键词转化的要求

对于流量站来说，网站转化的要求不高，只要有大量的流量就可以赚钱。但是针对产品销售,或者需要增加用户量的网站来说,网站转化则是至关重要的。

对于大多数网站来说,网站转化是一个非常重要的优化的指标。因为所有网站的目标都是能让更多的访问者成为网站的老用户。如果一个网站做了很多年,只有极少的老用户,那么这个网站是不成功的,而且是十分脆弱的。只要网站出现被惩罚或者资金断链,那么前面的努力就功亏一篑了。

因此,除非网站的定位十分特殊,不考虑网站的长期效益,其他都应该在网站的目标中加入网站转化的要求分析,提高网站转化率,转化更多的老用户和成交用户。

网站转化率是展示网站将新访客转化为老用户和成交用户的比例,是非常重要的网站目标。较高的网站转化率,可以在流量不变的情况下,提高回访用户和成交用户的数量;而较低的网站转化率,则不能带来更多的固定用户和成交用户。提高网站转化率,对增加流量也是有帮助的,因为网站的固定用户一直在不断增加,网站的流量也会相应提高。

所以在制定网站优化目标时,应同时确定网站的关键词转化目标。比如网站转化率达到多少、网站注册会员达到什么规模、网站销售数量达到多少等。通过一定的转化需求,在网站优化中就应考虑使用转化高的优化方法,而不单单是网站流量。

怎样的网站优化目标,才能提高网站转化呢?

网站目标关键词应以有转化效果的词为先,这样的关键词在产品销售网站中最突出。例如,液晶电视、液晶电视原理、液晶电视价格等关键词。如果以流量来判断,"液晶电视"这个关键词无疑是最大的,仅从 SEO 的角度来说,将"液晶电视"这个关键词优化上前几位,能带来大量的流量。但是优化这个词的难度非常大,而且对于销售液晶电视的厂商来说,这个关键词虽然指数大,但所带来的实际销售并不比"液晶电视价格"这个词多。所以这里选择"液晶电视价格"这个词作为网站优先优化关键词更合理。

网站需要提高转化效果,还应该对关键词着陆页面进行优化。访客通过搜索引擎,进入到网站内的任何一个网页,如果网页不能对访客产生吸引力,访客很可能就直接跳出。这一点可以从网站的 IP 数与 PV 数的比例看出,通常 PV 与 IP 差距不大,说明用户访问页面很少就跳出了,实际转化就很少。要避免这样的现象,应提供对用户更有价值的内容,不能有标题党;提供该主题相关的内容链接;将注册或购买页面的链接放置在明显的位置等。

不光在关键词选取和内部优化时以提高网站转化为指导,在网站外部优化时,通过有针对性的优化方法同样能提高网站的转化。例如,外链优化时选择相关性高的外链网站、问答平台推广、外链文章提供咨询电话及联系方式等。

网站关键词的转化,是对大多数网站优化的要求。不管在建设网站时是否形成书面形势的网站关键词转化需求,都应该将转化需求考虑到优化目标中,从而形成有更好转化的优化方案。

7.1.5 网站品牌推广目标

作为网络营销的一种方式,SEO 也具有推广网站品牌的作用。从 SEO 的实际效果来看,推广品牌的效果并不亚于网络广告等其他营销形式。

但是由于很多人对 SEO 的片面认识,认为 SEO 只能带来流量,其实这种说法是不准确的。很多网站通过 SEO 推广,不光获得了流量,也树立了品牌。不能简单的将品牌推广和 SEO 分开，SEO 的品牌营销更直接和容易接受，而且更有针对性。

网站品牌推广和上一节的网站转化有一定联系，让用户来到网站，并成为会员或者购买产品，这无形中就相当于推广了网站或产品的品牌。这是最常见的通过 SEO 技术进行的网站品牌的推广。

因此，网站品牌推广目标也是网站优化目标的一部分，而且对于长期利益的网站来说，更加需要注意。

SEO 中的网站品牌推广，不同于微博营销、网络广告、竞价排名等推广方式。SEO 的品牌推广是以 SEO 技术为条件，利用搜索引擎的结果来对用户推广品牌的方式。也就是用户不知道网站或产品的品牌，是通过搜索引擎认识了这个品牌。

例如，用户需要找一个游戏，但是不知道什么游戏好玩，于是搜索"最火的网络游戏"，如果能将这样的关键词优化上前几名，那么这款游戏肯定就会被更多的人知道。其他网站或产品也是相同的道理，类似询问式的产品搜索词，对于推广品牌有一定的意义。

如果不能将自己网站优化到这些词的前几名，也可以通过排名前列的各种百科、问答平台，进行相应的品牌推广并导入到自己的网站。

网站品牌推广是网站优化的重要事务，也是网站 SEO 目标的一个因素。做品牌的网站应该在网站建设之前，对网站品牌推广有一个认识，并在网站 SEO 优化目标中，提出网站品牌推广的目标。

7.2 制定网站优化策略

通过分析网站，确定了网站的优化目标后，可以根据网站的优化目标和网站的现状，制定相应的网站优化策略。网站优化策略是网站优化的大纲，是网站优化的整体方案。通过制定网站优化策略，有针对性地按照网站优化策略进行优化工作，能很好地掌控网站优化的进度和效果，也是专业化网站优化团队的规范管理操作。尤其对于大网站来说，这是非常重要的。下面将从网站内部优化和外部优化策略等方面进行介绍。

7.2.1 内部优化策略

网站内部优化，是网站优化两部分中能够自身完全控制的一个。尤其对于面向百度的网站，做好内部优化，网站效果非常好。

要做好内部优化，就应在分析完网站后，形成内部优化的策略。

网站内部优化策略，应包含网站结构策略、内容策略、内链策略、关键词策略等。它们是网站内部需要优化的各个部分，需要根据网站分析的结果对网站的这些部分进行一个合理的规划。这个规划就是内部优化的策略，也是接下来网站内部优化工作开展的依据。

结构策略是确定网站的最终结构，选择最利于优化的网站结构，避免出现不利于优化的因素。但是需要注意的是，有的网站如服饰、饰品、装饰等公司的网站，为了突出视觉效果使用 Flash 来制作，这是不利于收录的，可以做一个链接导向 Html 网页，对搜索引擎排名是更有利的。

在内容策略方面，首先我们要确定各版块各二级目录的具体内容、网站页面的内容布局,以及网站内容采用全原创,还是伪原创,或者哪些版块原创,哪些伪原创。当然最重要的是内容的布局,即重要的内容应放在首页可显示的版块中,一些只为增加收录、丰富网站内容的,可以使用伪原创或者放置在二级目标中,还可以策划一些专题内容页面等。

内链策略是内部优化的枢纽,网站的内容和关键词都是依靠内链来联系的。内链是否合理往往影响着网站的收录、权重的传递、用户体验等。在制定网站内链策略时,应以网站的收录和权重传递为基本要求,使网站每个网页的链接点击次数不超过 4 次,对重点内容应该以首页直链的形式增加权重和收录,用相关内容互链的形式增加用户体验。这些都是最基本的内链策略,在实际的操作中还可添加更多的方法,完善内链的形式,促进收录和提高权重。

关键词策略是内部优化策略中至关重要的一项,SEO 的目标是通过关键词获得流量,关键词直接影响网站的流量。关键词策略是集合选择关键词、优化关键词两方面内容,其中选择关键词应包括挖掘关键词、筛选关键词、使用长尾关键词的策略;优化关键词则应确定关键词的布局、关键词锚文本内链、内容关键词的优化的策略。

制定内部优化策略,主要目的是将实际优化工作的优化方案总结出来,包括内部优化的大致流程和方法。按照内部优化策略进行内部优化,也可作为指导团队优化开展内部优化工作的方案。

7.2.2 外部优化策略

外部优化是与内部优化并列的网站优化项目,而目前被很多人认为,外部优化是决定网站排名的最重要因素。制定外部优化策略就是为了有计划地进行外部优化,使外部优化更规范、更具针对性。

广泛的外部优化策略,是外部带来搜索引擎流量的策略;而单纯的外部优化策略,是网站外部链接的优化策略。

首先,我们要清楚一个概念,广泛外部优化策略和单纯外部优化策略有何不同。简单地说,就是单纯的外部优化只包括外链的优化;而广泛外部优化不只包括外链优化,还包括互联网内广告等营销所带来的搜索引擎流量。例如,在问答平台做的品牌推广,由于难以制作链接,但是通过网站品牌或者网站关键词的推广,并引导用户搜索来到网站。通常关键词应是网站排名最好的关键词,可以使用户准确地到达网站。

所以网站的外部优化策略,可以在外链优化的基础上,对其他关键词做外部推广优化。和外链优化相同的是,这种关键词优化都需要筛选合适的关键词;不同的是,需要选择排名最好的关键词,可以是网站品牌或者目标关键词,以让用户能通过搜索来到自己的网站,而非其他网站。

不过,这种优化方式不能说是纯粹的 SEO 技术,但是最终能达到 SEO 的效果。所以外部优化应以外链优化为主,品牌关键词推广为辅。

那么网站外部优化策略该怎样制定呢?

以外链建设的目标为根据,制定外链的建设方案,包括外链关键词筛选策略、外链平台选择策略、外链内容策略、外链建设注意事项等。

外链关键词筛选策略应以关键词目标为依据,以自身网站的特点,确定网站要优化的关键词及分阶段关键词策略。

外链平台选择策略是根据网站自身特点，如网站的行业、网站的目标等因素，进行的外链平台筛选。

外链内容策略是根据外链平台筛选的结果，制定不同的外链内容建设，如软文的内容要求、软文中外链的分布、广告语怎样使用等。

外链建设注意事项是网站外链建设中经常出现的问题的总结，对实际优化工作是一个警示作用，防止出现类似的外链问题。

外部优化策略和内部优化策略一样，都是以前期网站分析结果和网站目标为基础，制定的外部优化大纲和具体方案。通过外部优化的策略，能大致明确网站外部优化的工作，并按照外部优化策略进行实际优化操作。

7.2.3 制定优化方案计划书

网站优化方案计划书是网站经过客观分析后，根据网站的目标进行的网站优化计划的总结。通常是网站优化团队的管理者对网站优化工作的计划方案，是网站优化的整体把握和指导。

前两小节介绍的内外部优化策略，就是优化方案计划书中最重要的两部分内容，但是优化方案计划书还应包括网站优化目标、优化策略、优化监测等内容。

网站优化目标包含网站的最终目标和各阶段的目标，目标最好确定到网站各数据的值，并做出网站关键词排名目标的表格，以便优化工作的使用和调整。

优化策略是根据网站的目标，制定出大致的优化方案和具体采用的方法，包括内部优化策略和外部优化策略。通过具体的优化策略，能使优化工作有序地开展，并提高优化团队的工作效率，而不是盲目地分配和开展工作。

优化监测是网站优化过程中效果的评估和问题的解决措施。通过制定周期性和日常性的监测计划，对网站优化的效果进行评估，并针对优化效果和进度，对优化策略进行细节调整。而优化监测还应包括对网站优化中可预见的问题总结，并针对问题提出的解决方法等。

网站优化方案计划书，是开展网站优化工作的前提，也是SEOer对网站优化的操作依据。优化团队管理者利用优化方案计划书，开展优化团队的具体优化工作，管理优化工作。

一般大网站都必须制定优化方案计划书，因为大网站不会盲目地进行一项工作，任何事都需要有计划、有准备地进行。网站优化方案计划也是一些公司在面试中考验SEOer综合能力的方法，因为要制定出网站优化方案计划书，必须具有网站分析能力、优化操作能力、问题解决能力、团队管理能力等。这是一个SEOer全方面能力的体现，也是检验SEOer优化工作是否规范的标准之一。

7.3 选择合适的域名

通过前面分析和制定的计划，就应该开始真正的网站优化工作了。通常情况下，SEOer都是拿到网站就做优化，其实这样的观念是错误的。网站优化的最终结果的好坏会受到很多因素的影响，其中就包括网站域名、网站服务器、网站本身的程序等因素影响。但是如果是一个现成的网站做优化,那么这些因素都是 SEOer 难以控制和改变的,因此优化的结果可能有一定的不可预见性。

所以说拿到网站直接做优化,这不是 SEOer 的错,而是大多数人对 SEO 的片面理解。而合格的 SEOer 应该知道从网站建设、域名选择、服务器选择开始都属于影响 SEO 的范畴,SEO 工作也是从这里开始的,而不是现成的网站。

7.3.1 选择便于记忆的域名

如果说网站的名字相当于人的名字,那么网站域名就相当于人的住址。只知道人的名字是不方便找到对方的,如果知道了住址就容易找到对方了。

域名是找到网站的主要方式,很多人说可以通过搜索引擎搜索到网站,但是网站的名字是允许取相同的。如果别人的网站权重高,搜索相同的名字时,就可能排在自己的前面。而域名则是唯一的,每个网站都不同。因此在推广网站时,通常使用的是域名,以免用户进错网站。

既然使用域名能使用户准确地进入自身网站,那么域名越简单易记就越有利。例如:http://www.yougou.com/和 http://www.52xiechw.com/两个域名中,很明显前一个域名更便于记忆。

简单易记的域名有两个最重要的好处。第一,方便用户输入和记忆,用户看到网站域名后,能轻松地记住网站,并能快速准确地输入域名进行浏览。第二,这是非常重要的一点,简单易记的域名给用户更高的信任度,因为现在域名趋于饱和,简单易记的域名通常年龄较长,信任度更高。而低质网站通常不会购买价格较高的简单域名,所以简单域名给用户更权威的感觉。

通常根据网站需要和资金预算,来挑选简单易记的域名,在选择上需要注意以下三个问题:

- 域名简短。通常简短的域名更容易被记住,输入错误的几率也更低。例如,腾讯门户网站域名 http://www.qq.com/和 http://www.tencent.com/相比,前者更简短,用户更容易记忆。
- 域名与网站名相同。通常用户最容易记忆的应该是网站名称,但是网站名称可能被他人盗用,而域名则不会相同。域名最好能用网站名的汉语拼音或者英文,可以是全称或者缩写形式。例如,乐淘网域名 http://www.letao.com/。
- 域名与网站行业性质相关。与上一个方面不同的是,域名并非与网站名称相同。而是与网站的行业性质相关,让人能通过行业联系,记住网站的域名。相同的是,域名可以含有行业的拼音或者英文。例如,某旅游签证网站域名 http://www.lvyou2.com/,采用的"旅游"的汉语拼音,网站名不是旅游网,但代表了其行业性质,也很容易被人记忆。

域名将长期伴随着网站,并且在网站 SEO 优化和其他营销推广中都起着非常重要的作用。选择一个便于记忆的域名,对网站的长远发展是非常有利的。

7.3.2 选择利于优化的域名

如果说便于记忆的域名主要是基于其他营销推广方式的话,那么利于优化的域名,则完全是针对 SEO 的选择。

利于优化的域名和便于记忆的相同之处，主要是由于搜索引擎判断网站质量时，会参考用户对网站域名的感受，作为搜索引擎排名的算法因素。但是由于两者出发点不同，针对用户和搜索引擎的域名选择也会有所不同。

因为搜索引擎是机器和软件的组合，远远超过人的记忆水平，所以搜索引擎不会出现记忆的难易程度问题。而针对搜索引擎对域名的喜爱程度，来判断利于优化的域名是更为准确的。

利于优化的域名通常具有以下四个要素：

- 域名简短。和便于记忆一样，简短的域名也更受搜索引擎的喜爱。当然不是因为简短容易记忆，而是一般简短的域名价格高，希望做长久的网站才会选择。这样的网站更注重网站的质量和用户的体验，所以搜索引擎通常设定简短域名的信任度更高。
- 悠久的域名年龄。域名年龄越久，搜索引擎信任度越高，相比之下，给予的权重更高。大部分老域名都积累了长久的搜索引擎信任度，而新域名由于没有经过搜索引擎长时间的考验，所以信任度也就相对较低。但是在选择老域名时有个问题，有的老域名曾经被很多网站使用过，并在搜索引擎有不良记录，那么这样的域名就需要和新域名相同，甚至有更长的考察期。这里提示一下，可以查询域名在搜索引擎的收录、外链、权重值，以及站长工具的历史记录等，来判断域名是否被搜索引擎惩罚过。
- 权威的域名后缀。按照搜索引擎给予信任度排序，最高的是.edu、.gov 等后缀的域名；其次是.com、.net 和以国家名为后缀的域名；信任度较低的是.cc、.in、.biz、.mobi、.info 等域名。通常.edu、.gov 等后缀的域名，只有教育和政府机构才能注册，所以搜索引擎给予更高的权重和信任度。而.cc、.in 等后缀的域名，由于注册管理最松，因此被很多不法网站使用，通常搜索引擎给予的信任度也是域名中较低的。
- 域名与关键词相关。域名和关键词相关是最直接的 SEO 排名因素。域名中含有关键词，能获得更好的排名，在很多搜索引擎中都有这一影响因素，只是影响的程度不同。但是 2012 年 9 月 Google 反垃圾站高管 Matt Cutts 发布 Twitter 称，谷歌将对排序算法进行小幅度调整，将会降低依靠"域名匹配关键词"上位的网站。但是不需要紧张，Google 这次的算法调整影响的范围并不大，因为 Google 并不能全部打击，算法调整也是很谨慎的，只对完全依靠域名关键词匹配的网站才起作用，而有质量的网站并不会受到影响，反而能存活下来，说明搜索引擎对网站的认可。

利于优化的域名，对网站有一定的影响。选择好的域名，对排名优化有帮助，但是这并不是网站的全部，更多的还是要把网站的整体质量提高。

7.4 怎样选择稳定高速的服务器

服务器是网站表现的重要影响因素，不止影响着用户的浏览体验，而且在搜索引擎中，也将直接影响收录和排名。服务器的高速稳定，能为用户和搜索引擎提供较好的浏览体验，网站就能获得更多的认可。但是如果网站经常打不开，或者打开速度很慢，即使网站内容再有价值，用户和搜索引擎也会对网站失去兴趣。因此，选择一个稳定高速的服务器，是建设优质网站的基础条件。

7.4.1 选择权威的服务器提供商

由于现在网站量急剧增加，服务器提供商也不断增加。虽然竞争大了，但服务器的价格不断下降，个人站长也越来越多。但是随之而来的问题是，价格下降了服务器的质量也难以保证。

在这种服务器商质量参差不齐的环境下，选择一个好的服务器提供商，是网站最基础的建设条件，往往决定着网站整体的质量。有的服务器商当服务器出现问题时，不能及时准确地解决，还给用户推销其他更贵的服务器，或者借各种原因推脱责任。这是很多个人站长或者小网站经常遇到的情况，鉴于资金原因，他们只顾价格较低的服务器商，而忽视了服务器商是否权威，能否提供优质的服务。

选择权威的服务器提供商，能享有更好的服务。无论是服务器的质量、售后问题的解决、增值业务等问题，都可以看出服务器商的权威性。

我们在选择服务器提供商时，要特别注意权威性。服务器的利润是非常高的，也就吸引了很多质量低下的服务器商加入到竞争中来。因此，不能完全听信服务器商客服的吹捧，应对服务器商进行综合对比，从服务器质量、售后服务、增值业务等方向进行选择。

这里提供给大家一些挑选服务器商的小技巧：（1）使用 IDC 评测网站，查询用户对服务器商的评价。但是很多 IDC 评测网的评测并不准确，因为有水军专门捧或者黑某些服务器商，也有服务器商自建 IDC 评测网来推销自己的 IDC 产品。用户最好选择客观的第三方 IDC 评测网，如 http://www.idc123.com/ 等。（2）在搜索引擎中搜索服务器商是否有不良记录，从其他网站有相关的服务器评论文章，了解服务器商的具体情况。（3）到服务器论坛、社区、问答、QQ 群等，咨询其他用户对某服务器商的评价。

通过这几个小技巧选择权威的服务器商，不但能得到更好的服务，而且不容易因为服务器商问题，而导致网站质量低下。

7.4.2 选择稳定的服务器

服务器问题是令很多站长头痛的问题，因为通常服务器不是自有的，不受自身控制。服务器质量无法保证，而且出现问题也不好解决，对网站的影响是非常巨大的。

我们都知道，质量较差的服务器经常打不开网站或者打开速度很慢，这使得用户和搜索引擎对网站的体验很差，也就很难得到他们的认可。尤其以国外服务器为甚，经常会由于出口或者 DNS 问题，导致网站打开速度很慢和无法打开。发生这样的情况对 SEO 的伤害很大，网站权重上去了，但是又会掉，快照也不更新；通常用户也不会喜欢一个经常打不开或者打开很慢的网站，尤其在竞争激烈的互联网中很可能会丢失用户。

目前国内用户使用最多的是大陆服务器、香港服务器、台湾服务器、韩国服务器、美国服务器、欧洲服务器等。

就网站备案而言，大陆服务器都必需网站备案才能接入；其他服务器都无需备案，或者备案政策宽松。

从服务器速度上对比，大陆网站使用大陆服务器最快，然后是香港、台湾、韩国等服务器，速度相对较慢的是美国服务器和欧洲服务器。

从服务器稳定性上看，大陆网站使用大陆服务器最稳定，由于网络出口问题其他地区服务器都不是特别稳定。尤其是美国服务器和欧洲服务器，如果白天网站出现问题，而欧美处于晚上，服务器问题很多时候不能及时解决，很影响网站的访问。

从价格而言，大陆服务器费用最高，然后是韩国、香港服务器等，美国服务器较便宜。

需要注意的是，并非国内所有网站使用国内服务器就稳定快速，这要根据网站针对的地区，如果网站本身针对美国用户，那么使用美国服务器就是最好的选择。

7.4.3 购买适合的主机套餐

通常我们所说的网站主机，是指虚拟主机、VPS、独立主机、云主机等；并不是针对硬件而言的那台主机，因为一台主机划分为多个虚拟主机和 VPS，而云主机又是多个主机构成。所以简单地说，网站主机是指存储有网站源文件，并提供访问和传输的那部分。

根据网站的需要，通常按照主机类型选择虚拟主机、VPS 主机、独立主机、云主机等；另外按照服务器的数据量选择主机配置、存储空间大小、月流量、带宽等。

首先，根据网站的发展和资金投入情况选择主机类型。如果是个人网站可使用虚拟主机，价格便宜，但是速度较慢，管理也不方便；VPS 适合一些小型公司网站，价格不高且有独立操作系统，能独立管理；独立主机一般是资金充足或者大型的网站使用，可以自己购买，也可以代管。主机完全自由，管理方便，速度更快更安全；云主机比 VPS 主机的价格高，但是云主机的效率更高，速度更快，数据恢复更方便，很多大型网站也在建立自己的云主机。它们的功能与价格对比如图 7.3 所示。其中箭头代表主机的性价比，角度越大性价比越高，云主机的性价比是最高的。

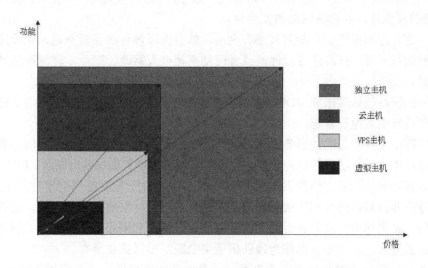

图 7.3　主机类型对比

根据网站需要的服务量选择主机的数据量。（1）主机的处理器质量、内存大小等，这是主机的硬件质量，质量越好速度会越快，但是相应价格也会越高。（2）网站需要的物理存储空间大小，即网站主机的硬盘空间大小，也可能是虚拟主机的空间大小。空间越大价格自然越高，根据网站的大小选择空间的大小，一般网站都不是特别大，除非需要存储大量文件，主机空间需要特别大，可选择独立主机。（3）每月流量多少，这是指网站通过主机被访问的下载流量，如果网站的数据交换量很大，一定要选择一个流量充足或者不限制流量的主机。（4）主机带宽也是影响网站访问速度的重要因素，当用户访问量很大时，如果主机带宽过小，将会使用户等待或者无法访问，这将直接影响网站在用户和搜索引擎的表现。宽带大对于避免 DDOS 攻击也更有利，因为主机带宽大，攻击成功就需要更多的攻击发起点，攻击难度就更大。

通过以上的因素，对主机进行综合的评比，可知并非越贵的就越好，在价格合理并适合自身网站需求的主机，才是对网站最好的。如是个人网站，就没必要选择独立主机或者云主机了，那是资源和资金的浪费；而大型网站也不应该选择虚拟主机或者 VPS 主机，因为网站的稳定和快速才是最重要的。

7.4.4 注重服务器的安全性

服务器的安全性，对于一般用户而言极少关注，也因为安全意识不强，出现很多网站被攻击的问题，进而影响到网站的安全。

服务器常见的安全问题有以下三种情况：
- 服务器本身的安全，这包括服务器系统漏洞、系统权限、网络端口管理等，这是服务器的基础条件的安全问题。有了安全的服务器基础条件，网站安全才会得到保证。
- 服务器应用的安全，这包括 IIS、Apache、主机配置、权限等，这将直接影响网站的安全性。
- 服务器外部的安全，这包括网络环境、数据库服务、FTP 等，这些也会危及服务器的安全性，并影响网站的安全性。

如果在这几方面出现安全漏洞被黑客利用，就会出现各种服务器问题，这反应在网站上通常是网站打不开、打开速度很慢，或者网站直接被人篡改、删除，将对网站产生十分严重的后果。

最常见的网站黑客攻击如 DDOS 攻击、挂马、潜入服务器窃取及删除信息、使用服务器作为傀儡机攻击其他设备等。

DDOS 攻击是最常见的使服务器瘫痪的手段，黑客利用大量傀儡机攻击服务器，使服务器超过处理能力而无法正常访问。挂马是黑客利用服务器权限、端口漏洞、FTP 漏洞等，将木马或者其他非法内容上传到服务器，当用户访问网站时，就可能受到木马程序的威胁。窃取或删除重要信息是黑客利用服务器漏洞，进行的对网站重要信息的窃取，更有甚者删除重要信息，如果网站信息未备份的话，损失是巨大的。利用服务器攻击其他服务器，也是黑客攻击的方式，使用服务器作为傀儡机能更隐蔽，难以抓住黑客。

从这些安全问题和黑客攻击方式来看，一个安全的服务器应该具有以下特点：（1）修补服务器系统漏洞；（2）服务器设置合理的系统权限；（3）关闭暂时不用的网络端口；

(4) IIS 权限设置正常；(5) 服务器备份程序；(6) 防止 DDOS 攻击系统；(7) 服务器安全软件；(8) 运营商定期检查维护。

通常能做到以上几点，服务器安全性就非常高了，不容易被黑客攻击成功。这也一定程度上保护了网站的安全稳定，选择服务器时应特别注意。

7.5 建设搜索引擎友好的网站架构

由于在选择服务器之前，我们通常已经将网站建设完成，本应该在 7.4 节选择服务器的前面讲解本节内容，但是为了读者的记忆连贯性，放在这里和网站优化内容一起介绍。

网站建设通常是在选择服务器之前完成，但在实际工作中，很多网站已经上线，才想起需要进行 SEO 优化。因此，网站优化部分从这里开始，第一部分就是网站的架构。网站架构就像人的骨骼，是支撑整个网站的框架。如果框架出现问题，就好比人得了骨质疏松或者骨折，就无法正常工作，网站就没有好的用户体验，也不利于 SEO。作为网站最基础的优化部分，应该予以更高的重视，好的网站架构将使网站优化事半功倍。

7.5.1 优化建站系统

对于很多资金不够充足的公司或者个人来说，现成的建站系统是十分经济快速的途径。但是现成的建站系统并不能完全满足所有公司的需要，而且很多也不完全利于网站的优化，所以会对建站系统进行优化。

建站系统通常包括网上免费的建站源码，以及其他公司出售的建站系统。这些系统大部分是一个完整的网站系统，有前台页面和后台管理页面。但是前后台页面为了更好地适用于大多数网站，功能并不能完全满足特定网站的需要，尤其是前台页面几乎要更换大部分架构。

根据网站的需要，建站系统前台页面的优化，相当于设计一个新站的前台页面，也就需要重新设计网站的架构。

一般建站系统前台页面优化，有两个方面的内容：(1) 添加网站的其他特殊功能，如网站需要展示的重要内容、投票项、专题优化等。另外前后台的连接，以及后台对前台的控制界面，都需要进行一定的优化。(2) 修正前台页面不符合 SEO 的内容，如导航结构不合理、采用了不利于 SEO 的结构等。

建站系统优化都是通过添加网站的功能项，或者修改原来模版的形式来完成，应以利于优化、不采用不符合 SEO 的网站架构为原则。

优化建站系统是利用现有的网站系统，进行适合自己的改进，SEOer 可与程序员共同完成。

7.5.2 使用友好的网站架构

任何网站，包括使用建站系统，或者按自己要求建设的网站系统，系统的网站架构都应该有利于 SEO，这样才能为后期的内容优化做好铺垫。

网站架构包含网站使用的结构、代码的形式、内容的布局等因素，因此对 SEO 友好的网站架构应注意一些规则：

- 网站的结构通常不使用框架结构。搜索引擎无法抓取完整的框架结构的网页内容，由于框架结构的网页是多个含有部分内容的网页组成，每个网页的内容都是不完整的，搜索引擎不能获得网页的具体内容，所以很多时候搜索引擎都对框架结构的网站避而远之。到目前为止，搜索引擎都还没完全解决框架结构收录的问题。
- 避免使用 JS 导航或超链接。虽然搜索引擎对 JS 代码已经有一定的辨别能力，但仍然不能完全信任搜索引擎的 JS 抓取能力。偶尔一些简单的 JS 能被搜索引擎读懂，并不代表搜索引擎能抓取所有的 JS 内容，JS 导航是导致网站收录不理想的重要原因。所以最保险的方法就是，避免使用 JS 导航或超链接。
- 尽量不使用 Flash 作为网站整体架构。Flash 是超越框架结构、JS 导航的最严重的 SEO 缺陷。因为框架结构、JS 导航都是网页代码形式的内容，搜索引擎可能识别其中的内容；而 Flash 则是富媒体形式，搜索引擎是无法识别其中的内容的。使用 Flash 则是将搜索引擎拒之门外，收录数量就会出现很大的问题。
- 尽量使用 DIV+CSS 页面控制。DIV+CSS 是最简单便捷的页面形式控制方法，比其他形式的代码更受搜索引擎的喜欢。DIV 的代码通常规律性强、内容灵活、控制简单，搜索引擎能很好地识别，所以目前大多数网站都使用 DIV+CSS 形式来控制网站页面的布局。
- 首页与内容页最好在 4 次点击内到达。网站的层次过深，影响最大的将是网站的收录，收录的两个重要影响因素是通达的内页链接和内页的权重。保证首页与内容页在 4 次点击内，能让链接次数更少，通达性更好，内页获得的权重也更高，更有利于收录。
- 网站重要页面的布局应合理。页面的布局应该以突出重点内容为原则，通常首页应该是最重要的内容展示，让最重要的内页在首页展示，将大大提高重点内容的收录和排名。

网站架构是一个网站最重要的基础条件，是网站搜索引擎良好表现的基础。以上的规则只是最常见的网站架构注意事项，不过做好这些最常见的内容，网站才能沿着一个正确的轨道发展。

7.5.3 精简的代码

网页代码也是网站的最基础条件，对网站在搜索引擎的表现也有一定的影响。

尤其是建设网站的程序员，通常对 SEO 并不十分熟悉，只是根据程序和网站的方便性来设计网站的代码。这样就难免产生一些冗余代码，甚至是不利于 SEO 的代码。

精简的代码是网页快速反应的条件，也是对搜索引擎友好的因素，对于网站的收录有一定的帮助。无论是自己公司建设的网站，还是购买的网站，代码冗余是常见的问题。要避免这些问题的产生，我们需要明确什么样的代码才算精简。

精简的代码需要注意以下三个方面：

- 整体代码简单规范，无多余空格、重复代码、复杂代码、无意义内容等。很多网页包含大量的空格，而且所占的比例非常大，通常检查和清理的方法就是使用编辑软件直接消除。而重复代码一般是可写可不写的代码，如 align="left"; target="_self"等是可以省略的代码。复杂代码如<strong></strong>可写成<b></b>等简单写法。而无意义内容通常以注释型文字为主，这些内容是给建设者核查修改所用，但是对于搜索引擎却毫无用处，反而会增加网页大小，最好删除。

- Meta 标签及内容样式应简洁，无意义的 Meta 标签，如网站的版本、建设者、允许搜索引擎抓取等标签，这些代码并没有实际的用处，所以最好省略，以减小网页的大小。内容中的样式等也应尽量减少，最好调用外部 CSS 样式。
- 将 JS 和 CSS 外置，这样做有很多好处，首先可以减少网页的重复代码，例如同一个网页多个地方使用，只需要调用样式名即可；其次多个网页可调用相同的 JS 或 CSS 文件，减少网站所占空间；调整或修改网站样式时，只需要调整修改外部 JS 或 CSS 就行了。

精简的网站代码是网站的基础，也是网站搜索引擎优化的基础条件，如果能在网站代码的细节上做好，能得到长远的效果。例如列表页、内容页等，随着网站内容的大量增加，精简的代码将使网站所占空间小很多，另外网站整体收录也会更好。

7.6　网站关键词的分布

在网站架构完善好之后，就开始对网站进行内容的填充，而对于搜索引擎优化来说，内容的填充应以关键词为依据。而搜索引擎给网站带来的流量，也是通过关键词的形式导入，因此关键词优化是网站搜索引擎优化中最重要的一部分内容。网站关键词的布局就是关键词优化的前提，也是关键词优化的第一步。本节的关键词布局将结合 7.1 节确定的关键词目标，完成从网站主要关键词到长尾关键词的布局，以及网页内关键词的布局。

7.6.1　网站关键词布局到各级网页

在网站建设时，SEOer 通常参与的是辅助建设利于 SEO 的网站结构和代码。另外还有一项工作就是网站关键词的挖掘，然后形成 7.1 节中的关键词目标表。

结合网站关键词目标表，就可以很轻松地将各级关键词布局到首页、栏目页、内容页中。

网站关键词的布局，以网页的权重为主要依据。通常距离首页越近的网页权重越高，网站的关键词重要程度与权重相对应。也就是重要的目标关键词布局在首页，次要关键词布局在主题页面、栏目页面、列表页面等，而长尾关键词布局在内容页面。这样布局的一个重要原因，就是利用首页的高权重让重要的目标关键词排名更好。

网站关键词布局时，相近关键词应布局在相同页面。这样做的目的是增加网页的关键词相关性，并且不会产生关键词的竞争和冲突，更有利于网页的所有关键词排名。例如，笑话网短信笑话栏目的关键词：短信笑话、搞笑短信、经典短信、幽默短信，相近关键词布局在同一个页面上。

网站关键词目标表上计划的关键词，并非全部要在网页的 Meta 标签中写出来，但是也应与网页进行对应。利用外部链接优化,也可以提升网页上该关键词的排名,不过这些未写出来的次要关键词,可以在网页主要关键词排名提升后,再进行优化。

网站关键词布局大致规则如图 7.4 所示。

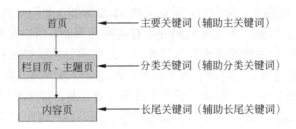

图 7.4　网站关键词布局图

网站关键词的布局是对网站关键词的分配,将网站的所有目标关键词与网页进行对应填充,以便于后面内外部优化工作的开展。

7.6.2　页面关键词的优化

页面关键词优化是布局关键词后,关键词的实际优化操作,也是 SEOer 最熟悉的优化工作。

简单地说,页面关键词优化是对关键词的出现位置、数量、表现形式等,进行符合搜索引擎规范的修改操作。也是网页上关键词使用技巧,使页面上的关键词能更符合搜索引擎的要求,从而获得更好的排名。

页面关键词优化主要从三个方面入手:

- 关键词的出现位置。网页内有很多地方都需要出现关键词,这些关键词是搜索引擎判断网页相关性的重要条件。首先在网页中 Meta 标签中 Title、Keywords、Description 都应含有关键词。搜索引擎检索网页时,最先读取的是 Meta 标签中的信息,以明确网页的主题;正文中关键词通常会选择放在最突出的位置,如导航、正文内容、底部优化专题等,如果是文章页,关键词可以使用 H 标签、加粗加黑等。

- 页面上关键词数量和频率。这也是判断关键词相关性的因素,在 SEO 界公认的关键词频率在 2%～8%之间。低于这个标准,关键词的相关性较弱;高于这个标准,会出现优化过度问题。但是不必太紧张,因为这并不是绝对的搜索引擎数据,只是大量总结的统计结果。在实际网页中,排名较好的关键词频率有的只有 1%或者高达 20%。所以在看网页关键词时,还应把握关键词的具体数量,不要因为达到一定频率而堆积几十个相同的关键词,如果内容多,最多十多个关键词,内容少的话,几个主关键词就行了。

- 关键词的表现形式。同一个网页为了增加关键词相关性,会多次出现关键词。但是如果多次重复出现相同关键词,可能会被认为是关键词堆砌的作弊行为,所以网页上布局的关键词至少有几个。即使有几个也不能以同一个形式出现,最好的办法是利用关键词的不同形式。关键词的不同形式，通常包括关键词、关键词的拆分、关键词的同义词、关键词的同类词等。关键词的拆分，就是网页中出现关键词拆分出的几个词，如搜索引擎优化拆分为搜索引擎和优化；关键词的同义词，就是表示相同的意思，只是用词不一样，如搜索引擎优化和 SEO；关键词的同类词是关键词相同范畴或行业的词，如搜索引擎优化和关键词排名。关键词的不同表现形式同样能提高关键词的相关性，而且避免了关键词的堆砌。

网页关键词优化是网站优化的基础，也是关键词获得排名的重要方法。做好关键词优化，防止过度优化，让网页在搜索引擎中更有竞争力。

7.6.3　长尾关键词布局在文章页

网站内容页一般推长尾关键词，因为内容页的权重较低，长尾关键词的竞争较小，长尾关键词才能有更好的排名。

长尾关键词布局与首页、栏目页的关键词有所不同，首页和栏目页布局的关键词很少变动，网页可经过多次优化；而长尾关键词布局的文章页每天都会大量增加，二次优化的可能性很小，所以需要一次性将网页优化好。

网站的关键词目标表里，收集的长尾关键词就是用于文章页的。收集长尾关键词方法很多，可以通过关键词软件筛选、竞争对手长尾词、问答平台问题、社区微博话题、热门搜索词等途径，挖掘大量的长尾关键词用于文章页。

布局长尾关键词在页面时，优化方式与普通关键词优化相同，如页面 Meta 标签、内容中的关键词拆分变式、关键词加粗等。但是要注意避免关键词堆砌问题，因为文章页是堆砌关键词的重灾区，这也是导致很多网页不被收录的原因。

由于文章页数量巨大，通常不会进行页面的多次优化，但是有时候网页上出现错误，而搜索引擎已经收录网页，这时候是否再去修改呢？其实小的错误是可以修改的，首先搜索引擎有记忆特性，网页发生变化，搜索引擎并不会马上更新，仍会维持一段时间；其次搜索引擎更青睐时常更新的网页，修改错误相当于网页上的更新，搜索引擎会给予网页更高的权重。

增加的长尾关键词内页，最好用长尾关键词为锚文本，从首页相关栏目项有链接指向，这样文章页能快速被收录，并且长尾关键词会有稍好的排名。

7.7　原创有价值的内容

对于网站是否坚持原创一说，大部分人认为应该坚持原创，因为搜索引擎希望提供给用户更多的选择；而有人认为大部分网站可以转载有价值的内容，因为搜索引擎希望有价值的内容能传播更广。

这里推荐大家以原创为主，而且要原创有价值的内容，只有原创内容才是信息进步的推动力。没有原创内容，互联网信息就严重同质化，相同的内容过多，浪费大量资源的同时，还不能给用户更多的选择。搜索引擎更倾向于原创内容，需要注意是原创有价值的内容，而不是随意拼凑的无意义的内容，如软件生成的关键词文章、乱码网页等，这些没有用户会需要，通常搜索引擎是不会收录的。

7.7.1 网站内容原创性

网站内容的原创度越高，网站在搜索引擎中获得的信任度越高，对网站收录和关键词排名都有一定的影响。

网站内容通常分为原创内容、伪原创内容、转载内容，这是三种不同的网站内容更新方式，它们在效果和难易程度等方面有所不同，也使得不同网站会选择不同的更新方式。

当然原创内容的收录和排名要优于其他两种，但是原创内容需要的时间更长，这无法达到伪原创和转载的更新速度。大网站通常会要求原创，因为有充足的人力资源；伪原创是很多中小网站常采用的内容更新方式，能提高网站内容更新的速度，也在一定程度上保证网页的收录；转载内容或者抄袭内容，这些与搜索引擎已有内容高度重复的内容，被收录的可能性很低，除非网站有比较高的权重，才有可能被收录。通常收录也难以获得好的排名，这是很多新站为了快速增加网站网页数量而采用的一种方法，例如常见的网站采集。

这里推荐大家多写原创内容，少转载和伪原创，经过实验两个相同的网站程序，一个原创内容，另一个转载内容，刚开始原创内容收录速度很慢，逐渐会变得越来越快；而采用转载采集的内容，开始的收录量甚至超过了原创内容的网站，不过经过一段时间后，收录基本都掉了，最后只剩下极少的网页结果。

如果希望网站长远并不断壮大的话，最好少转载或者抄袭其他网站的内容，尤其不要采集，这样两个网站的重复率太高，很容易受到搜索引擎的惩罚。坚持以原创为主，才是网站做大做强的根本动力。

7.7.2 有价值的网站内容

原创内容并不代表一定能得到搜索引擎的支持，网站内容的价值高低，也是搜索引擎收录与否的重要因素。

网站内容的价值就是内容对用户是否有帮助，帮助越大价值就越大；网站内容与搜索引擎已索引内容重复度越低，也就是相同内容越少，网站内容价值就越大。

以上两点可以总结为，原创对用户有帮助的内容，有利于网页收录和排名。

对于网站内容是否有价值，价值是多少，这个很难量化，搜索引擎也不可能规定一个值，来判断网站内容的价值。搜索引擎只能通过其他方法进行判定网站内容的价值，比如检查内容是否只是关键词堆砌的内容、乱码拼凑的内容、索引数据库中存在相同内容的数量等，只有满足最基本的要求，才能被搜索引擎收录。网站如果安装有搜索引擎的统计系统，搜索引擎也能知道网站是否被大多数用户认可，用户量越大，网站内容价值越高。如果没有安装统计系统，搜索引擎可以通过用户点击搜索结果后的行为判断网站内容是否满足用户的需求，如果用户在一段时间内未进入其他结果，说明网站的价值很高，这也会促进网页排名的提高。

搜索引擎通过很多方法判断网站的价值，这个过程也影响着网站的排名。因此，在网站目标关键词范围内，增加有价值的网站内容才是网站更新的标准。

7.7.3 内容真实可靠

网站更新内容的真实性,是网站长期生存发展的保证。

内容真实可靠的网站,才能得到用户的信任,用户数量才会不断增加。编造虚假信息的网站,也许能在一时获得流量,但是不能获得老用户,甚至会臭名远扬。例如,用户非常痛恨的标题党,如果整个网站大部分内容都是标题党,用户是不可能再相信该网站的,最终的结果就是用户的流失。

原创网站内容时,可能会因为某些条件限制,而导致内容真实度下降。这时候一定要站在用户的角度考虑,尽量让用户不会认为网站的可信度不高,可以注明条件限制使内容不够全面等。让用户感觉到网站为用户考虑,而非只为吸引用户的点击,千万不能让用户产生上当受骗的感觉,这会直接将用户推出网站。

通过分析,可以知道网站内容真实可靠有两个要求:(1)网站内容真实有根据。网站内容相当于公司的产品,内容不真实就是不合格产品,不能给用户带来价值。(2)网站内容与标题无偏差。用户不希望受骗,如果用户因为某一标题进入网页,但是内容与标题根本无关,这是谁也无法忍受的。

做好这两个方面,确保提供给用户想要的真实内容,网站才能不断积累用户量。

7.8 增加外部链接

前面对网站内部优化过程和注意事项做了分析,与此同时,网站外部优化工作也要开展。

在外部优化中,以增加外部链接为主。外部链接是搜索引擎判断网站质量的重要标准,被很多人认为是最重要的因素,虽然没有得到搜索引擎的证实,但是从实际经验来看,目前外部链接仍决定着网站排名的高低。外链的具体作用是多方面的,增加蜘蛛来源、提高网站权重等是对网站优化最大的作用。所以应重视外部链接,增加优质的外部链接,遵循外链建设的原则,注意外链建设的问题。

7.8.1 选择重点关键词为锚文本

网站链接分为锚文本链接、普通超链接、文本链接三种,其中锚文本链接的作用是最好的。锚文本链接不仅能带来蜘蛛、权重,还可以针对准确关键词进行权重传递,提高关键词的排名。

锚文本链接是效果最好的外链形式,但是也是获得难度最大的外链形式。在这种情况下,仅有的锚文本外链就显得非常宝贵。在选择锚文本关键词时,应首选计划中的重点关键词,前面的关键词目标表又起到作用了。

在关键词目标表中,关键词是有计划、分阶段地进行优化的,这个阶段主要体现在外链优化的阶段性上。首先用于外链优化的是网站目标关键词,以及转化率高的关键词,以主要关键词为主,长尾关键词为辅,这些词就是用于网站外链锚文本的。

锚文本选择关键词，对排名的影响是非常大的，有时候网页并没有该关键词，但搜索时却排在前列，这就是由于外链的锚文本造成的。例如很多人在引用外链时，会设置锚文本为"点击这里"，结果搜索"点击这里"时，就会有好的排名。如图 7.5 所示，百度搜索"点击这里"结果网页并无此词。

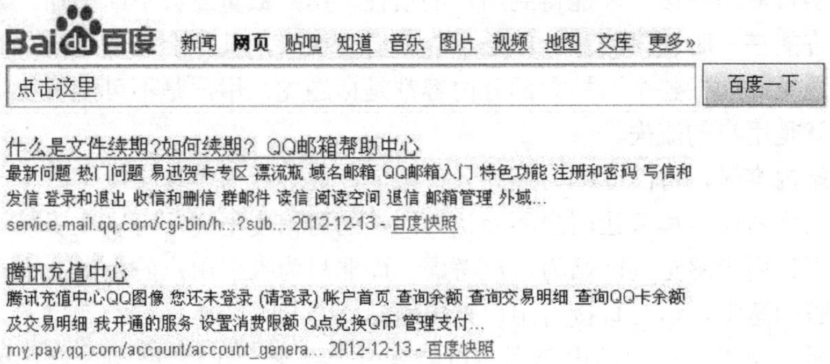

图 7.5 搜索"点击这里"结果

外链锚文本选择关键词时，要注意以下两个原则：
- 锚文本必须为目标关键词，只有目标关键词才能带来网站需要的流量，以及转化的用户量。其他行业关键词也能带来流量，但是这些流量并不精准，也不能带来用户转化，在锚文本上应尽量使用网站重点词。
- 锚文本尽量简短，长尾词的搜索量相对更少，一般不选长尾词。另外锚文本过长容易分散词的权重，用户搜索长尾关键词的部分词，关键词较长就不如优化后的短词排名好。按照用户的习惯，长尾关键词也应精炼简短，所以锚文本相应简短一些。

遵循外链锚文本的原则，做好锚文本的选择，是提高目标关键词排名的有力保证。

7.8.2 外链要广泛

网站外链的广泛度，是网站外链建设的重要指标。随着时间的增加，外链数量会不断增加，但并不代表外链的广泛度也不断提高。如果网站外链偏向于单一网站，外链的效果就将大打折扣。所以在外链建设时，尽量拓展外链网站的广泛度。

外链广泛度包括网站广泛度和行业广泛度，网站广泛度也就是外链分布的网站数量，行业广泛度就是外链分布网站行业的数量。例如，自身网站属于教育行业，如果外链在本行业的网站广泛度高，就表示自己网站在本行业内外链多、传播广；如果外链的行业广泛度高，则表示自己网站在各行业外链多、传播广。

从以上两个方面可以知道，增加网站外链的广泛度，需要将外链分布在各行业的更多网站上。这就要挖掘更多的外链网站，更多行业的网站。在此基础上，建立以本行业外链网站为主，多行业为辅的外链策略。

外链的广泛度，是搜索引擎判断网站流行度的重要根据，流行度是网站质量的重要表现。所以外链建设广泛度可以总结为：（1）不断增加网站的总体外链数量；（2）不断增加本行业网站外链数量；（3）不断增加网站在各行业网站的外链数量。

7.8.3 增加高质量的外部链接

网站建设外链的人力和时间总是有限的，怎样才能利用有限的人力和时间，创造出更好的外链效果呢？这就要求网站优化团队的管理者，制定高质量外链建设计划，确保外链建设人员建设更多高质量的外部链接。

那么什么是高质量的外部链接呢？

高质量的外部链接是对链接的发出者而言的，对被链网站的提升作用大小就是外链质量，提升作用比较大的就是高质量的外部链接资源。

高质量的外链网站包括很多因素：

（1）外链网站与被链网站的行业相关性。行业越相关，外链质量越高。

（2）外链网站的类型。如果是资讯资源型网站，外链质量更高；如果是开放性的论坛、博客，质量则相对低一点。

（3）外链的形式。锚文本链接质量最好，其次是普通超链接，质量较差的是文本链接；明链质量较好，暗链质量较差。

（4）外链网站的权重 PR 值。权重 PR 值越高，外链的质量越高。

（5）外链网站外链导出数量。外链导出越少，外链质量越高。

（6）外链网站的快照更新频率。更新越快、快照越新，外链的质量越高。

（7）外链网站的行业。教育和政府机构网站质量更好，如 .edu、.gov、.mil 等域名的网站。

（8）单向链接质量更好。相互链接是交换的，信任度相对低一点。

（9）外链代码中无 Nofollow 标签。含有 Nofollow 标签的外链不能被蜘蛛跟踪，是没有效果的。

（10）外链的位置。首页的外链质量更高，栏目页次之，内容页质量较低。

满足以上条件数量越多，说明外链网站的质量就越高，更适合作为网站的外链资源。在挑选外链网站时，尽量考虑相关性高的外链网站，然后综合网站的自身质量来确定外链网站。确定为网站类型就是，质量最好的为单向首页外链；然后是软文、资源站、B2B 平台、分类信息平台等；第三方文章外链质量较好，质量较低的是博客和论坛外链。

按照以上的高质量外链条件，建设高质量的外链，比盲目建设大量质量不高的链接好很多，SEO 工作的效率和质量都更高。

7.9 网站日常监测

在网站内外部的优化过程中，需要对网站优化的效果及网站遇到的问题进行监测，以便及时对网站的优化策略和方法进行调节。网站的日常监测，也是 SEOer 每天或每阶段必做的工作，掌握网站日常监测的事项及方法，是每个 SEOer 必会的技能和优化思想。例如，检查网站的收录、快照、权重、外链、友情链接等内容，都是网站日常监测工作的一部分。

7.9.1 网站日志监测寻找网站问题

网站日志是记录 Web 服务器运行状态信息的文件,在网站中以 .log 结尾,也可以说是网站服务器日志。

服务器会将接收到的用户访问具体信息、服务器返回状态等内容,记录在单独的日志文件中,它们以天为单位保存在服务器中。我们可以通过设置服务器自动保存在网站中,也可以在服务器商控制面板中下载日志到网站中。

网站日志中包含的信息有网站被访问的网页、访问端口、访问的时间、服务器的 IP、服务器返回状态、用户的信息等,各个搜索引擎蜘蛛爬行信息也在其中。如下就是网站日志的几个搜索引擎爬行的记录,有百度蜘蛛、搜狗蜘蛛、谷歌机器人、搜搜蜘蛛、Bing 机器人、雅虎蜘蛛:

```
2012-12-15 16:24:55 W3SVC983915118 72.11.147.38 GET /article/474.html - 80 - 220.181.108.89 Mozilla/5.0+(compatible;+Baiduspider/2.0;++http://www.baidu.com/search/spider.html) - - 200 0 0
2012-12-15 17:05:55 W3SVC983915118 72.11.147.38 GET /article/618.html - 80 - 220.181.89.182 Sogou+web+spider/4.0(+http://www.sogou.com/docs/help/webmasters.htm#07) - - 200 0 0
2012-12-15 18:46:34 W3SVC983915118 72.11.147.38 GET /robots.txt - 80 - 66.249.73.103 Mozilla/5.0+(compatible;+Googlebot/2.1;++http://www.google.com/bot.html) - - 200 0 0
2012-12-15 23:25:57 W3SVC983915118 72.11.147.38 GET /article/9.html - 80 - 124.115.0.108 Mozilla/5.0(compatible;+Sosospider/2.0;++http://help.soso.com/webspider.htm) - http://www.caishen588.com/article/list_6.html 200 0 0
2012-12-15 23:38:19 W3SVC983915118 72.11.147.38 GET /robots.txt - 80 - 65.55.52.97 Mozilla/5.0+(compatible;+bingbot/2.0;++http://www.bing.com/bingbot.htm) - - 200 0 0
2012-12-16 01:30:05 W3SVC983915118 72.11.147.38 GET /article/610.html - 80 - 110.75.172.113 Yahoo!+Slurp+China - - 200 0 0
```

由于 3.8.2 节已经对日志的分析方法和软件做了介绍,这里只针对网站日志的监测周期,以及一些问题进行分析。

网站日志是以天为单位记录的,在每天工作前可以查看前一天的日志。检查时注意以下三方面问题:

- ❑ 观察网站被目标搜索引擎蜘蛛爬行的次数,看是否有减少的情况。通常使用网站日志分析软件,查看目标搜索引擎的数据,如果爬行减少则可能导致网站收录的减少,而原因有可能是网站服务器不稳定、外链减少、网站内容价值过低、网站受到惩罚等。然后通过网站的实际情况,判断具体是哪些原因造成蜘蛛爬行减少。如果要看所有搜索引擎的爬行是否减少,不用使用软件,只需要看当天日志文件的大小即可,例如平时文件都是 3MB 左右,而今天只有 1MB,则说明蜘蛛爬行减少了。
- ❑ 查看日志中服务器状态是否正常。在网站日志中每行末尾的字符就是状态码,正常的服务器状态码应该是 200 或者 301,如果出现其他的代码,则表示服务器未正常给用户返回请求,根据错误代码,可以找到相应的错误网页,然后排除问题。
- ❑ 查看是否有搜索引擎惩罚监测蜘蛛爬行。在网站受到惩罚之前,通常有某些 IP 的蜘蛛会爬行网站内容，然后判断是否有作弊等行为，然后进行下一步措施。例如，百度的 123.125.68.* IP 段的蜘蛛爬行，就有可能会受到惩罚。220 开头 IP 的蜘蛛，大部分表示对网页的抓取。

分析网站日志可以提前预知网站是否会出现问题，当然网站出现问题时，也可以通过分析网站日志来判断问题的原因。简单地说，网站监测是防止问题产生、解决产生的问题的工作，而分析网站日志是预防问题产生的最重要的方式。

7.9.2 监测网站流量数据

网站流量是网站优化成效最直接的表现，是大部分网站的目标。监测网站流量数据，就是对网站目标的检查。

首先应明确，网站的流量数据并不只是网站总流量一项，其中包含很多与流量相关的细节信息，这些细节信息是优化效果，以及网站问题的判断条件，为网站优化策略的修正提供依据。流量数据是通过网站安装的统计工具查看的，如百度统计、CNZZ 数据专家、51.la、GoStats 等，如图 7.6 所示为百度统计界面。

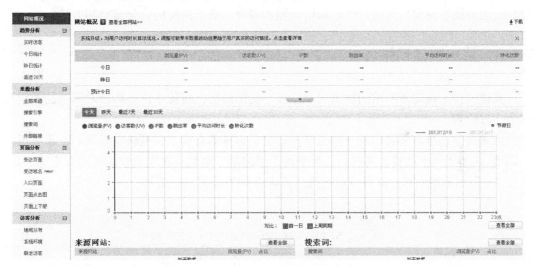

图 7.6　百度统计界面

网站流量数据监测，按照网站统计的数据可以分为日 IP、日 PV、跳出率、各搜索引擎数量、关键词流量等。这些数据都是 SEOer 每天接触最多的数据，在前面也都有介绍，这里只分析各项数据监测的作用和注意的事项。

- ❑ 日 IP 量是网站每天独立 IP 用户的访问数量。从日 IP 量的变化监测网站的优化效果，以判断网站是否达到前期的预期；如果网站的日 IP 不断下降，则网站遇到了比较大的问题，极可能是网站受到了搜索引擎的惩罚，导致关键词排名普遍下降、网站流量减少。
- ❑ 日 PV 量是网站每天用户访问网页的数量。PV 值是代表用户浏览了网站多少个网页，数量越多，表示网站受用户关注的内容越多。通常如果 PV 和 IP 的比值越大，说明网站内容的质量越高，当然跳出率也会降低。从日 PV 量的监测，可以大致了解网站内容建设的合理性，以及网站内容是否满足用户的需求。
- 跳出率是用户浏览相关网页后直接退出网站与总浏览者的比例。跳出率和 PV 值有一定的联系，PV 值高的网站，通常跳出率低，这是和用户浏览的数量相关的。跳出率高的网站是内容建设不够好的，用户进入网站后，发现网站内容质量差，也没有其他内容可以吸引他们，就选择退出网站。所以监测跳出率，是对内容建设好坏的判断基础。
- 各搜索引擎流量就是每个搜索引擎带来的用户浏览量。大网站通常会针对多种搜索引擎优化，能从各种搜索引擎获得流量。而绝大部分网站针对的用户群体不同，只针对某一个搜索引擎优化，在监测时只需要对单一搜索引擎的流量分析。但这并不绝对，例如 360 综合搜索推出后，很多网站流量来自于 360 综合搜索，就使得很多 SEOer 开始研究 360 综合搜索的优化技巧。
- 关键词流量就是各个关键词给网站带来的流量。网站关键词流量是搜索引擎优化的要求，分析网站关键词流量，确定哪些是网站的主要关键词，哪些是需要提升的关键词。

网站流量数据还有很多细节，在实际的数据监测分析中，根据各项数据的意义对网站进行前后对比以及与目标的对比，总结问题和成效，修正网站的优化策略和方法。

7.9.3 监测关键词排名

关键词排名决定着网站的搜索引擎流量，在网站优化过程中，必然会对网站的关键词排名定时检查。

监测关键词排名需要用到一些工具，如关键词排名查询、百度权重查询、谷歌关键词查询等，这些工具中站长之家和站长帮手两个网站的工具是目前比较好的第三方查询工具。如图 7.7 所示为用站长之家百度权重查询工具查询的关键词排名。

序号	关键字	指数	排名	网页标题
1	站长之家	1718	1	站长之家 - 中国站长站 - 站长资讯丨我们致力于为中文网站提...
2	root教程	705	1	安卓手机root权限获取 一键root软件使用教程 - 站长之家
3	站长网	675	1	站长之家 - 中国站长站 - 站长资讯丨我们致力于为中文网站提供...
4	ipad越狱教程	504	1	ipad教程:iOS 5.1.1完美越狱详细图文攻略 - 站长之家
5	chinaz	485	1	站长之家chinaz.com
6	iphone5评测	453	1	iPhone5详细评测 告诉你iPhone5到底怎么样 - 站长之家
7	蜂窝数据设置	415	1	iPhone蜂窝数据设置教程 怎么设置iPhone蜂窝数据 - 站长之家
8	mysql 管理工具	353	1	资源推荐 五个常用MySQL图形化管理工具 - 站长之家
9	错误3194	292	1	iOS系统恢复固件遭遇3194错误解决办法 - 站长之家
10	站长站	290	1	站长之家 - 中国站长站 - 站长资讯丨我们致力于为中文网站提...

图 7.7 站长之家百度权重查询工具

关键词排名的监测，并不是简单的看看关键词排名是否提升，如果只是看看排名情况，而不分析其中的问题，那么监测关键词排名也就没有意义，那些关键词排名工具也就没多大用处了。这里介绍一些关键词排名及监测关键词排名的意义。

- 查看网站整体关键词排名情况。将网站关键词计划与监测结果进行对比，找出未达到目标的关键词的效果差距，以及计划外的关键词排名。判断哪些关键词还未达到目标，应继续加强优化。另外还需要注意，如果发现网站整体关键词排名有一定的下降，极可能是被搜索引擎惩罚，检查网站是否有作弊及不利于优化的行为并修正。
- 关键词与目标网页是否对应。有时候关键词的排名并不受控制，如网站内一个网页没优化这个关键词，但排名第 4，而优化这个词的页面却只排名第 9。当然这种问题主要出现在未规范优化的网站，通常这些网站关键词布局都不明确，才会产生这些后果。因为专门为这个词做的优化页面，针对这个词的转化和用户体验更好，但是其他页面如果排在前面，网站的转化和用户体验就会受到影响。如果发生这种情况，最好的办法还是继续优化该关键词的目标网页，争取排名靠前。
- 在关键词排名中，筛选出有上升空间的长尾词。在网站目标中没有对长尾关键词设定目标，在监测的关键词排名中，找出指数较高、排名可以上升到前几位的长尾词。并在后面的优化中，加强外链的优化工作，以提高排名，获得额外的流量。
- 关键词 11 位等问题。关键词监测还可能发现一些独特的现象，比如关键词 11 位。这是搜索引擎对网站的警告惩罚，将有作弊嫌疑的网站关键词都放在结果第 11 位，也就是第二页首位，也可能是其他固定的排名。这是对作弊网站的警告，例如大量购买外链、优化过度等行为都会受到此警告。遇到这种情况，分析网站有哪些作弊的行为，调整以后过不了多久就有机会恢复。

7.9.4 外链优化效果监测

外链优化是网站优化的重要组成部分，其效果监测就成了必不可少的工作。

通过对外链优化的工作检查，了解外链优化中哪些还没做好，以不断修正优化的策略，提高网站关键词的排名，防止优化问题的产生。

和其他监测工作一样，外链优化效果监测也包含很多细节内容。

- 网站的外链总数。每个搜索引擎对外链的要求不同，收录同一网站的外链数也就不同，搜索引擎没提供准确的查询外链的途径，通过其管理工具或者高级命令，都不能准确查询网站的外链数据。通过 Bing 管理员工具查询的数据，也只是相对准确而已。所以只能通过查询然后粗略地估计，比如百度使用 Domain 命令、谷歌等搜索引擎使用 Link 命令，查询得出的结果再与 Bing 管理员工具查询的结果结合，判断网站外链优化的状态。当外链数量急剧下滑时，需要尽快检查网站问题，防止关键词排名下降。
- 首页外链的数量。首页是网站权重最高的网页，首页的外链传递的权重更高，有经验的 SEO 会查询竞争对手的首页外链数，然后制定自己的优化计划以超过对手。同时注意收集竞争对手比较好的外链资源，然后利用外链资源增加高质量外链。查询的工具可以使用相对准确的 Bing 管理员工具。
- 相关行业的外链数量。这是外链优化中最重要的一项，代表着网站在本行业的广泛度比其他行业的外链效果更好，所以检查网站在相关行业中的外链情况，对外链优化有指导意义。同样也需要查看对手的相关数据,以便更准确、不浪费资源地去优化行业内的外链。查询工具同上。

监测外链优化的效果,是为了更好地优化外链、发现外链中的问题,防止网站由于外链问题排名下降,流量减少的情况产生。

7.10 优化过程中策略的调整

通过网站优化各项因素的监测,找出不足之处,并对优化策略进行调整。调整的原则以网站目标和出现的问题为依据,优化网站的收录、关键词排名、网站改版等内容。

7.10.1 根据网站收录情况调整

网站收录是网站综合实力的体现,通过一段时间长尾关键词优化,网站的收录会有一定的增加。

在网站优化的日常监测中,会发现一些收录上的问题,如新站不收录、收录速度慢、收录量少、快照不更新、收录量下降等情况。那么针对相关问题,需要调整部分优化的策略。

- 新站不收录问题。通常新站最好使用原创文章,如果前面已经采用原创内容,则加强外链建设,增加有效的高质量外链。
- 收录速度慢、收录少。收录量以及收录速度和网站的权重、网站的代码、内容的价值都有关,可以加大外链优化的力度,对网站代码进行精简,以及增加有价值的原创内容。
- 快照不更新。通常快照更新与网站更新速度有关,在优化时定时更新首页内容。如果是因为作弊行为导致快照不更新,最好去除作弊内容。
- 收录量下降。收录量下降通常是由于作弊或者过度优化造成的,如果优化工作中采用了黑帽 SEO,就要先去除黑帽优化,最好不要使用,另外注意合理优化,防止过度优化。

7.10.2 选择机会关键词优化

通过监测网站所有关键词的排名,从中找出用户搜索量大,而且排名靠前的关键词,重点优化这类关键词,这类关键词就是机会关键词。

那到底哪种关键词属于机会关键词呢?

网页在搜索引擎排名中,不同的位置获得的点击是不同的,通常点击最高的是前三位,随着排名的下降,点击会不断下降,中文搜索引擎下降还不是很明显,而英文搜索引擎成几何下降。所以关键词的排名位置是网站流量的重要条件,机会关键词就是排名稍微上升一些就能获得较好的点击流量。

按照用户习惯划分点击流量,可分为排名前 3 位为第一阶段,用户点击 3 次是最常见的行为,排名前 3 给用户的信任度更好,另外搜索任何内容,前 3 位都出现在第一屏,不需要滑动滚动条；排名在 4~10 位为第二阶段，也就是首页余下的排名，这些相对前 3 位点击会少一些；排名在 11~15 位，即第二页的前 5 位，这几位排名经过优化，是很容易上到首页的；最后一个阶段就是 16 位以后，用户点击的几率较小，不能带来多少流量。

从这几个阶段看，后一阶段排名上升到前一阶段后，流量能提高很多，但是不是所有排名都能上升。最容易改变排名的就是最近排名的几位，例如排名第 4 位和 5 位；第 11~13 位、第 16~20 位，这些都是经过优化就能上升到上一流量阶段的排名，这些都是机会排名，而网站关键词中，排名在这些位置的就是机会关键词。

在监测关键词排名中，将机会关键词整理出来并加强外链优化，能很快提高网站的点击流量。

7.10.3 重点关键词排名调整优化策略

重点关键词是网站的目标关键词，通常是有转化的词，以及行业相关指数大的关键词。

在制定网站关键词优化目标时，已经对这些词做了预期目标计划，并分阶段进行优化。通过监测网站关键词排名调整重点关键词的优化策略。

网站关键词监测是周期性的，例如每个月可以进行关键词排名的重新统计，然后将已经达到优化目标的关键词，不纳入下一个月的优化关键词；而未达到效果的和同一网页未优化的关键词，则是下一阶段的重点优化关键词。

与机会关键词有所不同，重点关键词通常是短关键词，也是计划中的关键词；而机会关键词主要是长尾关键词，短关键词较少，基本上是未经过外链优化的关键词。在重要性方面，机会关键词不如重点关键词，机会关键词因为是流量词，并不关系到网站转化，而重点关键词则是网站转化的基石，应实行以重点关键词优化的策略。

7.10.4 网站改版升级

和人一生要经历很多次蜕变一样，网站的发展也会经过很多改版和升级，以获得更好的用户体验和更大的网站流量。

需要注意的是，网站可能会改版和升级很多次，但是每次改版升级应有一段时间间隔，不能过于频繁。过于频繁的网站改版，将使搜索引擎认为网站还处于建设中，不够稳定，也就不会给予很高的权重。网站的收录和排名都会受到影响。

严格地说，网站改版和升级是两个方面的内容。

网站改版是指网站前台页面的版面更新换代，是网站调整新内容和形式的优化工作。目的是提高用户体验和满足网站 SEO 的需要，从而提高浏览量和用户量。

网站升级是网站整体程序的升级版本。通常是程序提供商给用户提高的升级包，用来增加新功能和修复漏洞等。网站升级主要表现在网站的后台程序升级，通过后台新程序产生网站用户界面的新功能等。

总地来说，它们的区别就是网站改版重在页面内容，网站升级重在程序。

网站改版升级的条件主要有网站有新项目要发展；网站的版面不利于 SEO；网站版面过于陈旧；网站程序升级等。

网站改版升级注意事项：改版不能过频；改版要利于 SEO 结构版面；避免采用黑帽手法。

7.11 SEO 常见问题分析

在网站优化中，由于优化效果有不可预见性，而且有的 SEOer 的优化方法不够规范，就可能出现网站优化的各种问题。这些问题轻则会使用户体验下降，重则整个网站会被搜索引擎剔除。这些问题不但严重，而且经常出现，几乎每个 SEOer 都遇到过，所以非常有必要学会解决这些问题的方法。本节将对网站优化的常见问题进行分析，并提出相应的解决方法。

7.11.1 网站收录不完全

任何网站都无法保证所有网页都被收录，即使是非常著名的门户网站，也只能收录大部分网页，普通网站收录的比例就更低了，这就是收录不完全的现象。

网站收录不完全是普遍的现象，而且由于网站的优化方法不同，网站收录的程度也不同。收录不完全的网站中，有的甚至只收录一个页面或不收录。

这对于 SEOer 来说是常见而又不愿意看到的。遇到这种情况，首先要分析网站的原因，然后进行相应的优化调整。

影响网站收录不完全的因素很多，主要有以下几个因素：

- 网站权重值不高。首页权重值是网站内最高的，通过几层链接的传递内容页的权重值就很低了。有的网站本身首页的权重就很低，传递到内容页时，权重值已经达不到搜索引擎的最低收录标准，所以很多内容页都无法被收录。通常如果遇到收录不完全，而且网站权重值低，则很可能是因为网站权重值过低造成的收录不完全。那么就要增加外链，优化内部链接，提高内容页面的权重值，随着网站权重值的提高，网站收录率会有一定的提高。
- 网站内容的原创性不高。相对于权重值高低来说，原创性是可控制的影响收录的最重要的因素，权重值增加需要一段时间，而原创性内容是随时都可以实施的。尤其是小网站，就算是伪原创也不会收录很好，更别说转载内容了。所以解决的办法就是尽量使用原创内容。
- 内部链接优化不够。网站内部链接不通畅会使网站收录不良，因为搜索引擎蜘蛛很难爬行到页面，也就无法收录。网站内部链接不通畅，主要表现在导入链接太单一，很多内容页面只有栏目页面导入链接，如果栏目页没被收录，其中的内容页就不会被收录。如果内链发达，有其他导入链接，就起到一个补充的作用，有利于收录。在解决内链不足时，应完善内部链接，多建立相关导入链接、首页导入链接、相关栏目导入链接等。

网站收录不良的主要原因就是这些，根据网站的具体情况，分析出收录不好是哪种问题，然后做出优化调整。

7.11.2 搜索引擎索引库的错误网页

在搜索引擎的索引库中，存放着抓取的大量网页内容，在搜索关键词时，搜索引擎就会调用这些内容。这里大多数是很久以前抓取的内容，索引库并没有更新，甚至有的网页已经不存在了，在索引库中的记录还存在很久。

这种现象就是常说的搜索引擎记忆特性，这种特性相当于对数据的缓存，减小错误几率。但是这也会出现很多问题，例如站长删除了网站的错误页面，但是在索引库中仍有记录，这就给网站带来了很大的麻烦。如图 7.8 所示为某教育网站被挂其他网页，在站长删除后仍然存在于索引库中。

图 7.8　索引库中的错误页面

首先这样的内容严重影响网站的主题性，搜索引擎会认为网站作弊，或者网站内容质量不高。对于整个网站的关键词排名都是不利的。另外，从用户的角度来看，当搜索某网站内容时，过多的错误页面，会大大降低用户体验。

搜索引擎索引库中的错误页面在网站中是无法打开的，也就是网站死链接。很多网站都会出现死链接，在搜索引擎中不能及时更新。为了提高搜索引擎的用户体验，有的搜索引擎提供了死链提交入口，供网站管理者将死链接提交到搜索引擎，以便删除索引库中的错误页面。

例如，百度的提交网站死链的地址是 http://zhanzhang.baidu.com/dashboard/index，如图 7.9 所示为百度死链提交页面。

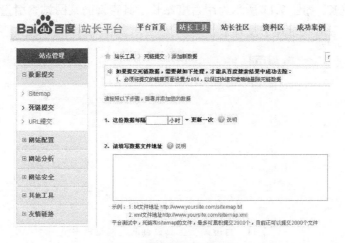

图 7.9　百度死链提交页面

谷歌网站管理员工具也有死链删除功能，如图 7.10 所示为谷歌死链提交页面。

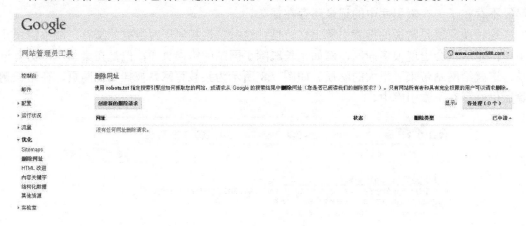

图 7.10　谷歌死链提交页面

向搜索引擎提交死链接，并不一定能及时获得解决，有的甚至不能得到解决。所以即使有删除索引库错误页面的方法，也不能随意地删除收录的页面。最好在更新网站内容的时候多加注意，避免产生错误页面，这样才能有效减少错误页面的产生。

7.11.3　网站被 K 怎么办

网站被 K，包括网站收录、关键词排名急剧下降，直至完全在搜索结果中被剔除网站内容。这是使用黑帽 SEO 经常会遇到的问题，另外灰色行业的网站被发现后也会被 K。

被 K 的网站通常是关键词排名消失，收录不断下降直至为 0。这是搜索引擎非常严重的惩罚，只有出现严重作弊，或者长期采用作弊手法不改正的网站才会被 K。

网站被 K 的原因有很多，如使用黑帽手法被搜索引擎多次警告，或者严重的作弊行为。严重的作弊行为有隐藏文字和链接、挂黑链、桥页、跳转、斗篷法等，这些行为只要被发现都会被 K。其他的作弊行为通常需要积累到一定的程度，才会受到这种严重的惩罚。另外，就是前面说的灰色行业网站，这类网站通常前期都会有一定收录，但当搜索引擎发现后，网站都会被 K。如图 7.11 所示为用百度站长工具查询的某网站索引量，在 12 月 13 日左右开始被 K，最后收录几乎没有了。

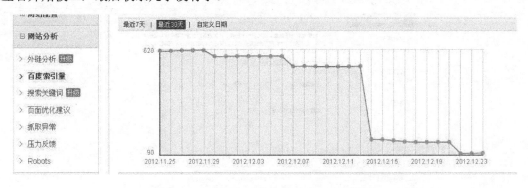

图 7.11　百度站长工具查询的某网站索引量

网站被 K 后，首先要确认是否使用了黑帽 SEO，如果有使用黑帽手法，最好马上停止并改正作弊行为，一段时间后可能会恢复；如果网站是灰色行业被 K 站，那么就不要再使用这个域名了，因为灰色行业很难恢复；如果是误伤被 K，一般不会完全没有收录，但是会降低大量的索引量，这种情况通常是搜索引擎针对某些作弊的算法调整，误伤到少数网站。只要按照正规的方法优化，并到百度官方提交投诉，很快就能恢复网站收录。

一般网站被 K，都是因为使用了黑帽 SEO 被发现，优化过度是不会被 K 站的。所以被 K 站最先考虑的是网站的优化手法是否有问题。被 K 站是一项十分严重的惩罚，恢复难度大，如果不是很重要，选择新域名是最便捷的方法。

7.11.4　Site 网站首页不在第一位

在前面说到，网站首页权重值是最高的，因此在使用 Site 命令查询网站时，首页通常排在结果的第一位。如果网站首页在 Site 查询时不在第一，则表明网站首页的权重低于其他页面，这是极不正常的现象。如图 7.12 所示为某网站 Site 首页不在第一位的情况。

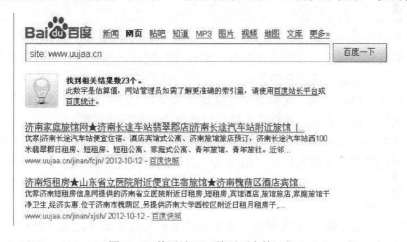

图 7.12　某网站 Site 首页不在第一位

Site 网站首页不在第一位，表示首页权重过低。那么首页权重值低对网站有很多不良影响，如首页关键词的排名不高、快照更新慢、影响其他内页的权重值，还会影响友情链接的交换等。

网站 Site 首页不在第一，主要有两个原因：
- 网站受到搜索引擎惩罚，这是大部分网站首页权重低于内页的原因。这种情况多是由于网站优化问题被搜索引擎警告处罚，暂时性降低网站首页的权重，导致首页关键词排名下降等状况的出现。
- 内页权重值高于首页。这种情况比较少，但是也存在，例如，一个小网站的某个栏目或者内容页得到很多优质的外部链接，权重迅速提升，超过网站首页权重。当 Site 网站时，此内页就排在了首页的前面。

遇到这两个原因引起的网站首页不在第一的情况，解决的办法是不同的。如果网站有作弊情况，则停止作弊行为，一般过不了多久就能恢复；而如果是由于网站内页权重值高于首页，那么应加强网站首页外链建设，提高首页权重。

7.11.5 过度优化导致权重下降

很多 SEOer 优化网站时，由于经验不足或者急功近利，过度优化从而造成网站受到搜索引擎惩罚，这种惩罚通常并不严重，比如权重下降等情况。

在平时监测网站时，通过网站的权重、收录等数据，可以知道网站是否被搜索引擎惩罚。通常发现权重下降的情况，但是又没有使用黑帽手法，这就让很多 SEOer 找不到原因。其实很多时候都是由于过度优化造成的。

当出现过度优化导致权重下降时，要先确定网站哪些地方有过度优化的现象。例如，首页关键词频率太高、网站内容页关键词过频、元标签关键词过频、外链突然快速增加等，都是优化过度的行为，都可能会造成网站权重下降的情况。

- 首页关键词频率过高。通常首页并没有连贯的内容，所以首页关键词都是散布在网页中，由于是分散在各个部位，首页关键词频率都不会很高。如果刻意增加关键词，首页关键词并不会提高排名，反而会被认定为优化过度，遭到搜索引擎惩罚。
- 网站内容页关键词过频。网站内容页是最容易优化过度的页面，因为很多优化者在编辑内容页时，会刻意在内容中修改成关键词，虽然这些词看似通顺地添加进去，但是很容易造成关键词过频，使网站权重或收录减少。
- 元标签关键词过频。元标签中过度优化关键词，并不能得到好的排名，反而可能会使网页不被收录，元标签关键词过频将会影响网站权重。
- 外链突然快速增加。正常网站外链的增加速度稳定，大部分不会突然快速增加。而有的网站为了快速提高网站排名，购买大量外链建设服务。这些外链并非买链接，也不是黑链，但是快速增加会引起搜索引擎的怀疑，通常会被认为优化过度，被降权等惩罚。

解决过度优化的问题，首先要优化者明确什么样的度才是不过度。SEOer 应知道网站优化的基础知识，各个优化项目的标准和注意事项。切记为了网站优化而做的违背用户体验的优化行为，会被认为过度优化。所以优化时的心态很重要，切忌过于着急追求优化效果。

7.11.6 长期看不到优化效果

网站优化时，还有一个令 SEOer 非常头痛的问题，就是长期不见优化效果。

网站经过长时间优化，而效果并不明显，这是常见而复杂的问题。说常见，是因为很多 SEOer 的优化技术并不完善，很多人都会遇到优化不见效果的问题；而复杂是因为不见优化效果的原因很多，有时不止一个原因，可能是多个原因造成的。

优化效果不明显的网站，一般是优化工作不规范造成的。例如，页面优化不规范、内链优化不足、外链优化不合理、优化工作执行力不足等，这些问题使网站得不到合理的优化，从而直接造成优化效果不明显。

- 页面优化不规范。页面优化是网站内部优化的重要工作，是决定网页质量的重要因素。页面优化不规范一般是关键词使用不合理、页面布局不合理等问题，这些问题造成页面优化不到位，最终体现到关键词排名上就不明显了。
- 内链优化不足。内链优化是和页面优化并列的内部优化工作，内链影响着网站内部权重的传递和收录。内链优化时，有的 SEOer 不对相关页面进行链接、链接不通畅、重要页面无首页链接等情况，都会影响到网站优化效果。
- 外链优化不合理。外链对网站排名的影响巨大，另外如果没有外链，搜索引擎蜘蛛也不会爬行到网站，收录也不能保证。通常优化效果不明显，外链因素占了很大比重，如果网站外链集中在论坛等低质平台，网站排名就很难有提升；如果外链主要是文本和普通超链接形式，那么网站的关键词排名很难得到提升。
- 优化工作执行力不足。做 SEO 最大的决定因素，并非 SEO 的知识量，而是工作的执行力。再好的优化思路，没有好的执行力，网站的优化工作也很难有进展。这种情况通常出现在老板不懂 SEO 的公司里，优化者在执行优化策略时，很可能达不到要求，导致网站长期见不到优化效果。

根据优化工作不规范的行为，对网站优化工作进行调整，防止因为优化方法不规范造成的网站优化没有效果。

7.11.7 首页快照不更新

网页快照是网页更新后，搜索引擎会对网页进行重新抓取，以更新搜索库的数据，这个抓取的时间就是网页快照时间，通常称为网页快照。如图 7.13 所示为百度的网页快照，时间为 2012-12-26。

图 7.13 百度网页快照时间

上例中，百度首页的百度快照时间是 2012-12-26，而正是笔者写作的时间。可以看出百度对自己网站的重视，首页快照每天更新。在其他网站中，较大的网站能保持每天更新网页快照，而一般的网站通常能保持 3 天内更新就不错了。

首页快照更新慢有很多不利影响：（1）首页内容更新后得不到收录，就无法搜索到最新的网页内容；（2）网站更新内容在首页有链接，但是没有收录的更新快照的首页就无法传递权重，内页收录和排名就会受到影响；（3）影响交换友情链接，快照更新慢的网站，在交换友情链接时会很被动，因为别人担心交换友链后，迟迟不被收录，起不到友链的作用。

引起首页快照更新慢的原因主要有：

- 网站内容原创度不高。不是对用户真实有用的内容,内容价值不高,搜索引擎收录的几率很低,快照更新呈现随机性,更新的速度较慢。
- 网站权重值不高。网站权重影响着网站的收录速度,通常高权重的网站收录速度很快,比如门户网站的收录,都是当天更新当天收录,快照也是最新的。而低权重的网站收录速度较慢,有的快照时间甚至是几周之前。
- 网站遭到搜索引擎惩罚。如果网站被怀疑使用了作弊的手法,搜索引擎会停止网站快照更新,甚至快照回档,也就是搜索引擎不会继续收录网站内容。

首页快照更新慢的解决方法:(1)如果是由于原创度不高,则调整内容更新方式,尽量更新原创内容。(2)网站权重值不高,网站收录速度慢,快照更新就跟不上。这个原因则不能急,应根据规划建设外链,增加权重值。(3)网站作弊被惩罚的快照不更新,应停止作弊手段,等待搜索引擎恢复,可以多采取积极的优化手法。

首页快照更新慢,可以看做网站首页被收录频率不高。分析快照更新慢时,也可以直接分析网站的收录问题,也就容易找到解决办法。

7.11.8 关键词排名不稳定

网站关键词排名是最受 SEOer 关注的内容,因为直接关系到网站的流量,所以非常受重视。但是在新站中,经常会遇到一个问题,就是关键词排名不稳定。

关键词排名不稳定,最直接的影响是网站流量时高时低,不能一直保持流量导入。造成的原因也比较多,主要有以下几个方面:

- 网站权重过低。权重高的网站关键词排名都比较稳定,而权重低的网站,关键词有时候能获得好的排名。但是由于自身权重低,搜索引擎更新后,排名都不稳定,一般会下降很多位。
- 锚文本外链不稳定。在搜索引擎排名算法中,有一项很重要的因素就是锚文本外链数量。网页的关键词排名受该关键词的锚文本数量影响,当建设的锚文本外链数量下降时,关键词排名也会相应下降。
- 竞争站锚文本外链变化。在同一个关键词搜索结果中,排名位于自己网页后的网页,经过锚文本外链的优化,排名会有所上升,有可能超过自己的网页,而自己的网页就会排名靠后。
- 用户行为影响。在搜索引擎中,用户行为也会对网站的排名构成影响,而且影响的程度在不断增加。搜索引擎用户行为指用户搜索关键词后的行为,如用户点击了哪些搜索结果、点击搜索结果后是否再点击其他的结果、点击最多的结果是什么等。用户点击得越多,网页排名也就越高;用户进入某网页后,就不再点击其他结果,那么这个网页排名也会提升,这就造成网站关键词排名不稳定。
- 关键词内容更新快。由于有的关键词内容变化大,例如热点新闻、时事等关键词,很多网站竞争这些新关键词,那么大多数网站的排名都是不稳定的。因为新网站加入关键词竞争后,排名又会有一定变化。

根据这些影响关键词排名不稳定的因素,通常有相对应的解决办法:(1)权重过低。要加强外链建设,优化内容链接结果。(2)锚文本外链数量下降。在建设外链时,应筛选稳定的外链平台,避免在外链不稳定的平台建设外链。(3)用户行为影响。主要取决于网站 Title 与关键词的匹配度，也就是与用户希望找到的内容越相近，用户点击的几率越高。另外 Title 的文案书写也非常重要，好的文案更能吸引用户点击。（4）关键词内容更新快。选择性放弃不稳定的热词，可以重新做一些更新的词。

关键词排名不稳定，可以从影响关键词排名的因素入手分析，将自己网站变化最大的因素找出来，然后进行优化方式的修正。

7.11.9　只有流量没有品牌效应

在传统认识中，网站做 SEO 优化就是为了获得更多的流量，而并非注重网站品牌效应。但真正要做好 SEO，只有流量没有品牌的网站，是很难保持稳定的，这也和前面提到的提高转化率相呼应。

没有品牌的网站在算法改动中，是最容易受影响的，很多掉下去了就很难再恢复；而品牌网站不容易掉，就算搜索引擎流量掉了，一般要不了多久就会恢复。

品牌网站的直接访问量，应该占网站流量的比例较大，而不是全部来源于关键词流量。我们知道网站的流量来源方式有域名直接访问、外部链接流量、搜索引擎流量三种方式，每种方式都有一些具体方法，这些具体方法中有的体现用户对网站的认知。

- 在域名直接访问中，不管采用输入域名访问，还是收藏在浏览器访问都是对网站认知比较高的，也就是对网站品牌比较熟知的。收藏域名的行为，表示对网站品牌的认可，用户相当于网站的固定用户。
- 外部链接流量中，来源于网站名称为锚文本的外链及网址导航站的流量，比普通外链的流量的品牌用户认知度更高。通常以网站名为锚文本的网站，网站名的认知度高才能有作用。
- 搜索引擎流量中，根据关键词的不同，对网站品牌的认知也是不同的。例如用户在搜索引擎中，直接搜索网站名称及相关特有关键词，则表示用户知道该网站，通过搜索引擎就是为了找到该网站。而搜索其他与网站名称无关的关键词，说明用户并不一定是希望到某个网站。这样看来搜索网站名称的用户对该网站认知更高，即对网站品牌更熟知。通过查看网站有排名的关键词，可以看出网站品牌的认知度。如图 7.14 所示为小游戏网站品牌 4399 的搜索关键词。

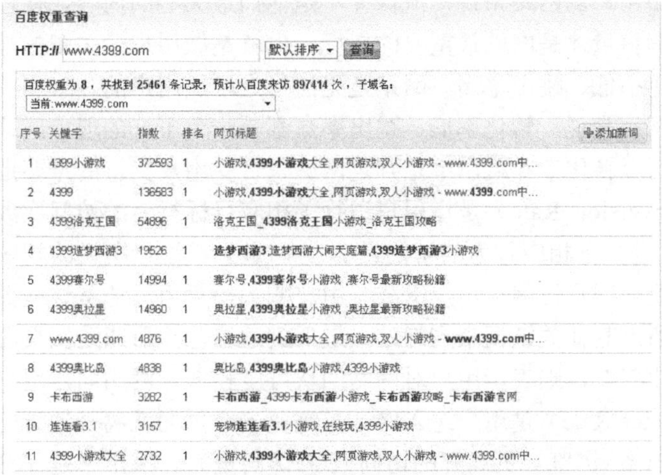
百度权重查询

HTTP:// www.4399.com　默认排序　查询

百度权重为 8，共找到 25461 条记录，预计从百度来访 897414 次，子域名：

当前:www.4399.com

序号	关键字	指数	排名	网页标题
1	4399小游戏	372593	1	小游戏,4399小游戏大全,网页游戏,双人小游戏 - www.4399.com中...
2	4399	136583	1	小游戏,4399小游戏大全,网页游戏,双人小游戏 - www.4399.com中...
3	4399洛克王国	54896	1	洛克王国_4399洛克王国小游戏_洛克王国攻略
4	4399造梦西游3	19526	1	造梦西游3,造梦西游大闹天庭篇,4399造梦西游3小游戏
5	4399赛尔号	14994	1	赛尔号,4399赛尔号小游戏 ,赛尔号最新攻略秘籍
6	4399奥拉星	14960	1	奥拉星,4399奥拉星小游戏 ,奥拉星最新攻略秘籍
7	www.4399.com	4876	1	小游戏,4399小游戏大全,网页游戏,双人小游戏 - www.4399.com中...
8	4399奥比岛	4838	1	奥比岛,4399奥比岛小游戏,4399小游戏
9	卡布西游	3282	1	卡布西游_4399卡布西游小游戏_卡布西游攻略_卡布西游官网
10	连连看3.1	3157	1	宠物连连看3.1小游戏,在线玩,4399小游戏
11	4399小游戏大全	2732	1	小游戏,4399小游戏大全,网页游戏,双人小游戏 - www.4399.com中...

图 7.14　小游戏网站品牌 4399 的搜索关键词

从 4399 小游戏网站的关键词排名中可以看出，搜索词中含有 4399 的比例相当高，这是用户对 4399 品牌认知的结果。

一般要提高网站品牌认知，防止一味提高流量的片面做法，首先要在提高用户体验和内容价值的基础上，然后利用 SEO 中品牌推广的方法来优化。例如，网站推广时多做网站名称的锚文本外链优化、增加网址导航站的网站名称外链、网页 Title 中网站名称优化等。这些都是通过网站名称的展现，给用户留下网站品牌印象。而最重要的还是做好网站内容，让用户觉得网站有价值，自然能记住网站，才能形成网站品牌。

7.11.10 受到搜索引擎的惩罚

为了防止恶意竞争，搜索引擎会对采用不公平方法操纵搜索排名的网站进行惩罚。搜索引擎惩罚制度有很多，前面提到的网站被 K、权重下降、快照不更新等情况，都与搜索引擎惩罚有关。这是搜索引擎维护公平，保护正规网站和用户体验的行为。

从搜索引擎惩罚的等级来看，从最小的快照不更新、停止收录，到收录、排名、权重下降，最后网站在索引库中消失。这些都是搜索引擎惩罚的表象，实际上在搜索引擎中，先对作弊进行程度和次数的划分，然后给予不同程度的惩罚。

虽然受到惩罚最大的可能是与作弊有关，应停止作弊的行为。如果排除作弊的可能，那么就可能是优化过度和算法调整的结果。这两种情况造成的惩罚现象一般不严重，比如快照不更新、收录减少等现象。如果是优化过度，只要按照正常标准做，不伤害用户体验，基本都不会优化过度。而算法调整造成的网站惩罚现象，通过其他信息平台，如搜索引擎的博客微博、论坛等，可以了解到搜索引擎最近是否有算法调整，如果是算法调整引起的，最好参考没有变化的竞争对手，进行优化调整。

搜索引擎惩罚的具体原因有很多，每个网站遇到的情况也不尽相同，可以根据具体惩罚情况，利用前面讲到的各种作弊受到惩罚的解决方法应对，此处不再具体分析。

7.11.11 转化率低，跳出率高

对于大部分做用户的网站来说，流量并不是他们最关心的内容，往往网站的注册用户量，或者网站的销售量才是网站最重要的指标。也就是做用户最关键的是转化率、跳出率等数据，如果转化率低、跳出率高，网站是无法稳定增加用户的。

其实对所有网站来说，转化率低、跳出率高都是一个不好的现象，这表示网站的固定用户比例很小。所以转化率和跳出率是判定网站是否受用户支持的重要指标。

转化率（Conversion Rate）是指用户进行了相应目标行为的访问次数与总访问次数的比率（即转化率=进行了相应行为的访问量/总访问量）。这里所说的相应目标行为包括用户登录、用户注册、用户订阅、用户下载、用户购买等行为。通常这些页面并非网站的关键词页面，用户通过其他关键词来到网站，最后到达这些注册或购买页面，表明用户已经认可网站。而转化率低，则表示用户对网站的认可度较低，网站固定用户就比较少。

跳出率（Bounce Rate）是用户进入网站只浏览一个页面就离开的访问次数与总访问次数的比率（即跳出率=浏览一页离开的访问量/总访问量）。跳出率是评价一个网站用户体验的重要指标，用户进入网站找不到需要的内容，就会离开网站。而用户体验高，内容有

价值的网站，用户可能会多次进入网站，从而积累大量的网站用户。所以跳出率高的网站，难以长期发展，也难以有固定用户。

提高网站转化率和降低跳出率，在优化中有很多方法：（1）提高网站内容的价值，对用户有价值的内容，才能留住用户，并转变为固定用户。（2）优化页面的用户体验，能让用户在页面中轻松地寻找到信息，方便了用户，也就成就了自己网站。（3）页面提供相关信息链接，提供用户需要的相关信息，用户会浏览更多的网页，用户会认为网站内容丰富。（4）转化页面链接设置在醒目位置，让用户看到后，潜意识地想注册或购买，而不是让用户去到处寻找。

不管是提高转化率，还是降低跳出率，都应该以用户体验为原则。用户体验提高后，网站转化率自然就会提高，跳出率也会相应降低。

7.12 注意网站安全

网站安全是网站稳定发展的基本要求，如果网站安全无法保证，那么再好的优化也是徒劳的。网站安全包括服务器安全和网站自身安全，这两个方面都不能少，不然网站难以稳定发展。所以在网站优化过程中，兼顾网站安全是必不可少的。本节将详细介绍网站优化中的安全问题。

7.12.1 服务器安全问题

服务器安全是网站安全中非常重要的一部分内容，关系到网站能否正常被访问，访问能否正常，也决定网站在搜索引擎的表现。

服务器的安全性是展示服务器抵御外部攻击的能力，这与服务器的配置、系统、端口设置、权限设置等有关。往往服务器提供商会根据网站所有者提供相应的安全服务，但是很多服务器还是会出现被攻击和入侵的安全问题。这主要是由于价格竞争大，某些服务器商的安全措施不完善造成的。

❑ 服务器配置的高低影响着网站的抵御外部攻击的能力。配置较低最容易受到的攻击，就是DDOS攻击。当服务器配置过低时，无法应对来自网络的DDOS攻击，造成服务器瘫痪，网站就无法打开。例如云服务器等高配置的服务器，可以应对大部分DDOS攻击，从而避免因服务器瘫痪网站打不开的现象。

❑ 服务器系统越新，被发现的漏洞越少，也就更难被攻击和入侵，目前最新的服务器系统如微软公司的Windows Server 2012等。而服务器系统越旧，那些漏洞如果未被及时修复的话，很容易被入侵，对网站安全构成极大的威胁。

❑ 服务器端口是提供给其他客户端访问的连接接口。例如，通常TCP/IP协议规定Web访问采用80号端口，FTP采用21号端口，而邮件服务器是采用25号端口等。通过不同端口，服务器就可以与外界进行互不干扰的通信。据专家们分析，服务器端口数最大可以有65535个，但常用的端口只有几十个而已。黑客可以利用一些打开却没有使用的端口，入侵到服务器，窃取或者篡改网站信息。

❑ 服务器权限是服务器商为使用者设置的操作权限。服务器哪些文件能操作、哪些命令能执行，都被服务器商事先设定好了。但是由于某些网站需要一些特殊的功能，如文件的写入权限，需要服务器打开文件写入的设置。但是打开的权限越高，网站被黑客篡改的危险越大。

服务器安全是网站安全的基础，要根据自身网站的要求，选择合适的服务器。尽量选择配置高、系统新的服务器，在设置权限和端口时，也要以网站安全为基础，避免服务器被黑客攻击导致网站打不开。

7.12.2 网站自身安全问题

网站安全问题，并不只是服务器问题被入侵，还有很多网站自身原因造成的安全问题。网站自身安全问题并不会像服务器问题那样造成网站打开问题，而更多的是数据的窃取和篡改上。

网站自身安全问题包括网站后台密码泄漏、网站数据库两方面。

- ❑ 网站后台密码泄漏。如由于密码保护不好，有疏忽泄漏密码，或者使用建站程序未修改密码等情况，后台密码被他人利用，可能会对网站的内容进行篡改。例如，很多黑客利用后台密码挂黑链来牟取利益。
- ❑ 网站数据库问题。如果使用网上的网站源码，数据库文件名和连接文件是公开的，网站使用者也未修改路径和文件名，那么他人是很容易找到数据库文件的，然后窃取网站数据库中的信息，给网站和用户带来巨大损失。

网站自身安全问题，主要是由于站长安全意识的淡薄，使用网上的程序，却不注意修改密码，以及网站数据库名称路径等。严重的网站数据会被窃取，内容被删除，给网站带来巨大损失。

7.13 实战案例分析

网站优化的理论知识只是对优化标准的认识，最重要的是网站优化的实际操作。从实际操作中总结优化理论和注意事项，然后应用到实际的优化工作中。但是又不能不学习理论知识，很多 SEOer 就是因为不学习理论知识，在实际优化中，不能达到好的效果，而且出现很多优化问题。本节将从内部优化、外部优化、综合优化三个部分分析网站的实际优化工作。

7.13.1 内部优化案例

前面对内部优化的每个细节工作进行了分析，那么怎样利用这些细节方法做整个网站的内部优化呢？因为每个网站内部优化方法都有独特的一面，不可能完全按照每个细节去优化，所以可以选择几个利于 SEO 的关键方法进行优化，从而得到搜索引擎的认可。

案例：http://www.gamersky.com/，游民星空是游戏用户熟知的网站，这里不谈网站的其他推广方法，只就其网站内部优化进行分析。

- ❑ 从网站的结构布局来看，网站采用典型的 DIV+CSS 代码进行布局，结构紧凑而整洁。在首页内容中，导航和专题都是经过优化的关键词，例如单机游戏、休闲游戏、使命召唤 9、刺客信条 3 等，利用首页的高权重导入，这些二级页面的关键词也获得了较好的排名。另外首页上直接链接内容页面的各个 DIV 层，都包含了大量更新的内容页，通过首页权重，内容收录较快，排名也比较好。如图 7.15 所示为游民星空整体结构。

- 从网站代码来看，将主要的 JS 和 CSS 都采用外置调用的方式，避免了网页上部被大量 JS 和 CSS 代码占用造成的网页收录截断的现象。网站代码精简，在文字部分使用样式都采用外部样式，几乎没有直接书写样式，也没有过多的重复样式代码等。网站代码条理清晰，各个模块之间区分明显；整个网页代码条理清晰，用 DIV 层进行合理区分，搜索引擎蜘蛛抓取时对有规律的代码，抓取速度更快。下面是游民星空代码。

图 7.15　游民星空整体结构

```
<title>游民星空 - 大型单机游戏媒体 提供最具特色单机游戏资讯、下载</title>
<meta http-equiv="X-UA-Compatible" content="IE=EmulateIE7" />
<meta name="keywords" content="单机游戏,单机游戏门户,PC游戏下载,攻略秘籍,新闻资讯,图片,PSP">
<meta name="description" content="游民星空是国内单机游戏门户网站,提供最具特色的游戏资讯,最新最全的游戏下载,大量游戏攻略,经验,评测文章,以及最新热门游戏资料专题">
<LINK href="/gsinc/style_indexbg.css" rel=stylesheet>
<LINK href="/gsinc/style_bg.css" rel=stylesheet>
<LINK href="/gsinc/style_hotgame.css" rel=stylesheet>
<script language="javascript" type="text/javascript" src="http://www.gamersky.com/js/gamerskyflash.js"></script>
</head>
<body>
<div id="clickbg" onClick="openlink()"></div>
<div class="center mid">
    <div class="top">
```

```
  <div class="topdr">
    <div class="topdr1"> <a class=aw href="http://www.gamersky.com/
">Gamersky.com</a></div>
<div class="topdr2">特色专题： <a class=aw href="http://www.gamersky.com
/Soft/chs/" target="_blank">中文单机游戏下载</a> <a class=aw
href="http://www.gamersky.com/top/" target="_blank">单机游戏排行榜</a> <a
class=aw href="http://www.gamersky.com/zt/wenku/" target="_blank">游
民文库</a> <a class=aw href="http://www.gamersky.com/zt/image/" target=
"_blank">游民娱乐</a> <a class=aw href="http://www.gamersky.com
/zt/weekly/" target="_blank">游民星空周刊</a></div>
  </div>
  <div class="topbod">
    <div class="t7"></div>
    <div class="t72">
      <div class="topbodl"><A href="http://www.gamersky.com/?tag=logo">
      <DIV id=logo-home></DIV></A>
      </div>
      <div class="topbodr">
        <table width="670" height="70" border="0" cellpadding="0"
        cellspacing="0">
          <tr><td align="center"><script language="javascript" type="text
          /javascript">writeflashhtml("_swf=http://imgf.gamersky.com/img
          /198game_660x60_1220.swf","_width=660", "_height=60" ,"_wmode=
          transparent");
          </script></td></tr>
        </table>
      </div>
    </div>
  </div>
```

❑ 从网站关键词看，游民星空并没有做好，甚至可以说有的地方是不符合 SEO 规范的。在下面的代码中，title 中的"游民星空"最好放在尾部，搜索引擎能更好地识别网站关键词；但是也不绝对，到后期游民星空的品牌已经大于网站的其他关键词，就可以使用网站品牌为关键词。在网站 Keywords 标签中，"图片"这个关键词定位不准确，关键词过于宽泛，很难有好的排名，就算有好的排名，也难以转化为网站的固定用户。即使游民星空网站权重非常高，在这个词上也没有好的排名。

```
<title>游民星空 - 大型单机游戏媒体 提供最具特色单机游戏资讯、下载</title>
<meta http-equiv="X-UA-Compatible" content="IE=EmulateIE7" />
<meta name="keywords" content="单机游戏,单机游戏门户,PC游戏下载,攻略秘籍,新闻资
讯,图片,PSP">
<meta name="description" content="游民星空是国内单机游戏门户网站,提供最具特色的
游戏资讯,最新最全的游戏下载,大量游戏攻略,经验,评测文章,以及最新热门游戏资料专题">
```

❑ 从网站的内链看，游民星空的内链比较通达，每篇内容页中的内链也十分丰富，如相关内容的链接和到其他栏目内容的链接，但是有死链情况。通过 Xenu 查询可以看到，几乎二级栏目的导入链接都在两百个左右，首页达到八百个，权重也比较集中。对首页和栏目页关键词排名有很大帮助。

在内部优化上还有很多细节，只需要大概了解优化的方向，然后利用前面的知识进行完善的优化。本案例也并不完善，很多地方的优化也不到位，但这已经比较不错了，大部分是符合 SEO 规则的。所以既不能盲目照抄，也不能完全否定。

7.13.2 外部优化案例

关于网站外部优化，这里不对优化的细节进行介绍，只针对整体外部优化进行分析。通过实际网站外部优化案例，掌握外部优化的所有工作内容。

案例：http://www.bdkssc.com/。这是一个职称软件销售商城，销售多种品牌的考试软件，并不知名。但是这个网站的外部优化，有一定的分析价值。所以这里对外部品牌优化、外链广泛度、外链质量三个方面进行分析。

- ❑ 外部品牌优化。虽然一般做 SEO 的不注重网站品牌，但品牌却是 SEO 中非常重要的内容。例如网站品牌名称，在搜索引擎中的搜索量是非常巨大的，而这些词排在第一的难度更低，所以流量也十分明显。而本案例的品牌并不突出，甚至没有直接的网站品牌，只有一个职称软件商城，当然这并不能说明网站有问题，这与网站行业和定位有很大关系。通常要优化网站品牌，需要更多在第三方平台上推广，例如问答、博客、微博、新闻软文等平台，可将网站品牌与外链优化工作同时进行。
- ❑ 外链广泛度。广泛度是外部优化中，决定网站排名的重要因素。本案例的外链广泛度较高，在外链的互联网广泛度上和行业内的广泛度都非常高，PR 值达到了 5，这在并非品牌网站来说，是十分难得的。通过检查发现，外链分布在企业信息平台、网址目录、博客论坛、分类信息、问答平台、站长查询平台等各种类型的网站中，互联网广泛度非常高。如图 7.16 所示案例百度外链广泛度中，包含各种类型网站。另外本案例网站在同行业的广泛度非常高，在很多教育网站中发布软文建设外链，或者交换友情链接等。如图 7.17 所示为案例网站在 Bing 外链工具中，查询的部分同行业网站外链。

图 7.16　案例百度外链广泛度

URL	描述
http://www.makeup.net.cn/	化妆学校-化妆师培训-东田造型影视化妆培训学校
http://www.968666.net/	广州家教网|广州师范家教中心|熙励师范教育|华南...
http://www.gaokao5.com/	陕西高考网：2013陕西高考招生信息_高考成绩查询...
http://www.6826.com/	教育网址导航|教师教育|教育网址之家 - 6826教育...
http://www.peixuntong.com/	培训|培训课程|培训学校 - 培训通™
http://www.thzcb.com/	清华大学培训-企业管理_工商管理_金融_私募股权...
http://gz.ygjj.com/	【阳光家教网-广州家教中心-广州家教】家教|数学...
http://www.paileduo.com/	北京派乐多英语是专业的幼儿英语培训|少儿英语...
http://www.25622.com/	作文大全网_初中作文网_小学生作文_英语作文...
http://www.e-huaxue.com/	中学化学资料网 - 最好的化学学科网，提供高中...
http://educaizhi.com/	才智教育：中小学1对1定向辅导专家|一对一辅导|一...
http://www.zcheer.com/	自成咨询 - |CMA培训考试|USCPA|AICPA培训考试|美国...

图 7.17 案例网站同行业网站外链

❏ 外链质量是网站获得高权重、高排名的条件，经验证明，需要满足以下几个要素才是高质量的外链：（1）外链网站最好是同行业，同行业外链投票价值更高；（2）外链网站权重高，能传递更高的权重到目标网站；（3）外链最好位于首页，首页的权重最高，另外首页外链的信任度也更高；（4）质量最高的是锚文本外链，不仅能传递权重，吸引蜘蛛，而且能提高该关键词的排名；（5）最好是单向链接，因为比友情链接获得难度大，是网站单向对目标网站的投票。本案例网站外链中，同行业的外链非常多，锚文本外链也比较多，但是首页外链却以友情链接为主，并非单向外链。从网站 PR 值高达 5 可以看出，网站的外链数量巨大，外链权重比较高，因此总体质量还是比较高的。

本案例简单介绍了该网站的外部优化情况，也分析了影响外部优化质量的条件。从这些条件中，可以提取对自身网站优化有用的方法。

7.14 小　　结

本章到这里就结束了，通过本章的总结，将前面分析过的网站优化技巧，融合到整站优化的工作中。从网站最初的准备工作，到优化工作的监测，最后到优化策略的调整，完整的展示网站优化的过程。让读者不仅能学到优化技巧，更学会了优化思路，正在成为一名能独立优化网站的 SEOer，这也是本书与其他同类书籍不同的一点。

在本章的内容中，以网站优化工作的流程为主线展开，将前几章零碎的知识点融入到整站优化过程中来。我们可以了解到网站的定位、策略、优化、监测、修改的完整过程，从而认识到真正网站优化工作的开展。

本章学习目标：学会网站优化过程，了解网站定位过程、优化策略制定、选择域名服务器、网站内外部优化、网站监测、问题解决等知识点及流程。

本章学习难点：网站的优化流程、优化与效果的监测、优化问题与优化策略的相互联系。

第 8 章　搜索引擎发展趋势

到现在，搜索引擎已经经历了近 20 年的发展。在这 20 年的发展里，搜索引擎从最初的简单检索工具，演变为现在的综合网络工具。可以说，搜索引擎已然变成用户进入网络的最主要入口，无论是娱乐、学习、工作，人们都愿意使用搜索引擎寻找自己想要的东西。

这主要是由于一些客观原因造成的：（1）互联网信息发展太快，网络信息量巨大，用户筛选信息的难度太大；（2）搜索引擎技术发展速度快，能抓取到更丰富的内容，提供更多功能给用户选择，用户能在搜索引擎获得更多体验；（3）社会和互联网的发展，让更多的人在追求基本需求后，还要求更独特的个性化需求，搜索引擎通过这些个性化需求，让用户感到更人性化的服务。

由于这些原因，搜索引擎得到了几乎所有互联网用户的认可。也是这些因素，我们有理由相信搜索引擎未来的功能还会不断提高，用户体验也会不断提高，并会呈多元化发展。本章就搜索引擎未来发展的趋势，从实用、功能、个性等多方面进行分析，从而预测未来搜索引擎的变化，并研究未来 SEO 的发展方向。

8.1　个性化搜索

随着用户对网络服务的要求越来越高，很多大众搜索已经不能完全满足用户的需求，个性化搜索逐渐出现。不过目前受各种技术限制，个性化搜索仍处于初级阶段，但是相信在不久的将来，个性化搜索会成为一种搜索的必然趋势。

个性化搜索是为每个用户，提供符合个人需求的搜索结果。个性化搜索的核心是根据用户行为，建立一套准确的个人兴趣模型。而建立这样一套模型，就要收集与用户相关的信息，包括用户搜索历史、点击记录、浏览过的网页、用户 Email 信息、收藏夹信息、用户发布过的信息、博客、微博等内容，然后进行整理并分析出兴趣模型，用户搜索时调用兴趣模型排列搜索结果。

目前在淘宝网中，个性化搜索已经被大量使用。如果细心的人会发现，淘宝网的搜索结果并不是每个人都一样的，而且当以前搜索或购买过相关产品时，搜索结果中，还会出现同类型或者同店铺的产品；另外还可以设定相关的个性化需求，以后搜索时会根据个性化需求进行排名。如图 8.1 所示为淘宝个性化搜索。

在淘宝等电子商务网站的搜索中，个性化搜索被广泛使用，而在通用搜索引擎中，各主流搜索引擎也开始加入个性化搜索，在这方面最先开始尝试的仍然是搜索引擎巨头 Google。早在几年前，Google 已经根据用户的历史搜索行为，对排名进行调整，在当时这些搜索历史行为主要包括搜索关键词、点击类型、访问数据等信息。当然这要建立在庞大数据库的基础上，将每个用户的个性化数据进行存储，然后在搜索时调用。因为要了解用户的个性需求，需要收集的信息量是非常巨大的，因此目前还难以做到对每个用户的判断准确。简单地说，如果用户搜索 NBA，经常点击的结果是虎扑篮球网，那么以后用户搜索 NBA 时，虎扑篮球网就会排名靠前并显示更多网页。

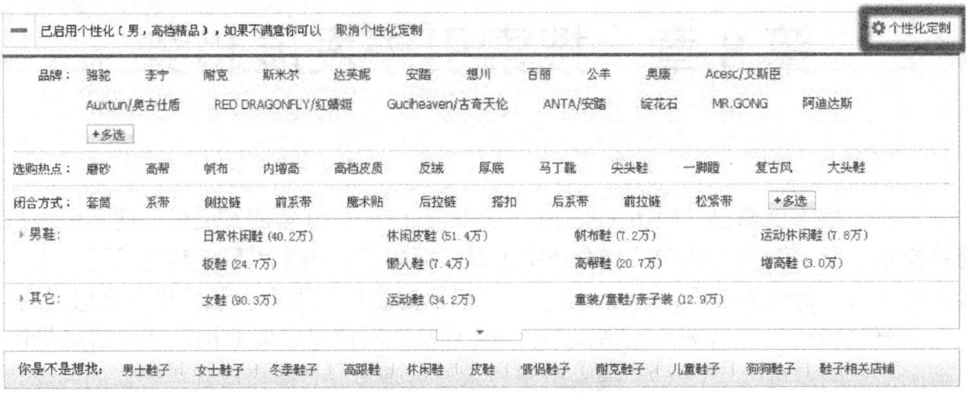

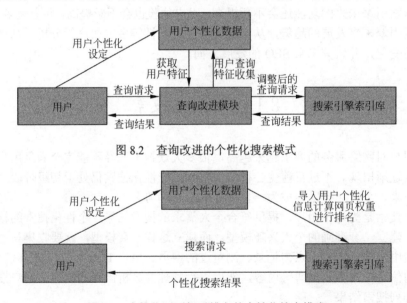

图 8.1　淘宝个性化搜索

目前搜索引擎的个性化搜索模式有两种，第一种是查询改进的个性化搜索模式，另一种是个性化网页权重排名的个性化搜索模式。如图 8.2 和图 8.3 所示分别为以上两种模式。

图 8.2　查询改进的个性化搜索模式

图 8.3　个性化网页权重排名的个性化搜索模式

图 8.2 所示为查询改进的个性化搜索模式，是用户查询时，调用用户的个性化数据，然后将加入个性化数据的搜索请求，发送到搜索引擎处理，再返回搜索结果给用户。这种模式在调用用户个性化数据时，同时也会收集用户的查询特征数据，作为用户的个性化数据。

图 8.3 所示为个性化网页权重排名的个性化搜索模式，是通过预先设定或收集的用户个性化数据，参与处理用户请求的结果排名，将用户喜欢的网页加权处理，使网页排名靠前，并返回个性化搜索结果给用户。前面说到的搜索 NBA 的例子，就是这个模式产生的效果。

虽然这两种模式的建立，对于个性化搜索来说，有着极大的帮助，但是目前搜索引擎的个性化搜索，还有一些不足：（1）用户需求难以有效表达，由于用户意图是十分复杂的，目前搜索引擎还不能完全准确把握用户的需求；（2）搜索结果准确化和搜索快速化不能同时兼顾，处理个性化的搜索结果，必然会牺牲搜索的速度；（3）目前搜索引擎的搜索智能化水平仍然很低，不管是在搜索请求的智能处理，还是在信息抓取阶段的数据分类的智能处理，都不能准确地理解用户和信息的意思。

个性化搜索的发展将使未来 SEO 变得更为困难，可以说对现在的 SEO 技术是一个颠覆。因为每个人的搜索结果都不完全相同，现在的排名已经被完全重新组合，所以 SEO 只有做好以下两个方面网站才能有所建树。

首先，提高网站的用户体验，增加网站的实用价值。因为要在个性化的需求中找到共性，那么每个用户的共同需求都是用户体验高、实用价值强的网站，这些网站能获得更多用户的支持，搜索引擎就会更多的向用户返回这样的搜索结果。

另外，高权重的大网站能获得更多的用户支持，所以增加网站权重比较重要。在用户没有个性化数据之前，权重高的网站通常能有好的排名，用户点击率更高，这些数据进入个性化信息库中，将影响后面的个性化排名。也就是权重高的网站越来越好，权重低的网站就很难生存。

在个性化搜索发展中，SEO 的应对是非常重要的，如果不能提早做准备，当个性化搜索成为主流时，再进行 SEO 优化，就非常困难了。

虽然目前个性化搜索仍处于初级阶段，但是随着搜索引擎技术的发展，个性化搜索是必然趋势。Google 的搜索产品和用户体验副总裁 Marissa Mayer 说过："即便现在我们还不知道什么才是未来个性化搜索的主要决定因素。但我们断定，个性化搜索肯定会成为未来搜索引擎的重要组成部分。"

8.2 整合搜索

整合搜索是搜索引擎发展的重要趋势，自谷歌 2007 年底推出，到现在已被几乎所有主流搜索引擎采用。或者说这个趋势已经是现实，只是还在不断完善中，因为实现的难度相比个性化搜索小很多，所以目前整合搜索应用很广，而且很受用户欢迎。

整合搜索就是在正常搜索结果页面中，同时显示普通文字搜索页面之外的图片、视频、新闻、博客、地图、图书等垂直搜索结果。其实在很早以前，通用搜索引擎已经将这些垂直搜索整合在搜索引擎中了，只是将它们分开选项，只要用户点击相关选项，即可获得该垂直搜索结果。如图 8.4 所示为 Google 的垂直搜索。

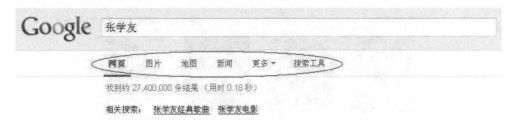

图 8.4　Google 的垂直搜索

虽然搜索引擎已经将各种垂直搜索整合到一起，但是用户体验仍不是很高，用户并不喜欢多次点击，去寻找自己想要的东西。所以搜索引擎逐渐在网页搜索时，整合多种内容形式的内容，减少用户多次点击的麻烦，提高用户体验。如图 8.5 所示为在百度搜索"张学友"时获得的搜索结果，百度整合了百科、贴吧、新闻、音乐、图片、视频等内容，搜索用户可以很方便地查看所有可能想看的内容，避免了用户再去点击相关搜索项的麻烦。

图 8.5　百度整合搜索

整合搜索在未来必然是高度发展，因为整合搜索具有很多优势：（1）搜索功能的通用，通过一次搜索点击，即可获得所有搜索相关的各种形式内容，用户搜索体验更好；（2）整合搜索在移动客户端的使用越来越广；（3）由于搜索结果多元化，能满足更多不同搜索意图的用户，适用范围更广。

整合搜索的实现和实用，都是非常符合未来搜索引擎的情况的。从目前的状况来看，整合搜索已经有了一定的使用，以后将向更多关键词、更广泛的内容形式、更多的平台发展。从整合搜索的发展来看，SEO 需要做一些相应的调整。

（1）搜索结果多样化，对综合性网站更有利。因为搜索结果中展示的内容更多样，综合网站内容丰富，被展示的机会更多，所以流量也更高；而网站内容形式单一的网站，获得展示的机会就相对更少。所以应该丰富网站内容形式，如图片、视频等增加网站展示的机会。

（2）行业内网站优化做到最好。整合搜索中，相同类型的网站的内容，可能展示的机会就留给质量更高的，通常是权重更高的。而权重质量稍差的网站，按现在的排名应该能上第一页获得流量，但是现在需要展示其他类型的结果，那么就可能被排在第二或者更后的位置。

搜索引擎内容越来越丰富，各种形式的内容将占据搜索引擎的首页，对 SEO 来说，需要更有针对性的做优化，要么做到全面，要么在行业内网站优化做到最好。这对 SEO 来说，挑战越来越大，需要付出更多的努力才能有所收获。

8.3　垂直搜索

垂直搜索是通用搜索细分出来的，针对某一个行业的搜索。垂直搜索引擎是对互联网中某类信息进行整合，然后提供给用户搜索。通用搜索引擎虽然信息量大，但是查询的精度和深度都不够，于是为了更好地满足专业搜索的需求，出现了垂直搜索引擎。

垂直搜索引擎是针对某一特定领域或对象，面向特定需求提供的信息搜索服务。强调某一特定领域、某一特定人群或某一特定需求，其特点是"专"、"精"、"深"。相比较通用搜索引擎的信息无序化，垂直搜索引擎具有很强的行业色彩，信息准确。

例如百度旗下的垂直搜索引擎：

百度地图：http://ditu.baidu.com/。

百度词典：http://dict.baidu.com/。

百度法律：http://law.baidu.com/。

百度专利：http://zhuanli.baidu.com/。

百度乐居：http://house.baidu.com/。

百度阅读：http://yuedu.baidu.com/。

百度应用：http://app.baidu.com/。

其他垂直搜索引擎：

海峡农搜：http://www.agrisou.com/。

化工搜索：http://www.anychem.com/。

爱搜书：http://www.isoshu.com/indexcn.html。

品搜：http://www.pinsou.com/。

试题搜索：http://www.gkstk.com/。

印搜：http://www.insooo.com/。

垂直搜索引擎主要有两种技术模式：模板级和网页库级。模板级模式是对网页使用对应模板的方式抽取数据，有针对性地采集网页，通常使用在信息规模小、信息源少、信息稳定的垂直搜索中，有快速实施、成本低、灵活性强的优点；相比于模板级模式，网页库级是信息源多、数据容量大、稳定性高的垂直搜索模式，原理是通过提取任意普通网页的相关信息组成数据库。所以网页库级的垂直搜索引擎模式，数据量更为庞大，缺点就是灵活性差、成本高。

如果说通用搜索引擎是一个正金字塔型的搜索结构，那么垂直搜索引擎就是倒金字塔型的搜索结构。简单地说，通用搜索引擎内容更丰富，垂直搜索引擎内容更准确。可以说通用搜索引擎无论怎么发展，也替代不了垂直搜索引擎。垂直搜索引擎有其固定的用户群，而随着用户对搜索专业性要求越来越高，垂直搜索引擎将有更大的发展空间。除了用户需求外，垂直搜索引擎也有自身的优点，如下所述。

（1）垂直搜索引擎更专业和准确，通用搜索引擎搜索的范围太广，使用户筛选难度加大，而垂直搜索引擎专业性非常强，大大过滤了不专业和不准确的内容，减轻了用户查找的难度。例如在百度专利搜索"互联网 技术"，能获得互联网的技术相关的专利，而在百度通用搜索则难以获得准确结果，如图8.6所示为百度专利搜索。

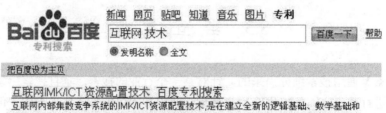

图 8.6　百度专利搜索

（2）垂直搜索引擎整合整个产业内容，将成为产业平台。垂直搜索引擎通常是以某类事物为范围，提供的搜索服务，这里的某类可以是某个行业或者某类信息。通过整合行业资讯，行业内的公司也可以得到更多准确的客户，这将有利于整个行业的发展。例如化工搜索的化化网，搜索行业资讯的同时，还可以看到相关产品供应信息。如图8.7所示为化化网垂直搜索引擎的行业整合。

在垂直搜索已经很普遍的今天，单纯垂直搜索引擎的使用，并没有通用搜索引擎中的垂直搜索使用度高，仍然有很大的发展空间。而目前SEO主要针对通用搜索引擎中的垂直搜索，所以优化使用通用搜索引擎的优化技术更多。

图 8.7 化化网垂直搜索引擎的行业整合

（1）优化网站行业内的网页和关键词排名，网站尽可能的增加本行业的内容，关键词优化时注重含业内的关键词排名。针对垂直搜索的准确，以原创行业内容为首。

（2）外链流行度应该以本行业为主，因为垂直搜索以同行业内容为主，同行业的外链更能提高网站在垂直搜索引擎的排名。

（3）增加网站的各种形式的内容，如图片、音乐、视频、文档、应用等，让网站内容在各类垂直搜索中，有更多的展示机会。

（4）垂直搜索引擎更倾向于结构化数据和元数据，所以在网站内容建设时，数据应该偏向结构化，最好使用数据库调用。

在搜索市场中，专业化、精准化的要求，使垂直搜索引擎将长期存在，并且技术也将不断提高。信息量、准确性、搜索体验都会有较高的发展，如果网站的专业性较强，那么应对垂直搜索引擎的排名就很有必要了。

8.4 区域性搜索

早在几年前，区域性搜索就已经被一些搜索引擎使用，其中百度在区域性搜索中使用较多。先看一个区域性搜索的例子，如图 8.8 和图 8.9 所示为两个区域性搜索示例。

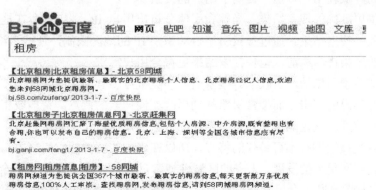

图 8.8 北京 IP 搜索租房

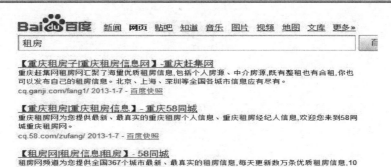

图 8.9 重庆 IP 搜索租房

在上面的例子中，同样是在百度中搜索"租房"，IP 为北京的用户搜索时，显示靠前的为北京租房的结果，而 IP 为重庆的用户搜索时，显示靠前的为重庆租房的结果。搜索词中并没有出现地址，但是在搜索结果中，却将本地结果排在了前面。可以看出在百度中，有的搜索词涉及地域性，百度会将地域相关的搜索结果进行加权计算，然后排在搜索结果的前列。

区域性搜索是搜索引擎针对某些关键词，获取用户地域信息，然后对地域相关结果进行加权计算，相关地域的结果就排名靠前。能产生区域性搜索的词通常是区域性差异大、区域性限制的关键词，涉及的行业包括产品、服务、娱乐等。例如前面的"租房"关键词，受区域限制很大，搜索引擎自然返回本地的相关结果，同类还有医院、KTV、餐饮、SEO 等行业关键词；而区域性差异的关键词，如搜索"移动"，每个省的业务是有差异的，而这种差异就造成了区域性搜索差异，一般搜索者的省份排名靠前。

区域性搜索让用户能更准确地获取本地信息，和垂直搜索引擎一样，弥补了通用搜索引擎的一些不足。垂直搜索弥补了通用搜索引擎的专业性不足，而区域性搜索弥补了通用搜索引擎的地域性不足。区域性搜索的快速发展，与区域性搜索的自身的特点有很大关系，如下所述。

（1）区域性搜索简化了搜索过程，提高了用户体验。通常用户搜索相同的内容需要加地域限制，但是有了区域性搜索，通常有区域差异和限制的都会排名靠前，例如搜索"移动"和"四川移动"时，如果 IP 是四川省内的，那么四川省移动的页面排名都比较靠前，效果大致相同。减轻用户负担，提高了用户的搜索体验。

（2）提供更准确的搜索结果。当搜索引擎分析出用户 IP，将 IP 所在地区与搜索词结合，返回相关的搜索结果。通过搜索引擎自动识别 IP 的地区限制，使搜索结果可能更少，而地区相关的结果排名靠前，也使搜索结果更符合用户需求。

（3）增加搜索引擎的广告收入。搜索引擎的竞价排名有地区的匹配，使广告主能更准确地获得目标客户的点击，而搜索引擎就利用区域性搜索的特点，将地域相关的结果排名在竞价广告的前列。这也能增加搜索引擎的广告收入，区域性搜索也会长期存在。

由于区域性搜索拥有不可替代的特点，所以在未来的各种搜索引擎中，区域性搜索也将有更多地使用和更大的发展。未来的区域性搜索，用户的 IP 地址库将更全面，区域判断更准确，用户意图判断也会更准确。为了应对区域性搜索的特点，区域性强的网站 SEO 也应有针对性的方法应对。

（1）强化网站的区域性。可以利用二级域名或者专门的二级页面，作为各区域的主页，利用页面本身的高权重，对网页的排名更有利。就像各种分类信息网站的做法，如58同城、赶集网等网站。

（2）网页的区域化关键词优化。在网页内部的标题及网页内容中，加强区域化关键词的优化，增加网页与区域化关键词的匹配度。如将区域名放在网页标题里等。

（3）增加区域化关键词的外部链接。区域化关键词外链，在关键词与地域有关时，能有效地提升关键词搜索时的排名。如使用"北京租房"为锚文本的外链，在搜索"租房"时，同样能排名前列，当然这要求网站本身就针对北京地区的。

区域化搜索是未来搜索引擎中一个非常重要的增加用户体验的智能化模式，也将满足用户更多的地域化的需求。

8.5 框 计 算

2009年8月18日，百度CEO李彦宏在"百度技术创新大会"上，提出一种全新搜索技术概念。 用户只需要在百度的搜索框中，输入某类服务需求的关键词并搜索，百度就能明白用户的需求。然后调用其他服务商的处理数据，返回给用户准确的搜索结果。由于直接在搜索的输入框中提交要查询的内容，所以被称为"框计算"。

如图8.10所示为百度框计算示例，在百度中搜索"放假"，得到的结果是调用中国政府网2013年的放假安排，并直接以数据计算表格的形式展示给用户，在搜索结果的网址后面有一个如图8.11所示的图标，表示这就是框计算的结果。

图8.10　百度框计算　　　　　　　　图8.11　百度框计算图标

这种搜索结果并不局限，可以说只要有数据形式的结果，都可以通过框计算返回。例如词典、计算器、日历、地图、列车时刻查询、天气查询、下载、登录等通过百度框计算能直接获得结果。另外，各种应用可以直接使用，如游戏、视频、视听、阅读、购物、理财、杀毒等应用。百度框计算涉及的范围是非常广泛的,包括生活、工作、娱乐、出行等多个方面,大大提高了用户的搜索体验。

框计算是一种高度智能的互联网需求交互模式,以及最简单可依赖的信息交互实现机制与过程。从本质上来说,框计算本质上是服务商提供一个应用接口,让用户可以直接在搜索结果页面实现需要的操作,而服务商通过向百度提交数据接口,来将数据或者应用呈现在用户的面前。

完整的百度框计算过程是:用户在百度搜索框提交用户需求,百度先对用户需求进行分析,通过语义分析、行为分析、智能人机交互和海量的计算,将用户需求分别提交给站长和应用商提供的数据平台和应用,以及普通搜索引擎,然后返回两种结果,第一种是框计算的结果,包含结构化数据或应用,通常排名靠前,第二种是普通搜索结果,一般排名靠后。如图 8.12 所示为百度框计算的技术架构。

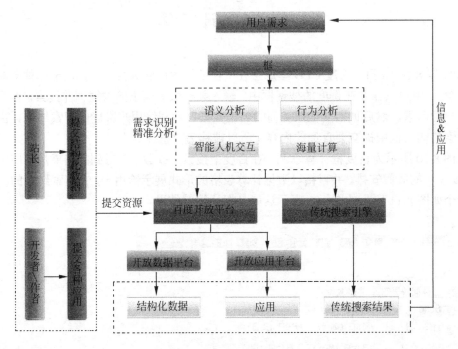

图 8.12　百度框计算的技术架构

框计算从 2009 年至今,发展非常快速,主要是因为框计算有很多人性化的特点:

(1) 改变用户搜索体验。改变了以往只有自然搜索结果的现象,让搜索结果更丰富,用户的感受更好。

(2) 快速获得准确搜索结果。用户在提交需求后,就可以获得准确的结果,不再像以前那样经过多次寻找和查询。

(3) 结构化的数据可信度更高。用户的搜索结果以结构化的数据展示,具有稳定、高质、可信度高的特点。

(4) 应用直接使用。当用户请求返回的结果为应用时,可直接使用该应用,无须进入到网页再使用。

(5) 服务提供商积极的提供结构化数据和应用,使框计算的使用范围更广。有了各种服务提供商的支持,百度框计算涉及的领域和关键词越来越多,使用户能得到更多的框计算结果。

因为百度框计算从相当大程度上提高了用户体验，百度也从中找到了盈利点，所以这几年来，百度框计算得到了很大的发展。可以预见的是，在未来框计算涉及的范围将会更广，结果更准确。面对框计算，SEO 应该做好以下几点：

（1）网站建立结构化数据或应用。框计算的基础是结构化的数据和应用程序，所以应将网站的数据结构化，或者制作有用的应用程序，才有机会被框计算接受。

（2）向搜索引擎提交结构化数据或应用。框计算是建立在其他数据平台上，向搜索引擎提交数据接口，得到搜索引擎认可后，网站即可在框计算中获得推广。

（3）结构化数据要真实准确。提交搜索引擎框计算后，并不一定能获得认可，只有网站结构化数据真实准确、对用户有价值的内容才能通过。

框计算是对用户搜索体验的一次巨大提升，是对互联网资源的整合利用，也让所有服务商得到了更多的展示机会。无论从哪一方面来说，框计算都是利大于弊的，这也使框计算得到越来越多搜索引擎商的重视。所以有理由相信，框计算在未来还能得到更大的发展。

8.6 语音搜索

语音搜索技术在很早以前就已经被使用了，但最初是在电话语音查询服务上使用，当时主要是人工语音系统，这和搜索引擎的差别是非常巨大的。到最近几年，语音搜索在移动平台上开始越来越多地被使用。所以这里只介绍搜索引擎的语音搜索。

搜索引擎中的语音搜索，是一种最新的搜索技术，用户可以使用语音进行检索和查询，代替原来的键盘或者手写输入，给广大互联网用户带来全新的搜索体验。

语音搜索的发展和它的优势是分不开的，如下所述。

（1）语音搜索能够让用户搜索更方便和快捷。例如，用户正在做菜，需要搜索菜的做法；或者正在开车的时候需要导航服务，最好的办法就是使用语音输入。

（2）语音搜索提供了更多的通用性。例如，对于不会拼音或者不方便打字的人群来说，语音搜索成了最有用的搜索形式。

（3）语音搜索的客户端类型更丰富。目前最常见的语音搜索通常是在移动客户端上，包括手机、平板电脑等，使用户在更多的地方可以使用语音进行搜索。

在语音搜索迅速发展的今天，以百度和 Google 为首的搜索引擎巨头，也推出了自己的语音搜索。

百度语音搜索，是百度为广大互联网用户提供的，一种基于语音识别的搜索服务，用户可以使用多种客户端发起语音搜索。服务器端根据用户发出的语音请求进行语音识别，然后将检索结果反馈给用户。

到目前为止，百度语音搜索识别准确率有很大提升，语音搜索服务的多样性也不断扩展。除了提供通用语音搜索服务外，还有各种地图搜索服务。如图 8.13 所示为手机版百度语音搜索，在地址栏有一个麦克风的标志，表示可以进行语音搜索。

谷歌语音搜索，是由美国谷歌公司推出的一款全新的搜索产品，不用手动输入，只需简单地说出你想查询的内容，就能快速得到语音回答。谷歌更是加入"知识图谱"（Knowledge Graph）技术，使语音搜索结果更准确。

谷歌语音搜索是一种全新的搜索方式，谷歌语音搜索通过机器识别和智能分析，然后进行本地和网络的搜索，返回用户需要的结果。如果用户觉得识别的结果不满意，还可以点击下拉框，矫正、修改关键词，再进行搜索。如图 8.14 所示为手机版谷歌语音搜索，同样，地址栏后表标注有语音搜索的麦克风标志。

图 8.13　手机版百度语音搜索　　　　图 8.14　手机版谷歌语音搜索

对于 SEO 而言，语音搜索的搜索引擎本质并没有改变，只是搜索的方式变了，用语音识别代替了键盘和手写。所以做 SEO 并不没有太大的区别，唯一要做的是尽量数据结构化，因为语音搜索以用户需求的搜索为主，所以数据结构化的内容更容易被展示。

语音搜索现在还有很多不足，最大的不足就是识别的准确度还不够，用户意图不容易把握，但是相信随着识别技术的提高，未来语音搜索会有很大的发展。

8.7　索引内容更丰富

搜索引擎能在当今互联网占据如此重要的地位，主要由于巨大的搜索引擎索引量，仅百度索引数据库里，就有超过数千亿的网页信息，用户可以在搜索引擎中找到任何想要的内容。

搜索引擎的检索功能，让用户在浩瀚的互联网海洋中，找到自己需要的内容。在搜索引擎之初，索引数量很少，有时用户搜索生疏关键词时，甚至无法找到相关的网页；但随着互联网信息量迅速增长，搜索引擎的索引量也将更丰富，用户所能搜索到的信息更多，选择性也更强。

随着搜索引擎索引量不断丰富，有价值的内容越来越多，在未来会达到更难以想象的地步。因此 SEO 应有更多的策略，使自身的索引量大量提高。

（1）提高网站权重。权重是决定网站收录数量的重要因素，高权重网站被收录的更多。

（2）提高网页质量。原创有价值的网站内容，而不是抄袭他人的内容，高质量的网页搜索引擎更喜欢。

（3）优化内部链接。通达的内部链接，便于蜘蛛爬行和抓取。

在未来的搜索引擎中，索引内容必然十分丰富，而且搜索更为准确。作为 SEOer 应该尽可能让自己网站的内容在搜索引擎中得到更多的抓取，注重提高网站的质量。

8.8 本地搜索

据 CNNIC 的调查结果显示，在通用搜索引擎的查询需求中，大量网民搜索的内容与本地生活相关，但通用搜索引擎并没有在这方面做专门的产品优化和开发，不能完全满足大众对本地信息的搜索需求。所以出现了一种针对地区的搜索引擎，就是本地搜索引擎。

本地搜索是指针对一定范围的搜索，可以是一个国家，也可以是一个地区，甚至是一个城市。例如，百度是中国地区的本地搜索引擎，在百度上得到的搜索结果，都是针对中国地区的网页。

早在 2006 年 7 月，美国就有 60%的互联网用户，使用过本地搜索服务，搜索量占互联网搜索的 1/4。在本地搜索中，有 40%的网民搜寻周边的信息，而 59%的网民是搜索饭馆、电影院等与娱乐消费相关的信息。

在国内本地搜索通常是同城搜索，针对一个城市提供企业、地图和生活等搜索服务。包括黄页网站、本地生活搜索网站、本地搜索服务网站三类。

（1）黄页网站一般是搜公司企业的，如中国电信黄页等；

（2）本地生活搜索是搜索衣食住行的服务，如 58 同城、百姓网等；

（3）本地搜索服务网站通常与通用搜索差别不大，只是搜索的内容有地区限制，如图 8.15 所示为本地搜搜，它是本地搜索网站，通过切换搜索的地域，可搜索到相关地域的各种信息。

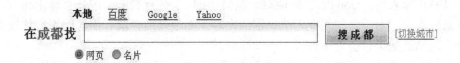

图 8.15 本地搜搜

美国权威调查机构 Kelsey 报告预测，本地搜索正以高于通用搜索两倍的速度快速增长。而国内的本地搜索上升速度也非常快，主要由于本地搜索有着独特优势。

（1）满足用户搜索本地内容需求。用户搜索本地信息和服务，是对互联网使用的一种新方式，也是用户使用搜索引擎的一个重要因素，本地搜索包含大量的本地信息，满足了用户对本地信息和服务的搜索需求。

（2）本地信息更丰富准确。相比于通用搜索，本地搜索能收集更多的本地化内容，给本地搜索的用户更多的搜索选择。另外由于只针对本地内容，在用户搜索时避免了其他信息的干扰，所以本地搜索的信息匹配度更高。

（3）本地搜索使用方便。本地搜索通常只需要切换城市或地区，就可以获得相关地域的搜索信息。而且大多本地搜索还提供信息分类，各项服务或者需求都有分类便于用户查找。如图8.16所示为某本地搜索分类查询。

图 8.16　某本地搜索分类查询

SEO在面对本地搜索增长的时候，通常并不能对网站起很大的推动作用，像黄页网站、58同城这些网站，并不能直接搜索到自己的网站，只能搜索它们自己的网页。所以在优化的时候，遇到很大难度，需要注意以下两点：

（1）网站关键词尽量本地化。使用本地化的关键词，不管是内部优化还是外链优化时，地域限制的关键词放在优化的重点。

（2）黄页及分类信息的品牌推广。黄页和分类信息也是本地搜索的形式，但是无法搜索自己的网页。所以最好做品牌推广，或者直接地销售广告。

随着本地搜索自身技术和用户体验的发展，使用的人会越来越多，对于互联网从业者来说，这也是一个机会。

8.9　完善收录技术

搜索引擎发展至今，其技术已经有很高的水平，但是就算是Google，其收录技术都还不够智能。很多互联网资源，搜索引擎并不能很好地识别和收录，例如JS、Flash等。

我们知道JS、Flash等内容，都是搜索引擎难以识别和抓取的。所以在目前网站的优化中，要避免在重点内容中使用这两种技术内容。但是由于少了这些技术，很多网站效果就难以达到，这是非常阻碍互联网发展的。

不过有迹象表明，Google已经能对一些简单的JS进行判断，因此有理由相信，在未来的搜索引擎中，对于一些现在无法识别的内容，能很好地抓取。那时候用户的搜索体验将更好，网站的效果也会更丰富。

由于搜索引擎的技术进步，SEO并不会减少负担，因为搜索引擎能识别JS、Flash等技术内容，也会让更多有作弊嫌疑的网站无处藏身，这会使网站优化更复杂。不过只要按照SEO的原则优化，都能获得一定的效果。

8.10　小　　结

本章到这里就结束了，本章就搜索引擎的未来发展趋势，进行了一些分析。并分析了未来搜索引擎发展中，SEO 的应对策略。

　　SEO 是一门不断变化的技术，因为随着搜索引擎的技术革新，SEO 工作也会变得更难更复杂。但是无论未来搜索引擎怎样发展，都要随时把握搜索引擎动向，并做出 SEO 的应对策略。

　　本章学习目标：了解搜索引擎现状，预测搜索引擎未来的发展趋势，针对搜索引擎发展 SEO 的策略应对。

　　本章学习难点：搜索引擎未来的发展趋势、SEO 应对策略。

第 9 章 SEO 工具介绍

了解了 SEO 工作的所有理论知识，还要学会 SEO 工具的使用。在 SEO 工作中，每天都会用到各种 SEO 工具，其中有很多工具是非常有用的，也使 SEO 工作变得更简单。本章将介绍一些实用的 SEO 工具，以及与 SEO 工作的搭配使用方法等。

9.1 站长之家工具

站长之家的站长工具，以下称站长之家工具，是 SEOer 最常用的工具之一。从事网站行业的人几乎都知道这个工具，之所以被人熟知，是因为它具有方便、准确、功能全等特点。

站长之家工具是一个线上工具，主要以在线查询工作为主，网址为 http://tool.chinaz.com/。站长工具的查询功能十分丰富，常用来查询网站权重、PR、收录、快照等机会所有的网站数据。如图 9.1 所示为站长之家站长工具导航地图。

工具导航地图
网站信息查询: ALEXA排名查询 - Google PR查询 - 收录/反链查询 - 死链接检测/全站PR查询 - 网页GZIP压缩检测 - PR输出值查询
搜索优化查询: 长尾关键字 友情链接检测 关键词排名查询 关键词密度查询 搜索引擎模拟 网页META信息 百度收录 百度权重查询
域名IP类查询: 域名删除时间查询 域名WHOIS查询 IP查询 IP WHOIS查询 同IP网站查询 备案查询 过期域名查询 Dns查询 NsLookup
加密解密相关: MD5加密 - 文字加密解密 - ESCAPE加/解密 - BASE64加/解密 - URL加密 - 迅雷,快车,旋风URL加/解密
编码转换相关: Ascii/Native编码互转 - Unicode编码 - UTF-8编码 - 简繁体火星文互转 - 汉字转换拼音 - Unix时间戳 - URL编码/解码
HTML相关类: HTML/JS互转 - HTML/UBB代码转换 - HTML标签检测 - HTML代码转换器 - JS/HTML格式化 - HTML特殊符号对照表
Js/Css相关类: JS加/解密 - JS代码混淆 - CSS在线编辑器 - Css压缩/格式化 - JS混淆加密压缩 - 正则在线测试
其他常用测试: 查看网页源代码 - 拼音字典 - OPEN参数生成器 - 网页代码调试器 - 在线调色板 - 网页颜色选择器 - 颜色代码查询
其他类别查询: SEO数据风向标 PR更新历史 大小写转换 路由器追踪 HTTP状态查询 超级Ping 端口扫描 网速测试 虚拟主机评测 91查

图 9.1 站长之家站长工具导航地图

从站长之家工具的导航地图来看，站长之家工具功能包括网站信息查询、搜索优化查询、域名 IP 类查询、加密解密、编码转换、HTML 工具、JS 工具、其他查询工具和测试工具九大类工具，工具的新功能和使用率，使用不同的颜色进行区分。

站长之家工具的优势在于：

（1）功能丰富。从上面的图例可以看出，站长之家工具功能超过 60 种，几乎涵盖了网站的各个部分，是非常全面的网站优化工具，功能十分丰富。

（2）数据准确。站长之家工具查询的数据通常比较新，尤其在网站权重、PR、收录等数据上，更新速度相比于其他工具更快，也更准确。

（3）使用简单。站长之家工具的界面简单，各种常用的工具都在导航的列表中，非常方便、易用。如图 9.2 所示为站长之家工具界面。

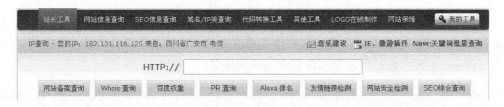

图 9.2　站长之家工具界面

由于站长之家工具都比较实用，对于 SEO 来说，也有很多常用的工具。

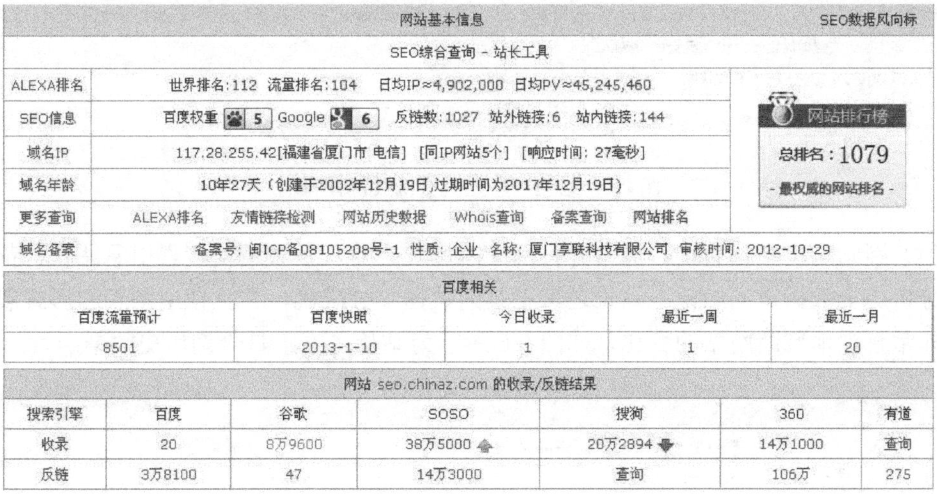

（1）网站 PR、收录、快照等查询。自身网站优化效果和他人网站的查询，尤其在交换友情链接的时候，使用频率非常高，而站长之家工具更准确，所以被大量使用。如图 9.3 所示为站长之家工具查询 PR、收录等信息。

网站基本信息　SEO数据风向标

SEO综合查询 - 站长工具

ALEXA排名	世界排名:112 流量排名:104 日均IP≈4,902,000 日均PV≈45,245,460
SEO信息	百度权重 5 Google 6 反链数:1027 站外链接:6 站内链接:144
域名IP	117.28.255.42[福建省厦门市 电信] [同IP网站5个] [响应时间：27毫秒]
域名年龄	10年27天（创建于2002年12月19日,过期时间为2017年12月19日）
更多查询	ALEXA排名 友情链接检测 网站历史数据 Whois查询 备案查询 网站排名
域名备案	备案号：闽ICP备08105208号-1 性质：企业 名称：厦门享联科技有限公司 审核时间：2012-10-29

网站排行榜　总排名：1079　- 最权威的网站排名 -

百度相关

百度流量预计	百度快照	今日收录	最近一周	最近一月
8501	2013-1-10	1	1	20

网站 seo.chinaz.com 的收录/反链结果

搜索引擎	百度	谷歌	SOSO	搜狗	360	有道
收录	20	8万9600	38万5000	20万2894	14万1000	查询
反链	3万8100	47	14万3000	查询	106万	275

图 9.3　站长之家工具查询 PR、收录等信息

（2）网站百度权重查询。主要查看网站的全部关键词排名，以便于关键词优化策略的调整，以及网站优化效果的监测。如图 9.4 所示为站长之家工具查询百度权重。

百度权重查询

HTTP:// seo.chinaz.com　默认排序　查询

百度权重为 5，共找到 91 条记录，预计从百度来访 8501 次，子域名：当前:seo.chinaz.com

序号	关键字	指数	排名	网页标题
1	网站查询	759	1	SEO综合查询 - 站长工具
2	seo查询	676	1	SEO综合查询 - 站长工具
3	站长工具查询	443	1	SEO综合查询 - 站长工具
4	seo工具	397	1	SEO综合查询 - 站长工具
5	网站seo	139	1	SEO综合查询 - 站长工具
6	seo网站优化	69	1	SEO综合查询 - 站长工具

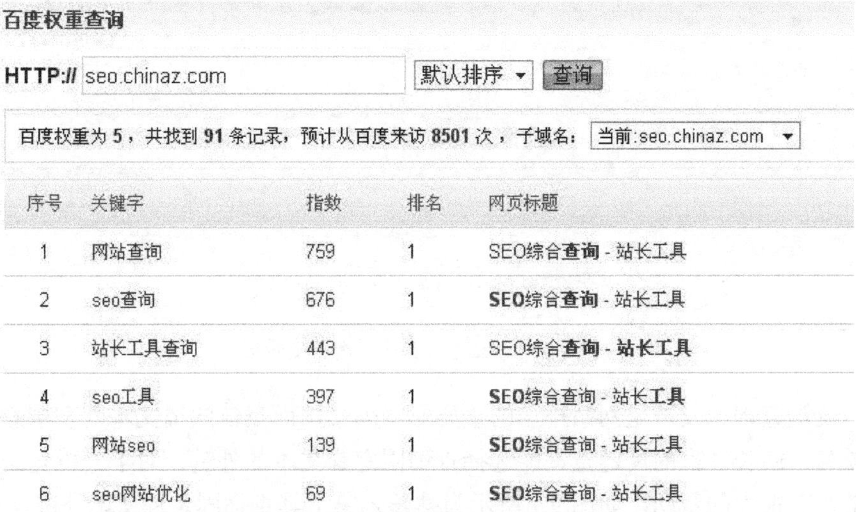

图 9.4　站长之家工具查询百度权重

(3)关键词排名查询。与前面百度权重不同的是,关键词排名查询是针对某一具体关键词和网站查询,是 SEOer 检查日常工作效果的工具,站长之家工具只提供百度的关键词查询。如图 9.5 所示为站长之家工具查询关键词排名。

图 9.5　站长之家工具查询关键词排名

(4)网站历史数据查询。通常分析网站的历史走势,是否遭受搜索引擎惩罚,都可以通过分析历史数据得出结论。站长之家工具的数据十分准确,并且使用图表的形式展示,可以非常直观地判断网站的变化。如图 9.6 所示为站长之家工具查询历史数据。

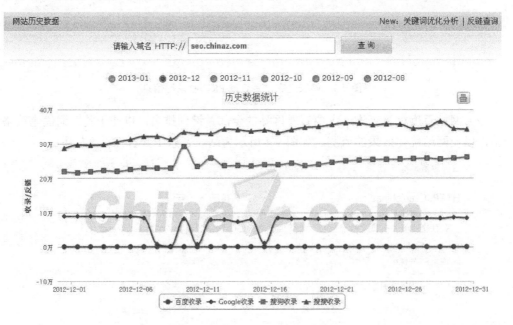

图 9.6　站长之家工具查询历史数据

(5)反链查询。反链是网站排名的重要影响因素,而反链的锚文本则直接影响网站的关键词排名,站长之家的反链查询能选择查询固定锚文本的外链,对于分析竞争对手的关键词外链,有很大的帮助。如图 9.7 所示为站长之家工具查询固定锚文本外链。

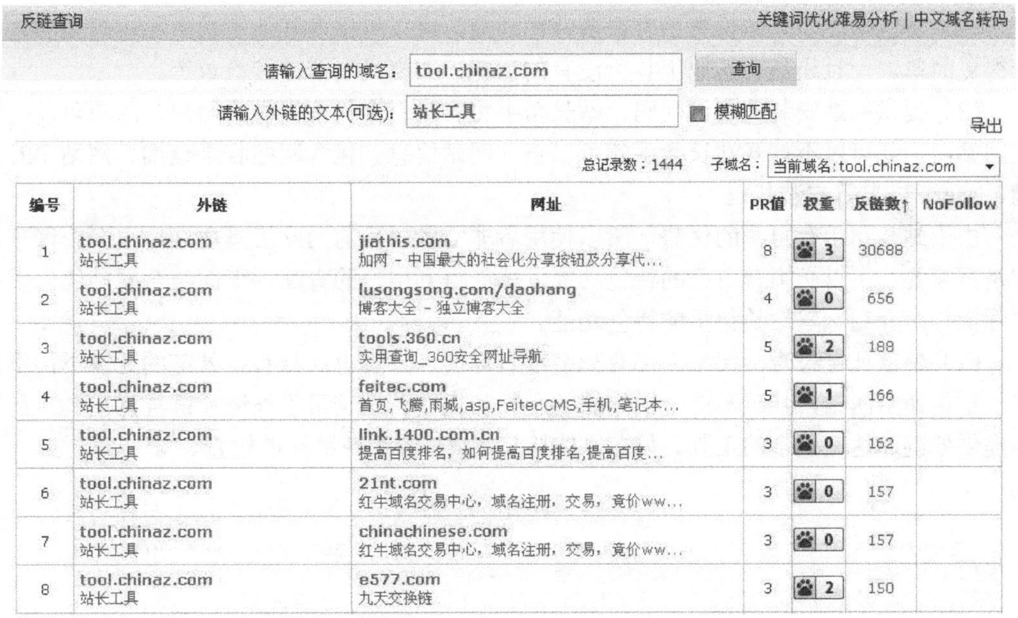

编号	外链	网址	PR值	权重	反链数↑	NoFollow
1	tool.chinaz.com 站长工具	jiathis.com 加网 - 中国最大的社会化分享按钮及分享代...	8	3	30688	
2	tool.chinaz.com 站长工具	lusongsong.com/daohang 博客大全 - 独立博客大全	4	0	656	
3	tool.chinaz.com 站长工具	tools.360.cn 实用查询_360安全网址导航	5	2	188	
4	tool.chinaz.com 站长工具	feitec.com 首页,飞腾,雨城,asp,FeitecCMS,手机,笔记本...	5	1	166	
5	tool.chinaz.com 站长工具	link.1400.com.cn 提高百度排名，如何提高百度排名,提高百度...	3	0	162	
6	tool.chinaz.com 站长工具	21nt.com 红牛域名交易中心，域名注册，交易，竞价ww...	3	0	157	
7	tool.chinaz.com 站长工具	chinachinese.com 红牛域名交易中心，域名注册，交易，竞价ww...	3	0	157	
8	tool.chinaz.com 站长工具	e577.com 九天交换链	3	2	150	

图 9.7　站长之家工具查询固定锚文本外链

站长之家工具的数据比较准确，功能齐全。从网站 SEO 的前期分析，到中期操作，再到效果分析监测，几乎所有的查询、监测工作都可以使用站长之家工具。

9.2　站 长 帮 手

站长帮手也是一款线上网站查询工具，功能也比较齐全，有的工具则是站长之家工具所没有的，也是很多 SEOer 经常使用的软件。

站长帮手的网址是 http://www.adminlj.com/或者 http://www.linkhelper.cn/。站长帮手也是很有特色的一款 SEO 工具，虽然界面广告非常多，但是数据查询还是非常准确的，功能也能满足 SEOer 的日常需要。如图 9.8 所示为站长帮手主要功能。

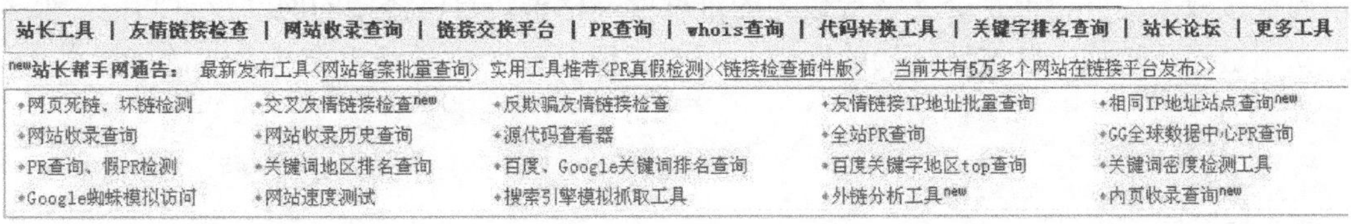

图 9.8　站长帮手主要功能

作为一款功能丰富的线上 SEO 查询工具，站长帮手集成了主要的功能，如网站信息查询、搜索优化查询、域名 IP 类查询、加密解密、编码转换、其他查询工具六大类工具，包含 40 多种常用的网站工具。

站长帮手网站工具也有一定的优势：

（1）功能丰富。虽然相对站长之家工具，站长帮手的功能并不多，但站长帮手工具已经包含了最常用的查询工具，完全能满足用户的需要。

（2）特色功能多。站长帮手有很多特色功能，可以将很多其他工具中原本烦琐的查询变得更简单，而且还具有其他工具所没有的功能，如交叉友情链接检查等。

（3）提供网站安装的查询代码。站长帮手将实时查询代码提供给用户，用户可以安装在网站内，便可以不打开站长帮手就可以查询网站信息。包含网站收录查询、网站 PR 查询、Alexa 排名等安装代码。

由于站长帮手有自身的优势，所以使用者非常多。目前网站工具众多，很多查询工具都是重复的，所以必须有自己的特色功能，才能得到用户的青睐。下面结合网站优化中的实际操作，介绍一些站长帮手的特色功能。

（1）外链死链检查。网站内部有死链或者坏链，外部也同样有，外链的死链不但不能将权重传递给网站，甚至不能带来蜘蛛的爬行和抓取。站长帮手外链死链查询工具，是极少提供外链通达性检查的工具。如图 9.9 所示为站长帮手外链死链检查。

图 9.9　站长帮手外链死链检查

（2）交叉友情链接检查。有的人交换友情链接时，会交换交叉链接，因为通常这样的单向链接效果更好，但是交叉链接最大的难度就是检查。自己链接的网站没有回链，很多人就下链了，造成一些友情链接的欺骗。如图 9.10 所示为站长帮手交叉友情链接检查。

图 9.10　站长帮手交叉友情链接检查

（3）友情链接 IP 地址查询。相同 IP 的多个站，链接到同一个网站上，会被搜索引擎怀疑为作弊，而交换友情链接时，有可能交换到同一个 IP 的多个网站，是不符合搜索引擎优化的。如图 9.11 所示为站长帮手友情链接 IP 地址查询。

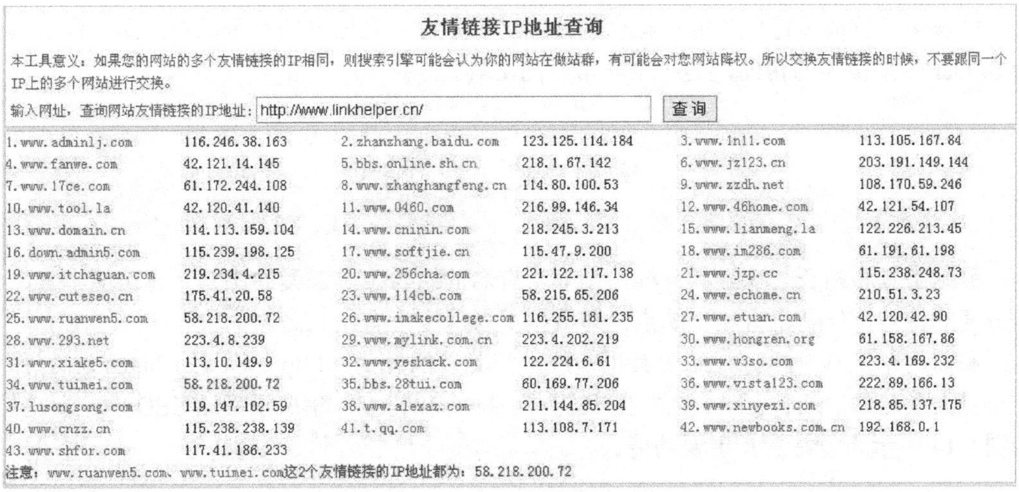

1.www.adminlj.com	116.246.38.163	2.zhanzhang.baidu.com	123.125.114.184	3.www.1n11.com	113.105.167.84
4.www.fanwe.com	42.121.14.145	5.bbs.online.sh.cn	218.1.67.142	6.www.jz123.cn	203.191.149.144
7.www.17ce.com	61.172.244.108	8.www.zhanghangfeng.cn	114.80.100.53	9.www.zzdh.net	108.170.59.246
10.www.tool.la	42.120.41.140	11.www.0460.com	216.99.146.34	12.www.46home.com	42.121.54.107
13.www.domain.cn	114.113.159.104	14.www.cninin.com	218.245.3.213	15.www.lianmeng.la	122.226.213.45
16.down.admin5.com	115.239.198.125	17.www.softjie.cn	115.47.9.200	18.www.im286.com	61.191.61.198
19.www.itchaguan.com	219.234.4.215	20.www.256cha.com	221.122.117.138	21.www.jzp.cc	115.238.248.73
22.www.cuteseo.cn	175.41.20.58	23.www.114cb.com	58.215.65.206	24.www.echome.cn	210.51.3.23
25.www.ruanwen5.com	58.218.200.72	26.www.imakecollege.com	116.255.181.235	27.www.etuan.com	42.120.42.90
28.www.293.net	223.4.8.239	29.www.mylink.com.cn	223.4.202.219	30.www.hongren.org	61.158.167.86
31.www.xiake5.com	113.10.149.9	32.www.yeshack.com	122.224.6.61	33.www.w3so.com	223.4.169.232
34.www.tuimei.com	58.218.200.72	35.bbs.28tui.com	60.169.77.206	36.www.vista123.com	222.89.166.13
37.lusongsong.com	119.147.102.59	38.www.alexaz.com	211.144.85.204	39.www.xinyezi.com	218.85.137.175
40.www.cnzz.cn	115.238.238.139	41.t.qq.com	113.108.7.171	42.www.newbooks.com.cn	192.168.0.1
43.www.shfor.com	117.41.186.233				

注意：www.ruanwen5.com、www.tuimei.com这2个友情链接的IP地址都为：58.218.200.72

图 9.11　站长帮手友情链接 IP 地址查询

（4）关键词排名查询。站长帮手的关键词排名查询与站长之家的有所不同，站长帮手不但有百度的排名，还有 Google 的排名情况，这对针对 Google 做优化的网站有更大的帮助。如图 9.12 所示为站长帮手关键词排名查询。

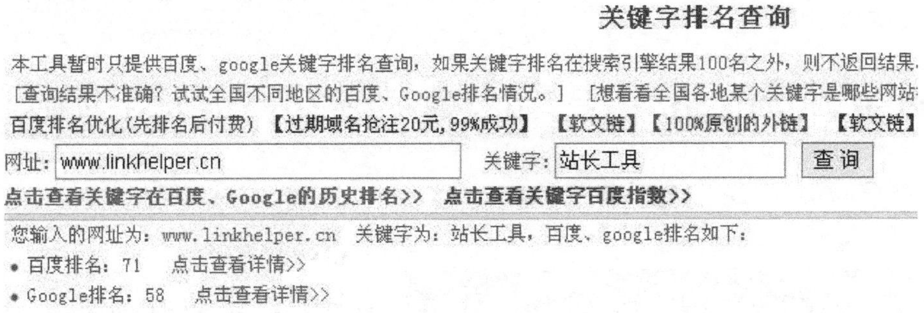

图 9.12　站长帮手关键词排名查询

（5）外链分析。外链分析工具很多，站长帮手的外链分析将外链站的数据和锚文本也列出来，以表格的形式展示，非常直观方便。如图 9.13 所示为站长帮手外链分析。

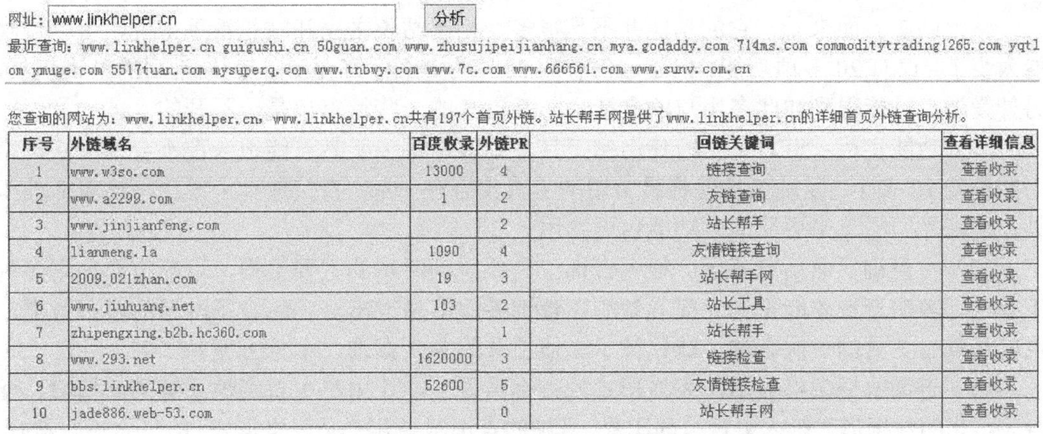

序号	外链域名	百度收录	外链PR	回链关键词	查看详细信息
1	www.w3so.com	13000	4	链接查询	查看收录
2	www.a2299.com	1	2	友链查询	查看收录
3	www.jinjianfeng.com		2	站长帮手	查看收录
4	lianmeng.la	1090	4	友情链接查询	查看收录
5	2009.021zhan.com	19	3	站长帮手网	查看收录
6	www.jiuhuang.net	103	2	站长工具	查看收录
7	zhipengxing.b2b.hc360.com		1	站长帮手	查看收录
8	www.293.net	1620000	3	链接检查	查看收录
9	bbs.linkhelper.cn	52600	5	友情链接检查	查看收录
10	jade886.web-53.com		0	站长帮手网	查看收录

图 9.13　站长帮手外链分析

站长帮手有很多特色功能，相比于其他工具来说，有很强的竞争优势，而这些工具也给 SEOer 带来很大的帮助，是一个非常好的工具。

9.3 爱　　站

爱站工具和站长之家工具一样，是非常有名的站长工具。爱站工具具有功能丰富、使用方便的特点，但是也有一个缺点，即数据更新速度没有站长之家的快。

和前两个工具一样，爱站工具也是线上工具，网址为：http://www.aizhan.com/。作为一个受大众熟知的站长工具，爱站工具的界面非常简洁美观，集成了网站 SEO 的主要功能。如图 9.14 所示为爱站工具主要功能。

图 9.14　爱站工具主要功能

从爱站的界面来看，它的功能并不是很多，相比站长之家和站长帮手来说，可以说功能太少了，仅有 20 多项功能。但是这仅有的 20 多项功能，却是 SEOer 最常用的查询工具，另外爱站工具能得到如此多用户的支持，与其自身的一些特点也是分不开的。

（1）功能实用。SEOer 平时使用的工具并不多，很多工具可能很久都不会用一次，常用的也就 10 多个。爱站工具就将最常用的工具集合在一起，直接放弃了使用率比较低的工具，使其界面看起来更简洁，功能也更实用。

（2）主查询界面信息齐全。很多查询工具要得到网站的主要数据，可能需要使用多种工具进行多次查询才能得到。而爱站的主查询界面信息很丰富，包含了网站的多种数据，也就是爱站工具的一次查询，就代替了其他工具的多次查询，十分方便。

（3）查询数据表格显示。表格形式的查询结果，能让用户更直观地了解网站情况，而且表格化的数据形式给人更规范的印象。爱站的查询结果几乎是表格形式，用户体验非常好。

爱站工具的网站综合信息查询，是和站长之家工具竞争的一个工具，但是站长之家工具的数据更新显然要比爱站快。而使用爱站的用户,更注重一些爱站工具比较优秀的功能。

(1)百度权重查询。和站长之家的百度权重查询一样,爱站的百度权重查询,也是查询网站关键词在百度的排名情况,然后预估网站的百度流量。但爱站百度排名查询信息量更为丰富,包含了百度权重、预计百度流量区间、词条数量、收录、子域名查询,以及排名关键词等信息。如图 9.15 所示为爱站工具百度权重查询。

图 9.15　爱站工具百度权重查询

(2)相关站点。在选择关键词以及分析关键词竞争对手时,往往需要查询以某关键词为目标的网站,而直接在搜索引擎中搜索只能看到排名,不能看到对方的网站目标。爱站工具的相关站点提供了站点关键词分析、关键词竞争分析功能,可以查询出以某关键词为目标的网站。如图 9.16 所示为爱站工具相关站点查询。

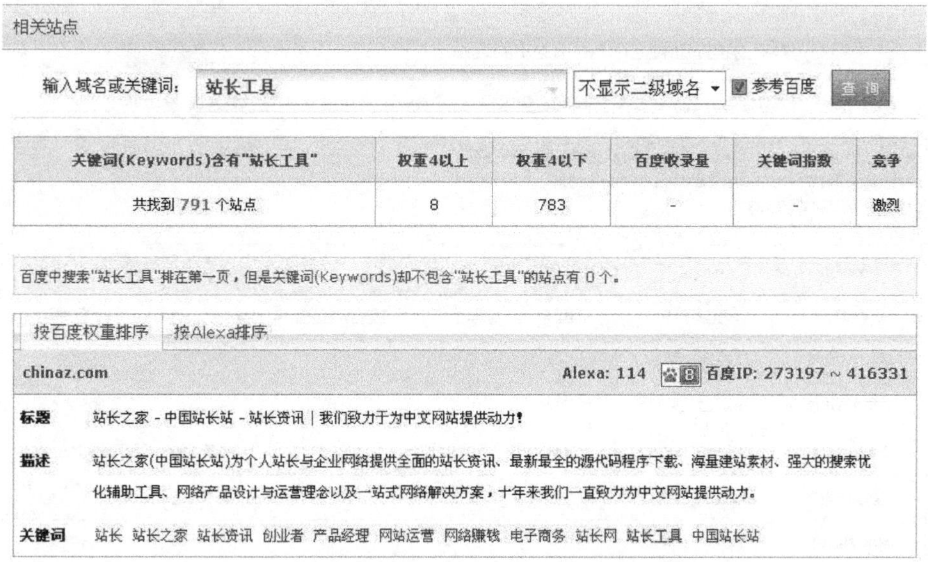

图 9.16　爱站工具相关站点查询

（3）百度关键词挖掘。在制定网站关键词目标和后期优化中，都会挖掘关键词，爱站的百度关键词挖掘工具可挖掘长尾关键词，并得出它们的竞争情况分析。如图 9.17 所示为爱站工具百度关键词挖掘。

序号	关键字	搜索量	收录数	首页第1位	首页第2位	优化难度
1	站长工具	10584	12000000	tool.chinaz.com 站长工具 - 站长之家	seo.chinaz.com SEO综合查询 - 站长工具	
2	百度站长工具	783	8830000	zhanzhang.baidu.com 百度站长平台_站长工具及	tool.chinaz.com 百度近日收录查询 - 站长工具	
3	站长工具查询	423	8930000	seo.chinaz.com SEO综合查询 - 站长工具	tool.chinaz.com 站长工具 - 站长之家	
4	站长工具箱	77	1250000	www.crsky.com 站长工具箱|站长工具箱2012	www.flashplayer.cn 观其站长工具箱 - 网站综合信	
5	站长工具网	73	12300000	tool.chinaz.com 站长工具 - 站长之家	www.adminlj.com 站长工具-站长帮手网	

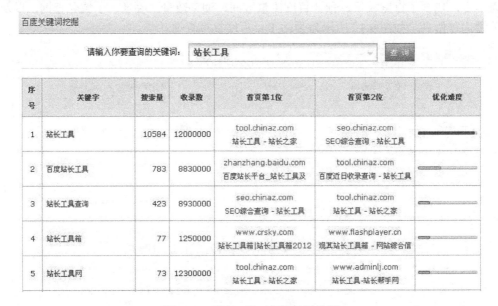

图 9.17　爱站工具百度关键词挖掘

（4）网站 Ping 检测。有时候由于服务器问题、各地的网络问题、不同网络之间的连接问题造成网站无法打开，或者有的地区无法打开。通常的做法就是运行 cmd、Ping 网站域名或者 IP，但是这样只能检查本地网络能否访问，如果是个别地区就无法检查出问题。爱站工具的网站 Ping 检测，可以选择多个地区的网络，对网站进行 Ping 命令，然后将各种 Ping 信息以表格的形式返回给查询者。如图 9.18 所示为爱站工具网站 Ping 检测。

Ping位置	响应IP	TTL	丢包	响应时间(ms)		赞助商
浙江宁波电信	122.227.2.27	57	0 %	11	查看详细	上海快网
江苏宿迁电信	58.222.24.241	57	0 %	10	查看详细	宿迁蒲公英
上海浦东电信	183.136.156.182	54	0 %	13	查看详细	浦东数据中心
江苏扬州电信	222.184.115.167	57	0 %	9	查看详细	元恒数据
河南郑州景安	122.225.108.170	52	0 %	39	查看详细	云南数据港

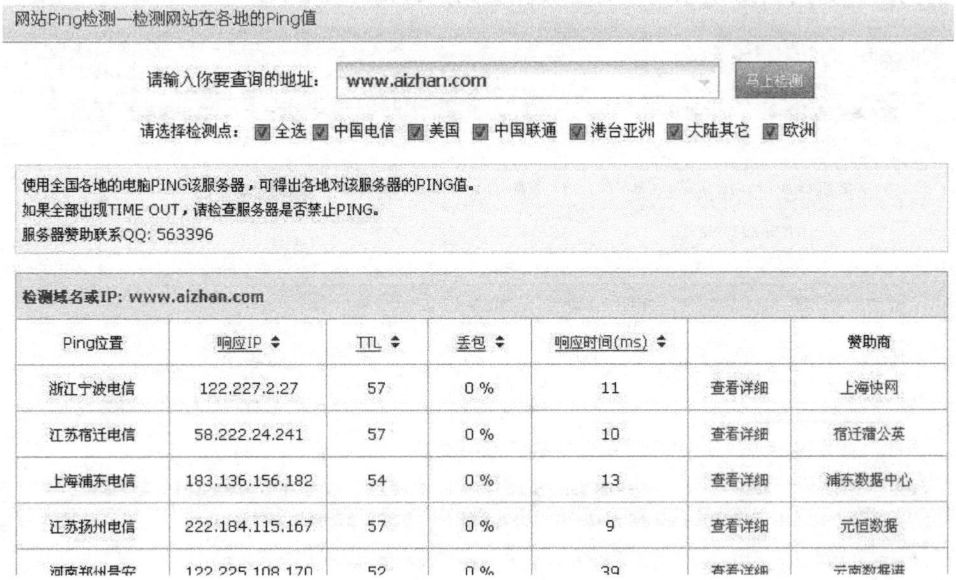

图 9.18　爱站工具网站 Ping 检测

从以上爱站工具比较特色的功能中，能看出爱站工具虽然功能总类比较少，但是功能的实用性和对用户的帮助都是很好的。这也是爱站工具能在网站查询工具中获得如此高关注的一个重要原因。

9.4 追词助手

追词助手也是一款国内 SEO 界知名的工具，由追词网推出，主要提供符合中文用户需求的关键词分析工具，在关键词的分析和挖掘上有很大的作用。

追词助手是一款客户端工具，需要下载其客户端软件，下载官网地址为 http://www.zhuici.com/。作为一款客户端的 SEO 工具，需要购买其会员，才能获得全部的服务。但是追词给免费用户也提供了一些基本的功能，这些功能也能给用户的工作带来一定的帮助。如图 9.19 所示为追词助手工具界面。

图 9.19　追词助手工具界面

追词助手的功能不多，主要以关键词查询、链接分析等功能为主，整体界面简单易用，功能模块切换都布局在软件的左侧，右侧是查询结果区。追词助手的主要特点如下所述。

（1）定位准确。追词助手的功能很少，不像其他工具那样把所有的功能都集中到网站中，但是它的工具都是很有针对性的，主要是以关键词为核心，包括挖掘、查询、监测等功能，主要针对关键词的各项操作。

（2）功能强大。追词助手的关键词工具十分强大，可以挖掘各种组合的关键词，并对关键词进行分析；关键词指数查询更是可以批量查询；而关键词排名监测中，可以选择多个网站的相同关键词监测，或者同个网站的多个关键词监测。

（3）数据导出。追词助手的查询结果都以表格的形式展示，并且可以以 Excel 表格的形式导出，这对于挖掘关键词，以及查询大量关键词指数时，作用非常大。

追词助手的特点使其成为一款非常实用的关键词工具，对于 SEO 的帮助非常大。下面介绍一些追词助手的特色功能：

（1）百度搜索量。也就是百度指数，通常被认为是关键词的百度日均搜索量，这是关键词重要程度的体现，是制定网站关键词计划分析关键词的重要依据。追词助手的百度搜索量查询，可批量查询关键词的百度指数、收录数量、竞价广告数量、优化难度等数据，查询后可导出为 Excel 表格。如图 9.20 所示为追词助手百度搜索量。

图 9.20　追词助手百度搜索量

（2）相关关键词查询。即常说的关键词挖掘，追词助手的关键词挖掘，可以选择各种搜索引擎的关键词，并且多个关键词组合筛选。还有最新的云查询，可以深层次挖掘某关键词的长尾关键词，是关键词挖掘工具中非常好用的一个。遗憾的是普通用户只能进行 3 层挖掘。如图 9.21 所示为追词助手相关关键词查询。

（3）网站监控。在网站优化过程中，经常会查询网站的实时数据，但是对于大多数个人或者公司来说，并非只有一个网站。而对于大量站点的查询者来说，一个一个的去查询网站的综合数据，然后做成表格，是一项非常巨大的工作。追词助手提供的网站监控，可同时查询大量网站的数据，大大提高了 SEOer 的工作效率。如图 9.22 所示为追词助手站群监控。

第 9 章 SEO 工具介绍

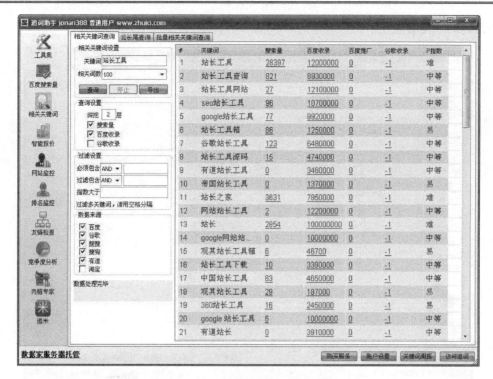

图 9.21 追词助手相关关键词查询

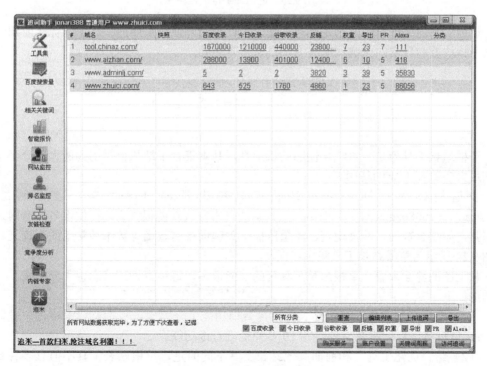

图 9.22 追词助手站群监控

（4）排名监控。同一个网站关键词的排名查询，可以使用站长之家和爱站等工具查询，但是追词助手的排名监控比前两个工具更方便，可批量监控网站关键词排名。如图 9.23 所示为追词助手排名监控。

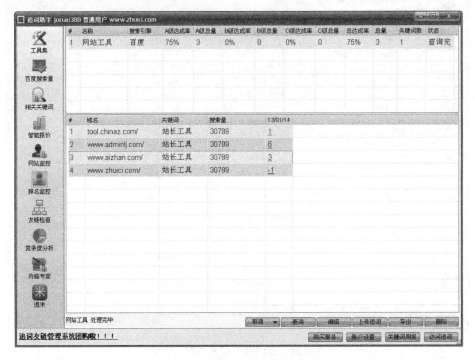

图 9.23　追词助手排名监控

追词助手的关键词工具，是所有关键词工具中最方便、全面的一款。在优化前期的关键词分析挖掘和日常的关键词监测中，是非常有用的。

9.5　草根站长工具箱

草根站长工具箱是一款综合性的站长工具，基本集合了站长日常用到的大部分工具，能满足大多数 SEOer 的使用。

和追词助手一样，草根站长工具箱也是客户端工具，官方网站为 http://caogen.10086zg.com/。草根站长工具箱的日常查询功能很强大，提供很多日常网站查询工具，如综合查询、网页检查、流量监控、关键词排名查询等数十种常用的查询工具。如图 9.24 所示为草根站长工具箱主界面。

从上图的界面来看，草根站长工具箱的功能很多，每项查询的信息也十分丰富，其特点归纳如下。

（1）批量查询突出。草根站长的批量查询功能十分突出，包括友情链接、关键词排名、PR 值批量、百度收录、反链等 10 多种批量查询功能。

（2）结合优化工具。和前面其他站长工具不同的是，草根站长工具不但有多种查询工具，还融合了网站优化工具。结合了文章伪原创、SEO 推广、新站搜索引擎提交、刷 PV 浏览量、网页颜色选取等多种优化工具，使草根站长工具箱有更大的吸引力。

（3）数据导出功能。和追词助手一样，草根站长工具也提供数据的导出功能，用户可将查询的结果以 Excel 表格的形式导出到本地文件中，以便 SEOer 分析网站数据。

第 9 章　SEO 工具介绍

图 9.24　草根站长工具箱主界面

草根站长工具是一个网站的查询工具,也是一个网站的优化工具,之所以这么说,是因为草根站长有一些有别于其他工具的特色功能。

(1)网页 SEO 检查。网页 Meta 标签以及关键词情况,是一个网页的内部优化非常重要的项目,草根站长工具可以模拟蜘蛛爬行网页,并获取网页的 Meta 标签情况,以及关键词的频率等。如图 9.25 是草根站长网页检测。

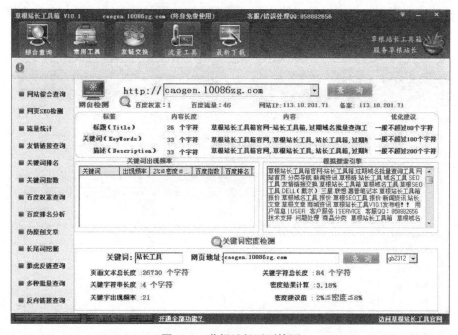

图 9.25　草根站长网页检测

(2)伪原创工具。虽然不提倡使用工具建设伪原创内容,因为伪原创文章的网站,是得不到搜索引擎认可的，即使暂时获得了排名，也难以长久做下去。但是不得不说，草根站长工具箱的伪原创工具，也是用户选择草根站长工具箱的原因之一。如图 9.26 所示为是草根站长伪原创工具。

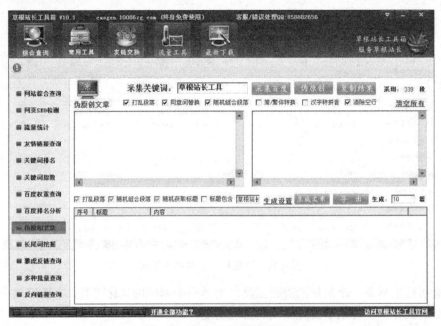

图 9.26　草根站长伪原创工具

（3）多种批量查询。可以说草根站长工具的最大特点之一，就是多种数据批量查询的功能。可以将全部数据一起查询，也可以选择一些数据进行查询，可以添加大量网站同时查询，还能导出查询数据，以便网站分析。可查询的数据包括百度权重、PR、百度收录、反链、Alexa 排名等。如图 9.27 所示为是草根站长批量查询。

图 9.27　草根站长批量查询

（4）SEO 自动推广。草根站长有一个自动推广功能，原理是利用工具自动将目标网站提交到查询网站进行查询，查询的记录可能被搜索引擎收录，起到建设外链或者吸引蜘蛛的作用。草根站长的查询网站库，目前有一千多个网站供提交目标网站，虽然数量巨大，但是仅通过工具建设外链的效果并不好。如图 9.28 所示为草根站长 SEO 自动推广。

图 9.28　草根站长 SEO 自动推广

9.6　Bing 外链查询工具

自从雅虎外链工具不能使用以后，Bing 外链查询工具就成了大多数 SEOer 认为的比较准确的网站外链分析工具了。

Bing 外链查询工具是 Bing 网站管理员中的一个工具，在 Bing 中称为链接资源管理器。Bing 网站管理员的网址为 http://www.bing.com/toolbox/webmaster。需要注册微软账号，并且验证网站归属后才能使用 Bing 网站管理员中的工具。

进入 Bing 网站管理员后，点击已验证的网站，进入到网站管理界面。在左侧的判断与工具菜单中，找到链接资源管理器，这就是 Bing 外链查询工具了。如图 9.29 所示为 Bing 外链查询工具。

Bing 外链查询工具，不仅数据比较准确，而且提供了多种查询条件选项，如按网站筛选、定位文本、外链范围、内外部链接等。其中网站筛选可设定固定查询某网站链接过来的页面；定位文本即以某关键词为锚文本链接过来的网页；外链范围包括主页和内页；内外部链接可设定查询的反链来自网站的内部还是外部。最后 Bing 外链查询工具，很人性化的为网站分析的查询者提供了导出查询结果的功能。

可以说 Bing 在目前来看,仍是相对准确的一个外链查询工具。但是从实际的查询中发现,查询结果也不全,应该只是真实外链的一部分,但这对分析竞争对手的外链策略,已经有非常大的帮助了。

图 9.29 Bing 外链查询工具

9.7 百度指数

前面介绍了很多第三方工具查询百度指数,这些工具通常是调用百度指数查询的数据,虽然有的工具能批量查询,但是利用百度指数查询工具,可以更准确地将关键词指数相关的所有信息查询到,如指数的变化情况、多种指数对比、相关关键词指数、地区分布等。

百度指数是百度提供的在线查询工具,地址为 http://index.baidu.com/。百度指数工具十分简单易用。如图 9.30 所示为是百度指数查询工具。

图 9.30 百度指数查询工具

在关键词查询的结果中,并不能只关注关键词的指数,有几项结果更需要注意,如热点趋势、地区分布,以及相关关键词。

(1)热点趋势。百度指数在不同的时间并不稳定,有的关键词在节假日时指数高,过了节假日指数就降低,这可以通过热点趋势看出。热点趋势另外一个重要的作用就是分析关键词是否真正有人搜索。如果出现在某个时段搜索很大,有时搜索又为零,这样一直波动,通常这样的关键词是没多少用户搜索的,可能是 SEOer 在做测试。如图 9.31 所示为是百度指数热点趋势。

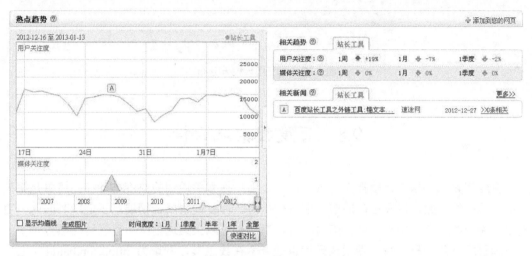

图 9.31　百度指数热点趋势

(2)相关搜索词。显示相关搜索的关键词大致比例。如图 9.32 所示为百度指数相关搜索词。

图 9.32　百度指数相关搜索词

(3)地区分布。百度指数地区分布查询,可以分析该关键词在各地区的搜索情况,以便于制定一些针对地区的优化策略。如图 9.33 所示为百度指数地方分布。

百度指数还有一些性别占比、年龄占比、行业占比等数据分析,让关键词的分析变得更详细准确。可以看出,百度指数是分析关键词的重要工具,是制定网站优化目标的重要依据。对于针对百度优化的网站,也是必定会用到的百度指数工具。

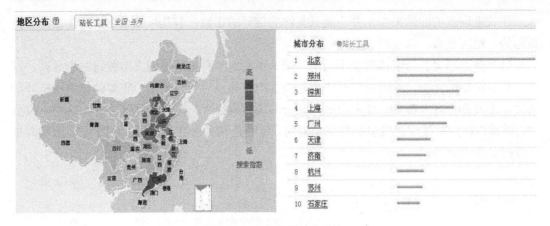

图 9.33　百度指数地方分布

9.8　百度搜索风云榜

百度搜索风云榜是百度搜索的风向标，是用户搜索关键词的热度排行榜。榜单是根据关键词的搜索指数，以及指数的增长率进行排名。百度搜索风云榜展示了近段时间内，百度用户关心的方向，由于百度在国内的占有率，也可以认为这是国内互联网的热点。

和百度指数一样，百度搜索风云榜也是一个在线工具，网址为 http://top.baidu.com/。对于百度来说，只是一个展示用户关注的页面，并非 SEO 工具。但是对于 SEOer 来说，这却是一个挖掘热点关键词的重要工具。如图 9.34 所示是百度搜索风云榜。

图 9.34　百度搜索风云榜

虽然百度搜索风云榜不是一款 SEO 工具，但是对 SEO 的帮助却是非常大的。百度搜索风云榜由以下两类型榜单组成。

（1）实时排行榜。是过去 24 小时或者最近 7 天内，用户热点关注的新词，按搜索指数上升率排名。在实时排名榜中，包含了各个行业的关键词，现在这些热词和微博热词有很大联系，与人们关注的热点有直接关系，而关注热点的人群，往往会从搜索引擎中获取更多的相关信息。实时排名榜中的关键词，也是网站优化关键词的重要来源，因为热点关键词的排名不限于权重高的网站，有时候低权重网站同样能排名靠前，获得的点击量甚至超过网站其他所有关键词的点击量。如图 9.35 所示是百度搜索风云榜实时排行榜。

（2）行业排行榜。在百度搜索风云榜中，还有一项展示近期各行业的关键词排行榜。行业排行榜以关键词近期的搜索量为排名依据，在各行业的榜单中，又分为多种更小的类别排名。无论是对普通用户，还是 SEOer 来说，都有很大的帮助。如图 9.36 所示是百度搜索风云榜行业排行榜。

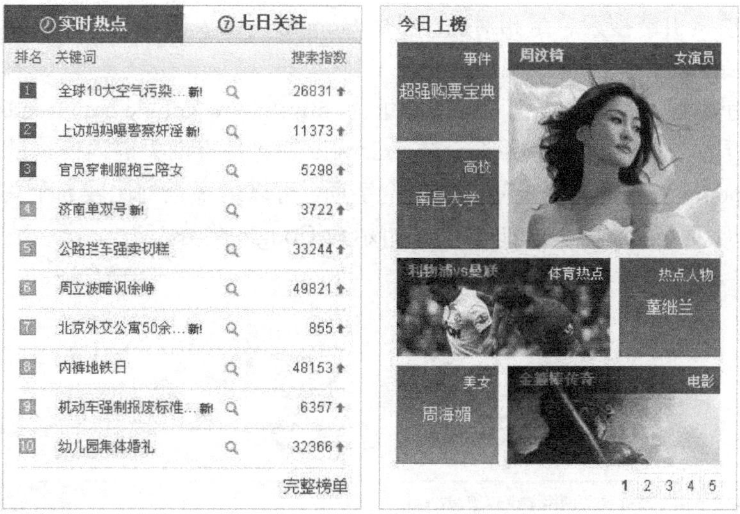

图 9.35 百度搜索风云榜实时排行榜

图 9.36 百度搜索风云榜行业排行榜

百度搜索风云榜是百度提供给用户查看国内互联网热点信息的平台。可以说是百度掌握主动权，提高用户粘性，巩固百度成为网民进入互联网的入口的地位。从用户的角度来说，风云榜让更多人知道了网络的动态，也给网站从业者一个抓住用户需求的工具。

9.9　Google 趋势

Google 趋势也称 Google Trends，在 2006 年推出，是 Google 公司的产品之一，也是一款关键词热度查询工具。原理是分析一部分 Google 网络搜索，计算用户输入的关键词搜索量,并将其与搜索引擎搜索总量相对比。然后 Google 用图表向用户显示,按线性比例绘制的搜索量图表结果。

Google 趋势是一款在线查询工具,网址为 http://www.google.com/trends/。从 Google 趋势的特点来看,它和百度指数并不一样,Google 趋势是查询关键词搜索量占总搜索量的比重。而且 Google 趋势通过用逗号分隔每个字词,可以最多查询比较 5 个关键词,而百度指数只能同时查询一个关键词。如图 9.37 所示为 Google 趋势。

图 9.37　Google 趋势

Google 趋势查询可实现多种对比,还可以使用各种精确匹配查询,能实现多种功能的关键词趋势查询。

(1) 要比较最多 5 个关键词,应用英文半角逗号隔开,如游戏、小游戏、单机游戏、网络游戏、网页游戏。查询结果如图 9.38 所示为 Google 趋势 5 个关键词的比较。

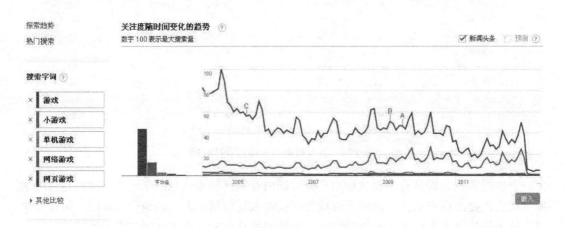

图 9.38　Google 趋势 5 个关键词的比较

(2) 查找多个字词中的任一个,应用加号隔开,如游戏+新闻。如图 9.39 所示为 Google 趋势查询任一词。

(3) 要查询精确词的趋势,可在精确匹配词组前后,加上英文半角引号,如"小游戏"。如图 9.40 所示为 Google 趋势查精确词。

第 9 章 SEO 工具介绍

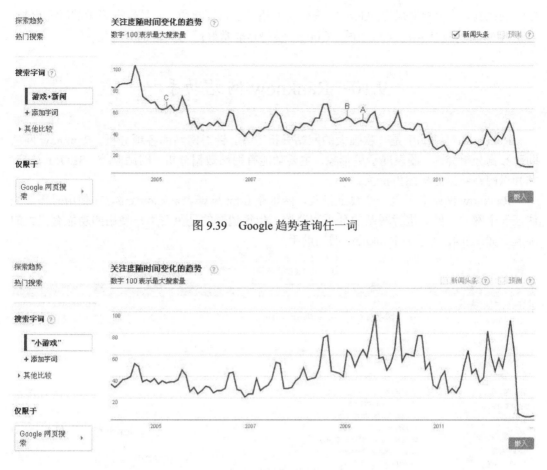

图 9.39 Google 趋势查询任一词

图 9.40 Google 趋势查精确词

（4）要查询某词而且不包含另一词的搜索趋势，可以在排除的字词前面加上减号，如小游戏-女生。如图 9.41 所示为 Google 趋势查不包含结果。

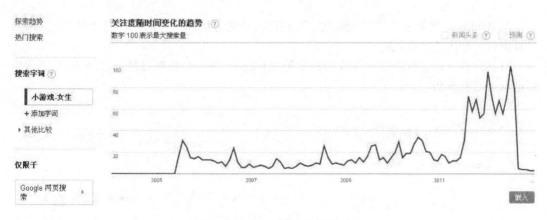

图 9.41 Google 趋势查不包含结果

Google 趋势也提供有地区关注度和相关字词，它们的作用和前面讲到的百度指数中地区分布和相关关键词的意思相同，都是表示不同地区搜索该字词的比例，以及相关关键词

• 327 •

搜索的比例。从功能上来说，Google 趋势大大超过了百度指数，而且数据记录的时间更长，对于针对 Google 优化的网站来说，Google 趋势是非常好用的关键词分析工具。

9.10 Ranknow 网站助手

Ranknow 网站助手是一款强大的网站分析工具。针对网站的各项分析，Ranknow 网站助手数据分析详细，图表展示更形象。主要功能有网站数据分析、网站监控、SEO 工具等，尤其以网站数据分析图为特色。

Ranknow 网站助手是一个线上工具，网址是 http://www.ranknow.cn/。在使用时需要先认证一个网站，然后进行网站的分析和监控，但很遗憾的是免费用户使用的功能有很大的限制。如图 9.42 所示为 Ranknow 网站助手。

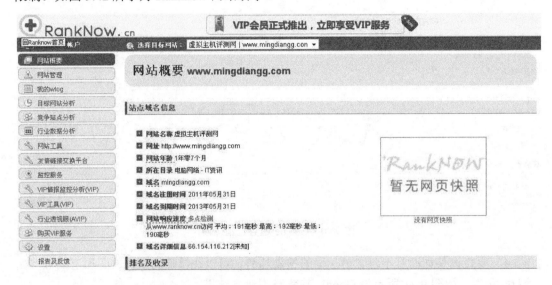

图 9.42 Ranknow 网站助手

从 Ranknow 网站助手的功能来看，对自己网站的分析和站外的分析都十分注重，SEO 工具也有一些比较有特色的。

（1）行业分析。行业评分及收录分析是 Ranknow 的一个特有功能。如图 9.43 所示为 Ranknow 行业分析。

图 9.43 Ranknow 行业分析

(2)目标网站分析。Ranknow 网站助手的网站分析,将 Google、百度、Yahoo 进行 3 线收录和外链的对比,另外网站历史排名情况也能进行分析。如图 9.44 所示为 Ranknow 网站助手目标网站分析。

图 9.44 Ranknow 网站助手目标网站分析

(3)竞争站点分析。Ranknow 的竞争站点分析的最大特点就是,将竞争网站与目标网站进行对比,很直观的知道目标网站与竞争网站之间的差距,为网站优化策略修改提供依据。如图 9.45 所示为 Ranknow 竞争站点页面 SEO。

图 9.45 Ranknow 竞争站点页面 SEO

(4)排名及收录分析。Ranknow 网站助手的网站信息中,对网站排名和收录以网状图的形式比较，非常形象地展示出目标网站在 Google、百度、Yahoo、PR、Alexa 等方面的强弱，为后期针对性的网站优化方向做出了指导。如图 9.46 所示为 Ranknow 网站助手收录及排名分析。

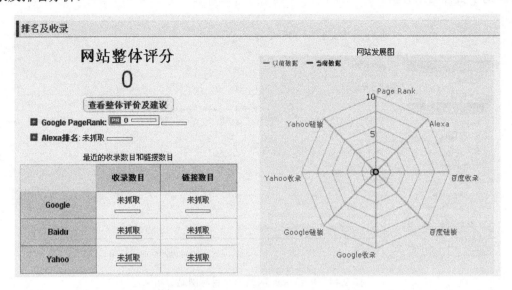

图 9.46　Ranknow 网站助手收录及排名分析

（5）跳转检查。Ranknow 网站助手的跳转检查，可以帮助用户检查制作的跳转是否成功，并且在 Ranknow 跳转检查中能显示跳转的状态码，如 302 等；跳转页和目标页同时显示出来。如图 9.47 所示为 Ranknow 网站助手跳转检查。

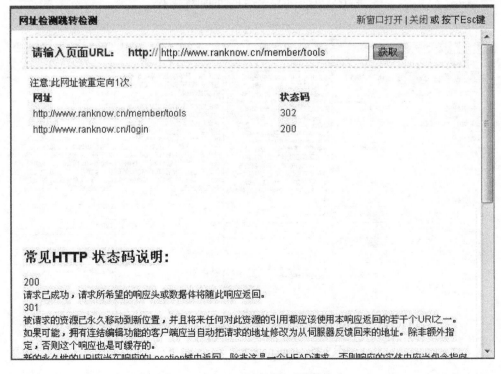

图 9.47　Ranknow 网站助手跳转检查

Ranknow 网站助手是一款非常好的网站分析工具，但是并非免费工具，很多功能必须要付费才能使用。但是从 Ranknow 网站助手功能来看，更多是针对同时优化 Google 和百度的网站，如果不是的话，那些对比功能就起不到多大的作用。

9.11　奏鸣批量查询

奏鸣批量查询是一款非常实用的查询工具，只针对百度，主要功能包括收录、排名，以及外链平台挖掘等批量查询。奏鸣工具是 SEOer 挖掘外链平台、检查优化工作的重要工具，也是内外部优化工作中经常会用到的一款查询工具。

奏鸣批量查询是一款在线查询工具，包括以下 3 种批量查询。

（1）收录和关键词排名批量查询，网址为 http://sl.zoum5.com/。在日常的内外部优化工作中，会将发布的网页 URL 及其关键词进行记录，并且以每天的工作为节点，进行工作效果的检查。使用奏鸣工具可以非常方便地检查每天的工作效果，可以将待查询的多个 URL 在奏鸣收录中检查，可知道发布的哪些网页已经被收录；另外可将发布的网页 URL 与关键词对应，查询网页的排名情况，这一功能也可以用在批量查询网站所有关键词排名的工作上。如图 9.48 和图 9.49 所示，分别为奏鸣查询界面和查询结果。

图 9.48　奏鸣批量查询收录排名

No.	长尾词|关键词	网址	收录	排名	快照	锚文本
1	sem	http://www.zoum5.com	✔	46	2013-1-15	
2	sem论坛	http://bbs.zoum5.com	✖	-	-	
3	百度页面收录查询	http://www.zoum5.com/seo/tools/29	✖	-	-	
4	论坛url提取	http://www.zoum5.com/seo/tools/72	✔	1	2012-12-16	

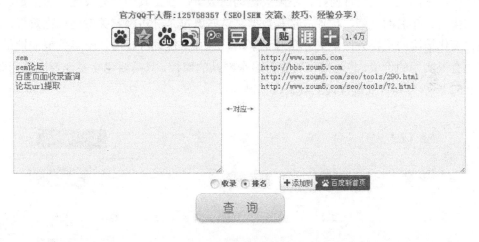

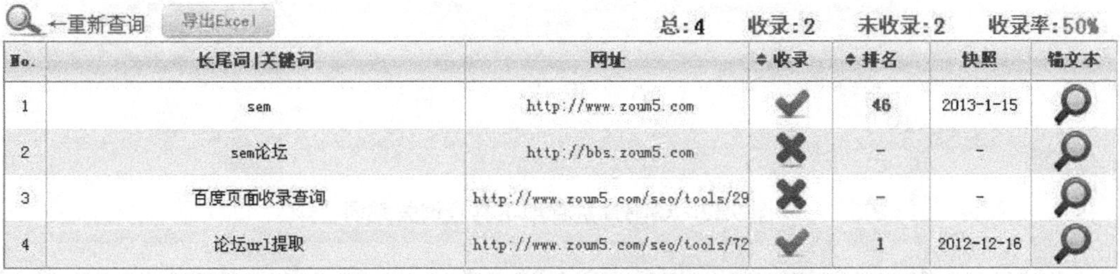

图 9.49　奏鸣批量查询收录排名结果

（2）URL 提取工具，网址为 http://tq.zoum5.com/。奏鸣工具目前只能提取主流论坛的 URL，通过提取论坛列表页的帖子 URL，配合奏鸣批量查询收录工具，可以查询出该论坛的收录比例。如果收录比例比较高，那就是一个比较好的外链平台。如图 9.50 和图 9.51 所示，分别为奏鸣批量查询 URL 提取工具和结果。

图 9.50　奏鸣批量查询 URL 提取工具　　　　图 9.51　奏鸣批量查询 URL 提取结果

（3）关键词排名批量查询，网址为 http://rk.zoum5.com/。奏鸣关键词批量查询工具，可对任何网站的关键词进行监控，不限关键词的数量。在工具中，有关键词的指数、目标网站的排名、排名的升降、预计流量等数据，这些数据是分析网站关键词优化效果，以及关键词变化情况的重要条件；另外在对竞争网站进行关键词分析时，奏鸣关键词批量查询工具也有很实用的价值，也可以同时进行多个网站的监控，只需要建立多个查询单元即可。如图 9.52 所示为奏鸣批量查询工具查询关键词。

图 9.52　奏鸣批量查询工具查询关键词

奏鸣批量查询工具在日常的工作检查中作用非常大，而且查询的数据能导出为 Excel 表格，对网站关键词分析很有帮助。

9.12 Alexa.cn

Alexa 排名是 Alexa 网站每三个月更新一次的网站综合排名，包括总排名和分类排名两种。Alexa 排名的依据是用户链接数（Users Reach）和页面浏览数（Page Views）三个月累积的几何平均值。这个排名也是互联网业界中比较准确的网站排名。所以人们普遍认为，网站 Alexa 排名是表示网站在所有站点中的质量情况。

由于 Alexa 官网查询的结果信息量不够丰富，所以这里推荐使用 Alexa.cn 进行查询。如图 9.53 所示为 Alexa.cn 查询界面。

图 9.53　Alexa.cn 查询界面

在 Alexa.cn 查询中，有一项网站主域名和所有子域名的访问比例数据，从这项数据可以看出，网站哪些域名受用户欢迎、哪些访问量低，对后面的优化有指导作用。如图 9.54 所示为 Alexa.cn 查询子域名访问量比例。

被访问网址	近月网站访问比例	近月页面访问比例	人均页面浏览量
alexa.cn	87.18%	77.64%	2.63
pr.alexa.cn	10.03%	8.66%	2.6
icp.alexa.cn	10.11%	8.37%	2.5
new.alexa.cn	1.17%	1.23%	3.1
whois.alexa.cn	1.56%	0.59%	1.1
sms.alexa.cn	0.47%	0.40%	2.5
OTHER	0	3.10%	0

图 9.54　Alexa.cn 查询子域名访问量比例

Alexa.cn 是查询 Alexa 排名的一个很好的工具，而且在分析网站子域名的访问情况时，也是非常有帮助的。

9.13　金花日志分析器

金花在国内 SEO 界也有一定的知名度，很多人知道金花关键词工具，其实金花还有一款 SEO 工具，就是金花日志分析器。这款工具帮助 SEOer 准确分析网站服务器日志，可清楚地知道哪些搜索引擎在什么时候来到网站、访问了哪些页面、访问的服务器返回状态码是否正确等一系列信息。是 SEOer 分析网站运行状态和优化状态的重要工具。如图 9.55 所示为金花日志分析器界面。

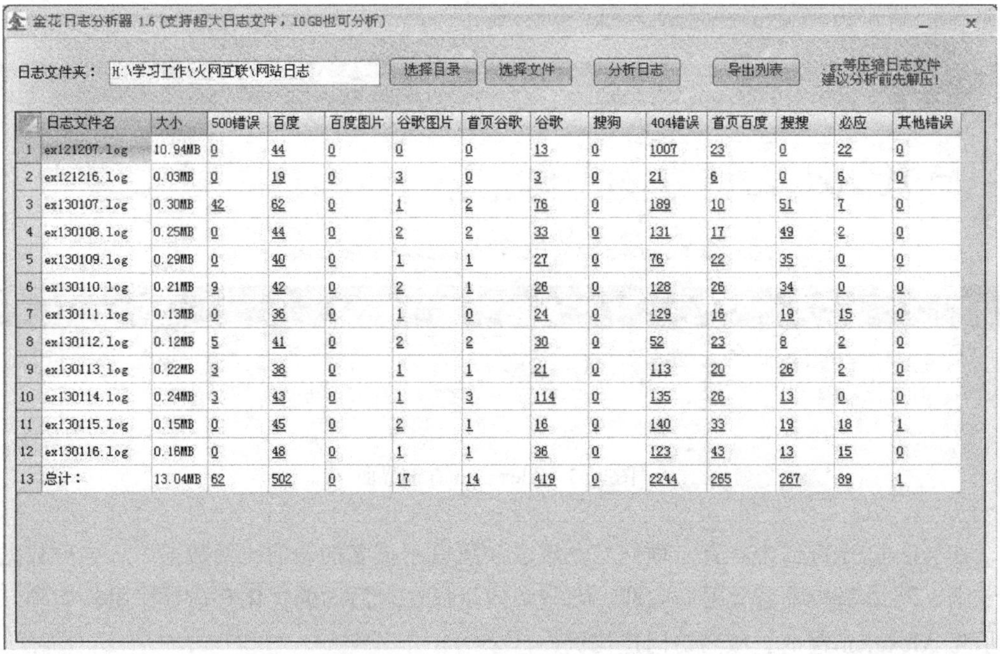

	日志文件名	大小	500错误	百度	百度图片	谷歌图片	首页谷歌	谷歌	搜狗	404错误	首页百度	搜搜	必应	其他错误
1	ex121207.log	10.94MB	0	44	0	0	0	13	0	1007	23	0	22	0
2	ex121216.log	0.03MB	0	19	0	3	0	3	0	21	6	0	6	0
3	ex130107.log	0.30MB	42	62	0	1	2	76	0	189	10	51	7	0
4	ex130108.log	0.25MB	0	44	0	2	2	33	0	131	17	49	2	0
5	ex130109.log	0.29MB	0	40	0	1	1	27	0	76	22	35	0	0
6	ex130110.log	0.21MB	9	42	0	2	1	26	0	128	26	34	0	0
7	ex130111.log	0.13MB	0	36	0	1	0	24	0	129	16	19	15	0
8	ex130112.log	0.12MB	5	41	0	2	2	30	0	52	23	8	2	0
9	ex130113.log	0.22MB	3	38	0	1	1	21	0	113	20	26	2	0
10	ex130114.log	0.24MB	3	43	0	1	3	114	0	135	26	13	0	0
11	ex130115.log	0.15MB	0	45	0	2	1	16	0	140	33	19	18	1
12	ex130116.log	0.16MB	0	48	0	1	1	36	0	123	43	13	15	0
13	总计：	13.04MB	62	502	0	17	14	419	0	2244	265	267	89	1

图 9.55　金花日志分析器界面

在金花日志分析器的结果中，包含百度、谷歌、搜搜、搜狗、Bing 五种搜索引擎，还有百度和谷歌访问的首页次数和图片数量，以及 404、500 等服务器错误状态码。分析日志时，查看网站的目标搜索引擎的日志数据和错误状态码的数量。从这些数据中可以得出如下结论。

（1）从日志的文件大小的波动，可以知道蜘蛛访问网页数量的变化。如 121207 为 10.94MB，而到了 121216 只剩下 0.03MB，可以知道搜索引擎访问量下降，表示可能受到搜索引擎惩罚了。但是这只是表示所有搜索引擎的访问减少，要准确判断是否受到惩罚，还要看目标搜索引擎的访问次数。如图 9.56 所示为金花日志分析日志文件的大小。

（2）从搜索引擎访问次数的多少，可以看出搜索引擎对网站的重视程度。如果网站访问次数急剧降低，则极可能是被搜索引擎惩罚了，如果访问次数并没有降低，而文件大小小了很多，则可能是其他信息占有了日志大量空间。如图 9.57 所示为金花日志分析搜索引擎访问次数。

	日志文件名	大小	500错误	百度	百度图片	谷歌图片	首页谷歌	谷歌
1	ex121207.log	10.94MB	0	44	0	0	0	13
2	ex121216.log	0.03MB	0	19	0	3	0	3
3	ex130107.log	0.30MB	42	62	0	1	2	76
4	ex130108.log	0.25MB	0	44	0	2	2	33
5	ex130109.log	0.29MB	0	40	0	1	1	27
6	ex130110.log	0.21MB	9	42	0	2	1	26
7	ex130111.log	0.13MB	0	36	0	1	0	24
8	ex130112.log	0.12MB	5	41	0	2	2	30
9	ex130113.log	0.22MB	3	38	0	1	1	21
10	ex130114.log	0.24MB	3	43	0	1	3	114
11	ex130115.log	0.15MB	0	45	0	2	1	16
12	ex130116.log	0.16MB	0	48	0	1	1	36
13	总计：	13.04MB	62	502	0	17	14	419

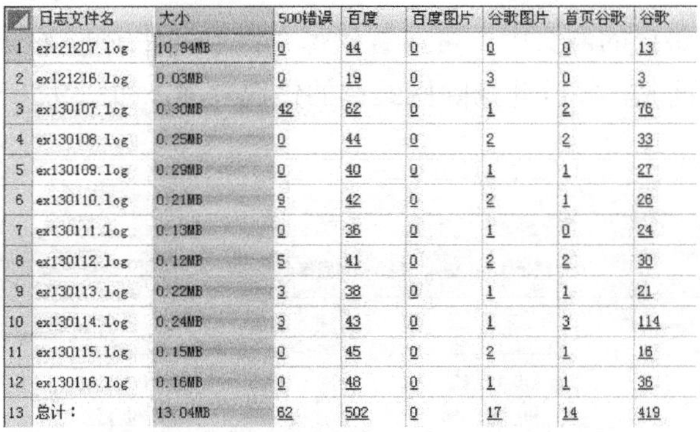

图 9.56　金花日志分析日志文件的大小

	日志文件名	大小	500错误	百度	百度图片	谷歌图片	首页谷歌	谷歌
1	ex121207.log	10.94MB	0	44	0	0	0	13
2	ex121216.log	0.03MB	0	19	0	3	0	3
3	ex130107.log	0.30MB	42	62	0	1	2	76
4	ex130108.log	0.25MB	0	44	0	2	2	33
5	ex130109.log	0.29MB	0	40	0	1	1	27
6	ex130110.log	0.21MB	9	42	0	2	1	26
7	ex130111.log	0.13MB	0	36	0	1	0	24
8	ex130112.log	0.12MB	5	41	0	2	2	30
9	ex130113.log	0.22MB	3	38	0	1	1	21
10	ex130114.log	0.24MB	3	43	0	1	3	114
11	ex130115.log	0.15MB	0	45	0	2	1	16
12	ex130116.log	0.16MB	0	48	0	1	1	36
13	总计：	13.04MB	62	502	0	17	14	419

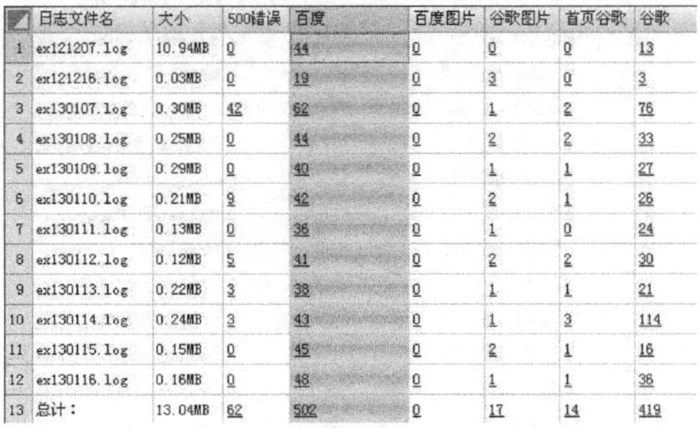

图 9.57　金花日志分析搜索引擎抓取次数

（3）从搜索引擎访问的路径，能知道搜索引擎哪些 IP 段蜘蛛访问了哪些网页，以及服务器是否返回正常。如果某些 IP 段，如 123.125.68.* 等蜘蛛，访问了网页，则网站可能受到惩罚。如图 9.58 所示为金花日志分析访问的网页。

ex121207.log 百度 详细列表

网址：　网址请手动输入，输入后可直接点击链接访问对应页面。　导出文件

	时间	访问IP	状态	网址
1	2012-12-06 16:02:38	220.181.108.178	200	/index.html?thread-7518-1.html
2	2012-12-06 16:53:02	220.181.108.95	404	/article/583.html
3	2012-12-06 16:57:36	117.28.255.42	200	/index.html
4	2012-12-06 16:57:38	117.28.255.42	200	/index.html
5	2012-12-06 17:05:49	123.125.71.23	200	/index.html
6	2012-12-06 17:07:06	220.181.108.78	200	/index.html
7	2012-12-06 19:25:51	220.181.108.176	200	/index.html
8	2012-12-06 19:25:53	220.181.108.156	404	/article/652.html
9	2012-12-06 19:25:59	220.181.108.159	200	/article/705.html
10	2012-12-06 19:25:59	220.181.108.87	200	/article/706.html
11	2012-12-06 19:50:50	123.125.71.56	200	/index.html
12	2012-12-06 19:51:45	220.181.108.116	200	/index.html
13	2012-12-06 20:50:27	123.125.71.51	200	/index.html
14	2012-12-06 20:51:21	220.181.108.85	200	/index.html
15	2012-12-06 20:52:21	220.181.108.187	404	/article/653.html
16	2012-12-06 21:11:50	220.181.108.79	304	/article/706.html
17	2012-12-06 21:12:00	220.181.108.81	304	/article/705.html
18	2012-12-06 22:25:54	220.181.108.76	404	/article/659.html
19	2012-12-06 23:52:06	220.181.108.100	404	/article/660.html

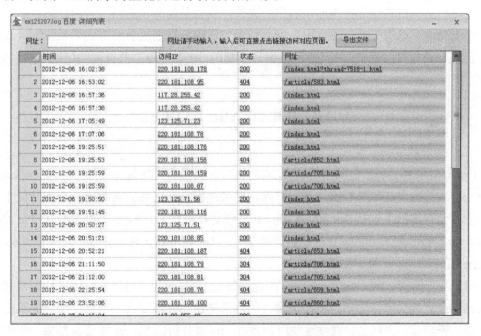

图 9.58　金花日志分析访问的网页

（4）在 404 访问错误的网页中，可以看到每个日志文件中的哪些网页搜索引擎访问错误，可以导出错误页面表，并以此排除网站中的错误页面。如图 9.59 所示为金花日志分析 404 错误的页面。

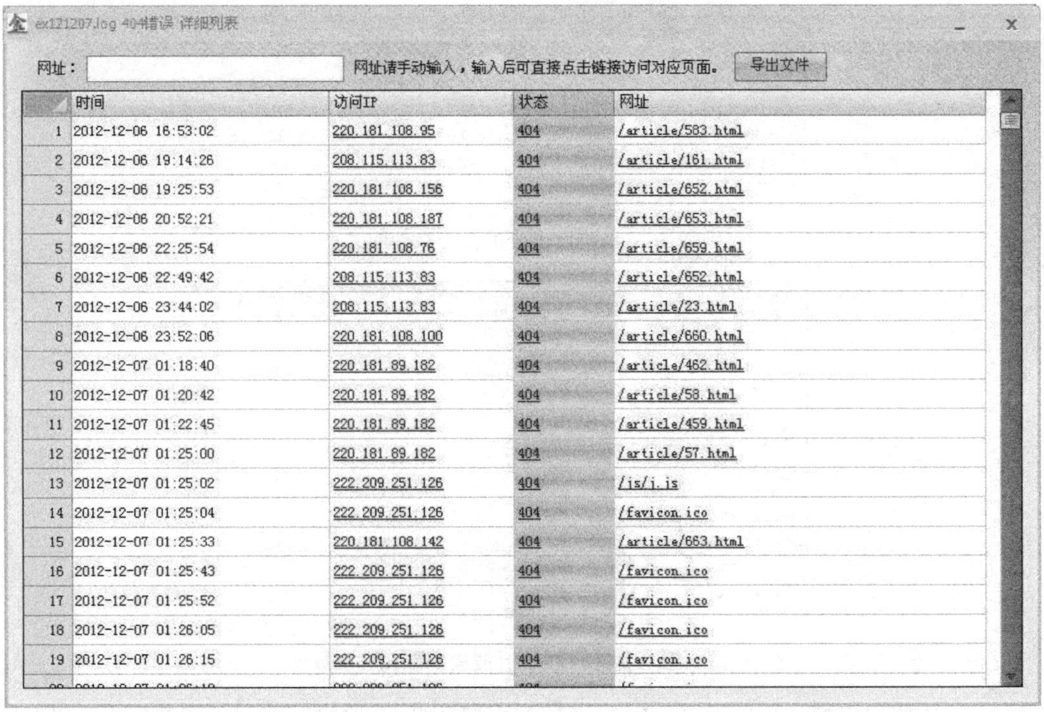

	时间	访问IP	状态	网址
1	2012-12-06 16:53:02	220.181.108.95	404	/article/583.html
2	2012-12-06 19:14:26	208.115.113.83	404	/article/161.html
3	2012-12-06 19:25:53	220.181.108.156	404	/article/652.html
4	2012-12-06 20:52:21	220.181.108.187	404	/article/653.html
5	2012-12-06 22:25:54	220.181.108.76	404	/article/659.html
6	2012-12-06 22:49:42	208.115.113.83	404	/article/652.html
7	2012-12-06 23:44:02	208.115.113.83	404	/article/23.html
8	2012-12-06 23:52:06	220.181.108.100	404	/article/660.html
9	2012-12-07 01:18:40	220.181.89.182	404	/article/462.html
10	2012-12-07 01:20:42	220.181.89.182	404	/article/58.html
11	2012-12-07 01:22:45	220.181.89.182	404	/article/459.html
12	2012-12-07 01:25:00	220.181.89.182	404	/article/57.html
13	2012-12-07 01:25:02	222.209.251.126	404	/js/j.js
14	2012-12-07 01:25:04	222.209.251.126	404	/favicon.ico
15	2012-12-07 01:25:33	220.181.108.142	404	/article/663.html
16	2012-12-07 01:25:43	222.209.251.126	404	/favicon.ico
17	2012-12-07 01:25:52	222.209.251.126	404	/favicon.ico
18	2012-12-07 01:26:05	222.209.251.126	404	/favicon.ico
19	2012-12-07 01:26:15	222.209.251.126	404	/favicon.ico

图 9.59　金花日志分析 404 错误的页面

金花日志分析器能分析 10GB 的日志文件，也就是说即使是门户级网站的日志，也能用这个工具进行日志分析。在数据分析上，金花日志分析器以表格形式展示，直接点击数据即可进入具体数据页面，并且提供数据导出功能，让金花日志分析器的应用和帮助更大。

9.14　Open Site Explorer

Open Site Explorer 是 SEOmoz 发布的链接分析工具，网址为 http://www.opensiteexplorer .org。其特点是数据准确、查询精确，并可进行多个网站数据对比，查询功能十分丰富。主界面查询结果包括 Domain Authority（域名权威性）、Page Authority（网页的权威性）、Linking Root Domains（根域名的链接）、Total Links（总链接数）。如图 9.60 所示为 Open Site Explorer 查询主界面。

（1）导入链接（Inbound Links）。在查询目标 URL 的导入链接时，可以选择链接方式如 nofollow、301 或者全部；链接来源，如内部链接、外部链接、全部；指向的页面，如本页面、子域名、主域名。通过这些限制条件，可以分析出 SEOer 需要的结果。如图 9.61

所示为 Open Site Explorer 链接查询。

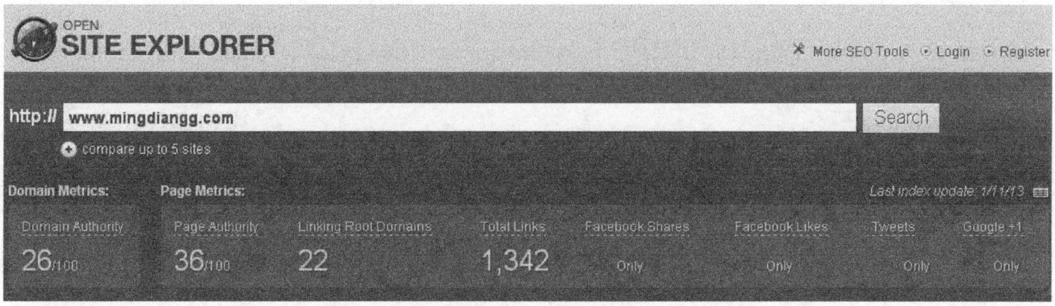

图 9.60　Open Site Explorer 查询主界面

图 9.61　Open Site Explorer 链接查询

在查询的结果中，包含查询 URL 链接的锚文本（Link Anchor Text）、网页权威性（Page Authority）、域名权威性（Domain Authority）三项数据。

（2）热门网页（Top Pages）。在 Open Site Explorer 的链接查询结果中，热门网页是指查询的目标网站中导入链接最多的网页并依次排名。查询的结果包括页面权威性（Page Authority）、根域名链接数（Linking Root Domains）、总导入链接数（Inbound Links）、HTTP 状态（HTTP Status）等信息，其中总导入链接数是内外部链接的总和。如图 9.62 所示为 Open Site Explorer 热门网页。

（3）链接域名（Linking Domains）。链接域名是分析链接来源于类型的域名，如.com、.cn 等，另外还能得出各种域名类型的数量，按数量排名。如图 9.63 所示为 Open Site Explorer 链接域名分析。

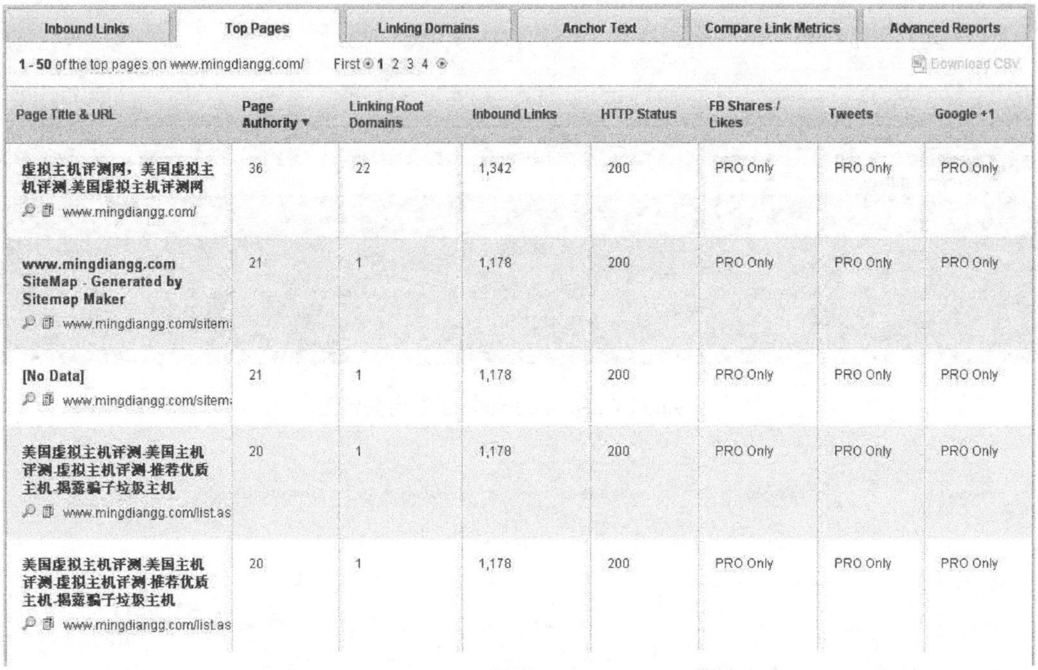

图 9.62　Open Site Explorer 热门网页

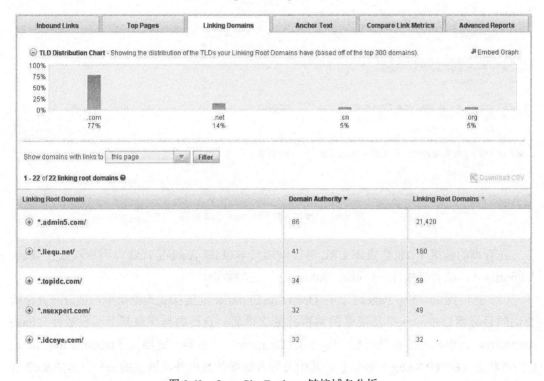

图 9.63　Open Site Explorer 链接域名分析

（4）锚文本（Anchor Text）。分析链接到网站各锚文本的数量，查询中可以选择锚文本的形式，以及以该锚文本链接到网站的那些页面，包括所有页面、该子域名所有页面和本站的所有页面三种选择。可以查询出按链接数量多少排名的锚文本、使用该锚文本链接的根域名数,以及包含这个锚文本的链接数。如图 9.64 所示为 Open Site Explorer 锚文本查询。

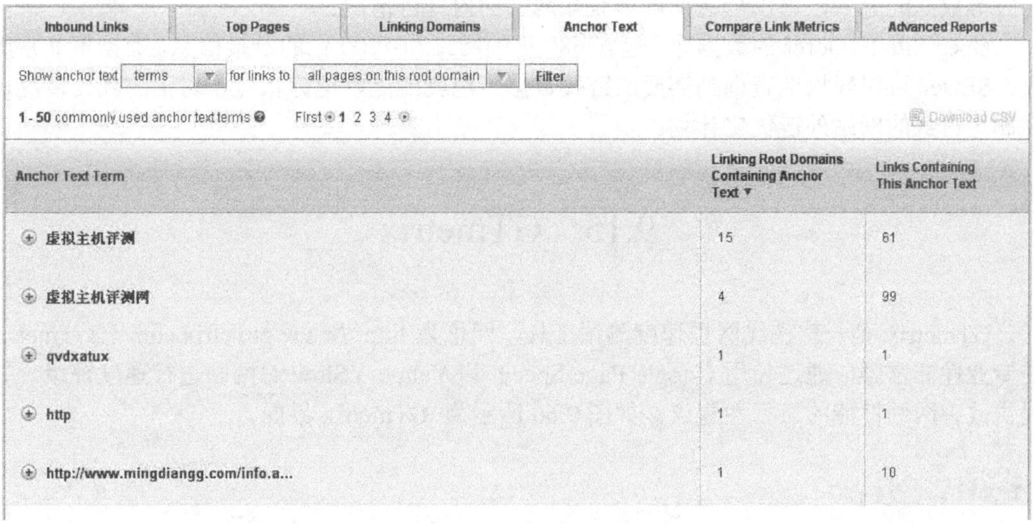

图 9.64 Open Site Explorer 锚文本查询

(5)链接质量比较(Compare Link Metrics)。可以对比几个网站的链接情况,如总链接数、内外部链接数、根域名链接数等。如图 9.65 所示为 Open Site Explorer 锚文本链接质量比较。

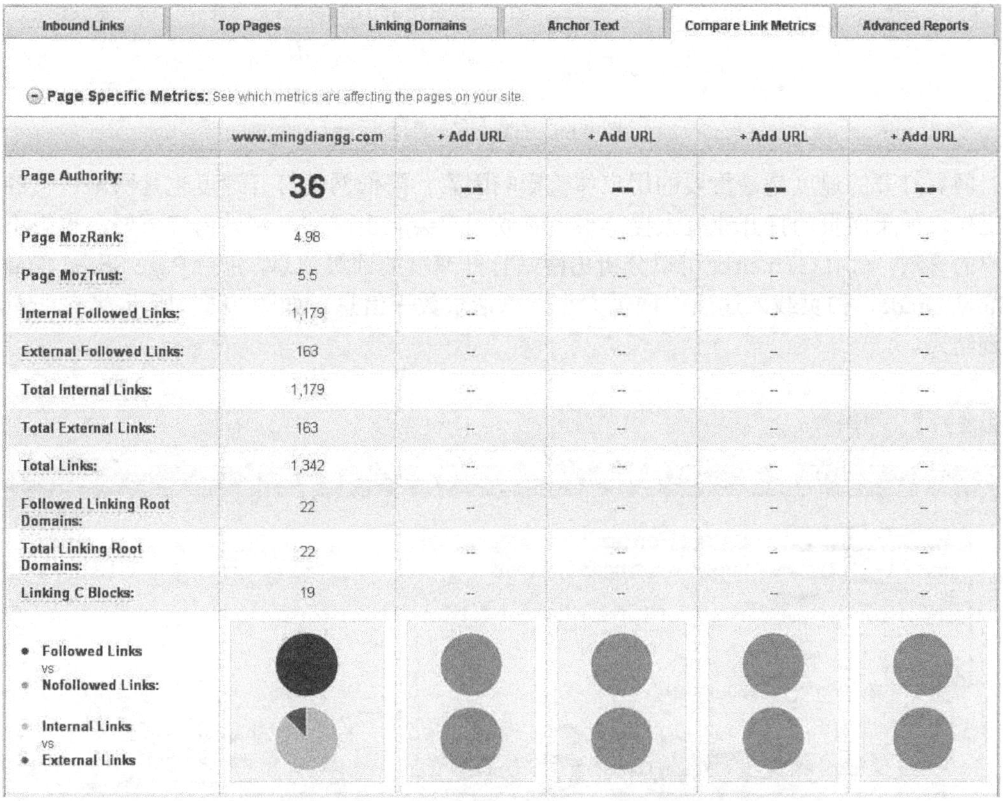

图 9.65 Open Site Explorer 锚文本链接质量比较

在 Open Site Explorer 中，利用对导入链接、热门网页、链接域名、锚文本、链接质量比较等数据的分析，可以全面准确地获知网站的内外链情况。

Open Site Explorer 的数据库，包含 680 亿的网站和 7700 亿的链接信息，数据量非常庞大，SEOer 可以轻松地查询到需要的链接数据。也就能更好地分析竞争对手的优化情况，并制定自身的网站外链优化计划。

9.15 GTmetrix

GTmetrix 是一款在线网页速度测试工具，网址为 http://www.gtmetrix.com/。GTmetrix 的专业性非常强，通过使用 Google Page Speed 和 Yahoo YSlow 对网站进行速度评级，并提供改善网站性能的可行性建议。如图 9.66 所示为 GTmetrix 界面。

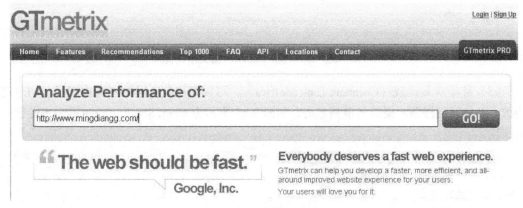

图 9.66 GTmetrix 界面

网页打开的速度是最重要的用户体验影响因素，降低网站打开速度也是网站优化的基础工作。如果网页的打开速度太慢，很多时候用户会跳出网站，网站内容再好，也得不到用户的喜欢。利用 GTmetrix 可以分析出网站打开速度的评级信息，包括 Page Speed Grade、YSlow Grade、网页载入速度、网页大小、总请求数等信息。如图 9.67 所示为 GTmetrix 查询结果。

图 9.67 GTmetrix 查询结果

在 GTmetrix 查询结果中，还包含 Page Speed、YSlow、timeline 三项的详细结果。

（1）Page Speed。是 Google Page Speed 工具，分析网页各项请求的速度评级，包含压缩 Html、压缩 CSS、压缩 JS、优化图像等近 30 项数据的速度评级，SEOer 可以针对速度较慢的进行专门的优化，以提高网页打开速度。如图 9.68 所示为 GTmetrix Page Speed 结果。

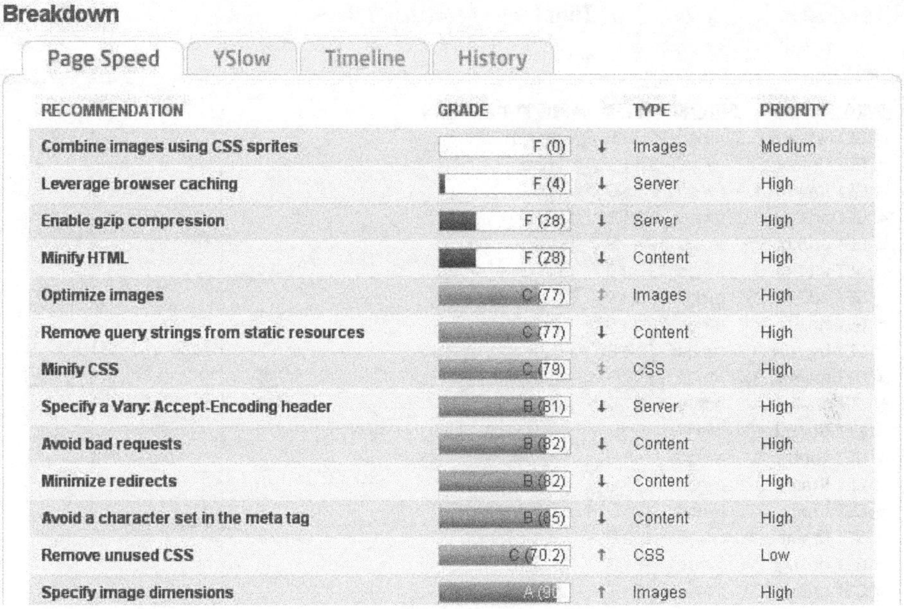

图 9.68　GTmetrix Page Speed 结果

（2）YSlow。和 Page Speed 一样，YSlow 也包含多种项目的打开速度评级，如减少 HTTP 请求、减少 DNS 查找、避免 URL 重定向、缩小 JavaScript 和 CSS 等 20 多个测试项。如图 9.69 所示为 GTmetrix YSlow 结果。

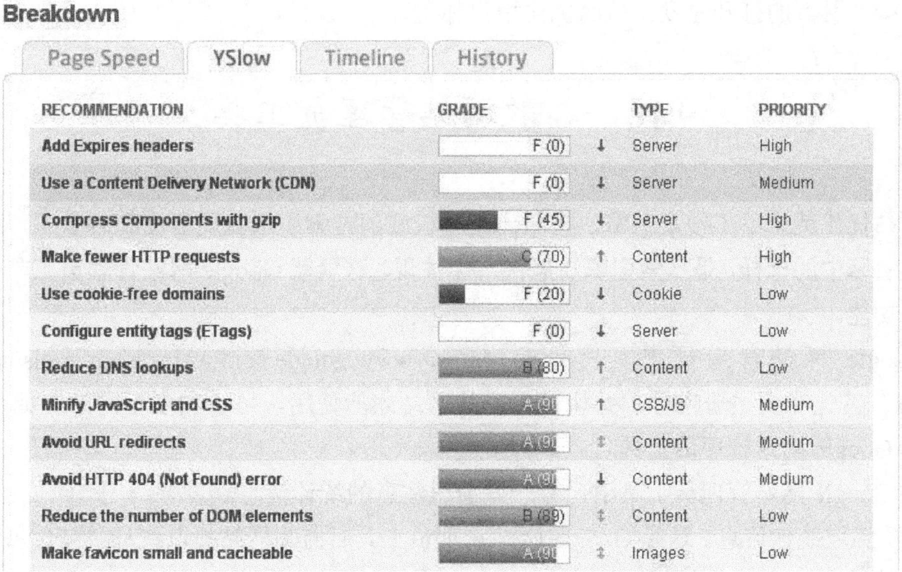

图 9.69　GTmetrix YSlow 结果

（3）Timeline。即时间线，这是分析打开网页的各项在时间线上的打开过程，其中包括网页上的 JS、CSS、图片等内容，并且每个项目的载入时间和在什么时间段载入，都能通过时间线显示出来。如图 9.70 所示为 GTmetrix Timeline 结果。

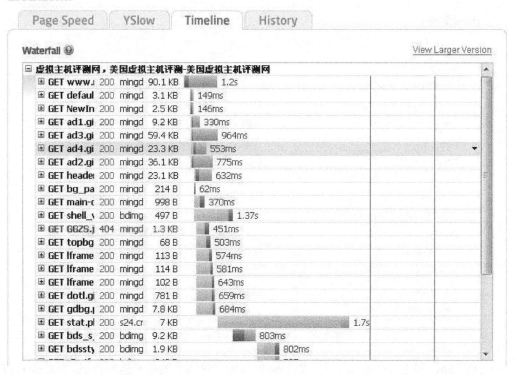

图 9.70　GTmetrix Timeline 结果

GTmetrix 查询的结果非常准确，SEOer 可针对评级较低的进行专门的优化，能在一定程度上降低网页的打开速度，从而优化用户体验。

9.16　谷歌网站管理员工具

网站优化就少不了搜索引擎，在国内比较权威的搜索引擎就属百度和谷歌了，而谷歌是搜索引擎中的标杆，是搜索引擎发展的一个体现。这里就 Google 网站管理员工具介绍其特色的功能。

Google 网站管理员工具网址为 https://www.google.com/webmasters/tools/home?hl=zh-CN。首先需要注册帐号，并认证自己的网站才能使用，可添加多个网站。如图 9.71 所示为 Google 网站管理员工具。

在 Google 网站管理员工具中，有一些值得注意的统计信息。

（1）抓取统计信息。这是 Google 网站管理员工具对监测网站抓取统计，包含每天抓取的网页数量、每天下载的数据量、下载页面所用的时间三项数据。通过这三项数据，可以了解网站的收录情况，以及是否有被惩罚的趋势。如图 9.72 所示为 Google 网站管理员工具抓取信息。

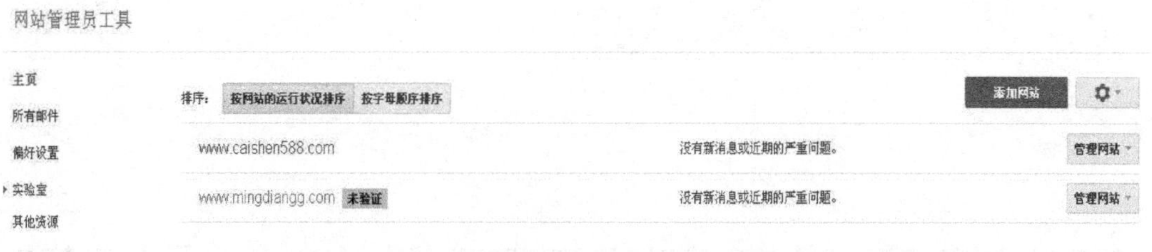

图 9.71 Google 网站管理员工具

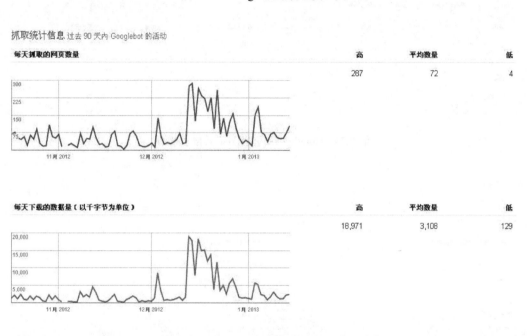

图 9.72 Google 网站管理员工具抓取信息

（2）搜索查询。这是展示网站在 Google 中关键词排名及点击的图标。通过搜索查询，可以知道网站的关键词排名、点击量、排名靠前的网页等信息。通过曲线图可以了解网站关键词的大致情况，关键词展示和点击表，也可以下载到本地进行分析。如图 9.73 所示为 Google 网站管理员工具搜索查询。

（3）指向您网站的链接。是 Google 网站管理员工具中一个非常有用的查询工具。可查询在 Google 中链接到网站最多的站点，以及被链接最多的网页等信息，是分析网站 Google 优化情况的重要依据。如图 9.74 所示为 Google 网站管理员工具外链查询。

（4）删除网址。当网站出现 404 等错误页面时，在网站内部可以直接将这个页面的链接在网站中出现的位置删除。但是如果网页已经被 Google 收录，用户搜索可能点击后却无法打开，这是对用户体验的极大伤害。在 Google 网站管理员工具的删除网址中，用户可以提交这些错误的网页链接，Google 会在索引库中删除。如图 9.75 所示为 Google 网站管理员工具删除网址。

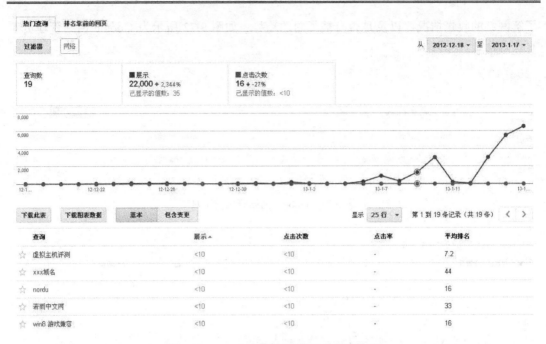

图 9.73　Google 网站管理员工具搜索查询

图 9.74　Google 网站管理员工具外链查询

图 9.75　Google 网站管理员工具删除网址

Google 网站管理员工具的功能比较少，但是对于针对 Google 做优化的 SEOer 来说，其数据相比其他工具来说，更准确实用，在实际优化中作用也很大。

9.17 百度站长工具

百度站长工具是由百度公司推出，为站长提供网站监测的工具。百度站长工具和 Google 网站管理员工具一样，都是提供如外链检查、收录查询、死链提交、网站关键词分析等工具的管理平台。

百度站长工具的网址为 http://zhanzhang.baidu.com/。需要注册百度帐号，并认证网站后才可使用。虽然和 Google 网站管理员一样，功能性并不是特别强，但是由于是百度旗下的产品，很多针对百度的查询就显得更权威，尤其是在外链查询和收录查询时，对 SEOer 的指导作用非常大。如图 9.76 所示为百度站长工具网站监测数据，包含了网站的搜索关键词、百度索引量、外链情况、抓取是否正常、死链提交五项内容。

图 9.76 百度站长工具网站监测

百度站长工具的主要功能是对自身网站的监测，很多工具只能用于自己网站的分析，有很大的局限性，这里介绍一些百度站长工具比较实用的工具。

（1）死链提交。和 Google 的错误链接提交一样，也是将网站无效页面的链接提交，以便搜索引擎删除索引记录，可批量添加需删除的死链接。如图 9.77 所示为百度站长工具死链提交。

（2）外链分析。百度的外链分析是百度非常好的外链分析工具，数据准确，查询方便。首先在外链分析工具中，能获得一段时间内网站外链数量变化的曲线图。从这个曲线图中，可以分析出网站外链数量的波动情况，以及外链的实时数量。可以任意设置时间段进行查询，默认是最近 30 天的数据。如图 9.78 所示为百度站长工具外链分析曲线图。

图 9.77　百度站长工具死链提交

图 9.78　百度站长工具外链分析曲线图

在外链分析工具中有多种分析功能，如链接到您网站的域、被链接的网页、链接名称三项。通过这三项外链的具体分析，可以知道链接到目标网站的网站数量，也就是前面说到的外链广泛度、被链接网页表示网页的受欢迎程度、链接名称即外链的锚文本，是决定网页排名的重要因素，百度外链分析工具都是按锚文本链接数量排名网页和关键词。如图 9.79 所示为百度站长工具外链分析锚文本查询。

第 9 章 SEO 工具介绍

链接名称	使用次数↓
百度站长平台	2,940
zhanzhang.baidu.com/	1,492
href=	790
百度	549
sitemap.baidu.com/	467
及时通过百度站长平台	259
百度站长平台_站长工具及SEO优化建议交流平台	219
站长平台	216
外链工具地址	215
zhanzhang.baidu.com/wiki/36	214
网站改版工具地址	204

图 9.79　百度站长工具外链分析锚文本查询

（3）百度索引量。即网站的百度收录数量，这个工具能够准确地查询网站的收录数量，比直接 Site 准确很多，查询的结果通过曲线图的方式展示，也让查询者能清楚网站收录的升降情况。如图 9.80 所示为百度站长工具百度索引量查询，遗憾的是只能对自己网站进行查询。

图 9.80　百度站长工具百度索引量查询

（4）Robots 工具。百度站长工具中一个非常实用的小工具，因为 Robots 文件是网站与搜索引擎的抓取协议，如果 Robots 文件出现错误，如禁止抓取，就可能使网站内容无法被搜索引擎抓取；如允许抓取全部，那么搜索引擎就会抓取到站长不想被抓取的内容，如网站后台页面等。Robots 工具可以检查网站的 Robots 文件是否正确，并具有生成 Robots 文件的功能。如图 9.81 所示为百度站长工具 Robots 工具查询。

图 9.81　百度站长工具 Robots 工具查询

百度站长工具对于针对百度优化的网站来说，是必须使用的一个工具，尤其百度外链分析工具，是每个做百度优化的 SEOer 都不能错过的。根据自身的需求，百度站长工具还能发挥更大的作用。

9.18　小　结

到这里本章就结束了，本章的结束也代表本书的完结。本章内容介绍了 SEOer 日常工作中会用到的一些工具，可能还有很多工具未纳入本书中，但是相信利用前面的工具，已经能完成相同的工作，就不再重复讲解。

在本章中，以介绍网站分析监测工具、SEO 工具为主。在介绍工具的特色优势功能的同时，也结合实际操作的需要进行说明，使工具的实用性更强。

本章学习目标：了解网站 SEO 相关工具，学会工具在实际操作中的使用。

本章学习难点：工具的特色功能、工具的查询方法、工具结合实际的使用。